イタリア現代史研究

イタリア現代史研究

北原　敦

岩波書店

目次

III　ファシズムの崩壊とレジスタンスの諸相

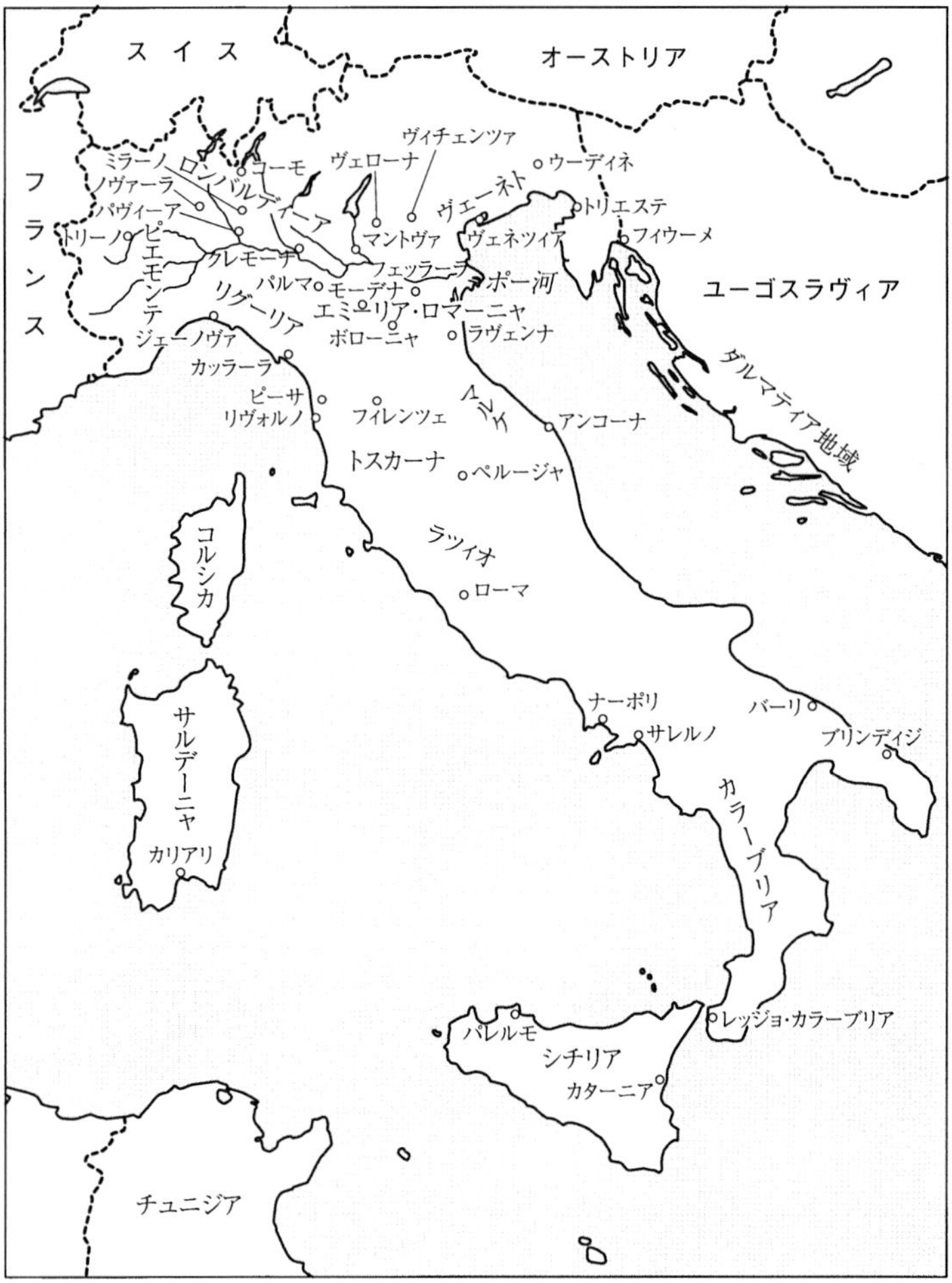

ファシズム期のイタリア

イタリア現代史研究

序章　イタリアのナショナリズム

一

イタリアの民族独立と国家統一を実現させたリソルジメントの運動は、自由主義と国民主義とを見事に調和させ成功させた運動として、しばしば特徴づけられてきた。イタリアの著名な歴史家クローチェは、その著『一九世紀ヨーロッパ史』において、イタリアのリソルジメントに触れた一節を、次のような美しい言葉で語った。「もし政治史において、芸術作品におけるように、傑作について語ることができるとすれば、イタリアの独立・自由・統一の過程は、一九世紀の自由主義・国民主義運動の傑作といわれるに値するだろう。伝統の尊重と深い革新、政治家のすぐれた思慮と革命家や義勇兵の情熱、豪胆と節度、こうしたさまざまの要素が、この過程の中になんとすばらしく調和していたことだろう。この過程が発展して遂にその目的を達した経緯は、なんと起伏に富み、しかも首尾一貫していたことであろう。この過程は、かつて〈ギリシャの復興〉が口にされたように、〈再興《リソルジメント》〉と名づけられた。すなわち、同じイタリアを舞台とした輝かしい歴史を念頭においたのである。だが、この過程は、実は

〈興　隆《ソルジメント》〉であった。幾世紀を通じて初めて一つのイタリア国家が、まさに他でもないイタリア民族によって、一つの理想のもとに形づくられたイタリア国家が、誕生したのだった。」

リソルジメントの過程に表明された自由主義と国民主義の思想を異常なまでに理想化するクローチェの、このような表現は極端にすぎるとしても、一九世紀ヨーロッパ史を自由主義と国民主義の時代として特徴づけ、イタリアのリソルジメント運動を、その中でもとりわけ異彩を放つものとして叙述する仕方は、イタリアにとどまらず、ヨーロッパにおいて伝統的な有力な歴史観となっている。いうまでもなく、一九世紀ヨーロッパ史を自由主義と国民主義の時代と特徴づけて把握する仕方自体に、すでに歴史家のある種の問題観が何らかの形で結びついているわけであり、この問題観を考慮することなしに、一九世紀ヨーロッパ史を直ちに自由主義と国民主義の時代として特徴づけることは、われわれにとってもはや許されないことであろう。また、たとえ一九世紀のヨーロッパを、自由主義と国民主義の時代として特徴づけるのを認めたとしても、この場合、自由主義と国民主義の二つの言葉に、一義的概念を付与しようと試みることは、ほとんど意味をなさないように思われる。つまり、一九世紀ヨーロッパの歴史の場にあらわれた自由主義・国民主義と名づけられる思想と運動は、各国それぞれの場合で、意味・内容をはなはだしく異にしており、それを一義的概念のもとに包摂しつくすのは、およそ不可能なことだからである。しかも、それればかりでなく、さらに重要なことは、一国内に表明された自由主義・国民主義の運動のなかに多様な側面が含まれており、自由主義・国民主義という語が、以後の歴史の発展の過程でさまざまな意味に分裂・変質していく諸契機を、すでにはらんでいるからでもある。

イタリアのリソルジメント運動も、この例外ではない。それゆえ、リソルジメント運動を自由主義と国民主義の運動と性格づけて把握するとしても、それを一定の概念で規定し、その枠内で理解しようとすることより、この運動に表明された自由主義と国民主義のさまざまな側面を明らかにし、そのうえで総体として自由主義と国民主義の運動と結論づけうる根拠を、考えてみるという方法がとられるべきであろう。

問題をやや大きく拡げてしまったが、この小論での課題は、リソルジメント期のナショナリズムを検討することではなくて、自由主義とともに、リソルジメントの特徴と指摘されるナショナリズムの問題が、民族独立と国家統一を実現したその後のイタリア史の発展のなかで、どのような形で存続し、どのような意味に変質していったかを、簡単に跡づけてみることである。

二

リソルジメント運動におけるナショナリズムの課題であった民族独立と国家統一の実現が、一八六一年に達成されたとき、新しい状況のもとでイタリアのナショナリズムはどのような意味をもつことになったのか。

この点について、わが国の篠原一氏は、筑摩書房版『世界の歴史』第一六巻の「ファシズム」の項で、次のように評価した。「カヴールの事業とナショナリズムの勝利は、それが困難な状況の下で、しかも急速に達成されただけ、むしろ不当なほど輝しい光を放つこととなり、ここにイタリアでは、ナショナリズムのみが独走し、たしかなものはナショナリズムのみで、あとのものは虚名、いつわりにすぎないという、ナショナリズムの一方的肥大化現象がおこることになったのである。……イタリア・ナショナリズムが急速にファシズムに転化する一因は、すでにここに胚胎していたのである」と。また同じ問題を、アメリカのサロモーネというイタリア史研究者は、『ジョリッティ時代のイタリア』と題する書物において、次のごとく分析した。「イタリアのリソルジメントは、イデオロギー上、リベラリズムとナショナリズムの産物であった。統一の達成以後、イタリアのリベラリズムは、理想として失ったものを、実践において徐々に再獲得していった。だが、ナショナリズムは、運動の目標であった課題が達成されたときに、まさにそのレーゾン・デートルを失ったようにみえる。」

二人の研究者によって、まったく正反対の評価を示されたイタリアのナショナリズムは、では、実際には、統一国家の形成直後にいかなる形をとっていたのだろうか。この点との関連で、リソルジメント運動にあらわれた二つの実践的立場についてまず説明しておくことが必要であろう。

一八六〇年七月二五日に、マッツィーニが、「ガリバルディとカヴール」と題して自派の機関誌に掲載した一文が、リソルジメント運動の最終局面でのこの二つの立場の関係について、きわめて興味深く伝えている。「現在イタリアの運命を二人の男が争っている。ガリバルディとカヴールである。二人の間で問題となっているのは、原理でも国家形態でもなく、手段の問題である。すなわち、二人が確認している同一の目標である国民統一をどのように実現するかの問題である。……貴族出身で、信念も理論もなく利害で動かされるカヴールは、人民を愛さず信頼しない。平民の出身で、思想と原理の信条を〈青年イタリア〉で教育されたガリバルディは、人民を愛し信頼する。」だから、カヴールは外国の力に依拠して革命を抑圧するのに対して、ガリバルディは愛国者の革命的な力を結集するのだ、と述べたあと次のように結論づけている。「二人の間に一致の可能性はない。イタリアは、いま、どちらを選ぶかの時期にある。ガリバルディの旗は《行動！　全人民の闘いによる全人民のための勝利。すべての外国支配からの独立。統一》を掲げる。カヴールの旗は《外交！　外国専制君主と同盟。教皇と皇帝保護下のローマ。君主間の連合》である。選択に疑問がありえようか。」(傍点はマッツィーニ自身)

マッツィーニは、ここで、二つの立場の違いを、目的でなく手段の違いとして考えている。つまり、民族独立と国家統一の課題を、どのような手段で達成するかという、いわば国家形成の方法をめぐる二つの立場として考え、一つは、民衆の革命運動の力でこの課題を達成しようとするもので、マッツィーニ、ガリバルディの立場であり、一つは、列強の勢力均衡を利用して外交的術策によって目的を達成しようとするカヴールの立場である、と区別したわけである。二つの立場の違いに関しては、ガリバルディも、これとほぼ同様の判断をくだしていた。

しかしながら、リソルジメントの全時期を通じて、とりわけ最終局面の段階で、二つの立場の主張を検討してみれば、問題は単に「手段」の違いにあったのではなく、まさしく「原理と国家形態」との違いに由来していることが、容易に理解できる。簡略化して描けば、一方には、広い民衆的基盤のうえにたつ民主的な国民国家がイメージされているのにたいして、他方には、政治力を中央に集中した中央集権的な国家機構の要請があった。国家形成の方法の相違には、形成すべき国家構造自体の相違が、常に結びついているのである。この二つの立場の相違は、またリソルジメント期のナショナリズムの二つの側面でもあった。一方は、民族意識の覚醒を、民衆運動を組織する主体的契機とする立場で、民族独立と国家統一が同時に民衆の利益の拡大として理解されているのにくらべ、もう一つの方には、中央集権的統一国家の形成が、国際政治の場で主権国家の確立を可能にする、という認識が働いているのだった。すなわち、この二つの側面をそれぞれ別個に発展させていけば、近代的国民国家の形成を、市民社会の創出という面に重点をおいて実現していくか、それとも、権力的国家の領域を強化していくかの、国家形成の根本原理にかかわる立場の差となってあらわれる問題であった。

以上のごとく、二つの潮流は、手段を異とするばかりか、原理自体に大きな隔たりをもつ立場の差であった。だが、現実の実践の過程で、争点は、目標に関してではなく、手段の違いとしてあらわれた。このことは、一つには、一九世紀後半の歴史的条件のもとで国家形成が課題となる場合に、二つの側面が原理として対立することなく、むしろ国家形成の二つのモメントとして相互にからまりあいながら実践的に表現されていくという形でしか、国家統一が実現されえないことを意味しているのであろう。また一つには、このからまりあいの赴く方向を読みとる、それぞれの立場の指導者の認識の深さと浅さとにかかわる問題でもあろう。

結局、最終局面で主導権を握り、勝利をおさめたのは、カヴールの側であった。カヴールの立場が勝利したことは、つまり、民族独立と国家統一とが、国民の内部的形成を伴って実現されたのでなく、対外依存によって国家の枠組をまず作る形で達成されたことを示すものである。カヴール派の有力な指導者ダゼリオが、「イタリアはできた。だがわれわれはイタリア国民を作らねばならぬ」と、国家統一の瞬間に述べたゆえんである。

さて、リソルジメント運動に理論的にはらまれていたナショナリズムの二つの側面が、実践的には、統一国家の実現という課題に一義化されて表現され、その意味でのナショナリズムの課題が、一八六一年に一応達成されたことで、リソルジメントのナショナリズムは、このとき、実践的現実的意味を失うことになった。すなわち、「肥大化現象」をおこしたのではなく、逆に、「レーゾン・デートル」を失ったのである。そして、二〇世紀のイタリアのナショナリズムはまったく異なった文脈の中から、むしろ、リソルジメントの否定の思想の中から産みだされてくるのである。

三

イタリア王国が宣言された一八六一年以後は、リソルジメント期の二つの潮流は、左派 Sinistra と右派 Destra という形に変質し、左派がマッツィーニ、ガリバルディの流れをくみ、右派がカヴールの立場を継承した。ここで、注目すべきことは、統一を達成したあとのイタリア国家の建設を進める過程で、左派からも右派からも、国家建設を対外侵略主義と結びつけて考える思想はでていないことである。一八七〇年から九〇年にかけてのイタリアには、対外的関係において、抑圧されているという意識に伴うナショナリズムも、侵略膨張主義という面でのナショナリズムも、有力な運動としてあらわれることはなかった。

この節では、左派と右派の政治思想を検討しながら、この問題を考えてみることにしたい。なお両派の社会階層は、右派が貴族と上層ブルジョアジーを主体とするのに対して、左派は貴族性の薄い中小ブルジョアジーや新興産業ブルジョアジーを代表している、とごく大ざっぱにいうことができる。

一八六一年から七〇年までの両者の争点は、ほぼそれ以前の二つの立場の争点と同じであった。すなわち、イタリア王国は成立したが、ヴェネツィアとローマがまだ外国の支配下におかれており、この地域を併合する手段に関して、右派はカヴールの例にならって外交の場で処理することを考え、左派は民衆運動によって解放することを主張したのである。ヴェネツィアは一八六六年に、ローマは一八七〇年に、それぞれイタリア王国に編入されたが、両者の場合とも、最後は、列強の均衡政策の枠内で解決の手段はとられたのだった。

かくして、一八七〇年にイタリアの統一が完成されると、これまでの中心的な争点であった国家形成の方法をめぐる対立は消えうせて、それまで理論的にはらまれながら実践的に表現されなかった、国家構造の原理にかかわる問題が主要な争点として表面にでてくることになった。

リソルジメントの最終局面で主導権を握り、統一の偉業を実現させた直接の貢献者である右派は、一八六一年から一八七六年まで政権を担当したが、その間、政策の中心にあったのは、中央集権的国家体制を編成するための諸措置をはかることであった。それは、行政・立法・財政の諸分野を通して実行されたが、その基調にあるのは、国家的権力を集中し、名門の限られた政治支配層を形成して、民衆の政治への参与をできるだけ排除する思想だった。例えば、この時期の選挙法にしたがえば、有権者数は全人口二七〇〇万人中、わずか五三万人で、二パーセントにも満たなかった。政治権力を中央に集中し、政治力の民衆的基盤を狭く限定する政策は、右派にとっての国家統一が、国際列強の間でのイタリアの国家的独立を支える条件として意味をもっていたことに連なる問題であって、いわばナショナリズムの国権主義的性格をはらんでいるわけである。この点を明瞭に示しているのが、一八七五年七月一日、ときの外務大臣ヴィスコンティ・ヴェノスタが、ウィーン駐在の大使ロビラン伯に宛ててしたためた一通の書簡である。「私は心の底から平和を望んでいる。……平和の保持がわが国の最大の関心事である。……ヨーロッパの危機の際に、イタリアが弱者の掟である宿命といったものに支配されることなく、強国 Grande Potenza として行動することができるようになるまで、できる限り長い間平和の続くことが、わが国の絶対の利益である。」ここに表明された一節から、ヴィスコンティ・ヴェノスタの、イタリアの現状についての判断を、おおよそ次のように読みとることができよう。イタリアは未だ強国ではなく、国際事件へ介入するには力量が不足している。現在のイタリアには、国内建設、国力増強が緊急な課題であり、このことに専心できるようにヨーロッパの平和が保持されることが望まれる。富国強兵がなされて初めて、国際舞台での持続的効果的な行動が可能となるだろう。こうした現状の把握が、つまり、右派の指導者の共通した認識だったのである。

右派の指導者の構想は、しかし、一八七六年に左派内閣に取って代わられたことで、大きな障害に出合う。左派は、では、どのような政治思想を抱いていたのか。民族独立と国家統一を民衆の革命的運動で実現しようとした左派は、結局のところ、民衆の革命運動をそれ自体の発展においてでなく、目的達成の手段として理解し組織してきたのであって、一八七〇年にその目標が右派の手で達成されてしまうと、革命主義の立場は急速に消えうせ、議会内の野党として存在する形態をとった。勿論、左派のうちにも、主流から分離した諸傾向があらわれていたが、一定の政治勢力を構成しえたのは、議会内野党のグループだった。左派のプログラムは、選挙権拡大の要求として集約されていた。それは、一面では、かつてのリソルジメント期の広く国民的基盤のうえに国家形成を試みるというナショナリズムの立場を示しているが、他面、もはやマッツィーニのような全人民的基盤という主張はなくなって、新興中産階層を背景としたブルジョア的自由の確保という性格を、色濃く帯び始めていた。右派の極端な中央集権政策による政治的経済的しめつけへの、新興ブルジョアジーの反発と考えられるのである。そこで、左派が政権の座について行なった政策は、いわば政治的市民的自由の保障であり、その最大の事業は、一八八二年の選挙法改正で、これにより有権者を一挙に二〇〇万人にまで増大させた。

イタリア史のこの時点で、右派の国権論的思想と左派の民権論的思想とが、あたかも調和して、国家建設が進められている様相を呈しているのだが、実は、一八八二年の選挙法改正の中にこそ、のちにトラスフォルミズモ trasformismo、ジョリッティズモ giolittismo とよばれるイタリア政治史の難点がふくまれていたのである。一言にしていえば、右派の作った中央集権的な国家構造の中に、左派が政治力の基盤の拡大化をもちこんだことで、国家政治の無定形な拡散状態が発生したのだった。これ以降、系譜的には右派と左派との区別は存続しても、政治問題での党派としての対立は識別できず、政党の派閥への解消と、実力者による派閥政治のくり返しにいろどられる政治史の局面が始まるのである。

国内政治のこのような歪みをもった発展は、外交政策にも如実に反映された。左派内閣も、外見は、それまでの右派の平和外交を継続させた形だが、右派の構想にみられた国権拡張の意味あいはもはやなくなっていた。列強の帝国主義的進出が開始されたなかで、聞こえのよい対外協調政策ではあるが、内実は、無方針の消極外交であった。

例えば、一八七八年のベルリン会議にあたって、カイローリ首相は、「イタリアは何物にも拘束されない自由な手をもってベルリンに赴き、その手を汚すことなく戻ってくるつもりである」と有名な言葉をはき、事実、「きれいな手」で戻ってきたが、それは「むなしいからっぽの手」でもあった。また、一八八二年に独墺と結んだ三国同盟も、イタリアが孤立から脱して、ようやく国際政治に「仲間入り」したことを意味するものでしかなかった。

対外関係で、政府の政策とは別個に、左派の系譜に属する一部の間に、未回復地奪回運動 irredentismo が存在したが、これは、積極的な対外侵略ではなく、また国家建設の課題とも関係をもたない運動で、文字通り受動的な運動であった。この時期のイッレデンティズモは、リソルジメント期のナショナリズムの形骸にすぎず、二〇世紀のナショナリズムは、このイッレデンティズモの否定的評価のうえにたっているのである。

四

最後に、膨張主義としてのナショナリズム、侵略主義としてのナショナリズム、総じて帝国主義的ナショナリズムが、イタリアではどのように形成されたかに、簡単に触れておきたい。

一八八二年に三国同盟を締結して、ようやく国際列強の片隅に仲間入りしたイタリアは、三国同盟の防衛的性格に次第にもの足りなさを感じ始め、国際政治の動きを利用しながら、一八八七年に条約改正と個別条項制定に成功して、イタリアの諸利害を主張しうる条件を作った。この直後に、首相の地位に就いたのが、「意志の人」クリスピであった。

クリスピは、リソルジメント期にはマッツィーニ主義者として令名を馳せた人物で、国家統一後の一八六三年には「君主制はイタリアを統一し、共和制は分裂させる」と宣言して君主制論者に転向したが、国家権力の中央集権化には反対して地方分権を主張し、一八八七年から一八九一年までの第一次内閣を組織したときには、いくつかの内政改革を実行した左派の代表的政治家である。そのクリスピが、外交政策においては、極めて積極的な膨張主義の政策をとった。一八八八年の末、みずからを称して「イタリアが他のすべての国と同等であるとみなし、イタリアの声が傾聴され尊敬されるようにすることを目的とした人間があらわれた」と表明したように、クリスピの外交政策を貫いたのは国威の誇示であった。これは、マッツィーニの抱いていたイタリアの使命観の、変質した表現とも考えられるが、クリスピには、国権伸長はリソルジメントの延長線上の問題として意識されていた。かつて、カヴールを評して「革命を外交化させた」張本人ときめつけたほどに、リソルジメントの解決のされ方に不満を抱いており、対内対外両面での国家形成のあり方に批判を加えていたクリスピの思想は、国権と民権とが不可分に結合していたナショナリズム思想の、イタリアにおける一つの典型を示した例といえよう。

だが、クリスピには、こうしたリソルジメント的世界の人間としての反面、リソルジメントの伝統から離脱した人間としての性格も備わっていた。三国同盟でオーストリアと手を結んだこと自体、イタリアがリソルジメントの伝統から離脱することを意味していたが、クリスピは熱烈な三国同盟主義者で、オーストリアを敵視するイッレデンティズモに対しては激しい非難を浴びせていた。また、彼のアフリカ植民地政策は、それまでのイタリア政府にはみられなかった、帝国主義的侵略の明瞭な性格を帯びていた。

クリスピは、いわば、リソルジメント的世界とリソルジメントの伝統から脱けでた帝国主義的世界との、両方の世界の課題を共に背負った政治家であった。彼が試みようとした政策は、ことごとく最初の意図とは逆の結果を示して終った。内政において、地方分権を意図しながら、第二次内閣の際、社会運動弾圧のために権力を極めて集権的反動的に行使することになったし、アフリカ植民政策は、エチオピアの激しい抵抗で挫折した。リソルジメントの世界と帝国主義の世界の、次元の異なった世界の矛盾を集中的に背負ったクリスピは、最後は、失意のうちに引退を余儀なくされた。帝国主義時代の世界を、リソルジメントの延長線上で認識せねばならなかった一九世紀末のイタリアの政治家の宿命であったともいえよう。

イタリアの歴史家のクリスピへの評価は、おおまかに二つに分れる。一つは、左派の流れに立つリソルジメントの継承者でありながら、その軌道を逸脱した外交政策において致命的な誤りをおかした、と評価する立場で、概してクリスピに否定的評価を与えている。だが、クリスピの致命的な誤りは、逆に、帝国主義時代の政治をリソルジメントの世界で考えたところにあったのではないか、と私は思う。もう一つの立場は、主としてファシズム時代の見解で、クリスピを、二〇世紀イタリア・ナショナリズムの先駆者として高く評価し、ファシズム成立以前の政治家の中で、国家目的をはっきり認識していたほとんど唯一の政治家である、とまでほめたたえる立場である。

いずれにせよ、クリスピは、リソルジメント期のナショナリズムと帝国主義的ナショナリズムとを、一つの身に混在させた転換期の政治家であった。二〇世紀のイタリアのナショナリズムは、リソルジメントの伝統から乖離したところで、帝国主義的な国家主義的な性格を帯びて登場してくる。その第一声は、一九〇三年、フィレンツェで、文学者コッラディーニが創刊した雑誌『王国』*Il Regno* のなかに聞くことになろう。

[後　記]

(初出)「イタリアのナショナリズム」『歴史教育』(日本書院)、第一一巻第一二号(一九六三年一二月)。

イタリア史研究を始めて間もない頃の執筆で、「帝国主義時代」特集の『歴史教育』誌に掲載された。抽象的な表現と図式的な説明の目立つ単調な内容であるのは否めないが、イタリア近現代史をどう理解したらいいのかを手探りで考えた最初のペーパーである。フェデリーコ・シャボーの名著『一八七〇—一八九六年のイタリア外交政策史』F. Chabod, *Storia della politica estera italiana dal 1870 al 1896*, Bari, 1951 はすでに出ていたが、ナショナリズム研究のスタンダードな作品として評価を受けるフランコ・ガエータの『イタリアのナショナリズム』F. Gaeta, *Il nazionalismo italiano*, Napoli, 1965 が発表されたのが一九六五年で、当時はリソルジメント後の一九世紀後半のナショナリズムに関する研究はほとんどなかった。イッレデンティズモを「リソルジメント期のナショナリズムの形骸」と書くような無知をさらけだしているが、いちばん苦労したのはクリスピの評価だった。

クリスピは首相在任中の強権的な政治と膨張主義的な外交によって、ファシズム史観からは高く評価され、自由主義史観からは否定的な評価を受けていた。この小論では肯定か否定かではなく、イタリア近代史におけるクリスピの位置ということをできるだけ考えてみようとしたのである。クリスピに関しては、その後、ラッファエーレ・ロマネッリ「一八八七年の転換におけるフランチェスコ・クリスピと国家改革」R. Romanelli, Francesco Crispi e la riforma dello stato nella svolta del 1887, in *Quaderni Storici*, N. 18, 1971 およびガエターノ・マナコルダ「クリスピとシチリアの農地法」G. Manacorda, Crispi e la legge agraria per la Sicilia, in *Archivio storico per la Sicilia orientale*, 1972 N. 1 の二つの優れた論文が発表されたにもかかわらず、あまり研究の進展はみられなかった。イタリアの国家構造の分析には、ジョリッティ時代よりクリスピ時代の方が重要と思われるが、内外の研究はジョリッティ時代に向けられる傾向が強かった。最新の注目される研究として、クリスピの全体像に迫ろうとするダニエーラ・アドルニ『フランチェスコ・クリスピ——統治の構想』Daniela Adorni, *Francesco Crispi. Un progetto di governo*, Firenze, 1999 がある。

なお本文中、ダゼリオの発言として引用したフレーズはよく知られたものだが、実はこれはダゼリオ自身の発言ではなく、彼の言葉がのちの時代に変形されたものである。

Ⅰ　自由主義とファシズム

第一章　クローチェの政治思想

ベネデット・クローチェ（一八六六—一九五二）は、一九世紀末から二〇世紀中葉まで半世紀以上にもわたって、イタリアの思想界に君臨した人物である。イタリア社会におけるクローチェの影響力は、まさしく俗界の法王と名づけられるにふさわしい強大なものであった。

二〇世紀前半のイタリア社会は、度重なる激動の変化にみまわれたが、クローチェは、そのなかにあって常に思想界の中心に座を占めていた。社会変化のそれぞれの時期に応じて、また文学、哲学、歴史、政治などのそれぞれの分野にしたがって、クローチェの果した役割は多様であった。本稿は、イタリアにファシズムが支配した時期のクローチェについて、とくにその自由主義論について検討することを課題としている。

クローチェがファシズム体制のもとで自由を擁護する声をあげ、ファシズムにたいして戦いつづけたことは、わが国でもよく知られている。というよりも、わが国でのクローチェに関する知識は、この点に限られているといってもよい状態である。たしかにクローチェは、二〇年近くつづいたファシズム体制のもとで、自由の象徴として存在し、反ファシズムの導きの星であった。しかし、クローチェが、ファシズムにたいして自由主義の思想を表明したとき、その自由主義の構造がどのようなものであり、またその構造がクローチェの精神哲学の体系とどのような関連をもつかといった点については、これまでほとんど分析がなされなかった。この点の分析なしには、クローチェの反ファシズムの態度を十分に理解することはできない。そこで本稿は、こうした点を中心にして、クローチェの思想、その自由主義論とファシズム論に検討をくわえようとするものである。

一　ファシズムへの期待

第一次大戦後のイタリアは、一方では社会主義運動の激化、他方ではファシズム運動の擡頭という左右両翼からの攻撃をうけて、深刻な社会危機にみまわれた。その危機的様相が一段とはげしくなった一九二〇年六月、第五次ジョリッティ内閣が成立した。ジョリッティ(一八四二―一九二八)は第一次大戦前にすでに四度にわたり内閣を組織して、いわゆるジョリッティ時代をきずきあげ、イタリア自由主義を代表する最大の政治家として認められていた人物である。クローチェは、ジョリッティの要請をうけて、この第五次ジョリッティ内閣に文部大臣として参加した。(1)

ジョリッティ内閣は、二〇年六月から二一年七月まで続いた。この時期は、社会主義運動とファシズム運動とが するどく対抗した時期であり、その結果、両者の力関係がファシズム運動に有利に傾いた時期にあたる。クローチェはこの期間、学制改革のプランを作成して、文部大臣としての仕事に熱意を示していた。しかし、全体の政治情況についてはほとんど意見を表明しておらず、ファシズム運動に関しても何の見解も述べずに終っている。

ジョリッティ内閣が崩壊したあと、ボノーミ内閣、ファクタ内閣と続き、一九二二年一〇月二八日にファシストによるローマ進軍がおこって、ムッソリーニ内閣ができあがる。クローチェはジョリッティ内閣の崩壊したあと、ナーポリ市の自宅にこもって研究生活にたちもどり、現実の政治的問題にはとりたてて関心を示していない。ただ一度、ローマ進軍直前の二二年一〇月二四日に、ファシスト党の全国大会がナーポリのサン・カルロ劇場で開かれたとき、「日ましに圧力と重要性を増している党について、直接の知識をうるのに便利であり、ある意味では義務であると感じて(2)」その会場に出かけ、上院議員のために指定された来賓席で大会を傍聴したのが例外である。

クローチェが、ファシズムに関してはじめてまとまった見解を表明したのは、ローマ進軍から一周年を迎えて、新聞にインタビューを求められたときである。それは、ムッソリーニ内閣が一年間つづいて、ファシズムの政策が次第にその特徴をあらわしはじめ、自由主義とファシズムの関係について広く議論がよびおこされた時期のことである。このインタビューは、「自由主義とファシズム」と題して、二三年一〇月二七日の『ジョルナーレ・ディターリア』紙に発表された(3)。インタビューは、この時期におけるクローチェのファシズム観と自由主義観を理解するうえで興味あるばかりでなく、国家あるいは政治一般に関するクローチェの特徴的な見解を知るうえでも重要なものである。

まず、自由主義の正確な定義あるいは自由主義国家の長所と欠陥についてどのように考えるか、という記者の問にたいして、クローチェは次のように説明を与えている。

国家には、自由主義国家とかファシズム国家とかいうように、さまざまな国家があるのでなく、ただ一つの国家があるにすぎない。政府についても同様で、ただ一つの政府があるにすぎない。つまり、政府とは、多数者を支配し統治する少数者のグループのことである。国家あるいは政府の問題は、社会にたいする有用性 utilità の観点から考察すべき問題で、国家や政府の形態は、所与の情況のもとで最大限の社会的有用性を実現しうるグループの存在と行動によって決定されるのである。イタリアの当面している具体的な情況でいうと、「自由主義の問題あるいはファシズムの問題があるのではなく、ただ政治的勢力の問題があるだけである。現在の政府に代わりうる政治的勢力は一体存在しているだろうか？　私は、そのような勢力があるとは思わない。私はむしろ、〔政府の交替によって〕あの一九二二年の議会の麻痺に逆もどりする危険を指摘したい。こうした理由のため、思慮ある者は誰も、現状の変化を望んでいないのである」。

クローチェのこのような説明にたいして、記者はさらに「あなた個人としては、自由主義の理念をうけいれますか」と質問を続ける。クローチェの回答は次のごとくである。

「私は、個人としては、自由主義者であるし、また自由主義者でしかありえない。しかし、それは、哲学的あるいは理論的な考察によって導きだされた立場というわけではない。そうではなく、私がナーポリ人であり南部ブルジョアであると感じるのとまったく同じ感情で、自分を自由主義者であると感じるのである。私の知的道徳的存在は、すべて、リソルジメントの自由主義的な伝統から生じている。リソルジメント以後の自由主義的な統一イタリアのもとで育ち、その雰囲気のなかで成長してきた人間のうち、自分自身を自由主義者でないと感じるような人は一人もいないだろう。私は、理論的な議論によって、自由主義を擁護することはしないけれども、私の現実の感情と意思においては自由主義者であることをはっきりと言っておきたい。」

記者はそこで、「あなたの自由主義の心情と、ファシズムの容認および正当化との間に矛盾はないでしょうか」とたずねると、クローチェはこう結論づけている。

「何の矛盾もない。もし自由主義者が、イタリアを無秩序から救いだす力をもたないのならば、みずからに反省をくわえ、その欠陥を克服することが必要である。その間、いかなる側から生じたものであれ、他の勢力の長所を認め、それをうけいれなければならない。このことは、自由主義者の義務である。」

このインタビューでクローチェが明らかにした見解は、次の三点に整理することができる。第一点、国家や政府の問題、あるいはもっと一般的に政治というものは、有用性の観点から考察することが必要である。そして、政治をおこなうものは少数者のグループで、残りの多数者は支配され統治されるにすぎない。第二点、現在の事態において、ファシズムは、イタリアを無秩序の状態から救いだすことができる唯一の政治勢力である。その事実を認識し、現在のムッソリーニ政府を支持しなければならない。第三点、あなたは自由主義者であるかと問われれば、そうであると答えざるをえないけれども、その場合の自由主義とは、哲学的理論的に考察された自由主義を意味するのでなく、もっぱら生活感情としての自由主義を意味している。

このうち第一点については、クローチェがすでに第一次大戦前にねりあげた精神哲学の体系における政治の位置づけという問題に関連するので、その精神哲学 Filosofia dello Spirito の体系について検討するときに、あわせて説明することにしよう。第二点については、ファシズムを何よりもまず秩序回復の政治力としてとらえる点において、ジョリッティをはじめ当時の多くの自由主義政治家と共通した認識を示している。この点は、ひきつづく二つのインタビューにおいて、一層はっきりとしてくる問題である。第三点は、とくに注意を要する点で、クローチェはこの時期に、自由主義という問題を、自己の生活の経験的感情的な側面でのみ理解して、思想的理論的な問題として考察することはしていないのである。この時期のクローチェは、政治思想としての自由主義については何らの関心もはらっていないわけで、このことは記憶にとどめておくべき重要な点である。

ムッソリーニ内閣は、二三年一一月に選挙法を改正した。新しい選挙法は、全国の投票を合計して最高の得票数をえた政党が総議席の三分の二を獲得し、残りの三分の一の議席は比例配分によって他の諸政党に与えられるという内容であった。ムッソリーニは二四年一月に議会を解散し、総選挙の日どりを四月と定めた。前回の総選挙は二一年五月におこなわれており、そのときファシスト党が得たのは総議席数五三五のうち三五議席であった。二二年一〇月に成立したムッソリーニ内閣は、ファシスト党三五議席を基盤とし、ほかに自由主義諸派の支持をえて成りたっていたのである。選挙法改正の意図は、ファシスト党が議会で一挙に絶対多数を獲得して、単独支配の体制を確立しようとするところにあった。

ムッソリーニのこうした意図にたいしては当然批判があびせられ、ファシズムに反対する側からは、新しい選挙制度は立憲制から逸脱するものであるという声がおこった。新選挙法は、議会で多数を形成するためのほとんど暴力的ともいえる手段で、これが実施されれば立憲議会制にとってきわめて危険な事態が生じるだろうというのである。選挙法改正をめぐるこうした動きのなかで、クローチェは再び意見を求められ、新聞インタビューがおこなわれた。このインタビューは、「総選挙と正常な政治生活への復帰」という題で、二四年二月一日の『コッリエーレ・イタリアーノ』紙に掲載された(4)。

クローチェはこの第二回目のインタビューにおいても、現在もっとも重要な課題は政治的秩序をすみやかに回復することであると強調し、そのためには政府に絶対多数の力を与えることが必要であると主張した。それゆえ、今度の選挙には、立憲議会制がおかされる危険よりも、むしろ立憲体制を復興する希望が感じられると指摘した。「表面でなく本質をみる人、部分でなく全体をみる人は、ただこの新選挙法をとおしてのみ、国民の合法的な代表者と国民を実際に支配する政党の間の二元的分裂の状態を克服できることに気がつくはずである。支配政党〔＝ファシスト党〕の活動をとおして、新しい議会、新しい多数が形成されれば、それらは再び合法性と立憲体制のもとで機能するようになることは明白である。」また、「あなたは、ファシズムが新しい政治体制をつくりだすと考えますか」と問われて、次のように答えている。「ファシズムが、自由主義とはまったく異なった政治体制をつくる可能性はあるだろう。しかし、現在のところ、そのような動きへの決定的な徴候はみとめられない。私が見出すのは、選挙をとおして、正常な政治生活へ、つまり立憲体制に復帰しようとする自発的な動きである。……ファシズムの心は、イタリアへの愛情であり、イタリアを救おうとする気持であり、そして国家を救おうとする気持である。ファシズムの心は、権威のない国家は国家ではないという正しい信念である。この面において、ファシズムはその効果をもったし、現にもっているし、またこれからももつだろう。」

この二度目のインタビューについては、とくに説明をくわえる必要はないだろう。

総選挙は二四年四月六日におこなわれ、その結果は、予想どおりファシスト党が勝利をおさめ、議会の絶対多数を獲得した。しかし、選挙運動の期間中、ファシストによる他党の選挙運動への妨害や暴力行為が頻発し、新議会ではこの問題が大きくとりあげられた。統一社会党議員のマッテオッティは、議会でファシストの暴力行為を公然と糾弾したため、ファシストに暗殺されるという事件が生じた。この事件を重視した社会党諸派と人民党左派、それに共和派や民主派の議員は、政府およびファシスト党に抗議して議会活動を停止し、いわゆるアヴェンティーノ分離グループを結成した。そこでムッソリーニは、上下両院に政府の信任投票を求め、両院はそれに応じて圧倒的な多数で信任を与えた。このとき、クローチェも上院議員として政府に信任票を投じた。マッテオッティ事件がおこったあとでも、なおムッソリーニ政府を支持する理由を問われて、クローチェは三度目の新聞インタビューをおこなった。このインタビューは、「政治情況(一九二四年七月)」という題で、七月一〇日付『ジョルナーレ・ディターリア』紙に発表された(5)。

クローチェは、マッテオッティ事件のごとき犯罪がおこなわれたことは、ファシズム運動の誤った方向を示すものだと批判する。しかし、この事件のゆえに直ちにファシスト政府に反対票を投ずることは、議会と政府の間の対立を決定づけることを意味し、それはまた、社会を混乱と危機におとしいれることを意味する。「ファシズム運動は、自由主義体制がより安定した国家のわくのなかで復興するためのかけ橋」なのであり、ファシズムにその本来の課題にたち戻る機会を与えねばならない。「こうした理由により、いま必要なことは、ファシズムが変質をとげる過程のために時を与えることである。このために私は上院で信任票を投じたのであり、それは熟慮した愛国的な票である。投票には熱狂的な票と義務の票があり、私のは義務の投票なのである。」

クローチェは信任投票の理由をこのように述べているが、この段階においても依然として、ファシズムがイタリアの政治的秩序を再興する任務を果すだろうことに期待をかけているのである。

さて、クローチェがファシズムに関して公式に見解を表明したのは、以上の三つのインタビューにおいてだけであり、私的な書簡を別とすれば、当時の論文や著作ではファシズムについて直接の言及はおこなっていない。これらのインタビューで表明されたファシズム観については、もはや説明を要しないと思うが、一言でまとめれば、第一次大戦以来の社会的混乱は、ファシズムの政治力によってのみ正常な自由主義体制へ復帰できるという認識であった。そして、クローチェにとってこの自由主義とは、理論的哲学的に考察されたものでなく、個人生活の経験として感じとられた自由主義の秩序であった。要するに、この時期のクローチェは、自由主義もファシズムも政治思想の観点からではなく、リソルジメントから生じた社会秩序とその秩序を回復する政治勢力という観点でとらえているのである。

しかしながら、ファシズムにたいするクローチェの期待は、無残にもうちくだかれざるをえない。ムッソリーニは、マッテオッティ事件から約半年間続いた政治危機を打開するために、アヴェンティーノ分離派が議会に復帰することを禁止し、ファシズムに反対する勢力には力をもって弾圧することを決定した。この決定は、二五年一月三日の議会演説で宣言された。一月三日の演説は、これまでまがりなりにも維持されてきた立憲議会制を否定し、それに代わってファシズム独裁政治の開始を告げる演説となった。

クローチェは、ここにいたってようやく、ファシズムが自由主義の再興をもたらすものでなく、むしろ自由主義と対立するものであることを認識するようになる。そして二五年三月に「自由主義」(6)と題する論文を発表して、ファシズムにたいして自由主義を擁護する試みをはじめた。

この論文は短いもので、簡単にいえば次のような表現で自由主義を論じている。社会主義とファシズムが擡頭し、両者の攻撃をうけて自由主義の役割はすでに終ったという考え方が広まっているが、それは正しくない。自由主義は、諸個人、諸集団の自立性と創造性を保障するものであり、これら諸力の自由な競争をとおして精神的、道徳的、経済的な進歩が可能となる。これが歴史の正しい歩みであり、そのようなものとしてイタリアのリソルジメントがあった。

クローチェはこの論文で、ファシズムと自由主義を対立的にとらえる態度を明確にしたが、自由主義そのものに関しては、とりたてて新しい視点をうちだしていない。従来の観点の延長にたって、経験的な考察をしているにすぎないといえよう。

ところで、クローチェが決定的に反ファシズムの立場を表明するのは、二五年五月一日の声明においてである。

ファシズムを支持する知識人たちは、ジェンティーレ(一八七五―一九四四)を中心に、「ファシスト文化のための会議」を開催して、その会議の総括を『知識人のファシズム宣言』(7)として四月二一日に発表した。この『宣言』が強調したのは、次のような点であった。

ファシズムは、これまでのイタリア国家を批判するものである。この国家はリソルジメントから生じ、自由主義的な性格をもっていた。しかしその自由主義は、国家意識の内的形成を伴わず、外在的形式的な自由しか与えることができなかった。いま必要なことは、こうした自由主義国家を革新して、国家の機構的機能的な統一性をうちたてることである。ファシズムは、大衆的な運動をとおして、諸個人の活動総体の組織体としての国家を、その有機的な秩序において形成するだろう。

クローチェは、このファシスト知識人の宣言にたいして、直ちに反対声明(8)を起草し、四〇名の署名者を得て五月一日に公表した。クローチェの声明の論点は次のごとくである。

ファシスト知識人の宣言は、政治と文化を混同した雑多な思考の寄せ集めである。それは信念に欠けており、権力におもねる態度である。しかも期待をよせられたファシズム政府自体が、何ら創造的な政治体制を生みだす可能性はない。われわれは、この混乱に満ちた宣言にたいして、われわれのこれまでの信念を捨てさる必要を感じない。この信念は、近代イタリアを再生した信念であり、リソルジメントの信念であった。初期のファシスト運動に、多くの自由主義者が希望をよせたのは、政治生活に新鮮な活力が注ぎこまれ、それが革新の力になると感じたからである。しかしその運動は、リソルジメントの思想を裏切り、絶対主義的政府の統治技術をとり戻すことで終った。現在の政治闘争は、自由主義の諸制度と諸方策の価値が国民の間により深く自覚されるという結果を生むことになろう。

　この声明は、クローチェが反ファシズムの立場に移行したことをはっきりと表明した点で意味をもつが、自由主義については、依然としてこれまでの観点からぬけでていない。ファシズムと自由主義との関係は、もっぱらリソルジメントの克服かあるいはその裏切りかという歴史的な観点で語られている。リソルジメントとファシズムの関係をめぐるこうした観点については、後にイタリア歴史学界で、連続説、断絶説、顕現説などに分れて論争がおこなわれ、クローチェ自身も断絶説の主唱者としてこの論争の主役を演じることになる。そうした点で、この問題は興味ある内容をふくんでいるが、さしあたってはそれを指摘するだけにとどめておかねばならない。ここで重要なことは、この時期のクローチェの自由主義観を理解しておくことなのである。くりかえしていえば、クローチェはファシズムに期待をよせる立場から、それを批判する立場に移行し、これを契機に自由主義を擁護する試みを開始した。しかしこの時期には、自由主義をリソルジメント以降のイタリア史における歴史経験的な観点でとらえているにすぎず、クローチェのいう理論的哲学的な考察はなされていない。

　クローチェが自由主義論を積極的に提示しはじめるのは、もうしばらくあとのことで、そのときには政治と倫理の関係をめぐって議論が展開されるのである。その新しい自由主義論を理解するためには、クローチェの精神哲学の体系とそこにおける政治と倫理の関係を理解しておくことが不可欠の前提であるので、節を改めてこの問題について検討することとする。

二　精神の科学としての哲学体系

1　ヴィーコとマルクス主義

クローチェの理論体系は、一九世紀末から二〇世紀初頭にかけて形成された。クローチェの思想形成の過程を、ジョリッティ時代の社会情況との関連で明らかにすることは、現代イタリアの思想史を理解するうえできわめて重要な問題ということができる。しかし本稿では、この問題を扱うことは直接の課題としていないので、以下の説明においては、クローチェがその思想形成の過程でヴィーコとマルクス主義からうけた影響の問題を中心に考察をすすめていくことにする。

クローチェは早くから歴史の研究に関心を示し、ヴィーコ(一六六八―一七四四)やデ・サンクティス(一八一七―八三)などイタリアの代表的な思想家の著作に学びながら、歴史の概念と方法について研究をすすめていた。そして、この二人の思想家の歴史論と文芸論に依拠しながら、一八九三年に「芸術の一般概念にふくまれる歴史」La storia ridotta sotto il concetto generale dell'arte と題する論文を発表した。この論文は、歴史は科学でなく芸術として理解すべきであると説いた簡単なもので、歴史の方法論を積極的に述べたものではなかった。クローチェがこの論文で意図したことは、当時の支配的な風潮であった実証主義思想ならびに歴史を自然科学的な方法で理解する立場にたいして、批判をくわえることにあった。

クローチェはその後、自己の歴史論と文芸論を作りあげるため、さらに一層ヴィーコの研究にうちこみ、その成果は一九〇〇年の「表現の学および一般言語学としての美学に関する基本テーゼ」Tesi fondamentali di un'Estetica come scienza dell'espressione e linguistica generale あるいは一九〇一年の「美学の発見者ヴィーコ」G. B. Vico primo scopritore della scienza estetica として発表された。

ヴィーコの研究にうちこんでいる時期に、他方でマルクス主義哲学者のラブリオーラ(一八四三―一九〇四)のすすめをうけてマルクス主義の文献に接し、その研究も開始した。マルクス主義の研究は、一八九五年から九九年の間に集中しておこなわれ、その成果は一九〇〇年に『史的唯物論とマルクス主義経済学』*Materialismo storico ed economia marxistica* として一冊におさめられた。クローチェは、最初、歴史論と文芸論をねりあげる目的で、ヴィーコとマルクス主義の研究にとりくんだのだが、その研究の過程で、最初の目標をはるかにこえて、一つの哲学体系を構想するにいたった。そして、この時期のヴィーコとマルクス主義の研究をとおして、後に精神の科学としての哲学と名づけられる理論体系の基本的な骨組を、ほぼ作りあげたといえるのである。そこで、クローチェがこの二つの思想の研究からひきだした問題点について、はじめに説明をしておこう。

ヴィーコからうけた影響については、ヴィーコ自身の思想を紹介しながら説明していくことにするが、ヴィーコの思想は、主著『諸民族に共通な性質に関する新科学の諸原理』*Principi d'una Scienza nuova d'intorno alla comune natura delle nazioni*, 1725, 3ª ed., 1744 において表明されている。

ヴィーコは神学的歴史観を否定して、歴史は神によって作られるのではないという。そうではなくて、神によって定められた普遍的な目標を実現するために、人間精神の活動と拡がりをとおして創造されるのである。それだから、大切なことは、人間精神の活動の形態と過程を理解することである。人間精神は、その活動の過程で、三つの段階をとおしてあらわれる。最初の段階は、感じること、つまり感覚であり、これはもっとも原初的なものである。次の段階は、想像することで、この想像は、詩という表現をとおしてあらわされる。最後に、知性のはたらきが生じ、この段階で、推論あるいは思惟がおこなわれる。ヴィーコは、要するに、人間精神の活動を、感覚、想像(詩という表現)、思惟という三つの形態に区分し、それをさらに精神の発展の段階として考えたのである。ヴィーコは、ここで、想像のはたらきは知性のはたらきを前提とせず、想像はそれ自体で一つの自立した精神活動なのであるから、想像の段階と思惟の段階とは区分する必要があると考えた。クローチェは、ヴィーコのこの指摘から、二重の影響をうけることになる。一つは美学論について、一つは区分の理論について。ヴィーコが想像のはたらきは知性のはたらきを前提とせず、想像(詩という表現)の問題はそれ独自で考察する必要があると指摘した点に、クローチェは、近代美学論の形成にとってのヴィーコの功績を見出し、それを自己の美学論の基礎とした。また、ヴィーコが、想像と思惟を、それぞれ独立した精神活動として区分した方法を、クローチェは自己の精神哲学の体系にそのままうけついで、直観的認識(美学)と概念的認識(論理学)とを、おのおの自立した精神活動として区分する根拠としたのである。この区分という概念は、クローチェの理論体系において、きわめて重要な意味をもつことになるので、十分に記憶にとどめておくことが必要である。

ところで、ヴィーコの歴史論の特徴は、精神活動の三つの過程を、諸民族が経験する歴史の三段階の過程に対応させた点である。ヴィーコによれば、歴史は、感覚的な野蛮状態から知性的な文明状態へと発展する。この発展の過程で、諸民族は、神々の時代・英雄たちの時代・人間の時代の三段階を経験する。神々の時代は感覚の支配する時代で、この時代の人間は野蛮な状態にある。英雄たちの時代は想像の支配する時代で、人間は表現力の豊かな詩人の状態をとる。その典型的な例がホメロスである。人間の時代になると、知性のはたらきで推論や思索がおこなわれ、文明状態に達する。諸民族は、こうした三つの段階を経過して発展の頂点に達すると、今度は没落あるいは他民族の征服をうけて、再び出発点に戻り、あらためて野蛮状態から歩みを始めることになる。つまり、歴史の回帰と循環がおこなわれる。

以上が、ヴィーコの思想の要点である。この思想は、フランスの合理主義あるいは啓蒙主義と対立する構造をもっていて、一八世紀の啓蒙主義の時代にはまったく無視されていたが、一九世紀の歴史主義の成立とともに注目されることになった。クローチェは、ヴィーコの思想から、人間精神の活動として歴史をとらえることを学び、かつまた精神活動の区分の理論を身につけた。こうした理論を基礎にして、クローチェは、精神の科学としての哲学体系を構想するにいたるのである。そして、当初の関心であった文芸論は、表現の学としての美学としてまとめられ、精神哲学の体系の一部に組みいれられることになる。

次に、マルクス主義の研究からひきだした結論については、三つの問題があった。

第一は、史的唯物論は歴史哲学ではなく、歴史解釈の一つの規範にすぎないという結論である。「史的唯物論は、歴史哲学の新しい建設でも、また歴史認識の新しい方法でもなく、単なる歴史解釈の一つの規範を示すにすぎない。この規範は、社会の構成や変化をよりよく理解するために、いわゆる経済的基礎に関心をむけることをすすめているのである。[9]」クローチェは、史的唯物論を、経済的事実を基準として歴史を解釈する一つの立場として理解した。この基準は、「ある場合には役に立つが、他の場合には役に立たない道具[10]」と同じことで、そのような理論は、世界観とか歴史哲学とかよびうるものではないと考えた。別の言葉でいえば、人間の社会生活にとって、経済的事実は規定性をもたないと結論づけたのである。

第二の結論は、経済活動を人間精神の実践活動として定義づけ、その活動に有用性という概念を与えたことである。クローチェの考察によれば、マルクス主義は、経済活動を人間の意識から独立した外在的なものとして理解し、しかも、その活動に規定性を与えようとする。たしかに、経済活動は人間の社会生活にとって重要なものであるが、それは規定性という点においてではなく、有用性という点においてである。それに、現実は人間精神の活動として実在するのだから、経済活動も人間精神の外にあると考えるべきでなく、精神活動そのものの一形態として理解しなければならない。こうした考えのうえにたって、クローチェは先のような定義づけをおこなったわけである。クローチェはここで、経済活動に有用性という概念を与えたが、この有用性という概念は、先の区分の概念と並んで、クローチェの思想体系において非常に重要な位置を占めることになる。区分および有用性の概念については、後段でまとめて説明することにする。

マルクス主義の研究からひきだした第三の問題は、政治は実際の事実にもとづいて理解すべきで、その事実以外の要素、とくに道徳的要素をもちこんで判断してはならないという結論である。マルクス主義は、政治を諸階級の利害にもとづく力の闘争として考え、政治にたいする道徳的判断を排除した。クローチェはこの点を全面的にうけいれて、政治はそれ自体で固有の領域をもち、その領域を道徳あるいは倫理の領域から区分しなければならないと考えた。クローチェは、このような、政治は実際の事実によって理解すべきで、そこに道徳的な判断をくわえてはならないという考え方を、マルクス主義の政治論から学んだのであるが、こうした政治論の起源を、さらにさかのぼってマキアヴェッリの思想のなかに見出すことになった。そこでクローチェは、マルクス主義の政治論を、マキアヴェッリに発する政治思想の系譜のうえにおきかえて、マルクスを「プロレタリアートのマキアヴェッリ」[11]と名づけたのである。そして、『史的唯物論とマルクス主義経済学』一九一七年第三版の序文で、さらに明確に、「マルクス主義は、政治の概念において、力、闘争、権力の原理をはっきりと確認し、そのことによって、私をイタリア政治学の最良の伝統に連れもどしてくれた」[12]と述べるにいたった。

さて、ヴィーコとマルクス主義の研究をとおして、クローチェが結論づけたことは、一、歴史および現実は人間精神の活動のあらわれとして理解すべきこと、二、その精神活動のうち想像(詩)と思惟とは区分すべきこと、三、人間の社会生活にとって経済的事実は規定性をもたないこと、四、経済活動はやはり精神活動の一つで、それは有用性を目標としていること、五、政治は道徳とは無関係な独立した領域をもつこと、以上の諸点であった。ここで、クローチェの思想体系の形成にとって、これらの諸点が与えた影響の仕方を整理してみると、次のようになる。一から、精神の科学としての哲学体系を構想することになった。二から、精神の認識活動を直観的認識と概念的認識に区分する根拠をえて、それぞれを「美学」および「論理学」としてまとめあげることになった。三と四から、経済活動を有用性という概念でとらえて、「経済学」を精神哲学の体系の一環に組みこむことになった。五から、政治と道徳を区分したあと、政治を有用性の概念のもとにつつみこみ、そうしたうえで精神の実践活動を大きく、有用性を目標とする経済活動と善を目標とする道徳活動とに分類して、それぞれを「経済学」および「倫理学」としてまとめあげることになった。

もちろん、こうした整理の方法は、単純に図式化した場合のことであって、クローチェが、精神の科学としての哲学体系を実際に完成させるのに、ヴィーコとマルクス主義の研究を終えてからさらに一〇年近い時間を要している。この間、クローチェが新たに研究にうちこみ、そこから大きな影響をうけたものに、ヘーゲル哲学がある。しかし前にも述べたように、クローチェの哲学体系の基本的な骨組は、ヴィーコとマルクス主義の研究に一段落をつけたところで、ほぼできあがっているといえるのである。それゆえ、この時期以降の過程は省略して、今度は直ちに、完成された形での精神哲学の体系を整理してみると、次のような構造となる。

2　精神哲学の構造

実在するものはただ精神だけであり、現実とは人間の精神活動のあらわれにほかならない。この精神活動は、認識 conoscenza にもとづくか、あるいは意思 volontà にもとづくかにしたがって、理論的活動 attività teoretica と実践的活動 attività pratica とに分類することができる。認識にもとづく理論的活動と意思にもとづく実践的活動とは、さらにそれぞれ二つの段階に分類することができる。精神の理論的活動の第一段階は、直観的認識 conoscenza intuitiva の活動である。これは、個別的・感覚的な活動で、美 Bello を明らかにする。理論的活動の第二段階は、概念的認識 conoscenza concettuale の活動である。これは、普遍的・理性的な活動で、真 Vero を明らかにする。次に、精神の実践的活動の第一段階は、経済的活動 attività economica で、これは、個別的・具体的な目標、つまり人間生活にとって有用 Utile なるものを求める意思にもとづく活動である。実践的活動の第二段階は、道徳的活動 attività morale で、これは、普遍的・合理的な目標、つまり善 Bene を求める意思にもとづく活動である。

精神活動はどのようなものであれ、必ずこの四つの活動のどれかに区分することができる。すなわち、この四つの精神活動のうちに、現実全体がふくまれている。ところで、現実は精神であるという立場にたてば、哲学というものは、ただ精神の科学 Scienza dello Spirito としてのみ理解することができる。そして、精神は四つの活動としてあらわれるとすれば、精神の科学とは、これら四つの精神活動を、それぞれ哲学的に考察することを意味する。

そこで、クローチェの精神の科学としての哲学は、次の四つの部分から構成されることになる。すなわち、直観的認識の活動を哲学的に考察する美学 Estetica、概念的認識の活動を哲学的に考察する論理学 Logica、経済的活動を哲学的に考察する経済学 Economica、道徳的活動を哲学的に考察する倫理学 Etica。これらの四つの哲学的考察は、それぞれ、一九〇二年の『表現の学ならびに一般言語学としての美学』*Estetica come scienza dell'espressione e linguistica generale*、一九〇五年(一九〇八年に改訂)の『純粋概念の科学としての論理学』*Logica come scienza del concetto puro*、一九〇八年の『実践の哲学——経済学と倫理学』*Filosofia della pratica—Economica ed Etica* として発表された。

クローチェにとって、現実は四つの精神活動につきるわけであるから、精神の科学は、これら四つの活動を哲学的に考察すれば、それで一つの完結した体系となり、しかも、この精神の科学としての哲学体系のみが唯一の哲学体系でありうることになる。事実、クローチェ自身、一九〇八年の『実践の哲学』によって、その体系を完成しえたと考えた。

しかし、問題が一つ残った。それは、歴史の問題についてである。すなわち、精神は常に発展するものであり、現実は、その発展における一過程をあらわすものである。それゆえに、精神活動はその発展の過程、つまり歴史として理解されなければならない。精神活動の原理を明らかにするのが哲学だとすれば、精神活動の具体的な発展過程を全体として明らかにするのは、歴史である。クローチェは、こうした考えにたって、精神哲学の延長線上で、歴史理論の研究にとりくむことになった。その成果は、一九一二年から一三年にかけて雑誌上に発表され、次いで一五年に『歴史の理論および歴史』としてドイツ語版で一冊にまとめられた。この書のイタリア語版 *Teoria e storia della storiografia* は、おくれて一七年に出版された。『歴史の理論および歴史』は、精神の科学としての哲学の第四作目として位置づけられ、これによってクローチェの精神哲学の体系は最終的に完成させられたのである。

ところでクローチェは、この精神哲学四部作の最終巻において、重要な指摘をおこなった。それは、「哲学は、必然的に、歴史の方法論でしかありえない」[13]という指摘である。

クローチェが、こうした結論を導きだした理由は、いま説明した箇所から容易に察することができよう。精神哲学の体系を完成するにあたって、クローチェは、哲学を歴史の方法論であると結論づけることにより、歴史的認識に最も重要な役割を与えることになった。精神哲学の体系の完成は、同時に、クローチェの歴史主義の立場の確立を意味したのである。

さて、精神哲学の体系と歴史主義の立場を確立したあと、クローチェの関心は、主として二つの分野に向けられることになる。一つは、現実の社会事象を精神哲学の体系にしたがって解釈すること、換言すれば、精神活動の体系を現実の社会事象に適用することである。もう一つは、歴史主義の立場にたって、具体的な歴史の研究をおこなうことである。一九一五年以降のクローチェは、この二つの分野の研究活動をとおして、現実および歴史の問題に明快な解釈を与え、イタリア思想界にゆるぎない支配権を確立したのである。

精神哲学の体系は、クローチェの死に至るまで、その基本的な枠組が否定されることはなかったが、現実社会の変化に応じて、微妙な修正をうけた点がある。それは、とくに政治と倫理の関係をめぐってあらわれてくる。そして、まさしくこの点に、クローチェにおけるファシズムと自由主義の問題がかかわってくるのである。この問題の検討に移るためには、精神哲学の体系に関して、なお二つの点で説明をくわえておかねばならない。それは、これまでたびたび指摘してきた区分の概念と有用性の概念についてである。

3　区分の理論と有用性の概念

クローチェの精神哲学の体系は、別名、精神活動の区分の体系とよばれる。クローチェが、精神活動に区分の概念を導入するにあたって、ヴィーコとマルクス主義の理論からうけた影響については、すでに指摘した。それゆえ、ここでの説明は、もう一つ別の角度からおこなうことにする。イタリアの思想界では、一九世紀末から二〇世紀初頭にかけて、実証主義に対する観念論の再興がおこなわれた。観念論にもとづく新しい文化運動は、さまざまな潮流を形成して、神秘主義、未来主義、心理主義、道徳主義、デカダンティズム、唯美主義、国家主義、民族主義等々としてあらわれた。クローチェは、これらの思想を一括して、非合理主義的イデアリズモまたは感覚主義的スピリトゥアリズモとして非難し、これらの立場の誤りは、真・善・美・有用の四つの価値を、たがいに混同したり、あるいはそのどれか一つに絶対的な意義を与えたりするところにある、と批判した。クローチェによれば、四つの価値は、混同したり、優劣の関係を与えたりすべきものではない。四つの価値は、それぞれ自立したもので、それらはただ区分の関係においてのみとらえることができる。そして、精神活動とは、これら四つの価値の認識と創造をおこなうことであるから、精神の四つの活動も、混同したり優劣関係をつけたりしてはならず、区分として関係づけることが必要なのである。簡単にいえば、こうした論拠にもとづいて、クローチェの哲学体系は、精神活動の区分の体系とよばれるのである。クローチェが、イタリア思想界で五〇年にもわたって支配権をもちえたのは、この牢乎たる区分の理論によって、他のあらゆる思想を、一面的あるいは部分的として論破したことに負うている。

　クローチェが、ヘーゲル哲学を批判したのも、区分の理論とかかわりをもっていた。クローチェは、一九〇六年に「ヘーゲル哲学の生けるものと死せるもの」Ciò che è vivo e ciò che è morto della filosofia di Hegel と題する論文を発表して、ヘーゲル哲学から弁証法の思考を学びとったことを明らかにした。しかし、ヘーゲル哲学においては、精神活動の区分と対立の関係が誤って理解されていると批判をくわえた。クローチェの区分の理論にしたがえば、美と真、あるいは直観的認識と概念的認識の間には、何らの対立も矛盾もない。また、有用と善、あるいは経済活動と道徳活動の間には、何らの対立も矛盾もない。四つの価値、あるいは四つの精神活動それぞれは、たがいに自立していて、区分の関係においてのみ理解することができる。それでは、対立の関係はどこにあるかというと、それは、四つの精神活動のそれぞれの内部においてのみ存在する。すなわち、美にたいする醜 Brutto、真にたいする偽 Falso、有用にたいする有害 Dannoso、善にたいする悪 Male。それゆえ、クローチェにとって、現実は、人間精神が四つの活動領域の内部において対立物と闘争しながら、四つの価値を創造していくことのうちにある。したがって、弁証法は、区分物の弁証法的統一 unità dialettica dei distinti として理解されねばならない。ところが、ヘーゲルは、絶対的なイデーが自己実現する過程を、定立・反定立・総合という三段階の弁証法においてとらえようとする。クローチェによれば、そこでは、本来何らの対立概念をふくまず、単に区分として考えるべきことが、対立関係においてとらえられていて、その否定と総合が必要とされている。つまり、ヘーゲルの弁証法は、対立物の弁証法的統一 unità dialettica degli opposti として理解されているが、そこには対立と区分に関する混乱があるというのがクローチェの批判である。

さて、クローチェは、精神活動を四つのカテゴリーに区分して、それぞれの自立性を強調した。クローチェが、この自立性ということをとりわけ強調するにいたったのは、実は、精神活動の第一段階の自立性を明らかにする必要からであった。精神の認識的活動の第一段階である直観と表現は、それ自体のうちに、知的推論も論理的思考もふくまない。また精神の実践的活動の第一段階である経済活動は、それ自体のなかに、道徳的な善悪の価値をふくまない。このように精神活動の第一段階の自立性を強調することは、クローチェにとって、たとえば、美学論から主知主義を排し、また他方では、政治と経済の理論から道徳主義を排除するという点で、大いに意味をもったのである。

しかし、クローチェの体系における精神活動の第二段階については、その自立性の強調はうすれてくる。つまり、直観は論理を前提としないが、論理的思考は直観を前提とし、直観によって個別的に認識されたものを普遍的な概念に構成していかねばならない。また、経済と政治の活動は道徳的な価値を前提としていないが、道徳という普遍的な価値は、具体的個別的な経済・政治活動をとおして実現されねばならない。そこでクローチェは、この第一段階から第二段階に移行する過程で、区分物の弁証法的統一がおこなわれねばならないと指摘する。つまり、クローチェの区分の理論は、第一段階を対象とするときはその自立性が強調され、第二段階を対象とするときは区分物の弁証法的統一が強調されることになるのである。だが、このように精神活動の段階に応じて、自立性を強調する場合と統一性を強調する場合と、二つの場合が生じてくるという点にクローチェの区分の理論の難点がひそんでおり、その難点はとくに実践活動における政治と道徳の関係をめぐって表面化してくる。政治の自立性を主張しているかぎりにおいて区分の理論に問題は生じないが、倫理的価値の実現を考える段階になると困難が発生する。クローチェはこの難点を、ファシズム体制の成立に直面して自覚することになるが、その解決をめざして考えられたのが、自由主義の理論にほかならないのである。

次の問題は有用性の概念についてであるが、この有用性の理論は、クローチェの理論体系に独特の特徴を与えている。クローチェは、マルクス主義の研究をとおして、経済活動の重要性を認識した。そして、経済活動は、それ自体のうちに、道徳的な善悪の価値をふくまず、ただ有用性という概念でのみ理解することができると結論づけた。クローチェは、こうして、真・善・美という伝統的な三つの価値のほかに、新たに有用の価値を加えて精神哲学の体系を構成したのである。この有用性の概念は、もともとは、経済活動の分析を通じてねりあげられたのだが、その後、倫理的価値を直接の目標としない精神の実践的活動すべてが、この概念のもとに分類されることになった。

つまり、政治、法律、国家などの諸活動は、倫理的価値を直接の目標としておらず、かつまた道徳活動からは自立しているという理由で、一括して有用性の領域に分類されたのである。クローチェは、有用性という概念のもとに、経済と政治を同一のカテゴリーに分類したわけで、この点はクローチェの理論体系のきわだった特徴を示している。(14)

以上の点と関連して、ここで、クローチェの用語法について若干の説明をしておかねばならない。クローチェが、精神哲学の体系において、「経済活動」という場合には、「有用」を目標とするすべての活動を意味しており、いわゆる純粋な経済活動だけでなく、政治、法律、国家などの諸活動もふくんでいるのである。そして、「経済学」Economicaとは「経済の哲学」Filosofia dell'economia のことで、これら有用を目標とするすべての活動の哲学的な考察を内容としており、単に狭い意味での経済事象だけを分析の対象としているのではない。クローチェによれば、狭い意味での純粋な経済事象を扱うのは、「経済科学」scienza economica であって、それは「経済学(経済の哲学)」の一部にすぎないのである。したがって、一九〇八年に発表した、『実践の哲学——経済学と倫理学』は、本来なら、経済、政治、法律、国家の諸活動すべてを哲学的に考察することを課題としていたのであるが、実際には経済と法律の分析が中心で、政治と国家については十分な考察をしないままに終っているのである。

以上がクローチェの精神哲学の構造であるが、先にも述べたように、クローチェはその後、この体系を社会事象に適用することによって、現実の政治を解釈しはじめたが、その解釈はとりもなおさず政治的現実主義《リアリズム》の立場にたつことを意味した。クローチェが現実の政治に目を向けて最初に出会ったのは第一次世界大戦であり、この第一次大戦を政治的現実主義の立場で解釈した。次いで直面したのはファシズムの事態であったが、これにたいする態度はいささか複雑である。その理由は、ファシズムを政治の概念で解釈する理論的問題と、ファシズムの作りだす社会秩序を選択する実践的問題の、二つの問題がからみあい、政治と倫理の関係をめぐって、先にふれた区分の理論の難点が表面化してくるからである。そこで次節では、この問題について検討することとする。

三　政治と倫理

クローチェの体系にしたがえば、戦争は、いうまでもなく政治と国家の問題として説明されることが必要で、事実クローチェは、その観点からのみ第一次世界大戦の事態を解釈したのである。政治は有用性を目標とする活動だから、道徳的善悪の判断をくわえずに、ただ実際の事実によってだけ理解しなければならない。政治における実際の事実とは力 forza であり、また、国家における実際の事実とは強力 potenza である。そして、戦争とは、国家間の強力の争いであるから、その事実に即して事態を理解すべきで、そこに、イデオロギーとか、民族意識とか、正義不正義の観念とか、道徳主義的判断とかをくわえてはならない。クローチェのこうした考え方は、いわばリアル・ポリティークの立場に連なっており、クローチェ自身も、その点をはっきりと認めていた。そして、イタリアとドイツとは交戦国であったけれども、クローチェは、戦争をひきおこしたドイツ国家の政策にも、一定の正当性があると指摘したのである。世界戦争に関するこのような見解は、大戦中にさまざまな形で発表され、それらは一九一九年に、『一九一四―一八年のイタリア――戦争論』*L'Italia dal 1914 al 1918: Pagine sulla guerra* として一冊にまとめられた。

クローチェは区分の理論にしたがって、世界大戦に解釈を与えたのだが、そこで強調したことは、政治的行為を道徳的善悪の視点から判断してはならないということであった。ここでのクローチェの意図は、区分の理論を純粋に適用することによって、政治を道徳的判断から解放しようとすることであった。しかし前にも述べたように、区分の理論は、政治活動の自立性を強調するには便利な理論であるが、倫理的価値の実現を問題とするときには困難が生じてくる。政治の自立性のみを一方的に強調すれば、現実社会は力の闘争の場でしかなくなり、道徳的生活を実現するための余地は残されないことになるからである。

クローチェは、第一次大戦期にはこの点にあまり関心をはらわなかったが、ファシズム運動の擡頭とファシズム政権の成立に直面して、この問題に注意を向けざるをえなくなる。そこでクローチェは、あらためて政治と倫理の関係を検討することになり、一九二四年にその問題に関する諸論文を発表し、それらは翌二五年に『政治の原理』*Elementi di politica* と題して小冊子にまとめられた。この書の執筆動機は現実のファシズム運動を背景にしており、また第一節のインタビューと同じ時期に書かれたものであるが、しかしその内容は具体的な政治情況を論じたものではない。ここでは、政治と国家についての哲学的な考察がおこなわれており、それは一九〇八年の『実践の哲学――経済学と倫理学』で論じ残した課題を補う意味をふくんでいた。クローチェはこの書で、精神哲学の体系における政治と国家の位置づけを試みているのだが、その論じ方のなかに、政治と倫理の関係をめぐって力点の変化が生じている。この点を念頭において、クローチェの考え方をみていこう。

「政治行動は有用性という目標をめざしており、有用の意識によって導かれる行動以外の何ものでもない。政治はそれ自体として、道徳的とか非道徳的とかいうことはできないのである。[15]」また、「国家とは、諸個人のグループあるいはそのグループの構成員による有用諸活動の一つの過程以外の何ものでもない、したがって、国家を諸制度あるいは諸法規の総合として定義しても何の意味ももたない。[16]」そしてまた、「国家をその具体性において考えれば、政府以外の何ものでもない。[17]」

これらの指摘で、政治を、有用性を目標とする活動と確認した点は以前と変りない。ここでは国家についての定義が重要で、国家はあくまで有用活動の一過程として理解すべきで、それを制度として考えてはならないと述べている。この指摘は注目を要する点で、クローチェのファシズム論と自由主義論にとってきわめて重要な意味をもってくる。クローチェは国家を制度として理解することを否定するために、ファシズムと自由主義の対立も国家制度の問題として考察することをしないのである。この点はすでに第一節のインタビューで表明されていたが、自由主義論をねりあげてからも同じままである。つまり、あらかじめ問題点を指摘しておけば、クローチェの自由主義は、政治思想や国家体制の問題としてでなく、すぐれて道徳的理想の問題として提起されるのである。

クローチェは、政治と国家は有用性を目標とする活動であると述べたあと、次にそれと道徳活動との関係について言及している。「現実において、政治活動はそれだけで閉鎖的な孤立した領域として存在しているのではない。実在するのはただ精神活動の過程だけであり、そこにおいては、有用性の不断の活動はひきつづき倫理性のたえざる活動のなかにうけつがれていく。つまり、倫理的精神は、政治のなかにその活動の前提をもち、その実現の手段をもっているのである。道徳生活は政治生活を前提としなければありえない。それは、まず〈生きよ〉、次いで〈よく生きよ〉ということである。道徳的人間は、政治的に活動し、政治の論理をうけいれなければ、その道徳性を実現できないのである。政治が道徳より先に存在するということが政治の特徴であり、またそのゆえに道徳生活の手段として意味をもちうるのである。……政治が真の政治である場合、それは道徳を破壊するのでなく、道徳を育成し、道徳のなかに上昇し、そこにおいて完成されることになる。[18]」

クローチェはこれまで政治を論ずる場合、政治の道徳からの自立という点に力点をおいてきた。しかしここでは、政治の自立性を一方的に強調することをやめて、政治と道徳の相互関係に注意を向けている。つまり精神哲学の体系において、政治活動と道徳活動の「区分」の契機を強調することから、その「統一」の契機を強調することに力点を移しかえているのである。この強調点の移しかえは、いうまでもなく、政治の役割の限界を明らかにして、道徳を政治の重圧から救う意図にもとづいている。第一次大戦期には、もっぱら政治の自立性を強調して、政治を道徳の重圧から解放することに関心をおいていたのを考えれば、クローチェの力点はここで逆転しているといえよう。しかし逆転といっても、それは単に区分から統一の契機に強調点を移しかえただけであり、政治と道徳の統一的調和を抽象的に語っているにすぎない。すなわち、ここではまだ、政治と道徳のどちらか一方に優越性を与えたり、あるいは道徳の具体的内容を与えたりする試みはみられない。クローチェが、この点を問題とするときに、はじめて自由主義論がうちだされるのである。だが、それはなお数年先のことであり、次節以降で扱うことになる。

ところで、政治と倫理の関係をめぐって、クローチェは『政治の原理』でなお二つの問題を論じている。一つは、歴史の方法論として倫理＝政治史 storia etico-politica の方法を明らかにしたこと、もう一つは、ファシズムの理論的支柱とされた倫理的国家論 Stato etico に批判をくわえたこと、この二つである。

クローチェはファシズム運動に直面して、政治と倫理の統一的把握を強調したのであるが、それは精神哲学の体系にしたがって理論的に述べただけで、現実の具体的情況との関連では説明を与えなかった。しかし歴史の問題としては、倫理＝政治史の方法がかなり詳細に検討されており、また実際にこの方法にもとづいて、『ナーポリ王国史』*Storia del Regno di Napoli* が叙述され、二五年に出版されている。『ナーポリ王国史』に具体化された倫理＝政治史の方法は、一言でいえば、指導階級 classe dirigente に中心をすえた歴史観ということができる。すなわち、倫理と政治を実践的に統一し、かつその実現をはかるのは、指導階級であるという考え方である。この指導階級論は、第一節のインタビューで、政治をおこなうのは少数者のグループであると表明した考え方に照応するものである。それはまた、政治学者モスカ（一八五八―一九四一）の政治階級論に結びついており、さらにまた、この理論の根底にあるのは反民主主義の政治思想である。これらの問題については、あとであらためてふれることになろう。

次に、倫理的国家論への批判の問題がある。倫理的国家論とは、簡単に言えば、国家は倫理的価値が自己実現される場であり、そこでは、諸個人の道徳意思が集積されて、より高次な普遍的な道徳意思となって作用する。そのことによって、国家は道徳生活の最高の表現を示す場となるという理論である。この理論は、国家の行為そのものを倫理的価値の具体化として考えるために、現実の国家の行為を無限に正当化しうることになる。倫理的国家論は、とくにジェンティーレによって主張され、ファシズムの理論的支柱となったのだが、ジェンティーレはこの理論の起源をヘーゲルの国家論のうちに見出していたのである。

クローチェの精神哲学の区分の理論からすれば、このような倫理的国家論は、当然のことながら否定されざるをえない。この点については、あらためて説明する必要はないだろう。しかし、ファシズムの理論家は、国家によって倫理的価値が実現されると説くことにより、政治と倫理の関係に一つの実際的な解答を提示したのである。それにたいしてクローチェは、区分の理論にもとづいて政治と倫理の統一的把握を指摘するのみで、倫理的価値の実現に関しては実際的な解答を準備していない。クローチェは、歴史の問題としては、指導階級がその実現の担い手となったことを明らかにしえた。だが現実の問題としては、倫理的価値の実現を指導階級に期待することはできない。なぜなら、現在の指導階級はファシズム勢力であり、彼らは、クローチェの期待を裏切って、イタリアの過去の歴史と断絶したのであるから。そして、クローチェにとっては、まさにこの勢力と対決するための理論と実践が必要になってきているのである。この難問を解決することがクローチェの新しい課題となったが、その解答は、自由主義の問題を理論的哲学的に考察して、それを自由主義論として積極的にうちだすことによってなされた。自由主義の問題を理論的哲学的に考察するということは、これまで精神哲学の体系のなかに存在しなかった自由主義の概念を、新たにその体系のなかに導入し位置づけるということを意味した。クローチェはこの自由主義論をうちだすことによって、先にファシズムに直面してかかえた理論体系上の難問に解決を与えたが、それは従来の政治と倫理の関係に大きな修正を加えることを意味していたのである。この新しい自由主義論について検討することが第四節の課題となる。[19]

四　自由主義の概念

クローチェは一九二七年に「自由主義概念の哲学的前提」という論文を発表し、ひきつづき二八年にかけてそれに関連する諸論文を発表した。これら一連の論文は、二八年に『政治生活の道徳的諸相』と題して一冊の書にまとめられた。[20] この表題はクローチェの従来の政治の概念からみれば奇妙な感じを与えるが、この表題の中には政治と倫理の関係についての新たな考え方が映しだされている。クローチェはまさに、政治と倫理の関係を新たに考えなおすことによってはじめて自由主義の問題を提出することができたのである。

クローチェは「自由主義概念の哲学的前提」の冒頭で、これまで自由主義の概念を扱わなかったことを次のように説明している。――私はこれまで政治の哲学を論じてきたときに、ヨーロッパ史のきわめて重要な原理となっている自由主義の概念についてふれることをしなかった。その理由は、自由主義は政治上の概念ではないからである。「自由主義の概念は超政治的 metapolitica である。この概念は政治の形式的理論を超越しており、ある意味では倫理の形式的理論をも超越している。それは、世界および現実の全体概念と一致するのである。自由主義の概念をこれまでとりあげなかったのは、だからその重要性を認識しなかったためではなく、むしろ他のより高次な領域にふさわしい方法で認識すべき問題だったからである。[21]」

クローチェはこれに続けていう。「自由主義の概念には、弁証法あるいは発展の思想に結実したところの近代の哲学と宗教がすべて反映されている。弁証法の思想は精神諸力の異質性と対立性をとおして、生をたえず豊かにし高貴にし、生にそれのもつ唯一にして完全なる意義を与えるのである。この理論的基盤にもとづいて、諸力の多様性を容認する自由主義の実践的態度が生じることになる。[22]」そしてさらに論文の結び近くでこう結論づけている。「自由主義の概念は、また生の歴史的概念でもあり、……この概念はその中心に道徳意識をすえるのである。[23]」

以上の表現から直ちに理解できることは、自由主義論の次のような図式である。すなわち、自由主義の概念は超政治的であり、それは世界の全体概念を意味しており、その中心には道徳意識をすえる、という図式。この図式に加えてもう一つ指摘されているのは、自由主義は弁証法の思想に貫かれているという問題である。それの意味するところは、精神諸力の対立と闘争をとおして生を豊かにするということであるが、この問題は自由主義の実践の問題と深くかかわっているのであとでふれることにして、ここではまず第一の図式について検討しておこう。

クローチェは、自由主義は政治の領域を超えた「より高次な領域」の問題であると述べたが、自由主義―超政治的―世界の全体概念―道徳意識という図式のもとで、この「より高次な領域」とは道徳の領域をさすことにほかならない。またこの図式そのものが、政治を超えたところに世界＝現実＝生の全体概念を求め、その中心に道徳意識をすえており、従来の政治と道徳の関係と比べて大きな変化を示している。この政治と道徳をめぐる新たな関係については、二八年発表の「国際正義」Giustizia internazionaleと題する論文で明らかにされている。

「国家と政治のモメントは、なくてはならない永遠のモメントである。ただし一つのモメントであって、それがすべてなのではない。道徳意識と道徳活動はもう一つのモメントで、同じくなくてはならない永遠のモメントである。……重要なことは、後者にたえず働きかけて、道徳の領域を支配する法則に政治を従わせることである。……政治家は新たな道徳的諸要請から生ずる新たな利害と有用性の前に立って、それを排除してはならず、その新しい要素をうけいれて、それに政治的形態を与えねばならない。[24]」クローチェの文章が直接のねらいとしているのは、いうまでもなくファシズム的政治への批判である。しかしここで注目すべきなのは、その批判を従来の政治と道徳の関係を逆転させておこなっていることである。ここでは政治と道徳の区分がいったん確認されたうえで、道徳的諸要請が政治に働きかけ、その要請に政治は従わねばならないと主張されている。

政治と道徳の関係をめぐるクローチェの理論の移り変りを、もう一度整理してみると次のようになる。第一次大戦期のクローチェは政治の道徳からの自立性を強調して、政治の中に道徳の存在する余地を残さなかった。その結果、現実社会は力の闘争の場でしかなくなり、道徳的生活を実現する問題はなおざりにされた。ファシズムの成立期には力点を移しかえて、政治は道徳生活の手段であると述べ、政治と倫理の統一を強調した。しかし、ファシズムの倫理的国家論が政治と倫理の関係に一つの解答を示したのにたいし、クローチェの場合は倫理的価値の実現を具体化しえなかった。ファシズムの支配体制が確立された現在、政治は道徳に従属すると指摘して、政治を超えた道徳の領域に世界＝現実＝生の全体概念を設定した。そしてこの新たな道徳生活の全体概念を自由主義として意味づけた。

この要約から明らかなように、クローチェはこれまで未解決であった倫理的価値の実現を具体化する場を見出すために、自由主義の概念を提出したのであった。つまりこの自由主義は、ファシズムの主張する倫理的国家論に対抗する理論としてうちだされたもので、すぐあとでクローチェ自身が表明するように倫理的自由主義 liberalismo etico と名づけられる性質の理論である。それゆえここでは、一般的な意味での国家と自由とか権力と自由といったことが問題とされているのではなく、倫理的価値の実現を国家と政治のなかに求めるか、それともその外に求めるかといった問題として自由主義の概念が論じられているのである。ファシズムが倫理的国家論を支えにして日常の生活行為を政治化あるいは国家化したことに対して、クローチェはあらためて政治と倫理の区分を強調し、そのうえで、国家に包摂されないもの、政治化されないものとしての道徳意識を中心にすえて世界をとらえなおそうとしたわけである。くりかえしていえば、この道徳意識を中心にすえた新たな世界の全体概念を、自由主義として意味づけたのである。(25)

クローチェは三〇年代に入るとさらに一層明確に、自由とは道徳的理想であり、自由主義とは道徳的理想をもった生活の概念であると述べるにいたるが、すでにこれまでたどってきたところでも、彼の自由主義論とその背後にある政治と倫理の関係についておおよその理解は可能であろう。

ところでクローチェは、自由主義を超政治的概念であり、道徳意識を中心にすえると規定したことにより、先の生活秩序としての自由主義のときとは違った意味においてではあるが、今度の場合も、政治制度や国家体制の問題を自由主義との関連で考察することを排除してしまった。また、自由主義は経済制度とも関係ないと主張して、二八年に「自由経済主義と自由主義」Liberismo e liberalismo と題する論文を発表し、両者が無関係であることを説明した。クローチェはこの論文で、自由主義は倫理的原理であり、自由経済主義は経済的原理であり、この二つを混同してはならないと指摘している。この二つの混同が、かつて倫理的功利主義あるいは快楽的功利的道徳主義の誤った思想を生みだしたと批判する。そして二つの原理を区分したうえで、経済的満足よりも倫理的要請が優越すべきことを主張した。「単に有用性を満足させることには、より高次の必要性として道徳的要請が対置させられる。……経済的自由主義にではなく、倫理的自由主義に優位を認めねばならない。……われわれが語る《自由》とは、精神生活をその全体性において発展させるもの、つまり道徳生活を発展させるものをさすのである。[26]」

このような説明から理解できるように、クローチェの自由主義はすぐれて倫理的性格をおびたもので、その実践は政治や経済の場においてではなく、それよりも「高次な」道徳意識をもった生活に求められている。しかし実際問題としては、自由主義の実践ということに関してとりたてて新しい展望をもっているわけではなく、先に説明した生活秩序としての自由主義を回復することと同一の問題になってくる。ただし、新しい自由主義の概念を提出したことによって、この生活秩序には、今度ははっきりと道徳意識を自覚し、道徳的理想をたえず追求する姿勢が要請されることになるのである。新しい倫理的概念としての自由主義の実践が、結局は生活秩序としての自由主義の回復を求めることと同じになるという問題については、このあと歴史論とレジスタンスのところで具体的にとりあげることにする。

これまで検討してきたように、クローチェは自由主義の概念をうちだすことによって、その理論体系、とくに政治と倫理の概念に大きな修正をくわえた。そこで次に問題となるのは、この修正された理論体系にもとづけば、ファシズムは新たにどのような解釈を与えられるかということである。その点を一言にしていえば、クローチェはこの設問自体を成りたたないと考え、ファシズムを理論的に解釈する作業をおこなわなかった。彼は、世界＝現実＝生の全体概念を超政治的《メタ・ポリーティカ》な道徳の領域に求め、そして道徳生活を発展させるものとして自由を意味づけた。この図式においては、政治は道徳の要請に従うことと定められており、道徳的理想としての自由は国家の外に求められた。ところがファシズムは、倫理を国家のなかに意味づけて日常の生活行為を国家化してしまったがために、そこではクローチェの主張する意味での自由は存在の余地をもたないことになる。クローチェによれば、こうした事態はまさに異常なものであり、その異常な事態を理論的な考察の対象とすることは成りたたないというのである。ここから、ファシズムは正常な人間生活の発展にとって「病気」malattia あるいは「偶発事故」incidente の状態を示すものであるという有名な規定が生じることになる。「自由の抑圧と反動体制は、自由の成長にとって病気と危機を意味し、自由の永遠の生にとって偶発事故であり病気の状態を示す。[27]」

クローチェはファシズムを病気あるいは偶発事故と規定するだけで、ファシズムの歴史的社会的な分析はいっさいおこなわなかった。ファシズムは、人間の健康体が突如として病気あるいは偶発事故にみまわれたようなもので、それを治癒するために努力はするが、病気や偶発事故の歴史的社会的原因をさぐる必要はないとされた。クローチェはこうしたファシズム観をことあるごとに表明しており、この問題はリソルジメントからファシズムにいたるイタリア近代史のとらえ方ともからんで、重要な論争をおこすことになるが、この論争については別の機会に紹介したいと思う。

クローチェは、二七―二八年の一連の論文で以上のような自由主義をめぐる諸問題を論じたが、この自由主義の概念は三〇年代に入ると歴史の問題とも結びついてさらに全面的に展開されることになる。そこで次節では、歴史研究にあらわれたクローチェの思想を分析しながら、その自由主義の問題に接近していくことにしよう。

五　指導階級論と反民主主義の思想

クローチェは、二五年に『ナーポリ王国史』、二八年に『一八七一―一九一五年のイタリア史』*Storia d'Italia dal 1871 al 1915*（以下『イタリア史』と略）、三二年に『一九世紀ヨーロッパ史』*Storia d'Europa nel secolo decimonono*（以下『ヨーロッパ史』と略）を公刊した。二五年の『政治の原理』で倫理＝政治史の方法論を提示して以来、歴史叙述をこの方法でおこなっているが、実際には『ナーポリ王国史』と『ヨーロッパ史』との間に大きな変化がみられる。この違いは二七年に自由主義の概念がうちだされたことによるもので、倫理＝政治史の方法は、はじめ指導階級の歴史として理解されていたのが、後には自由の宗教史として理解されることになるのである。『イタリア史』はちょうどこの中間に位置している。[28]

倫理＝政治史の方法は、クローチェが現実の人間生活における政治と倫理の統一を強調しはじめたときに、それに伴って、歴史のとらえ方としても必然的に生じてきた方法である。それゆえこの概念は、精神哲学の四部作の最終巻である『歴史の理論および歴史』ではまだ明らかにされていなかった。クローチェは、人間の道徳的生活と政治的生活の発展過程を統一的に認識するための方法を倫理＝政治史と名づけたのであるが、『政治の原理』においてその課題を次のように説明している。「倫理＝政治史は、その対象を単に国家や、あるいは国家の統治や国家の拡大といったことに限るのでなく、国家の外にあって国家とともに作用するもの、あるいは国家を変革し、破壊し、それに取って代わるために作用する諸要素をもとらえなければならない。すなわち、宗教的諸組織や革命的諸党派、あるいはさまざまな傾向の感情や習俗や情念や神話とその作用といったものをふくんだ、最も広い意味での道徳的諸力の形成を考察することが必要である。……これら諸力の創造者は、政治的資質を備えた人びと、アリストクラシーや政治的諸階級であり、彼らは自己の心のうちからそうした諸力を創造し、また逆にこれら諸力が彼らを育成し成長させるのである。[29]」

ここの後半部分はクローチェの思想を知るうえで重要な一節である。この一節を別の言葉で端的に言えば、政治と道徳の統一を具体的に表現するのは政治的知的指導階級であるということにほかならない。クローチェにとって倫理＝政治史の方法にもとづく歴史は、あらかじめ指導階級の歴史として想定されているのである。このことは、倫理＝政治史の方法にしたがって最初に発表された『ナーポリ王国史』をみれば、容易に理解することができる。そこではナーポリ王国の歴史が、政治的知的指導階級によって発展させられたという点に叙述の中心がおかれており、その根拠がこう説明されている。「こうした〔倫理＝政治的〕歴史の推進者たちは指導的とよばれる階層あるいはグループである。……全般的利益や政治的理念を増進させるのは指導階級の任務である。[30]」また「歴史家はその考察において、消極的要素、つまり無気力で鈍重で怠惰な大衆に中心的位置を与えるべきでなく、活動的要素、つまり知識階級に中心的位置を与えねばならない。……〔ナーポリ王国の歴史で〕この階級の抱く理念は倫理的力をもっていたので、真の現実を代表していた[31]」。倫理＝政治史の方法が具体的には指導階級に中心をすえた歴史観となることはこれらの表現で明らかにされているが、ここで指導階級論について少し説明しておこう。

クローチェの指導階級論は、政治学者ガエターノ・モスカの政治階級論に多くを負うている。モスカは、『諸政体の理論と代議政体』*Sulla teorica dei governi e sul governo parlamentare*, 1884や『政治学要綱』*Elementi di scienza politica*, 1896などの著作において政治階級論をとなえているのだが、そこでの問題は大きくいって二つにわかれる。一つはあらゆる社会に政治階級が存在するという政治的事実の問題であり、もう一つは政治階級の構成と形態をめぐってこの理論が民主主義批判の理論として機能する問題である。第一の問題は簡単にいえば次のようなことである。あらゆる社会には統治する階級と統治される階級とがある。統治する階級は数は少ないけれども、よく組織されており、政治的課題を処理する能力をもっている。他方の統治される階級はその反対に、数は多いけれど組織されておらず、前者の階級に指導されることを定められている。モスカはこの少数の統治する階級を政治階級 la classe politica と名づけて、社会構造がどのようなものであれそこには必ず政治階級が存在すると指摘した。この指摘は、それ自体としては、組織された少数が指導し、未組織の多数が指導されるという政治の基本的事実を明らかにしているにすぎず、これが直接に保守主義や反民主主義の理論になっているわけではない。しかし問題は、政治階級の構成の方法とその統治形態が具体的に検討される段になると、それが民主主義批判の理論として特定の役割をもってくることである。モスカは、政治階級の構成が閉鎖的でなく、できるだけ開かれていることが望ましいと考えたが、けれどもその構成が異なった社会階層に拡大されることや統治形態が突如として異質のそれに取って代わられることにはきわめて慎重な態度をとった。政治階級の構成に関して統治集団の交代と再編成は当然のこととして認められるが、しかし政治階級が少数のよく組織された階級という原則を守るためには、無限に開放的であることは許されないのである。つまり政治に広汎な民衆が参与して、政治の主権者が拡大することは否定されねばならない。政治階級論はこうした理論構造をもつために、二〇世紀初頭のイタリアで、モスカ自身をふくめた保守的自由主義者によって民主主義批判の理論として役立たされることになったのである[32]。

クローチェの指導階級論も、ほぼこれと同じ内容の理論である。クローチェは一九二三年にモスカの『政治学要綱』第二版がだされたのを機会に書評して、政治階級あるいは指導階級の概念を復興させる必要を説いた。その理由を、「政治史の解釈のために必要なばかりでなく、現在の政治教育の指針としても必要なのである[33]」と述べている。クローチェにとって指導階級論は、すぐれて実践的な課題として意味をもっていたのである。また、クローチェの指導階級論はモスカの政治階級論と同じく、あるいはそれ以上に、反民主主義の思想を根底にすえていた。この反民主主義の思想は、生活秩序としての自由主義の意識と不可分に重なりあっており、それはジョリッティ時代はもとより[34]、自由主義論をうちだしたあとのファシズム時代とレジスタンス期においても終始かわらずに堅持されている。以上、指導階級論の説明にやや手間どったが、実はこの指導階級論―反民主主義の思想―生活秩序としての自由主義という連関が、『イタリア史』を貫く主題なのである。

『イタリア史』は一九二六年六月から翌二七年一〇月の間に執筆され、二八年初めに出版された。時間的にいえばこの書の執筆が終ってからすぐに、前節で説明した「自由主義概念の哲学的前提」以下の諸論文が発表されたことになる。『イタリア史』は統一国家の成立から第一次大戦前夜までを対象としており、この期間の歴史を自由主義の発展として描いている。しかしここでの自由主義の概念は、まだ道徳意識を中心にすえたそれでなく、主として歴史的経験的な生活秩序としての自由主義である。クローチェは、この生活秩序としての自由主義の担い手が指導階級であり、指導階級の活動のなかに政治と倫理の生き生きとした統一が存在するという見地をとっている。それゆえ、自由主義の発展ということでクローチェが問題としたのは、社会制度や政治体制の発展ではなく、秩序を維持する指導階級の存在とその政策、行為、思想の発展であった。彼がとくに重要視したのは指導階級の連続性ということで、指導階級内部での統治集団の交代と再編成は認めたが、そこに異質の構成要素や統治形態がはいりこんでくることにはきわめて批判的であった。この点にクローチェの反民主主義の思想が明瞭にあらわされており、『イタリア史』の叙述の中心は何よりもまず指導階級の役割ということにおかれ、それと区別された被治者階級の民衆とりわけ南部農民の姿は歴史の視野から切りすてられているのである(35)。

クローチェはこの書で、リソルジメントから第一次大戦前夜までの指導階級が、クリスピ(一八一八―一九〇一)の支配期を除いて、社会発展の方向を理解し、必要と思われる諸改革を実行し、自由主義的秩序の連続的発展にそれぞれ寄与したことを叙述した。そしてこの発展の頂点にジョリッティが位置していることを強調した。しかし『イタリア史』は、ジョリッティ時代が自由主義の発展の頂点にあたることを指摘したまま、第一次大戦前夜で叙述が終り、それ以後の歴史、すなわちファシズムの成立とファシズム体制の確立については叙述をしなかった。この問題は看過しえない重要な意味をもっており、クローチェのファシズム論の特徴を無言のうちに示しているのである。

前節の末尾で説明したようにクローチェはファシズムを病気あるいは不慮の事故として理解し、それの歴史的社会的分析は必要がないと考えた。この『イタリア史』においてもそうした考え方が示されているわけで、ファシズムは自由主義の発展が突然に不慮の事故にあったと同じことで、それは歴史的考察の対象とはなりえないとされている。(36) いいかえれば、ファシズムが異質の指導階級を形成したことによって歴史の発展に断絶が生じ、この断絶以後の社会秩序は、これまでの歴史の発展とは無縁であるから考察の対象にはなりえないというのである。クローチェのこうした歴史観は、自由主義の発展がなぜファシズムを生みだしたかという基本的な問いに何の解答も与えないために、その後多くの批判をうけるが、この点についてはまたあとでふれることにする。『イタリア史』は以上のような問題点をもっていたけれども、ファシズム権力がイタリア近代史像を国家強力の発展の歴史として描いたのとは逆に、自由主義の発展としてイタリア近代史を描いたこの書は、反ファシストの間で聖典のようにして読まれたのであった。(37)

クローチェは『イタリア史』のあと、三二年に『ヨーロッパ史』を公刊した。前者がまだ歴史的経験的な秩序としての自由主義をとり扱っていたのに比べて、後者は道徳意識を中心にすえた自由の歴史を問題としており、方法論のうえで大きな変化がみられる。『ヨーロッパ史』における自由の概念は、『イタリア史』と比べてだけでなく、二七―二八年にうちだされた自由主義論よりもさらに一層、徹底化されている。それは自由主義の哲学的概念をうちだしたあと、この概念を発展させて、三〇年に《歴史は自由の歴史である》という命題を新たに提出したことによっている。「歴史意識と自由の意識は不可分であり、歴史についてこれを《自由の歴史》と定義する以上によい定義は考えられない。……たしかに歴史には神政的体制や権威主義的体制、暴力や反動や独裁や専制の体制が存在する。しかし、歴史を通じて再生し、発展し、成長するのは、ただ一つそして常に自由なのである。(38)」

クローチェは、歴史は自由の歴史であると定義して、この命題にもとづいて『ヨーロッパ史』を叙述した。第一章は「自由の宗教」と題されて、そこで自由の歴史の概念がさらに厳密に定式化されている。「歴史は……精神の作および活動として自己をあらわし、そして精神とは自由であるから、歴史は自由の作として自己をあらわす。歴史はすべて自由の作であり、自由こそ歴史の唯一にして永遠の積極的モメントである。……自由の歴史としての歴史の概念を、必然的実践的に完成するのは、道徳的理想としての自由そのものである。[39]」

この表現にみられるように、クローチェは自由を道徳的理想と規定することによって、自由の歴史を道徳的理想の歴史と同一化したのである。『ヨーロッパ史』はこうした歴史の概念に導かれて叙述されており、そこでの主題は、道徳的理想としての自由の「たえざる獲得、たえざる解放、たえざる闘争」におかれた。この自由は、悪との対立・抗争を通じて道徳意識に生命を与え、人間性の概念に豊かさを増すことを目標としており、その闘争の過程で政治的経済的制度に一定の形態を与えるが、しかし自由がある特定の政治的経済的制度と必然的な関係を結ぶことはありえないとされている。自由は、ただ非自由＝非道徳＝悪とのたえざる闘争のなかに存在するのであり、したがってそれには「最終的終局的な勝利」もありえないと理解されている。『ヨーロッパ史』で扱われたのは、こうした意味での自由であって、しかもこの自由の理念は宗教の次元にまでおしあげられたのである。それゆえ、ここではもはや政治と倫理の関係は具体性を失って、絶対的な自由の理念とそれに敵対する諸立場との闘争が唯一の関心事となっている。そのため『ヨーロッパ史』の全篇を貫くテーマは、宗教の次元に高められた自由の理念が、それと敵対する諸立場との闘争を通じて自己発展していく問題にあてられているのである。クローチェは、一九世紀のヨーロッパで、自由の宗教に敵対する反自由の宗教として、カトリシズム、絶対王制、民主主義、共産主義の諸立場をあげており、クローチェにおける反民主主義思想の根深さは記憶にとどめておく必要があろう。

『ヨーロッパ史』は以上のような性格の歴史書のため、注(28)に記したごとくシャボーによって倫理＝政治史でなく倫理＝宗教史の書と指摘されたのである。事実この書は、一九世紀のヨーロッパ史の歴史叙述であるより、一九三〇年代の自由の理念への信仰、あるいは、精神の闘争のあかしとして提出されたといえるのであり[40]、クローチェはこれによって「自由」の思想家としての名を決定的なものとしたのであった。

六　自由主義論の完成

クローチェは、二七年の「自由主義概念の哲学的前提」にはじまり三二年の『ヨーロッパ史』にいたる論述のなかで、その自由主義論の構造をほぼ提出しおえた。三二年以降は、道徳的理想と一体化した自由の信仰を執拗に説いて、文字どおりファシズム体制下の自由の象徴として存在した。この自由主義論が、政治と倫理をめぐる従来の理論体系に大きな修正を加えるものであったことはすでに指摘したが、三八年に『思想として行動としての歴史』*La storia come pensiero e come azione* と題する書を発表して、自己の理論的実践的立場をあらためて詳細に論じた。この書は、自由主義論をうちだしたあとのクローチェの思想が集大成されているもので、八〇巻に及ぶ彼の著作のなかでも最も重要な作品の一つである。また、三九年には「自由の根源」The roots of liberty という論文を発表して自由主義論の総まとめをおこなっている。そこで本節では、この時期に総括的に提出されたクローチェの理論構造の問題点とそれに伴ういくつかの問題について整理しておこう。

はじめに「自由の根源」を扱うが、この論文はクローチェがこれまで論じてきた自由の概念を最終的に定式化したもので、注目を要する論文である[41]。クローチェの定式化した問題を、さらに要約して整理すると次のようになる。

「自由の哲学的理論的考察は三つの局面あるいは三つの段階に区別しておこなう必要がある。第一の局面は、歴史の創造力としての自由である。自由は、歴史の真のそして本来の主体であり、それゆえ、ヘーゲルの説くのとは違った意味で、歴史は自由の歴史であるといえるのである。

第二の局面は、実践理念としての自由である。実践理念としての自由は、人間社会に最大限の自由を創造する目標をもち、したがって専制と抑圧を打破する目標をもち、自由を享受しうる秩序と制度と法律を提起する目標をもつ。この理念の根底にあるのは、道徳意識と道徳活動そのものである。

第三の局面は、歴史の創造力および実践理念としての自由が哲学的概念にまで高められ、現実の全体概念としての自由となることである。

自由を現実の全体概念として意味づけることのできるのは、絶対的精神主義の立場にたつからである。精神は区分と対立の弁証法であり、永遠に成長し永遠に発展するものであるから、精神主義はまた絶対的歴史主義の立場にたつ。

自由の本質は以上の三つの局面において理解されねばならぬが、自由の概念を誤って理解する立場がある。その第一は、道徳的自由主義と経済的自由主義の関係を混同する立場である。これは、精神と物質の関係、道徳の原理と有用の原理の関係を理解しないことから生ずる誤りである。第二は、形式的自由と実質的自由を区別して、実質的自由の内容を平等あるいは正義の観念で定めようとする立場である。この立場は自由経済主義と違って、共産主義的経済制度を望んでいるが、誤りの根は同じで、道徳的自由と物質的平等の関係を転倒して考えるところにある(なおこの論文ではふれられていないが、クローチェの反民主主義の思想も平等の観念に対する批判が中心となっており、民主主義を数量的・機械的・抽象的平等主義として否定するのである)。第三は、自由の保障を法制的機構に求めようとする立場である。自由の存在にとって法制的機構の有用性と重要性は否定しないが、この立場も問題を転倒して考えており、自由は制度を超えた道徳意識のなかにあって、自由の発展が必要に応じて制度に一定の形態を与えていくのである。

自由の理念は人類の道徳的想念である。……この理想を理論的実践的に表現するのが知的指導的階級であり、知的指導的階級の生命力が社会の生命力の基準となる。」(傍点は原文)

「自由の根源」でクローチェが定式化している問題は以上のごとくであるが、これについての説明は必要ないだろう。

時間的順序は逆になったが、次に『思想として行動としての歴史』について、問題を政治と倫理との関係、ならびに自由主義論に限定して検討しておく。クローチェの精神哲学の体系における最大の特徴は、人間の実践活動を経済活動と道徳活動とに区分して、政治活動を、有用性を目標とする経済活動のカテゴリーに分類したことであった。クローチェはファシズム体制の確立する時期まで、現実社会の闘争を、もっぱら政治的な力の闘争という観点で理解して、道徳的な善と悪との闘争という問題意識はもたなかった(42)。しかし政治的な力の闘争が、クローチェの考える有用性の目標を実現しなかった時点で、超政治的な自由主義の概念を提出し、それを道徳的な理想と一体化させた。ここからクローチェは、現実社会の闘争を政治の概念から道徳の概念に移行させて、人間社会の闘争を政治の領域で理解するのでなく道徳の領域で理解することを主張しはじめた。それと同時に、それまで政治の道徳からの自立を重視していたのが、政治は道徳の要請に従属すると強調して、道徳活動が人間生活の中心となるべきことをとなえるようになった。このように人間の生活史を道徳的な善と悪との闘争として意味づけることが、『思想として行動としての歴史』のもつ一つの主題であった(43)。

「道徳の目標は生を発展させることにある。……道徳性とは悪にたいする闘争ということにほかならない。もし悪がなければ、道徳も存在しえない。悪は、生の統一性にたいする、したがって精神的自由にたいするたえざる策謀を意味する。善は、生の統一性の、すなわち自由の、たえざる再生と保障を意味する。善と悪との抗争は、生に無縁な力が介入して生ずるのでなく、両者の抗争がまさに生そのものなのである。……自由を保障する精神の統一性を破壊する傾向に敵対し、あらゆる形態およびあらゆる段階で悪と闘争する活動が、道徳活動とよばれるものなのである。[44]」

「歴史は一つのドラマに譬えられる。そこでは、すべての行為、すべての人物、すべての要素が、善と悪の混合体である。しかし、ドラマの主導的な思想は常に善であり、悪は結局のところ善を促進させる役目を果たしている。善の役割を果たすのは自由であり、それは、より一層充実した自由のための社会的政治的条件を確立するためにたえず努力するのである。[45]」

「国家の概念は、道徳意識にたいして前段階の下位のモメントとして理解し、一方の道徳の概念は、政治的な力をたえず自己の手段としつつ自己展開するモメントとして理解することが必要である。……政治のなかに倫理の具体性が実現しており、しかも政治が有用性の実践的活動を果たす限りにおいて、倫理＝政治史の概念は正当化されるのである。[46]」

クローチェの政治の概念の出発点は、政治活動は倫理的価値の実現を目標としないから、道徳活動とは区分さるべきであり、したがってまた政治における力の行使には道徳的な善悪の判断を加えてはならないということであった。しかし右の引用から明らかなように、こうした意味での政治の概念はここでは問題にされておらず、真の政治はそのなかに倫理の具体化を伴っていなければならないと考えられ、道徳意識に従わない政治は悪の判断を与えられている。政治の概念はもはや固有の領域をもたず、倫理の領域に併合されてしまった。[47] つまり、ファシズムの倫理的国家論が国家のなかに倫理を解消させたのと対照的に、クローチェは倫理のなかに政治を解消させることで理論体系の組みなおしをおこなったのである。

政治の固有の領域が消失したために、人間の生にとっての闘争は道徳の領域に移されて、かつての有用性を目標とする政治的な力の闘争という概念から、道徳的な善と悪との闘争という概念に問題が移しかえられた。そして、善の基準あるいは内容は、道徳的理想としての自由と定められた。このようにクローチェは、人間の生を善と悪とのたえざる闘争として理解し、その闘争の過程で道徳的理想としての自由が実現されると考えるのだが、しかしこの闘争の概念には、対立物が相互に転化しながら新たな質の対立を作りだす考え方や、対立物が新たな次元で弁証法的に統一される考え方はふくまれていない。クローチェ自身は生の弁証法的発展をとなえているが、それは道徳意識がいかなる条件のもとでも死滅することなく、常に新たな生命をもって再生してくることを指している。それゆえ、対立物は文字どおり永遠の闘争の状態を続けることになり、そこでは最終的終局的な勝利は考えられず、歴史の発展度は道徳意識の深化の度合に求められることになる。[48] したがってまた、道徳的理想としての自由の実現度は、自由の量が制度的にどれだけ保障されているかの問題としてでなく、道徳意識のなかで自由の理念がどれだけ深められていくかの問題として理解されることになる。そのため、現実社会において非自由の体制がいかに支配的であっても、それが逆に道徳意識のなかで自由の理念を深化させる役割を果たしていれば、そこに歴史の発展がみられるのであり、非自由の体制そのものは、歴史の発展とは関係のない病気あるいは不慮の事故として意味づければよいことになる。

クローチェの自由主義論はこのような構造をもつために、政治における権力と自由という概念を、そもそも問題として成りたたせなかった。彼の自由主義論には、いわゆる古典的な自由主義思想が、政治における力の事実を権力と自由の関係で理解して、権力から自由を保障する諸措置を問題とした、そういう設問は成りたちえないのである。(49)

ところで、クローチェは自由主義論をうちだして、道徳的な善と悪の闘争を人間生活の中心にすえたことにより、今度は現実社会において政治生活を営む余地を残さないことになった。このため、修正された理論体系は、再び新たな難点をかかえることになったが、クローチェはこの難点を、政党の問題を提起することによって解決しようとした。すなわち、倫理性をふくんだ政治的な力としての政党の概念を、政治の領域に登場させて、そのことにより政治生活の余地を救出しようとしたのである。そしてさらにこの政党の存在のなかに、政治生活と自由主義の接点を求めようとした。つまり、道徳意識を中心にすえた現実の全体概念としての自由主義が、政治の領域にも貫徹しているか否かの判断を、権力にたいする自由の保障の諸措置があるか否かという点でなく、単一政党しか存在しないかそれとも複数政党が存在するかという点に求めたのである。この問題について、『思想として行動としての歴史』では次のように述べている。

「諸政党は、人間の多様性、人間のもつ問題と傾向の多様性にもとづいて形成される。諸政党は、道徳的力と道徳的堅実性、すなわち普遍的善への意思をもち、その本質において自由主義的である。また自由主義的精神は、それら諸政党を受けいれ、それを欲し、求め、願い、諸政党の欠如や不足を遺憾とする。諸政党の多様性と対抗性が減少し弱まるに応じて、自由主義的精神も、自己の本来の自由が減少し弱まることを感じる。(50)」これに続けてクローチェは、とくに自由党の再生とその役割の重要性を論じて、こう述べている。「自由党は、自由の宗教を信じて目標に確信をもち、実践活動をとおして自己を再生していかねばならない。自由党は、人間の知と心のなかに浸透する方法を研究し、多様な関心と結合して、新しい指導階級に生を与えねばならない。[51]」

クローチェはこのように政党の概念を提出することによって、道徳的な善と悪の闘争が政治の領域でとる表現形態を明らかにした。そのため、いったん倫理のなかに解消された政治の領域は、倫理性をもった政党の活動の場として、再びその存在意義をとりもどすことになった。そして諸政党の多様性という問題に着目して、複数政党が存在するか否かということを、政治の領域に自由が存在するか否かの基準としたのである。クローチェは、ここにおいてはじめて、政治の領域での自由主義とファシズムの違いを問題にしうる視点を得たのである。この点については、サルトーリが的確な分析を行なっているので、それを紹介しておこう。「クローチェは国家に関する自由主義理論には無関心で、……自由主義国家の場所に諸政党の問題を代置した。自由主義とファシズムの違いは、自由主義国家と権力主義国家の違いとしてでなく、複数政党制と単一政党制の違いに求められた。クローチェにしたがえば、諸政党の多様な存在は、政治的統治の健全さと生命力を保障する条件であり、そしてこの政治的統治の健全さと生命力が自由主義を特徴づけるものであるとされる。それにたいして単一政党制は、よどんで生命力を失った退廃の状態を示すとされる。……クローチェにとって、自由主義は弁証法的であり、非自由の政治体制は非弁証法的体制と理解されている。その意味するところは、多様な人間あるいは多様な政党の間の自由競争を認める複数政党制は、現実の生の弁証法的展開を尊重しかつ反映するが、諸政党の存在を認めない単一政党制は、反歴史的な、生の活動停止の事態を作りだす、ということである。[52]」

こうしてクローチェの自由主義論は、そのなかに政党論をふくむことになり、その後四三―四四年に政党に関する一連の論文が発表され、それらは四四年に、『イタリアの新しい生のために』*Per la nuova vita dell'Italia* という題で一冊の書にまとめられている。クローチェはこれらの論文で、政治の領域における道徳的善、つまり自由の精神を表現する力あるいは形態としての政党について論じ、それとあわせて諸政党の再建の問題、とくに自由党の再建の方向について論じた。

政治と倫理をめぐる関係および自由主義論が、こうした理論構造をもつにいたった時点で、現実社会の情況に大きな変化が生じ、ファシズム体制の危機とレジスタンス闘争がはじまる。この新たな情況のもとでクローチェがどのような対応をみせたか、次節ではその問題を検討する。

七　レジスタンスでの保守的立場

一九四三年七月二四日のファシズム大評議会は、長時間の討論の末、ムッソリーニ首相への不信任を表明した。翌二五日、国王ヴィットーリオ・エマヌエーレ三世はムッソリーニを逮捕して、次期首相にバドリオ元帥を任命した。ほぼ二〇年近く続いたファシズムの独裁体制がついに崩壊のきざしをみせたこの日、クローチェは日記にこう記した。「今の私の気持は、心の真中にのしかかっていた悪病から解き放たれたという気持である。(53)」この文章には、ファシズムに対するクローチェの感情が象徴的にあらわれているといえよう。

彼は、直ちに自由党再建の活動にとりかかり、八月二日、「自由主義とは何か——イタリア自由党再建の前提」Che cosa è il liberalismo. Premessa per la ricostituzione di un partito liberale italiano と題するアッピールを発した。クローチェの自由党再建への熱意は並み並みならぬものがあり、党が実際に再建されると、みずからが党首の座についた。また、これまで非合法活動においやられていてこの時期に再建された党として、共産党、社会党、キリスト教民主党（前身はイタリア人民党）があり、そのほか新たに結成された党として、行動党と労働民主党があっ

た。(54)

九月八日、イタリアと連合軍の間に休戦協定が結ばれると、ドイツ軍は、すでに連合軍の進駐していた南イタリアを除いて、ナーポリ以北のイタリア全土を占領した。この際国王とバドリオ政府は、ローマから南イタリアに逃亡して連合軍の庇護下に入り、そこで政権を存続させた。こうした動きのなかで、先の反ファシズム六政党は、ドイツ軍占領下のローマで、国民解放委員会 Comitato di Liberazione Nazionale(以下CLNと略)を結成して、ドイツ軍に対するレジスタンス闘争を開始した。またこのCLNは、南イタリアに逃亡した国王=バドリオ政権はその性格においてファシズム政権の延長にすぎないと批判して、国王=バドリオ政権の正統性を否定し、CLN自身が臨時政権としての権限をもつことを主張した。ここから、国王=バドリオ政府とCLNとの間に激しい対立が生まれ、それに加えてCLN内部でも、君主制の存廃をめぐる意見の対立が生じ、レジスタンス闘争は複雑な政治的問題をかかえることになった。クローチェは、このような情況のなかで、自由党党首として、また南イタリアCLNの代表格として、(55)重要な役割を果たすことになる。

CLNの内部では行動党が、君主制の即時廃止を主張して最も強硬な態度を示していた。行動党は、リソルジメントに発するイタリア近代社会の発展構造に否定的な見解をもっており、とくに統一国家の形成が共和制でなく君主制によって実現されたことに批判的であった。君主制の国家構造は、その後のイタリア史の展開のなかで、民衆が政治に参加する道を閉ざし、このことが必然的にファシズム的権力国家の成立を招いたのだと批判した。そのため行動党による反ファシズムの課題は、単にムッソリーニ政権の解体ということにとどまらず、より根源的にファシズムの発生を可能とした君主制国家構造の変革という点にまで求められた。

クローチェの考えは、この行動党の方針と正面から対立するものであった。彼にとっての問題は、ファシズム以前のイタリア社会を自由主義的秩序の社会として肯定し、その社会秩序を復興させることであった。つまり、イタリアの自由主義社会の発展にとって、ファシズムは病気であり不慮の事故であり、その病気が治れば、以前の社会秩序に戻るのは当然であるとされた。クローチェの考えでは、一党独裁体制が崩壊すれば、それでファシズムの悪は取り除かれるのであり、それ以上にファシズムと君主制国家を結びつける必然性は何もないのである。そこでクローチェの方針は、君主制の擁護とファシズム以前の社会秩序の回復ということにおかれたが、この方針はCLN内でいちばん保守的な立場を示した。

クローチェは、ファシズムと君主制の結びつきについては何ら問うことをしなかったが、そのかわりにファシズムにたいする国王個人の責任ということを追及して、国王はファシズムの共犯者であるから、その責任をとって退位すべきであると要求した。国王退位の要求には、二重の意味がふくまれており、一つは政治的配慮、もう一つは道義的問題であった。第一の政治的配慮とは、CLN内部で君主制廃止を強硬に主張する勢力にたいする牽制を意味した。つまり、君主制の国家体制を救うために、ファシズムへの責任を国王個人におしつけ、国王の引責退位によって事を収めようとする配慮である。第二の道義的問題とは、国王がファシズムと一体となって犯した数々の悪を許しがたいものと糾弾し、文字どおり国王の道義的責任を問うて退位を要求したことである。クローチェは、国王の退位と同時に、皇太子ウンベルトの王位継承権も剝奪し、そのあと皇太子の幼少の男児を擁立して、しばらくの期間、摂政制度をとる構想をねっていた。[56] 彼はこのプランをもって、国王＝バドリオ政府とCLNとの間の交渉にたち、君主制国家の維持のために画策したが、しかし国王側もCLN側もそれぞれの事情からこれを受諾せず、三者の対立は深まるばかりであった。

事態の打開をはかるため、四四年一月二八―二九日に、南イタリアCLNの第一回大会が開かれたが、ここでの討論も、結局、何の結論もえなかった。クローチェはこの大会の開会演説で、従来の主張をくりかえし、国王の責任をきびしく追及する一方、ファシズムはイタリア史にとって「二〇年の挿話」una parentesi di venti anniを意味したと述べてファシズム＝病気論の考えをあらためて強調した[57]。

イタリアの政治情況は、四三年後半から四四年前半にかけて、君主制の存廃をめぐる対立で暗礁にのりあげていたが、この事態を解決したのは共産党のトリアッティ（一八九三―一九六四）であった。トリアッティは、四四年三月末、亡命地のモスクワから帰国して直ちに諸勢力間の調停にたち、国王＝バドリオ政府とCLNとが和解して国民統一政府を結成する必要を訴えた。そして君主制の問題は、終戦後に国民投票によって解決すべきであると提案し、その間の妥協策として、ローマの解放が実現された時点で国王はその称号をもったまま公生活から引退し、そのあと皇太子が国王代行となるという了解をとりつけた。この妥協策によって事態は急速に展開し、四月二二日、六政党の参加したバドリオ内閣が成立し、クローチェとトリアッティも無任所大臣として入閣した[58]。バドリオ新政府の成立によって、ともかく事態の打開ははかられたが、しかしこれで問題がすべて解決されたわけではなかった。行動党は、新政府に形式的には参加したが、同党の政治方針はこうした妥協策とは根本的に相容れないため、これ以降もCLNが唯一の権力機関となることを主張して、他党派とくに共産党および自由党と鋭く対立した。共産党は、レジスタンス闘争の課題を対ドイツ解放戦争という点に限定して、そこに国家制度や社会機構の改革という課題をもちこむことを拒絶したので、その意味ではきわめて保守的な役割を果たすことになり、行動党と対立してむしろ自由党に近い立場にたった。自由党、すなわちクローチェは、バドリオ新政府の成立によって、反ファシズムの問題は基本的に解決したと考えた。クローチェのこの考えは、六月四日にローマが解放されて国王が公生活から引退し、しかもその機会に首相が軍人のバドリオから政治家のボノーミ（一八七三―一九五一。元首相で労働民主党党首）に移ったことで、ますます強く確信されることになった。そのためこれ以降のクローチェは、ファシズムにたいする批判よりも、社会改革を主張する行動党にたいする批判に、その矛先を向けるようになる。

以上、レジスタンス闘争の錯綜した情況のなかで、クローチェの立場を諸党派の動きと関連させて説明してきたが、ここで若干の整理をしておけば次のようになる。クローチェは一九二八年以来、執拗に自由主義論をとなえてきて、それがファシズム体制下でもった意義は、たしかに大きなものがあった。だが現実にファシズム体制が崩壊して、新しい社会の建設が問題となったときに、彼の自由主義論は、ほとんど何のプログラムも提出しえず、ただファシズム以前の社会秩序に戻ることしか主張しえなかった。クローチェの自由主義論は、それが理論的哲学的に論じられたときには倫理＝宗教的な性格をおびて、日常の生活行為を政治化あるいは国家化したファシズム体制への批判として一定の機能を果たしたが、しかしながらそれが実践的に問題となったときに、諸政党の再建と指導階級の再生ということを除いて何の展望も与えることなく、結局のところ、生活秩序としての自由主義の復興を求めることに終らざるをえなかった。[59] そしてクローチェにとっては、政治家ボノーミを首相とする政党内閣制が誕生したことで、諸政党の再建と指導階級の再生は実現されたことになり、したがってファシズム批判の課題はもはや解決されたと理解された。このためクローチェの自由主義論において、それが元来もっていたファシズム批判と民主主義批判の両面の性格のうち、この段階でファシズム批判の性格は背後に退いて、民主主義批判の性格が前面にでてくることになった。いいかえれば、クローチェの自由主義論は、レジスタンス闘争のなかで明確に民主主義批判の課題をもつことになり、その批判は社会変革と共和制をめざす行動党への批判としてあらわれ、またレジスタンス闘争が民衆的性格をもつことへの批判としてあらわれてきた。

例えば、四四年一二月、北イタリアのレジスタンス闘争がまさに民衆パルチザンを中心に熾烈な闘いを展開しているとき、クローチェは「現代の道徳問題に関する考察」Considerazioni sul problema morale dei nostri tempi と題する一文を記して次のように述べている。「歴史は上から下へと向って動くのであり、その逆ではない。……現在、大衆が歴史を動かし、大衆が進歩の担い手になるという《大衆》の神話が流行している。[60]」だが現在の《大衆》の神話は、一九世紀のマッツィーニによる《人民》の神話やマルクスによる《プロレタリアート》の神話と同じ性格をもつもので、かつてこれら《人民》とか《プロレタリアート》とかの名のもとに隠されていたのは、マッツィーニやマルクス自身のイデオロギーであった。いまの《大衆》の神話も同じことで、《大衆》の名のもとに隠されているのは、民主主義のイデオロギーであり社会主義のイデオロギーである。「これらの社会運動の重要性を過小評価するつもりはないが、しかし全般的に確認できるのは、歴史は常に上から下へと動くことである。[61]」クローチェはこう指摘したあと、《大衆》の神話に自由主義の宗教を対置させ、そして例のごとく、現代世界の理想であり宗教であるところの自由の崇高な概念について論じているのである。

ところでレジスタンス闘争は、四五年四月、北イタリアの主要都市で一斉蜂起をおこない、ドイツ軍とファシストに対して最終的な勝利をおさめた。この蜂起を指導した北イタリアCLNは、勝利の余勢をかって、ローマの中央政府にたいして政権の移譲を要求した。この間、複雑な経緯があったが、六月二一日、ボノーミ政府にかわって北イタリアCLNの代表で行動党所属のパッリ（一八九〇—一九八一）を首相とする新政権が成立した。クローチェは、このパッリ政府にたいして異常なまでに敵意を燃やし、事あるごとに政府批判をおこなった。そして一一月にはついに自由党の大臣を閣外にひきあげさせて、パッリ内閣の崩壊に導いた。[62]このあと一二月にキリスト教民主党のデ・ガスペリ政府が成立して、レジスタンス闘争の事後処理と戦後社会の再建が始まり、クローチェ自身もまだしばらく政治活動に従事しているのだが、[63]その活動はすでに説明した立場の延長にすぎず、とりたてて新しい問題は提出されていない。それゆえ、これ以降のクローチェの政治活動をたどることはやめ、それにかわって視点を文化思想の分野に移して、クローチェの自由主義論とファシズム論がレジスタンス直後の文化思想のうえでどのような意味をもったか、その点にふれて結びにかえておきたいと思う。

結び　思想史的問題

クローチェはすでにファシズム体制の成立以前に、その精神哲学の体系によってイタリア思想界の最高峰の位置を占めていた。ファシズム体制は、思想・言論・出版の自由をいっさい抑圧して、ファシズムに批判的な思想の表明を許さなかったが、ただクローチェだけが例外的に発言を認められていた。ともかくこのことにより、クローチェは反ファシズムを代表する役割をになった。ファシズム以前の社会に生きたクローチェと同世代のものは、イタリア文化の最高峰がファシズムに屈していないということに限りない勇気と希望を与えられ、またファシズムの世界しか知らない青年たちは、クローチェの書物をとおしてファシズムとは違う思想の存在を知り、そこからファシズムにたいする疑いへと導かれていった。クローチェは、まさに反ファシズムの導きの星として仰がれたのである。ファシズム体制下のこの声望と権威を背景にしてレジスタンス闘争においても重要な役割を果たし、そこでは、ファシズム体制が崩壊したあとはファシズム以前の自由主義的な社会秩序が復興されるべきであると主張した。つまりファシズムは単に「二〇年の挿話」にすぎず、リソルジメントに発するイタリアの自由主義社会は「病気」による二〇年の中断を経て再びその健康な姿に立ち戻るべきだというのである。

しかし、クローチェの自由主義論と反ファシズム論が、結局のところファシズム以前の旧社会を復興させるための理論でしかないことが明らかになると、ファシズム崩壊後の社会は以前と違った新しい社会にならなければならないと考える立場の側から、さまざまな形で批判が提出された。この批判は大きくわけて三つの方向からおこなわれており、第一はかつてクローチェを師と仰いだが今は袂を分かって行動党にはしった知識人グループであり、第二はいわゆるファシスト世代といわれる青年知識人のグループであり、第三はマルクス主義者である。そこで、これら三つの立場からなされた批判とそれにたいするクローチェの対応をみながら、クローチェをめぐるレジスタンス後の思想的情況について説明しておこう。(64)

第一のグループでは、哲学史家デ・ルッジェーロによる批判が代表的だが、彼はファシズムにたいするに理性への復帰をとなえつつ、他方でクローチェの歴史主義の方法にも疑問を呈して次のように述べた。「われわれは、クローチェの歴史叙述のなかに、歴史が突如として停止し過去をいたずらに思い起すことで終る方法を見出す。例えば、『イタリア史』がそうである。この書は、イタリアの新国家を形成するドラマをたどって、そのドラマがエピローグにきたとき、ジョリッティがすべての対立を調停するのに成功して終りになる。それは、イタリアの歴史がこの地点で停止しているはずであるという印象、あるいは少なくともこの成功の道を無限に歩みつづけているはずであるという印象を与える。つまりその後に生じた根底的な変化は、この歴史のなかで何の説明も、また何の原因も見出せないので、読者はとまどいと疑問のままに書を閉じることになる。(65)」このデ・ルッジェーロの発言にみられるように、行動党にはしった知識人の多くは、リソルジメントに発する自由主義社会がなぜファシズムを生みだしたのか、再びファシズムの危険を起さないためには自由主義社会の欠陥をどのように改革すればよいのか、こういう苦悩をふくんだ問題意識に導かれてレジスタンスを闘っており、クローチェへの批判も主としてこの問題に向けられた。

これにたいしてクローチェは、従来の主張をくりかえしつつこう答えている。「歴史の研究において、ある時代に表現された悪の諸原因を、それに先行する時代のなかに求めようとしてはならない。このことは、人間がある時期あるいはある環境のもとで病気にかかったとき、その原因を健康な身体の諸器官のなかに求めないのと同じことである。デ・ルッジェーロはこの誤りにおちいったが、これは原因と結果の機械的関係を歴史のなかに不当に適用することから生じた誤りの一例である。[66]」クローチェは、精神哲学の体系をファシズム批判の理論に転化させ、ファシズムと戦いつづけた。クローチェにとって、ファシズムの崩壊は自己のテーゼの勝利を意味し、また精神哲学の体系の勝利を意味した。クローチェからみれば、このことはさらに、ファシズム以前から以後にかけての思想史上の連続性を救ったことをも意味したのである。クローチェのファシズム論の特徴が、精神哲学の体系のもつこのような思想史的な意味と深く結びついている以上、彼のファシズム論への批判は、精神哲学の体系との関連でおこなわれなければならなかったはずだが、デ・ルッジェーロをふくめて行動党の知識人は、クローチェの反民主主義の思想や理論体系の個々の難点を部分的に批判するにとどまって、その体系を全面的に論ずることはなかった。

クローチェにたいする第二の批判は、ファシスト世代による批判である。ファシスト世代とは、もの心のついたときにはすでにファシズム体制が全生活過程をおおっており、その思想形成をファシズム体制下でおこなった世代をさす。この世代の知識人は、一九三〇年代後半から四〇年代初めにかけてさまざまな文化活動をおこない、その過程で次第に反ファシズムの立場に移行した。このうち文学者のヴィットリーニ(一九〇八—六六)を中心とするグループは、レジスタンス闘争の直後に、新しい文化の創造をめざして『ポリテークニコ』*Politecnico* という雑誌を発刊した。ヴィットリーニは、この雑誌の発刊の辞で、おおよそ次のように古い文化を批判した。[67]——ファシズムと戦争の時代を経て誰が勝利したかを語るのは困難である。しかし誰が敗北したかということは明白である。敗北したのは、聖なる精神、聖なる価値を説きつづけた一つの文化である。その文化は、ベネデット・クローチェやトマス・マンの名に結びついた文化であった。その文化は高貴な精神を説き、聖なる価値を提示したが、社会と何の結びつきももたなかった。この文化は、社会における人間の苦悩を取り除くことに関心をはらわず、苦悩を慰めることだけを求めた。これまでの文化の原理は慰めの性格であり、慰めの性格のゆえにファシズムの暴虐を防ぐことができなかった。敗北したのは社会から孤立した慰めの文化である。新しい文化は人間の苦しみを慰めるのでなく、社会の苦悩から人間を解放するものでなければならない。クローチェやマンは、今日なおわれわれに道を指し示しているが、われわれはもはやその道を歩むことはできない。

　ヴィットリーニは、クローチェの文化を慰めの文化と規定し、それはファシズムの暴虐を防ぎえなかったがゆえに敗北の文化であると指摘した。しかしヴィットリーニは、この指摘をさらにクローチェ文化とイタリア社会の歴史的構造的関係の分析にまで深めることをしなかった。クローチェ自身が、ファシズムにたいして勝利したのは自己の精神哲学の体系であると主張しているときに、その「勝利」の意味を分析することなしに、ただ敗北の文化と規定するだけではクローチェ批判としてあまりに粗雑すぎた。ヴィットリーニのこの欠点は、また『ポリテークニコ』に結集したグループの共通の欠点でもあった。このグループは、レジスタンス後の新しい文化の創造に熱意を燃やしたが、新しい文化と古い文化の違いを社会的責務《インペーニョ》を自覚しているか否かという点に求めて、イタリアの文化そしてそれを代表したクローチェの思想の歴史的社会的性格を分析することをしなかった。

　『ポリテークニコ』の発刊後二年を経てようやくグループ員のバルボ（一九一三—六四）は、四七年一二月号の誌上で次のような発言をした。[68]——今日、イタリア文化はクローチェに満ち満ちている。イタリアは、グラムシなしに、またゴベッティもドルソもなしにとどまっていた。つまり、レジスタンス以後のわれわれの歴史意識の獲得はまだなされていないのである。ファシズムを論理的に正当化した文化意識から、われわれはまだ抜けだしていない。われわれは、ファシズムが擡頭した時期のイタリアの真の歴史意識と接触を保とうとしなかった。現在の課題は、この歴史意識をさまざまな文化的局面において跡づけてみることである。この作業にとって、グラムシ、ゴベッティ、ドルソの名前はわれわれに方向を指し示してくれるであろう。文化における反ファシズムとは、種々の文化的価値の否定や制限にとどまることを意味しない。われわれの文化を具体的に歴史化して、それに責任をもたせ活性化させ、そして決して神秘化しないということを意味するのでなければならない。

バルボは、従来の『ポリテークニコ』グループに欠けていた反ファシズムの歴史化という視点を強調し、クローチェの反ファシズム思想をグラムシやゴベッティの反ファシズム思想と対比させながら歴史的に分析する必要を提唱した。この提唱は問題の本質に迫る重要な発言であったが、ちょうどこの頃、『ポリテークニコ』の文化活動と共産党の文化政策の間に対立が生じていて、『ポリテークニコ』誌はバルボの論文が掲載された号を最後にもはや刊行されなかった。そのためせっかくのバルボの問題提起も、このグループによっては発展させられることなしに終ったのである。

クローチェにたいする第三の批判はマルクス主義の側からのもので、これは四七年以降、グラムシ(一八九一—一九三七)の獄中ノートの刊行をもっておこなわれた。イタリアにおけるマルクス主義思想は、一九世紀後半にラブリオーラによって導入されており、クローチェも一時この思想の影響下にあった。しかしクローチェは、マルクス主義理論のうち自己の精神哲学の形成に役立つ部分を吸収すると、あとは全体として否定しさり、精神哲学の体系がほぼ完成した一九一一年に「社会主義の死」La morte del socialismo と題する対話を発表してマルクス主義理論の死滅を宣言した。その後もくりかえしマルクス主義批判をおこない、ファシズム体制下の三七年には「イタリアでマルクス主義理論はいかに生まれいかに死んだか」Come nacque e come morì il marxismo teorico in Italia と題する論文を記して、イタリアにおけるマルクス主義理論の運命を論じた。

クローチェのこうした主張を裏書きするように、イタリアのマルクス主義思想の運命は事実クローチェの精神哲学の体系によって定められた。思想界におけるクローチェの支配権は、ラブリオーラに続くマルクス主義思想の再生を長期間にわたって許さなかった。この再生はレジスタンス闘争の後になってようやく可能となったのであるが、その再生のされ方については二つの点で注目しておかねばならない。第一点は、共産党が重要な役割を果たしたレジスタンス闘争のなかから再生がおこなわれたのでなく、レジスタンス闘争以前に死亡していたグラムシの獄中ノートの発表によってそれがなされたことである。第二点は、このグラムシのノートが単にマルクス主義思想を復権させたということでなしに、まさにクローチェの理論体系と全面的かつ内在的に格闘することによって初めてその再生を可能にしたことである。この二つの事実は、一方ではレジスタンス闘争における共産党の思想的立場がきわめて貧弱であったことを意味しており、他方ではそれにひきかえグラムシの思想的営為がいかに貴重であったかを示している。

イタリアのマルクス主義思想は、グラムシによるクローチェの理論体系との格闘をとおして、そしてこの格闘をとおしてのみ再生されえたのである。グラムシによるクローチェ批判は、こうした思想史的脈絡において検討さるべき多くの問題をふくんでおり、それはまたイタリア現代思想史の最も重要な問題でもある。結論的にいえば、グラムシの獄中ノートの公刊は、思想界におけるクローチェの単独支配権をゆるがし、これ以後のイタリアでは、クローチェとグラムシがあたかも楕円の二つの焦点のごとき関係を形成することになる。しかしこの問題は本稿で扱うにはあまりに大きな問題であり、別の機会に稿をあらためて論じてみたいと思う。

（1）　クローチェは、一九一〇年以来、上院議員に任命されていたが、政治活動はほとんどおこなっていなかった。ジョリッティとは、文部大臣への就任を請われたときにはじめて言葉をかわした間柄で、それ以前には何の交友関係もなかった。また、クローチェはそれまで、ジョリッティの政治思想に共鳴していたこともなく、このときのクローチェの入閣は、両者の友人の仲介によるものである。このときのいきさつ、ならびに文部大臣在任中のクローチェの仕事については、B. Croce, Ministro col Giolitti, in *Nuove Pagine Sparse*, 2ª ed., Bari, 1966, Vol. I, pp. 63–79 を参照（*Nuove Pagine Sparse* は以後 *NPS* と略記）。なお、クローチェがジョリッティ時代の自由主義に積極的な評価を与えるようになるのは、ファシズム体制が確立して以後のことであり、それ以前のクローチェは、ジョリッティ的な自由主義者ではなかった。この点は、本論において明らかにする問題であるが、誤解のないようにあらかじめ指摘しておく。

（2）　B. Croce, Relazioni col Mussolini, in *NPS*, Vol. I, p. 81.

（3）　Liberalismo e fascismo, in *Pagine Sparse*, 2ª ed., Bari, 1960, Vol. II, pp. 475–478. *Pagine Sparse* は以後 *PS* と略記。

（4）　Le elezioni e il ritorno alla vita politica formale, in *PS*, Vol. II, pp. 479–482.

（5）　La situazione politica (luglio 1924), in *PS*, Vol. II, pp. 482–486.

（6）　B. Croce, Liberalismo, in *Cultura e vita morale*, 3ª ed., Bari, 1955, pp. 283–288.

（7）　Il Manifesto degli intellettuali del fascismo, in Emilio R. Papa, *Storia di due manifesti*, Milano, 1958, pp. 59–69.

（8）　La protesta contro "il Manifesto degli intellettuali fascisti", in *PS*, Vol. II, pp. 487–491.

（9）（10）（11）（12）　B. Croce, *Materialismo storico ed economia marxistica*, 10ª ed., Bari, 1961, pp. 80–81, p. 81, p. 113, p. XII.

（13）　B. Croce, *Teoria e storia della storiografia*, 9ª ed., Bari, 1966, p. 140. なお羽仁五郎訳『歴史の理論と歴史』（岩波文庫、一九五二）ではこの箇所を含む「補遺」三節分は収録されていない。

（14）　クローチェとマルクス主義の関係、ならびにその関係が精神哲学の体系を形成するうえで果した役割については、Emilio Agazzi, *Il giovane Croce e il marxismo*, Torino, 1962 のゆきとどいた研究がある。また、精神哲学の形成過程とその構造については、研究史上すでに古典的な位置を占めている Aldo Mautino, *La formazione della filosofia politica di Bene-*

detto Croce, Bari, 1941, 3ª ed., 1953がすぐれた分析をみせている。ほかに、イタリアの哲学史を叙述するなかでクローチェの哲学体系を分析したガレンの二著、Eugenio Garin, *Cronache di filosofia italiana (1900–1943)*, Bari, 1955とId., *Storia della filosofia italiana*, 3 voll., Torino, 1966を参照。なおクローチェは、精神哲学の体系を完成させた時点で自己の理論形成の道程をふりかえって、一九一五年に「自分自身の批判のために」Contributo alla critica di me stessoと題する自伝的論文を発表しており、これはクローチェの思想形成を理解するうえで不可欠のものである。この論文は後に、一九三一年発行の論文集『倫理と政治』*Etica e politica*に収録された。

(15)(16)(17)(18)　『政治の原理』は、その後、論文集『倫理と政治』(一九三一)に収められ、本稿ではその第四版を使用した。傍点は原文。B. Croce, *Etica e politica*, 4ª ed., Bari, 1956, p. 217, p. 220, p. 222, pp. 232–233. *Etica e politica*は以下*EP*と略記。

(19)　Norberto Bobbio, *Politica e cultura*, Torino, 1955; Salvatore Onufrio, *La politica nel pensiero di Benedetto Croce*, Milano, 1962; Giovanni Sartori, *Stato e politica nel pensiero di Benedetto Croce*, Napoli, 1966. 以上の三書は、本稿の執筆にあたって最もよく参照した文献である。ボッビオの書は論文集で、そのなかにクローチェに関する「クローチェと文化における政治」Croce e la politica della cultura, 1953および「クローチェと自由主義」Benedetto Croce e il liberalismo, 1955がふくまれており、この二論文、とりわけ後者の論文はクローチェの自由主義論にするどい分析をくわえていて大変参考となった。なおボッビオのものでは、ほかに論文集*Italia civile*, Manduria-Bari-Perugia, 1964に収められた「現代イタリアの政治理論とイデオロギー」Teorie politiche e ideologie nell'Italia contemporanea, 1958と「ベネデット・クローチェ」Benedetto Croce, 1962とがやはりクローチェの理論体系にすぐれた説明を与えており、同じように参考となった。またサルトーリの書は、題名が示すようにクローチェの思想における国家と政治の概念を検討したもので、本稿の作成のうえでこの書にも多くを負うている。サルトーリには、*Democrazia e definizioni*, Bologna, 1957(英語版*Democratic Theory*, Michigan, 1962)という著書もあり、そこで扱われている主題はクローチェの問題と直接の関係はないが、クローチェに数ページさかれている部分の指摘は明快である。このほかでは、Gennaro Sasso, Il pensiero politico, in *Terzo Programma—Nel centenario della nascita di Croce*, 1966, N. 2が短い論文ではあるが、クローチェの政治の概念を端的に要約している。

(20)　B. Croce, *Aspetti morali della vita politica*, Bari, 1928. この書は、その後『倫理と政治』に収録された。その際、「自由主義概念の哲学的前提」Il presupposto filosofico della concezione liberale は、「生の概念としての自由主義概念」La concezione liberale come concezione della vita と改題された。

(21)　*EP*, p. 292. 傍点原文。

(22)(23)　*EP*, p. 292, p. 300.

(24)　*EP*, pp. 355–356. 傍点引用者。

(25)　N. Bobbio, *Politica e cultura cit.*, pp. 115–116; G. Sartori, *Stato e politica cit.*, pp. 74–76, pp. 83–86.

(26)　*EP*, pp. 324–325.

(27)　*EP*, p. 297.

(28)　クローチェの歴史論に関する研究では、Federico Chabod, Croce storico, in *Rivista Storica Italiana*, 1952 N. 4 が最も基本的なものである。シャボーは、クローチェの三つの歴史書について次のように指摘している。「『ナーポリ王国史』は『政治の原理』で示された原理を完全に具体化しており、『イタリア史』もこの延長上にある。しかし『ヨーロッパ史』は、後の『思想として行動としての歴史』で示されることになる新しい立場に向いはじめている。倫理＝政治史は倫理＝宗教史に変化していくのである」(p. 509)。ここでついでに、クローチェの歴史主義に言及したもののうち、参考となった書物と論文を列挙しておく。Carlo Antoni, *Lo storicismo*, Torino, 1957; Norberto Bobbio, Benedetto Croce, in *Italia civile cit.*, 1964; Gennaro Sasso, Per un'interpretazione di Croce, 1964, in *Passato e presente nella storia della filosofia*, Bari, 1967; Paolo Rossi, *Storia e filosofia*, Torino, 1969.

(29)　*EP*, pp. 285–286.

(30)　B. Croce, *Storia del Regno di Napoli*, 6ª ed., Bari, 1965, pp. 30–31.

(31)　*Ibid.*, pp. 223–224.

(32)　モスカの政治階級論については、Mario Della Piane, *Gaetano Mosca: classe politica e liberalismo*, Napoli, 1952 と James H. Meisel, *The Myth of the Ruling Class: Gaetano Mosca and the Elite*, University of Michigan, 1958 (paperback ed., Ann Arbor Paperback, 1962) が代表的な研究書である。また『政治学要綱』の普及版 Gaetano Mosca, *La clas-*

se politica, a cura di Norberto Bobbio, Bari, 1966 にボッビオが記した序文は明快な好論である。モスカの政治階級論は、パレートのエリート論と比較対照されながら論じられることが多く、それらのうちでは、James H. Meisel ed., *Pareto & Mosca*, New Jersey, 1965 と Norberto Bobbio, *Saggi sulla scienza politica in Italia*, Bari, 1969 を参照。他に邦訳文献として、ヒューズ『意識と社会』生松敬三・荒川幾男訳、みすず書房、一九六五 (H. Stuart Hughes, *Consciousness and Society*, New York, 1958) とボットモア『エリートと社会』綿貫譲治訳、岩波書店、一九六五 (T. B. Bottomore, *Elites and Society*, London, 1964) とがあり、それぞれの主題のなかでモスカとパレートを論じている。とくにヒューズの書は、クローチェの思想をもふくめて、一八九〇年から一九三〇年までのヨーロッパ社会思想史を扱った広い視野の研究書で、多くの点で参考となる。

(33) B. Croce, *NPS*, Vol. II, p. 222.

(34) 本稿ではジョリッティ時代のクローチェに全然ふれることをしなかったが、この時代のクローチェの政治思想を知るには、La morte del socialismo, 1911; Fede e programmi, 1911; Il partito come giudizio e come pregiudizio, 1912 の諸論文が重要である。これらはすべて論文集 *Cultura e vita morale*, Bari, 1913, 3ª ed., 1955 に収められている。またジョリッティ時代のクローチェについては、Michele Abbate, *La filosofia di Benedetto Croce e la crisi della società italiana*, nuova ed., Torino, 1966 と Emilio Agazzi, Benedetto Croce e l'avvento del fascismo, in *Rivista storica del socialismo*, N. 27, 1966 を参照されたい。

(35) 『イタリア史』が指導階級の歴史であるということについて、Ernesto Ragionieri, Rileggendo la《Storia d'Italia》di B. Croce, in *Belfagor*, 1966, fasc. 2; Franco Catalano, Croce storico, in *L'Osservatore*, N. 9, 1966 を参照。

(36) 例えば、一九二八年二月二〇日付でクローチェがアンサルドに宛てた書簡を参照(*Epistolario*, Napoli, 1967, Vol. I, pp. 143-146)。またクローチェが一九四六年に、『イタリア史』をめぐって記した一文も重要である(Venti anni fa: ricordo della pubblicazione di un libro, in *NPS*, Vol. II, pp. 384-400)。

(37) ファシズム以前の社会を知っている大人の反ファシストは別として、ファシズム体制の秩序しか知らない若い世代の反ファシストが『イタリア史』をどのように読んだか、その一例として、Giorgio Amendola, Incontro a palazzo Filomarino, 1966, in *Comunismo Antifascismo Resistenza*, Roma, 1967 が興味深い。

(38) B. Croce, Antistoricismo, 1930, in *Ultimi saggi*, Bari, 3ª ed., 1963, pp. 260–261.
(39) B. Croce, *Storia d'Europa nel secolo decimonono*, 10ª ed., Bari, 1961, pp. 9 e 10.（坂井直芳訳『十九世紀ヨーロッパ史』創文社、一九五七、六頁・八頁）
(40)『ヨーロッパ史』の宗教書としての性格については、シャボーの論文の他、Franco Gaeta, Note su Croce storiografo, in *Rivista di studi crociani*, 1964, fasc. II. を参照。
(41) この論文は最初、英語文で発表された。イタリア語文は「自由の哲学理論に関する原理、理念、理論」Principio, ideale, teoria a proposito della teoria filosofica della libertà と改題されて、論文集 *Il carattere della filosofia moderna*, Bari, 3ª ed., 1963, pp. 107–127 に収められた。本稿ではイタリア語文を使用した。
(42) G. Sartori, *Stato e politica cit.*, p. 23; S. Onufrio, *op. cit.*, pp. 41–42.
(43)『思想として行動としての歴史』を貫くクローチェの問題意識は、歴史を作為する実践的問題と歴史を認識する理論的問題と、この二つを同時的にふくませて歴史をとらえようとすることにある。一九一七年の『歴史の理論および歴史』では、認識方法としての歴史主義を確立したのであるが、この『思想として行動としての歴史』では、作為と認識の両者を不可分な関係として理解して、新たに絶対的歴史主義の立場を提唱したのである。歴史を作為と認識の不可分の関係として理解する方法は、ヴィーコの歴史思想によっている。ヴィーコについて一言ふれておくと、その思想はこれまで思想史のうえで無視されることが多かったが、例えば、Giorgio Tagliacozzo ed., *Giambattista Vico: an international symposium*, John Hopkins Press, 1969 でとりあげられたテーマの広さが示しているように、それはきわめて大きな射程をもっており、この思想を検討することは重要と思われる。邦訳文献では、ハーバーマス『社会哲学論集』(I)(II)、細谷貞雄訳、未来社、一九六九—七〇 (Jürgen Habermas, *Theorie und Praxis-Sozialphilosophische Studien*, Neuwied, 1963) が、政治における理論と実践の歴史あるいは認識と作為の歴史のなかでヴィーコの思想を位置づけて分析しており、大変に興味深い作品である。なおクローチェの歴史主義については、注(28)にあげた文献を参照。
(44)(45)(46) B. Croce, *La storia come pensiero e come azione*, Bari, 6ª ed., 1954, pp. 45–46, pp. 50–51, p. 176.
(47) G. Sartori, *Stato e politica cit.*, pp. 56–57; S. Onufrio, *op. cit.*, pp. 107–108; Carlo Antoni, *Commento a Croce*, Venezia, 1955, 2ª ed., 1964, pp. 199–208. アントーニはクローチェの立場に立つ哲学者であるが、しかしクローチェの理論体系

の難点と変質に率直な批判をおこなっており、その意味でこの『クローチェ論』は重要な書である。

(48) C. Antoni, *Ibid.*, pp. 45–48, pp. 62–63, p. 196.

(49) N. Bobbio, *Politica e cultura cit.*, pp. 244 sgg.

(50)(51) B. Croce, *La storia come pensiero e come azione cit.*, p. 233, p. 240.

(52) G. Sartori, *Stato e politica cit.*, pp. 99–101.

(53) B. Croce, *Scritti e discorsi politici (1943–1947)*, Bari, 1967, Vol. I, p. 173. この書物は表題が示すように、一九四三―四七年の政治的論文と演説を収録しており、前節末尾であげた『イタリアの新しい生のために』もこれに収められている。この書からの引用は、以後、*SDP* と略記して巻数とページ数を示すことにする。

(54) 六政党のうち行動党 Partito d'Azione は注目を要する党で、主として知識人層から成り、二〇年代のゴベッティ（一九〇一―二六）の〈自由主義革命〉Rivoluzione liberale の運動と三〇年代のロッセッリ（一八九九―一九三七）の〈正義と自由〉Giustizia e Libertà の運動の系譜に立っている。レジスタンスの過程では、君主制の廃止と共和制の樹立をとなえて、六政党のうち最も急進的な政治方針を主張した。この党には、クローチェと学問上の盟友であった、歴史家のオモデーオ（一八八九―一九四六）や哲学史家デ・ルッジェーロ（一八八八―一九四八）なども参加しており、両者のクローチェへの批判点は、クローチェの自由主義が反民主主義思想に貫かれていることにたいしてオモデーオやデ・ルッジェーロは民主主義思想を重要視したことである。行動党については、レジスタンス史に関するすべての文献が扱っているが、さしあたっては、Emilio Lussu, *Sul Partito d'Azione e gli altri*, Milano, 1968 を参照。

(55) ローマで結成されたＣＬＮは、その後、北イタリアと南イタリアでも結成された。これら三つのＣＬＮは、相互に関係を結びながらも、それぞれ独立していた。その理由は、三つのＣＬＮの置かれている情況が決定的に異なるためで、ローマのＣＬＮが政治家を中心とした政治機関としての性格が強いとすれば、北イタリアのそれは広汎な民衆的基盤をもつ闘争機関としての性格が強かった。南イタリアは、すでに連合軍によって解放されていたことと、それに同地の社会構造ということもあって、ＣＬＮの民衆的基盤は薄く、南部知識人と保守的自由主義者が中心になっていた。そのなかでクローチェ（ナーポリ人）の声望と権威は圧倒的で、当然のこととしてＣＬＮの代表格におさまった。南イタリアＣＬＮの主要な課題は、当地に存在する国王＝バドリオ政府と直接の交渉をもって、両者の対立を解決することであった。この交渉の経過については、Nicola Gallerano, La lotta politica nell'Italia del Sud dall'armistizio al Congresso di Bari, in *Rivista storica del socialismo*, N. 28, 1966 を参照。

(56)　クローチェの四三年一〇—一一月の日記を参照。*SDP*, Vol. I, pp. 191 sgg.

(57)　CLNの大会については、その議事録 *Il primo congresso dei comitati di liberazione nazionale*, Bari, 1964 を参照。

(58)　トリアッティが主役となって推進したこのドラマは、内閣の成立した地である南イタリアのサレルノ市の名をとって、サレルノ転回 la svolta di Salerno とよばれた。これまでCLNは、みずからが臨時政権となることを主張して旧来の国家体制を否認していたが、サレルノ転回によって逆に旧来の国家体制のなかに組みこまれることになった。このため、これ以後のレジスタンス闘争の性格は、CLNの課題としていた国家構造の変革という面はうすくなり、ドイツ軍にたいする国民解放戦争という面が強くなった。サレルノ転回は、レジスタンス闘争が社会変革の方向へ向うことに阻止的役割を果たしており、この転回のもつ意味については多くの論争がなされている。さしあたっては、転回を擁護する共産党側の Aurelio Lepre, *La svolta di Salerno*, Roma, 1966 と、転回を批判する行動党側の Leo Valiani, *Dall'antifascismo alla Resistenza*, Milano, 1959 の二書を参照のこと。

(59)　N. Bobbio, *Politica e cultura cit.*, pp. 264–265; F. Catalano, *art. cit.*, pp. 65–66.

(60)(61)　*SDP*, Vol. II, p. 139, p. 142.

(62)　パッリ政府にたいするクローチェの批判点は、すでに本文中で扱った問題を中心としているので、ここでは説明を割愛するが、クローチェの考えは次の二つの演説にとくに明瞭に示されている。Problemi attuali (*SDP*, Vol. II, pp. 234–243); Una crisi ministeriale della quale si procura di alterare il carattere (*SDP*, Vol. II, pp. 248–253). またクローチェにたいする行動党側からの反批判については、オモデーオの二つの論文を参照のこと。A. Omodeo, Il cosí detto Partito liberale e la crisi del novembre 1945; Liberalismo e democrazia, in *Libertà e storia: scritti e discorsi politici*, Torino, 1960, pp. 359–371, pp. 372–382.

(63)　一九四三年から四七年までのクローチェの政治活動については、Fausto Nicolini, *Benedetto Croce*, Torino, 1962, pp. 399–416 を参照。この書は、哲学者でありまたクローチェの親しい友であったニコリーニの手になる伝記で、クローチェの一生がその思想と行動をとおして描かれているが、理論体系に関する深い分析はみられない。

(64) レジスタンス後の思想的情況については、次の三論文がそれぞれに整理と分析を試みていて、参考となる。Mario Sansone, La cultura, in *Dieci anni dopo: 1945–1955*, Bari, 1955; Eugenio Garin, Quindici anni dopo (1945–1960), in *La cultura italiana tra '800 e '900*, Bari, 1962; Romano Luperini, Gli intellettuali di sinistra e l'ideologia della ricostruzione nel dopoguerra, in *Ideologie*, N. 8, 1969.

(65) G. De Ruggiero, *Il ritorno alla ragione*, Bari, 1946, pp. 15–16.

(66) B. Croce, Di un libro sulla libertà in Italia, 1946, in *SDP*, Vol. II, pp. 314–315.

(67) E. Vittorini, Una nuova cultura, in *Politecnico*, N. 1, 29 settembre 1945, ora in *Politecnico. Antologia critica* a cura di Marco Forti e Sergio Pautasso, Milano, 1960, pp. 43–46.

(68) F. Balbo, Cultura antifascista, in *Politecnico*, N. 39, dicembre 1947, ora in *Ibid.*, pp. 211–215.

［後　記］

（初出）「クローチェの政治思想(上)——自由主義とファシズム——」『思想』五三五号（一九六九年一月）、「自由主義とファシズム——クローチェの政治思想(下)」『思想』五五三号（一九七〇年七月）。

この論文は(上)(下)の発表間隔があいていたので、(下)の冒頭に(上)を要約した内容の文をおいたけれども、ここではその部分はほとんど削除した。

本文二八頁で言及した二つの宣言について補足しておく。ファシズムを支持する知識人は、文化活動の全国機関を組織する目的で、二五年三月末、およそ二五〇人の参加のもとに文化会議を開催した。会議の宣言文はジェンティーレが起草し、ムッソリーニの校閲の後、「各国知識人へ向けてのイタリア・ファシスト知識人の宣言」として、伝説上のローマ建国日である四月二一日に発表された。ジェンティーレの文章にムッソリーニが手を加えたオリジナル・テキストがエミーリオ・ジェンティーレ『ファシスト・イデオロギーの諸起源（一九一八—二五年）』Emilio Gentile, *Le origini dell'ideologia fascista (1918–1925)*, Roma-Bari, 1975, pp. 459–466 に収録されている。

この宣言に政治と学問の混同を読みとったクローチェは、直ちに批判文を作成し、短時日のうちに四〇名の署名者を得て、五月一日に「ファシスト知識人の宣言に対するイタリアの作家、学者、著述家の回答」として公表した。署名者はその後増えて、三週間ほどでファシスト知識人のそれに匹敵する数となった。通称「反ファシスト知識人宣言」と呼ばれるこの声明文と署名者一覧はエミーリオ・R・パーパ『ファシズムと文化』Emilio R. Papa, *Fascismo e cultura*, Venezia, 1974, pp. 211–217にある。

二つの宣言文によってイタリアの知識人は二分された形になったが、各署名者はそれぞれの立場をこの後ずっと堅持したというわけではなく、多くの知識人はファシズムと反ファシズムの間の広大なグレーゾーンに身を置いて、各自の作業を続けたといえるのである。ただ、かつての盟友であるジェンティーレとクローチェの二人の対立は激しく、両者の間に友好関係が戻ることはなかった。四四年四月、ジェンティーレが暗殺されたニュースを聞いたクローチェは、日記に「彼がファシズムに身を投じ、その上、哲学をファシズムによって堕落させたことで私は彼との関係を絶ったのだ」と記したが、クローチェにとって、哲学理論であるべき行為主義的観念論を政治的実践に適用したジェンティーレの態度は、政治と学問のはなはだしい混同であり、許すことのできないものだったのである。

本稿の末尾で、「イタリアのマルクス主義思想は、グラムシによるクローチェの理論体系との格闘をとおして、そしてこの格闘をとおしてのみ再生されえたのである」と書いている。いま読み返してみて、ずいぶん断定的に書いたものだと我ながら感じるが、こうした捉え方は、イタリア思想史に関する当時の私の理解の仕方を示すとともに、グラムシの読みとり方の問題を表わしている。当時はまだ十分に認識していなかったのであるが、イタリアの研究者の間でのグラムシの読みとり方、あるいはグラムシ解釈の流れはいささか複雑な経過をたどっており、それについては簡単ではあるが本書の付論で説明しておいた。

II　ファシズム体制の成立

第二章　ファシズムの成立

一　参戦主義と戦闘ファッシ

一九一八年一〇月二四日、前年にカポレットの大敗を喫してからちょうど一年目にあたるこの日、イタリア軍は、すでに解体しつつあるオーストリア軍を追って最後の攻撃に出た。この戦いは、ヴィットーリオ・ヴェーネトで大勝をおさめ、一一月三日に休戦協定が結ばれて終戦となった。イタリアは、まがりなりにも戦勝国として第一次大戦から抜け出した。

イタリアは、一九一四—一五年の参戦に至る過程で、参戦主義と中立主義との深刻な対立を経験していた。参戦を主張したのは、ナショナリストや右派自由主義者などの右翼的潮流と革命的サンディカリストの左翼的潮流、それに反オーストリアの課題をもつ民主主義者のグループであった。これら参戦主義者は、反ジョリッティ体制という点で共通性をもっており、時のサランドラ内閣は、議会外の参戦主義派の運動を背景にして、議会で多数を占めるジョリッティ派自由主義グループの中立論を抑え、いわばクーデター的に参戦の決定を行なった。戦争は、イタリアの民衆生活に大きな変化をもたらした。五五〇万に及ぶ兵士が戦場にかりたてられたが、その大半は農民であり、政府は、これら農民＝兵士に、戦争が終ったら土地を分け与えるという約束をして彼らの戦闘精神を鼓舞した。学生を含めた都市中間層に属する人びとは補充士官の位につくものが多く、彼らは戦争をとおして規律と名誉を重んじる生活を経験した。

また、軍需生産のための重工業の強化に伴い、同部門の工業労働者の数および組織が増大し、労働運動の中心的担い手が、戦前の鉄道、建設、印刷諸部門の労働者から金属・機械工業の労働者へと移行した。支配階級は、従来、民衆を国家の政治過程から徹底的に排除してきたが、戦争への参加によって民衆を国家の運命に深くかかわらせることになり、また民衆の側も、国家に結びついた自己の存在を意識することになった。このことが戦後の大衆運動の昂揚の重要な一因となったのである(1)。

戦争は、六〇万の死者を出す苦しい戦闘ののち、ともかく勝利に終った。戦争を支持・遂行した参戦主義者の間には、当然のことに、戦果への大きな期待が生じた。それは、単に対外的な意味での戦果ということにとどまらず、国内的問題としても、参戦主義者がみずからの主導権によって、つまり戦争に批判的であった中立主義者を排除して、自分たちだけの新しい社会を建設する希望が語られた。しかし、戦争による経済事情の悪化は、戦後のイタリア社会を極度の混乱に陥れた。復員兵士は職を見つけることができず街には失業者があふれ、農民への土地分配の約束も実現されなかった。

加えて、参戦主義者の意図は、対外的にはパリ平和会議によって、対内的には社会主義勢力の発展によって、大きな障害にぶつかることになり、さらに、参戦主義内部の諸潮流の対立も表面化してきて、戦果の考え方にも分裂が生じてくる。こうした情況のなかで、参戦主義派の諸潮流はそれぞれに障害の克服をめざして運動をすすめることになり、そしてこの運動の一潮流からファシズムが成立してくるのである。そこでまず、この参戦主義派の問題から説明していきたいと思う。

終戦時のイタリア政府は、首相がオルランドで、外相はソンニーノであった。ソンニーノは、一九一五年にロンドン秘密条約を取り決めた当事者で、引き続き外相の地位にあった。ロンドン秘密条約は、イタリア参戦の代償として、未回復地域 terra irredenta の帰属のほかに、アドリア海沿岸のダルマティア地域の支配権をイタリアに与える約束をしていた。オルランド内閣には、社会改良主義者のビッソラーティも入閣しており、彼は、民主派参戦主義を代表する立場にあった。民主派参戦主義とは、リソルジメント期のマッツィーニの思想的系譜に立つ立場で、オーストリア・ハンガリー帝国の崩壊とそれによる被抑圧民族の解放を戦争目的にしており、戦争の結果、民族主義と民主主義の原理に基づく新たなヨーロッパ世界が誕生することを期待していた。そのためビッソラーティは、ロンドン秘密条約に批判的で、民族自決の原理にしたがってダルマティア地域をユーゴスラヴィアに与え、代わりに、イタリア系住民が多数を占めるフィウーメ Fiume（現在名リイェカ Rijeka）をイタリア領とすることを主張とした。ビッソラーティは、ソンニーノ外相と対立して、一八年一二月末に閣僚を辞任した。そして、一九年一月一一日、ミラーノのスカラ座で、政見発表会を開こうとした。

だが、ナショナリストや復員兵士の間には、ダルマティアもフィウーメも、両地域ともイタリア領に要求する声が強く、ダルマティアを「放棄」する民主派参戦主義者を、放棄主義者と呼んで批判した。「放棄主義者」ビッソラーティの演説会は、反放棄主義者の激しい妨害にあって不成功に終った。このとき演説会を妨害した反放棄主義者は、ムッソリーニのグループ、マリネッティらの未来主義者のグループ、それにアルディーティ Arditi（大戦中に新編成された選抜突撃兵士隊のことで、勇猛果敢をもって知られた）の兵士たちであった。スカラ座事件は、二つの意味で重要な事件であった。第一の意味は、民主派参戦主義＝「放棄主義」が戦後の政治的主導権をとることに敗北し、反放棄主義の勢力がその主導権をとるのを決定的にした点である。第二の意味は、政治上の対立者を、あらかじめ計画された組織的な暴力によって倒す最初の例となったことである[2]。

スカラ座事件後しばらくした三月二三日、ムッソリーニは、同じミラーノで、イタリア戦闘ファッシ Fasci italiani di combattimento という名の団体を結成した。この団体に参加したメンバーは、かつて革命派参戦主義に属したグループ、およびスカラ座事件で行動を共にした未来派とアルディーティのグループであった。革命派参戦主義というのは、いわゆる革命的サンディカリストを中心とする参戦論の立場をさしている。イタリアの革命的サンディカリストは、イタリア労働組合連合 Unione Sindacale Italiana＝ＵＳＩを組織していたが、この連合の中心メンバーであるデ・アンブリス、コッリドーニ、ビアンキ、ロッソーニなどは、大戦が始まると積極的な参戦論を唱え、ＵＳＩから分離して、新たにイタリア労働連合 Unione Italiana del Lavoro＝ＵＩＬを結成した。彼らは、戦争が資本家社会の解体を全体として促進させるものであると考え、また戦争をとおして大衆の間に革命的叛逆心が生じることを期待した。一言でいえば、革命戦争の遂行という考えに立っていた。このグループは、一四年一〇月、国際主義革命行動ファッショ Fascio rivoluzionario d'azione internazionalista という大衆組織を作って、労働者に革命戦争への参加を訴えた。この組織は、同年一二月、革命行動ファッシ Fasci d'azione rivoluzionaria という名に改められ、一五年一月にその指導部が確立されたが、そのときデ・アンブリスらにまじって、新しくムッソリーニが指導部に加わった。ムッソリーニは、大戦勃発後の数カ月、社会党左派の立場から、党機関紙『アヴァンティ！』*Avanti!* の紙上で、強硬な反戦論を展開していた。ところが、一四年一〇月に、それまでの反戦主義の態度を変えて、突如として参戦主義に転向し、独自の日刊紙『ポーポロ・ディターリア』*Popolo d'Italia* を一一月一五日に創刊して参戦論を唱えはじめた。そのため中立主義を基本方針とする社会党から除名され、デ・アンブリスらのグループに接近して、革命行動ファッシの指導部に参加した。

ナショナリストとサンディカリストは、ジョリッティ体制のもとで、ともに議会制国家への批判を打ち出していた。サンディカリストは、労働者の組合を基盤にして、生産機関を中心にした社会秩序の形成を展望していた。ナショナリストの間にも、生産者を核とするナショナル・サンディカリズムの構想が語られており、この場合は、資本家と労働者の階級対立を「生産者」の概念によって止揚し、国民内部での階級協調をはかる意図をもっていた。ナショナリストは、国内的階級協調をはかりつつ、他方で富める国と貧しい国との「国家間の階級戦争」という理論を提出して、「プロレタリア国家」イタリアの強化を唱えていたのである。反議会制国家とサンディカリズムの構想において、また階級戦争あるいは革命戦争の肯定という点で、ナショナリストとサンディカリストは戦前から微妙な相互関係をもっていたが、両者の関係は戦争の過程でさらに複雑にまじりあうようになった。

参戦論に転向して以降のムッソリーニの思想的特徴は、このサンディカリスト的性格とナショナリスト的性格の複雑な結合の中にあったといえよう。彼は、一八年八月に、『ポーポロ・ディターリア』紙の副題を、「社会主義日刊紙」quotidiano socialista から「戦闘者と生産者の日刊紙」quotidiano dei combattenti e produttori と改めた。ムッソリーニは、生産者の概念として、労働者大衆の他に生産的ブルジョアジーをも含めて考え、この「生産者」層を全国的に組織化する課題、すなわちナショナル・サンディカリズムの構想をもったのである。(3) ムッソリーニのもう一つの特徴は、戦闘者に注目したことであった。ナショナリズムもサンディカリズムも、戦前には指導的エリートの思想で、大衆運動としての基盤をもっていなかった。戦争は、民衆を国家の政治過程にまきこむこととなり、ムッソリーニはこの点を重視して、大衆的基盤としての兵士集団の組織化に着目したのである。(4)

戦後、ムッソリーニが戦闘ファッシを結成した意図は、生産者と戦闘者の概念に基づいて、かつての革命派参戦主義を再結集し、同時にアルディーティや未来派グループと結んで「塹壕のプロレタリアート」たる復員兵士を組織化し、こうした参戦派の主導権によって「革命」を遂行するということにあった。彼は、戦闘ファッシ結成の五日前の一九年三月一八日付『ポーポロ・ディターリア』紙上で次のように述べている。

「われわれは参戦主義の立場に立って、イタリア社会を変革する権利を要求し、またその義務を宣言するものである。……われわれ参戦主義者は、イタリアで革命について語る権利をもつ唯一の勢力である。……われわれは、すでに一五年五月に革命を行なった。これは、革命の第一歩であった。革命は、戦争の名で継続され、まだ終了していない。それは進行中なのである。」(5)

戦闘ファッシの綱領は、結成後しばらくたった六月に発表された。そこには、政治問題としては、上院の廃止と、それに代わって、各種職業団体により選出され、立法権をもつところの全国労働専門協議会の設置、社会問題としては、八時間労働と最低賃金の保障などのほかに労働者代表の経営参加、さらに、資本家へのきびしい累進課税の措置および戦時利潤の八五%の没収といったプログラムが盛りこまれていた。(6)この綱領は、サンディカリストのデ・アンブリスの思想に多くを負うているといわれ、(7)またムッソリーニ自身も、この時期に、生産者大衆を中心とするサンディカリズム的社会を構想しており、(8)初期の戦闘ファッシは、綱領のうえからいっても革命派参戦主義の系譜を引いていたといえよう。

系譜という点でみれば、「戦闘ファッシ」という名称自体が、さきの「革命行動ファッシ」の名を継承したものといえるのである。ファッショ fascio(ファッシはこの複数)という語は、「束」とか「団」という意味であるが、イタリア近代史においては特別の意味で使われており、一九世紀末のシチリア・ファッシ Fasci siciliani や参戦時の革命行動ファッシの例にみられるように、議会外の大衆運動を組織することによって革命的な目標を達成しようとする運動に用いられていた。そしてまた、政党的な厳密な組織構造を排した、運動参加者の自発的な結合を重視する場合に用いられた。[9] 戦闘ファッシも、こうした伝統のうちに命名されたもので、ムッソリーニが、われわれの組織は政党でなく反政党であり、それは、あらかじめ定められた形式やイデオロギーをもたない運動そのものであると繰り返し強調したのも[10]、このような背景においてであった。

戦闘ファッシ結成の意図とその組織および綱領の性格は、以上のごとくであったが、初期の運動は、端的にいって、既成秩序への叛逆的運動といった性格を出ることはなく、批判の矛先は、主として非生産的政治階級と中立主義を貫いた社会党に向けられた。とくに、社会党による「ボリシェヴィキ」革命の危険を警戒し、サンディカリスト系労働組合のＵＩＬと連帯しながら、労働者大衆を社会党の影響下から切り離して新たな全国的労働組合を組織することに重点をおいていた。しかし、実際の運動は、ミラーノを中心とするごく限られた範囲にしか影響力はなく、二〇年末までは微々たる勢力にとどまっていた。参戦派の運動にとって、一九年当時の主役は、むしろダンヌンツィオであった。パリ平和会議では、イタリアによるダルマティアの要求もフィウーメの要求もともに斥けられて、この時期、国民の間には「損われた勝利」という感情が広まっていた。この不満の感情をあおったのが行動的詩人のダンヌンツィオであり、オルランド内閣は、一九年六月、損われた勝利の不満のなかで議会の不信任をうけ、ニッティ内閣がこれを継いだ。

ニッティは、自由主義参戦派に属する政治家で、新内閣の課題を、平和外交と国内経済の再建においた。しかし、イタリアの経済情勢はこのころ最悪の局面を迎えており、物価の高騰などで民衆の生活は悲惨な状態にあった。全国各地で騒乱的な情況が続発し、大都市では労働者によるストライキや貧民による商店の破壊と略奪があいつぎ、農村地帯では農民による未墾地や休墾地の占拠が行なわれた。ニッティ内閣は、こうした民衆運動に対して、新たに王国警備隊 Guardia Regia という治安警察力を編成して鎮圧にあたらせ、多数の死傷者を出した。

また、ニッティの唱える平和外交は、ヨーロッパにとっての平和外交で、イタリアにとっては「放棄」外交を意味していた。ナショナリストや旧革命派参戦主義者など、いわゆる反放棄主義者は、ニッティ内閣に幻滅を感じるとともに、さらにすすんで、議会制批判、自由主義国家体制批判へと、その批判の対象を拡大していった。一九年九月一二日、すなわち、連合諸国とオーストリアとの間にサン・ジェルマン条約が締結された直後に、ダンヌンツィオは義勇軍を率いてフィウーメを占領した。

フィウーメ占領の意図は、いくつかあった。第一は、自由主義国家に公然と叛旗をひるがえして、ニッティ内閣を危機におとしいれること。第二は、フィウーメを拠点にして、ダルマティア地域に進撃する足がかりを築くこと。第三は、国民世論の結集点を作って、社会党の革命勢力と対抗すること[11]。その後、ダンヌンツィオのもとには、ナショナリスト、正規軍人、サンディカリスト、さらにはアナーキストなどが続々と参集して、フィウーメは、まさに、イタリア国家＝中央政府に対する叛逆の結集点となった。とくに、デ・アンブリスは、ダンヌンツィオの参謀として活躍し、サンディカリズム思想をとりいれたフィウーメ独立国憲章 Carta del Carnaro の作成を行なった[12]。

ニッティ内閣は、苦境の中で議会を解散し、一九年一一月一六日に総選挙を実施した。戦後はじめての、そしてニッティにより導入された比例代表制の方式に基づくはじめての選挙の結果は、総議席数五〇八のうち、社会党が一五六議席で第一党、カトリックの人民党が一〇〇議席で第二党となった。残りは、中道左派系自由主義勢力が約一七〇、急進民主主義派と右派自由主義系がそれぞれ四〇前後であった。ちなみに前回の一九一三年の場合をあげると、総議席数は同じで、社会党が五二、カトリック系が二九、残りの大部分が自由主義諸流派の議席であった。

これから明らかなように、一九年の選挙は、社会党と人民党の二大大衆政党の躍進と、自由主義諸勢力の後退を示した。なお、この選挙で、ムッソリーニはミラーノ地区から立候補したが、投票総数二七万のうち五〇〇〇票に達せず落選した。一二月に開かれた新議会は、小差で第二次ニッティ内閣の形成を認めたが、それは、文字どおりの不安定政権であった。この内閣は、効果的な政策を遂行することのできないまま、二〇年六月、パン代の政治価格を定めるのに失敗して崩壊した。後継内閣を組織したのは、ジョリッティであった。

二　ジョリッティと工場占拠

ジョリッティは、戦前すでに四度の内閣を組織し、二〇世紀初頭のイタリアに、いわゆるジョリッティ時代を築いた人物である。(13) ジョリッティの政治は、議会主義、経験主義、均衡主義などの名で呼ばれていたが、その特徴は、一言にしていえば、対立する社会勢力を議会内に統合し、そのうえで議会政治を巧みに操作するという点にあった。ナショナリストや保守派自由主義者は、早くから、ジョリッティの政治に国家意識が欠けていることを批判していたが、ジョリッティ派自由主義と保守派自由主義との対立は、大戦勃発後、中立主義と参戦主義の対立としてそのままうけつがれることになった。戦後、参戦主義者が、中立主義者を排して、みずからの主導権で戦後社会の建設を行なうと主張したことには、一つには社会党の進出を防ぐ問題があったが、もう一つには、戦前のジョリッティ的自由主義体制に戻るのを拒絶する意味があったのである。こうした事情のため、ジョリッティは、戦後しばらくのあいだ、中央政界に登場する機会が得られなかった。

この間、フィウーメ占領事件、また総選挙での社会党の進出と、自由主義国家をおびやかす事件があいついで、支配階級のあいだには危機意識が深まり、従来の参戦主義と中立主義との根深い対立を克服して、自由主義的支配階級の統一を緊急に回復する必要にせまられた。この任務を託されたのが、ほかならぬジョリッティであり、それゆえ、彼の課題は、何よりもまず、イタリア社会の正常への復帰ということにおかれた。それは第一には、国内にある参戦主義と中立主義との不毛な対立を解消して、イタリアを戦後の混乱から抜け出させること、第二は、社会主義勢力の発展を抑制して、社会情勢を安定させること、第三には、フィウーメ問題を解決して、中央政府への叛乱勢力を除去し、同時に国際関係の正常化をはかること、以上の問題を意味した。結論的にいえば、これらの課題は、一応すべて実現されたのであるが、しかしその実現の過程で、ファシズムの運動に大きく道を開くことになり、より深いところで自由主義社会そのものの危機を招いたのであった。

イタリアは、一九年から二〇年にかけて社会主義運動の波におおわれ、「赤い二年」Biennio Rosso と呼ばれる情況が生じた。この運動の中心にあったのは、いうまでもなく社会党であった。社会党は、戦争に対しては、「加わることもしないし、妨害することもしない」という表現で、中立主義の立場を貫いた。戦後は、ロシア革命の大きな刺激をうけ、一八年一二月に党指導部は、「生産手段の社会化を実現する目標で、社会主義共和国とプロレタリア独裁の樹立」という方針を提起した。社会党の内部には、いわゆる最大限綱領主義《マッシマリズモ》 massimalismo の立場をとる左派と穏健な改良主義をとる右派との二つの潮流が存在しており、最大限綱領派は党指導部で多数を占め、一方の改良派は議会グループと労働総同盟 Confederazione Generale del Lavoro＝ＣＧＬで多数を有していた。議会グループとＣＧＬ幹部は、党指導部の「社会主義共和国とプロレタリア独裁の樹立」という方針には批判的であったが、この方針は、一九年一〇月の第一六回党大会で多数に支持され、党の路線として確立された[14]。

赤い二年の期間は、農民争議と労働争議がやむことなしに発生した。農民の闘争がいちばん激しかったのは、中部イタリアのエミーリア・ロマーニャ地方、中でもポー河平原地帯のフェッラーラからボローニャにかけての一帯であった。この地域の農民には、日雇農 braccianti が多く、一定期間の賃金契約で地主から労働を与えられていた。しかし、この一帯は慢性的な人口過剰地域のため、農業労働力は常にあまっていて、一人の年間平均労働日は一〇〇日を少しこえる程度であった。社会党系の土地労働者連合 Federazione dei lavoratori della terra は、これらの日雇農を組織して、組合による農業労働力の独占をはかり、組合をとおさない地主と農業労働者との個別交渉を認めなかった。組合は、労働力の独占を背景にして、地主に労働日数や高額賃金の保障を強制し、組合の要求をうけいれない地主には農業労働力を配分しない処置をとった。さらに各種の協同組合 le cooperative をも支配して、農産物の市場価格を決定し、組合の統制に協力しない商店などを村八分の状態にした。社会党は、このようにして地域的な経済生活を排他的に支配し、またそれを基盤に地方行政を支配した。そのほか、社会党は土地の社会化のスローガンをかかげたため、中小農にも恐怖感を与え、また、戦場から戻った農民の土地入手の希望とも対立した。[15] 社会党のこうした闘争方式は、二〇年後半から、大小土地所有者の反動をよびおこして手痛い報復をうけることになる。そして、この地主反動と重なって、強力な農村ファシズムの運動が発生してくるのである。

労働運動の中心は、北イタリアのミラーノやトリーノの大都市で、とくに金属労働者の闘争が激しかった。トリーノでは、二〇年春に、夏時間の導入をきっかけに闘争が爆発したが、闘争の真の目標は、労働者の自主組織である工場評議会 Consiglio di fabbrica の権限を経営者側に認めさせることであった。

さきに、社会党内には、最大限綱領派と改良派の二潮流が存在することを指摘したが、このころには、さらに第三の潮流として共産主義グループの動きが活発化していた。このグループは二つの流れをもっていて、一つは、ボルディーガを中心とするナーポリの〈ソヴェト〉Soviet グループ、他の一つは、グラムシを中心とするトリーノの

〈オルディネ・ヌォーヴォ〉Ordine Nuovo グループであった。前者は、議会での活動をいっさい否定する態度をとったので、議会拒否派 astensionista と呼ばれた。後者は、ロシア革命のソヴェトに類する闘争組織を創出するために、工場評議会運動に打ち込んでいた。トリーノの労働運動を指導していたのは、この〈オルディネ・ヌォーヴォ〉のグループであった。

二〇年春の闘争は、結局、失敗に終ったが、金属労働者の闘いはより大規模な形で、次の工場占拠闘争としてうけつがれていった。工場占拠は、ミラーノとトリーノを中心に、八月三〇日から約一ヵ月近く行なわれたが、この闘争はさまざまな問題を明るみに出した。労働者側の問題としては、CGL指導部(改良派)、社会党指導部(最大限綱領派)、〈オルディネ・ヌォーヴォ〉グループの三者の対立を明るみに出し、支配階級側としては、資本家・経営者とジョリッティ首相との間の対立を生み出した。社会党指導部は、占拠闘争を全国に波及させる訴えを出したが、その具体的な指導の責任を回避したため、闘争の展望を切り開くことができなかった。CGL指導部は、闘争を経済的性格のものとみて、それに政治的課題を与えることを拒否した。トリーノのグループは、占拠を工場評議会運動として発展させようとしたが、他地域にまで影響力を及ぼすことはできずに孤立していた。他方、資本家側は、占拠を早期に弾圧する意向で、ジョリッティ首相に公権力の介入を要求したが、ジョリッティの方は、資本と労働の対立に国家は介入すべきでないと考え、国家権力による労働運動の弾圧を回避した。このことは、資本家たちに、ジョリッティ的国家観への不信をうえつけた。ジョリッティは、闘争への弾圧を避けつつも、巧みに事態収拾の機会をうかがい、労使双方に疲れがみえはじめた九月中旬、両者の代表を招いて、賃上げや労働条件の改善などのほかに、労働者の部分的な経営参加を認める調停案を提示した。この調停は、はじめのうち難航したが、結局はこの案で妥協が行なわれて、九月下旬に占拠は解かれた。(16)

ジョリッティは、工場占拠闘争を政治的に無意味化することによって、闘争の社会的な影響力を封じるのに成功したのであった。これに対して労働者は、経済的改良という面で若干の成果を得たが、しかし政治的な観点からすれば完全な敗北であった。この敗北の痛手は大きく、赤い二年といわれた社会主義運動の昂揚は、これを転機に沈滞へと向っていくのである。またこの敗北によって、社会党は革命への展望を失い、党内の三潮流の対立が激化して、社会主義運動の分裂を招くことになる。

他方、資本家側は、ジョリッティの調停によってかなりの譲歩を余儀なくされたため、彼への不信感をますます強めた。資本家たちは、ジョリッティ的自由主義に深い失望をいだいて、社会主義勢力と正面から対決しうる強い力を求めるようになる。この強い力として利用されるのが、ファシズムであった。

多くの問題を含みながら、ジョリッティは、ともかく工場占拠問題を解決し、次に取り組んだのがフィウーメ問題であった。イタリア政府は、二〇年一一月一二日、ユーゴスラヴィアとの間にラパッロ条約を締結して、ダルマティア地域を最終的に「放棄」することを確認し、またフィウーメを独立自由市とすることを定めた。フィウーメを支配中のダンヌンツィオは、この条約を認めずに占領を続けたので、ジョリッティは軍隊を派遣して、クリスマス前日にフィウーメへの攻撃を行なった。この血のクリスマス事件によって、ダンヌンツィオはフィウーメから撤退のやむなきに至り、フィウーメ問題も結着がつけられた。ジョリッティは、これにより、外交上の正常化をもたらすとともに、ナショナリストからアナーキストまで関係した、中央政府に対する叛逆集団の結集点を除去するのに成功したのである。

ジョリッティは、このように内政・外交の重要課題を解決して、最後に議会政治を軌道に乗せることに着手した。これは、二大大衆政党である社会党と人民党のそれぞれの穏健派を政府の内部に統合して、両者の均衡のうえに議会政治を操作する意図を意味した。だが、社会党も人民党も党内の情勢は複雑で、ジョリッティの構想に加わらなかったため、彼は、自由主義諸派を統一したナショナル・ブロック Blocco Nazionale を結成して、総選挙で一挙に多数を制しようとはかった。このときジョリッティは、ナショナル・ブロックを勝利させるために、戦闘ファッシのムッソリーニとも結びつき、このことが、ひいては自由主義国家の危機へと導いていくのであるが、この点については、ファシズム運動の側から問題をみていくことにしよう。

三　ファシズム運動の成立と発展

戦闘ファッシは、一九年三月の結成以来、二〇年九月の工場占拠の終息にいたる期間、ほとんど独自の役割を果すことはなかった。ムッソリーニの重視した参戦主義と中立主義という対立軸は、社会党が大躍進した一九年一一月の総選挙でほぼその意味を失い、二〇年五月のジョリッティ内閣の成立によって完全に無意味なものと化した。戦闘ファッシの力は、元来、大きなものではなかったが、こうした情況の推移のために、その最初の構想を実現する機会にめぐまれなかった。

この間、初期の「革命派」や未来派のメンバーが、ファッシから去っていった。残ったのは、アルディーティ系の兵士たちで、これに新たに復員兵士や右翼青年・学生が加わって、組織員の構成に大きな変化が生じていた。少なからざる復員兵士、とくに退役士官たちは、戦闘者としての存在に誇りをもっていて、市民社会の生活に容易に戻ろうとしなかったのである。新たなメンバーの出身階層や思想傾向は、必ずしも一定したものではなかったが、ファッシの中に、反政府と反社会党の方向での行動の契機を求めようとするものが多かった。構成メンバーの変化によって、初期の急進的プログラムも空文化していった。戦闘ファッシの性格の変化は、二〇年前半から徐々に進行していたが、工場占拠の終息のときまでは、まだ独自の大衆運動を組織する力をもたなかった。

工場占拠闘争に対して、ムッソリーニは、労働者大衆と敵対することはなく、むしろ、労働者の経済的要求の正当性を認めて、これを支持した。しかし、この闘争が社会党の革命運動に利用されて、ボリシェヴィキ革命の道をたどる危険には警告を発した。[17] このときのムッソリーニの態度は、従来の彼の方針と変っておらず、労働者大衆を社会党の影響下から引き離して、労働組合を全国的に編成しなおそうとする意図を示していた。ムッソリーニは、個人的にCGL幹部に接触を求めて、占拠闘争への介入を試みたが、彼の申し入れは無視されて失敗に終っている。[18]

工場占拠の終息を転機にして、イタリア社会のさまざまな分野で情況の変化が現われた。その最大のものは、社会主義勢力が革命への展望を失って運動の沈滞が始まり、イタリアから革命の危機が遠のいたことであった。しかし、戦争以来、経済的安定を欠く中間層は、工場占拠事件を社会主義運動の敗北として理解せず、逆に、より強力な革命運動の徴候として理解した。このため、実際にはこの事件で革命の危機が遠のいたにもかかわらず、中間層は、かえって革命への恐怖と危機の意識をうえつけられ、それが反革命的な大衆運動へと組織されることになった。この中間層の大衆行動の核になったのが戦闘ファッシであり、このときから、大衆的なファシズム運動が展開されていくのである。したがって、戦闘ファッシの活動が大衆的なファシズム運動として存在するようになるのは、二〇年後半から、すなわち、工場占拠事件後の中間層の危機意識と触れあってからのことであり、また別の観点からすれば、革命の危機が遠のいて、ジョリッティによる議会政治の正常化の過程がまさに始められてからのことである。[19]

大衆的なファシズム運動が最初に成立したのは、都市ではなく、農村においてであった。中でも、中部イタリアのエミーリア・ロマーニャ地方がその中心地であった。この地方は、社会党系の農民組合や協同組合が、労働力の独占をとおして、地域住民の経済生活と地方行政を排他的に支配していたところである。二〇年後半になると、商人・地方官吏・中小農・自由業従事者などは、これら組合の統制に反発して批判の声をあげ、復員兵士と大地主や大商人の子弟である右翼青年・学生が、この批判の声を直接行動に移した。組合に対する復讐と報復の機会を待っていた地主層は、この行動に資金や武器を与えて積極的に援助した。行動は次第に組織的なものとなり、ファシストの復員兵士や右翼青年を中心にスクァードラ（行動隊）squadra が結成され、その隊員（スクァドリスタ）squadrista による襲撃行為が始められた。その出発点となったのは、二〇年一一月二一日のボローニャ事件であった。これは、地方選挙の結果、ボローニャ市で社会党が多数を占め、社会党市長の就任演説が行なわれようとしたとき、スクァドリスタが襲撃を加えた事件である。この事件を皮切りにして、たちまちのうちにポー河平原一帯に、スクァードラの直接行動が荒れ狂った。彼らは、これを懲罰遠征 spedizione punitiva と称して、労働会議所や社会党事務所、あるいは組合活動家や党幹部を次々と襲撃した。この襲撃には、社会主義への危機と不満の意識をうえつけられた中間層が広範に参加し、また地主層の積極的な援助のほかに、地方警察や軍部の暗黙の容認があった。

このようにして、農村地帯で大衆的なファシズム運動が形成されていったのだが、この農村ファシズムは、二一年春には、トスカーナ、ヴェーネト、ロンバルディーアにまで広がり、またその大衆運動は、都市の戦闘ファッシにも刺激を与えて、そこでも中間層をまきこんだ大衆的なファシズム運動をよびおこしていった。

農村ファシズムの擡頭は、ムッソリーニの直接の指導によるものではなかった。彼は、工場占拠闘争への介入が失敗したあと、独自の政策もなく、ほとんど孤立した状態におかれていた。しかもジョリッティの正常化政策が始められて、近いうちに総選挙の行なわれることが一般に予測されており、このジョリッティの正常化プランの中で、もはや戦闘ファッシの占めるべき位置がなくなるだろうという危機の事態が生じていた。そこでムッソリーニは、打開策として、この選挙を利用して、ミラーノを中心とする都市の戦闘ファッシをローマの中央政治に結びつけ、ファッシを一個の政治勢力として定着させる計画を練っていたのである。農村から大衆的なファシズム運動が擡頭してきたのは、ムッソリーニがちょうどこのような状態にあったときのことであり、そしてまた、大衆的なファシズム運動そのものも、ムッソリーニの予期しないような形で生じたのであった。

大衆運動としての農村ファシズムの成立によって、ファシストの活動は新たな局面を迎えることになったが、しかし農村ファシズムは、もっぱら大衆的なスクァドリズモ(直接行動主義)squadrismoを特徴とするもので[20]、特定の社会的な政策や展望をもたなかった。そこでムッソリーニは、この大衆的なファシズム運動に一定の政治的展望を与えることによって、ファシズム運動全体に対する指導権を確立し、それと同時に、この大衆運動を背景にして、戦闘ファッシを中央政治の舞台に押し上げることをみずからの課題とした。彼は、この目的をもって、二一年初めに、他の幹部とともに、北・中部イタリアを遊説してまわった。

この遊説は、「ファシズムと国家」、「ファシズムと労働運動」、「ファシズムと農業問題」、「ファシズムと外交政策」という四つのテーマを中心にして行なわれた。「ファシズムと国家」については、マルシッチが報告して、「現在の国家はすでに分解しており、新しい国内秩序、つまり新しい国家を緊急に創出する必要がある。そのための闘争は、あらゆる方法で、平和的形態によっても、また必要なときには、暴力的形態によっても行なわれねばならない[21]」と説いた。この新しい秩序を創出する手段としては、労働組合を既成の諸政党、とくに社会党の支配下から切り離し、新たに生産者を中心とする全国的組合を組織して、それを国内秩序の基盤とするという展望が立てられた。この問題は、「ファシズムと労働運動」のテーマのなかで、パセッラ書記長が報告したものであるが、ここには、

表1 主要都市(周辺農村を含む)における戦闘ファッシおよび加盟人員の数

都市名	1921.3.31		1921.6.30		1922.5.31	
	支部数	加入数	支部数	加入数	支部数	加入数
カリアリ	1	1,000	9	1,542	5	1,447
トリーノ	4	581	8	3,993	22	2,922
ノヴァーラ	4	940	14	1,719	42	4,245
コーモ	7	1,194	20	2,771	24	2,730
ミラーノ	1	6,000	32	10,359	60	13,967
パヴィーア	4	526	48	6,802	108	12,236
クレモーナ	16	3,745	45	8,215	107	31,400
パルマ	6	770	17	2,128	43	4,000
マントヴァ	2	400	38	3,875	93	12,361
ヴェローナ	16	3,000	47	4,000	51	6,892
ヴィチェンツァ	1	300	40	5,796	44	4,490
ヴェネツィア	4	1,355	9	1,565	12	4,000
ウーディネ	6	1,105	14	1,332	34	4,720
トリエステ	31	14,756	62	16,679	54	10,522
フェッラーラ	52	7,000	89	7,800	95	8,450
モーデナ	3	2,510	14	4,400	57	7,146
ボローニャ	4	5,130	37	11,020	72	11,773
ラヴェンナ	1	70	5	1,215	20	2,600
ジェーノヴァ	8	2,470	33	6,879	42	8,064
ピーサ	3	730	15	1,423	49	5,421
リヴォルノ	3	520	8	1,758	10	2,502
フィレンツェ	5	500	39	6,353	133	20,880
ペルージャ	7	485	50	4,000	64	5,140
アンコーナ	3	378	6	411	9	495
ローマ	4	1,480	36	4,163	54	9,747
ナーポリ	4	2,850	10	7,300	77	10,395
バーリ	8	2,809	18	6,626	17	9,913
レッジョ・カラーブリア	4	712	6	984	9	945
カターニア	2	200	6	920	6	600
パレルモ	1	380	1	380	2	1,030

備考：トリエステが多いのは反スラヴ運動のためである．
資料：1925年イタリア内務省統計表(cit. da R. De Felice, *Mussolini il fascista*, pp. 8–11)．

サンディカリズムの発想が依然として残されているのをみることができる。「農業問題」については、ポルヴェレッリが報告したが、これは、すでにムッソリーニが次のように指摘していたのと同じ方針であった。「土地は、これを耕すものに与える。土地の社会化は否定する。[22]」ムッソリーニ自身は、「外交政策」の報告を担当し、「地中海がわれわれの手に戻ることと、ローマがヨーロッパ文明の中心地に戻ることは、一つの定めである。われわれは、帝国および帝国主義の旗をかかげよう[23]」と演説した。

以上の四つのテーマで、農業問題と外交政策については、比較的明瞭な展望が語られているが、国家と労働運動については、必ずしも明確でない。とくに、国家と組合との関係あるいは国家機関と生産機関との関係をめぐる問題は、ファシズム運動の中できわめて複雑な経過をたどっており、ファシストの内部でも激しい対立をよびおこした問題で、これを簡単に説明することはむずかしいが、いまサルヴァトレッリの表現にしたがえば、ファシズム運動は、国家の組合化 sindacalizzazione dello Stato という展望を考えながら、結果としては、組合の国家化 statizzazione dei sindacati にたどりついた[24]ということになろう。

ところで、ムッソリーニの意図は、この遊説によって、大衆的なファシズム運動に社会的な展望を与え、同時に運動全体に対する指導権を確立しようということであった。この意図はさしあたりは成功したといえるのであるが、農村ファシズムの運動には、次第にラス ras とよばれる地方幹部が頭角を現わしてきて、ムッソリーニとラスの間でしばしば、思想的、実践的な対立をよびおこすことになる。ラスとして著名な人物は、フェッラーラ地方のバルボ、ボローニャ地方のグランディ、クレモーナ地方のファリナッチなどである。ラスとムッソリーニとの対立は、またあとで触れることにして、ムッソリーニのもう一つの意図であった中央政治への進出の問題について説明しておこう。

ジョリッティ首相は、二一年四月七日に議会を解散して、総選挙の日程を五月一五日と定めた。ジョリッティの政策は、社会党の右派改良主義の潮流をだきこんで議会政治の正常化をはかることにおかれていたが、二一年一月の社会党第一七回大会で、中間左派の最大限綱領派が多数を占め、最左派が分裂して共産党を結成し、右派は少数派として党内にとどまるという結果が生じたため、ジョリッティの期待は実現されなかった。彼はそこで、社会党と人民党の二大大衆政党と対抗するためのナショナル・ブロックを形成して、あたかも大衆運動として登場してきた戦闘ファッシをそのブロックに引き入れたのであった。

ジョリッティは、ファシズム運動の暴力的襲撃行為には、秩序維持の観点から批判を加えていた。そして、県知事や軍部をとおして、ファシストの違法行為を厳重に取り締まるようたびたび指令を出した。しかしジョリッティは、ファシズム運動の襲撃行為を、単なる法令違反の非合法行為としてみるだけで、その運動の社会的性格を理解しなかった。

ファシズム運動は、農村におけるファシストと中間層と地主の利害が一致したところで大衆運動として成立したが、この運動が拡大するにつれ、工業資本家と軍部から強力な支援が与えられた。工業資本家は、ジョリッティの国家観では社会主義的労働運動の攻勢に対処しえないので、それを抑えうる新たな力を求めていたときに、ファシズム運動にその力を見出したのである。軍部では、とくに青年将校のあいだに、大戦以来の戦闘精神が残っており、また議会政治への不信から中央政府への服従心も薄れており、彼らは、アルディーティや退役軍人を通じてファシズム運動と密接なつながりをもった。ファシズム運動は、社会主義勢力に対する襲撃行動と同時に、ジョリッティ的国家観あるいはジョリッティ的議会政治への批判的運動という性格をも帯びていたのである。

ジョリッティは、この点を理解せずに、諸政治勢力の均衡という観点からのみファシズム運動の役割をとらえていた。こうした政治観の中に、いわゆるジョリッティ主義といわれるものの特徴があるのだが、まさしくこの政治観のゆえに、ジョリッティは、ファシズムが中央政治に進出する道を開いたのであった。いいかえれば、ジョリッティは、一方で、スクァドリズモにみられるファシズム運動の「非合法性」を糾弾しながら、他方で、その政治的役割を認めてナショナル・ブロックの中に「合法化」するという矛盾した措置をとったのである(25)。ムッソリーニは、ジョリッティの政治観に助けられて、ファシズムを容易に中央政治に押し上げることができたのであった。タスカは、この点をさして、「ジョリッティは、ムッソリーニ以上に、ファシズムの洗礼者ヨハネであった(26)」と指摘したのである。

総選挙の結果、社会党が一二二、共産党が一六、人民党が一〇七、ナショナル・ブロックが二七五の議席をそれぞれ獲得した。ナショナル・ブロックのうち、ファシストは、ムッソリーニを含めた三五人の候補者が全員当選し、ほかにナショナリストが一〇議席を得た。社会党と人民党は、前回の選挙とほぼ同じ勢力を維持したため、ジョリッティの構想は失敗に終り、首相を辞任した。後継内閣は、前軍事大臣のボノーミが組織した。

表2　ファッシ加盟者の階級構成

階級別	人数	(%)
農業労働者	36,847	24.3
工業労働者	23,418	15.4
学　生	19,783	13.0
地主(大・中・小土地所有者)	18,084	12.0
民間事務職員	14,988	9.8
商業・手工業者	13,878	9.2
自由業	9,981	6.6
国家・地方公務員	7,209	4.8
工業資本家・経営者	4,629	3.1
教　師	1,680	1.1
その他	1,147	0.7

備考：1921. 11. ファシスト大会におけるパセッラ書記長の報告．ファッシ加盟者総数約32万人のうち151,644人の調査(内，87,182人が復員兵士)．
資料：*Popolo d'Italia*, 8 Novembre 1921, cit. da E. Santarelli, *Storia del movimento e del regime fascista*, Roma, 1967, Vol. I, pp. 262–263.

ファシズムは、議会の中に登場することによって、全国的な規模での一個の政治勢力となる可能性を開いた。すなわち、これまでの叛逆的、破壊的運動から、国家の政策決定の過程に直接介入しうる政治勢力として機能する展望が開かれた。ムッソリーニはこのため、ファシズム運動の性格を、議会外スクァドリズモから議会政治主義に転換させる方針をさらにおし進める態度をとった。四月八日から五月一四日までの選挙運動の期間中、ファシストが主として社会党に向けた暴力行為で死者一〇〇名以上を数え、社会党は、新議会が開かれるやファシストの暴力行為を調査する要求を出して、ファシストと敵対していた。ボノーミ首相は、この対立を収めるために仲に入って、両者が平和協定を結ぶようはたらきかけた。ムッソリーニは、ファシズムを議会主義的政治勢力として定着させる観点から、この平和協定に調印することを必要と考えた。八月三日、下院議長デ・ニコーラの立会いのもとに、ファシストと社会党、CGLの代表者の間で、平和協定[27]への調印が行なわれた。

だが、この平和協定に対して、ファシストの地方活動家の間から強硬な批判が生じた。八月一七日に、ボローニャでファッシの地方会議が開かれたが、これは、平和協定およびそれを推進したムッソリーニに反対する蹶起集会の様相を呈した。反対派の中心メンバーは、グランディ、バルボ、ファリナッチらのラスで、彼らは、ムッソリーニが議会内の妥協によって事を運ぼうとすることに批判を加えた。ことに、グランディは、ムッソリーニの議会主義的偏向に対して、ナショナル・サンディカリズムの構想を唱え、そこに未来社会の基礎を求めるべきであると強調した。これらラスは、一九年の都市を中心としたファシズムはすでに克服されて農村ファシズムが新たな主流となっていること、この農村ファシズムはダンヌンツィオによるフィウーメ占領の行為を模範としていることなどを述べ、ラパッロ条約締結の際、ムッソリーニがこれを容認してフィウーメを見殺しにした点をとりあげ、「一度裏切った者は、また裏切るだろう」とムッソリーニへの個人攻撃を行なった。[28]

平和協定反対派のファシストは、九月一〇日、ダンテ没後六〇〇周年の記念行事への参加を口実にして、エミーリア・ロマーニャ各地からラヴェンナ市への進軍を組織した。これには、三〇〇〇をこえるファシストが、バルボの指揮のもとに結集し、一二日ラヴェンナに到着するとたちまちのうちに、社会党、労働組合、協同組合の関係機関を襲って破壊した。この事件は、反対派グループが、自己の意思を自己の方法で実行することを公然と表明したものとして、いいかえれば議会主義に反対してスクァドリズモを貫くことを表明したものとして重要な事件であった。

ムッソリーニは、こうした反対派グループの活動に苦境に立たされたが、この苦境を、戦闘ファッシを政党化することによって乗り切ろうとした。さきに述べたように、ファッシの組織論は、厳密な組織構造を排して、運動参加者の自発的な結合を尊重するものであった。それは、反政党をモットーとした運動体であった。ムッソリーニは、このファシズム運動に政党的組織論をもちこんで議会外大衆運動の自立性を否定し、中央の政治指導に従属させる組織構造にすることを考えた。それにより、ラスを中心とした反対派グループの独自活動を抑制しようとしたのである。彼は、しかし、スクァドリズモそのものを抑圧することは考えておらず、ただスクァードラの行動が、みずからの政治的意図を妨害しないことを望んだのである。したがって、戦闘ファッシの政党化のプランは、中央の政治指導部の権威を確立して地方支部とスクァードラから自立性を奪い、政党的規律のもとに中央の指導への服従を義務づけるというもので、スクァードラの暴力的非合法活動はそのまま残しておくのであった。つまり、ムッソリーニの意図は、政権に接近する方法として、議会内政治活動と議会外襲撃行動の二重の戦線を形成しておき、この二重の戦線を政党組織の確立によって単一の指導部のもとに統轄するということである。(29)ムッソリーニの政党化のプランをめぐっては、ラスとの間でしばらく論争が続けられるが、結局は妥協が成立して、二一年一一月にローマで開かれた戦闘ファッシ第三回大会で、国民ファシスト党 Partito Nazionale Fascista が結成された。そしてこの数日後に、社会党との平和協定は破棄された。

ファシスト党が結成されたあとのファシズム運動は、議会外活動と議会内活動とが統一的かつ組織的となり、そして明確に政権をめざす闘争を課題とするようになった。ファシスト党が、他の政党と区別される最大の特徴は、スクァードラという一個の軍事力を擁して、それを議会外大衆運動の核としたことである。ムッソリーニは、中央指導部の単一指揮下に再編成したスクァードラを使って、地方ごとに、社会党をはじめとする反対勢力を駆逐していき、北・中部イタリアで次々と地方自治体の支配権を獲得していった。それと同時に、社会党系および人民党系の組合組織を破壊して、代わりにファシスト党の労働組合・農民組合を組織していった。二二年一月には、これら組合の全国組織として全国労働協同組合連合 Confederazione nazionale delle corporazioni sindacali が結成され、その書記長にはロッソーニが就任した。(30)

ファシスト党は、地方権力を掌握しつつ、それを背景にして、議会内で政府に対して権力の譲渡を要求していった。自由主義的支配階級は、ジョリッティが退陣したあと、再び分裂の危機を繰り返して、政府は無策に過すままであった。二二年二月に、ボノーミ内閣からファクタ内閣に交代しても、事情は変らなかった。ファシストの攻撃に対して、社会党と諸労働組合は、労働同盟 Alleanza del lavoro を結成して、二二年七月三一日深夜からのゼネラル・ストライキを宣言した。ファシストは、これに実力闘争で対応することを決め、結果としては、ファシストの白色テロが勝利をおさめた。

この事件により、イタリアを支配しているのはファシスト党であるという雰囲気が国内に満ちあふれ、ファシスト党の権力獲得は時間の問題と考えられた。そして事実、一〇月二八日のローマ進軍を背景にして、ムッソリーニ内閣が形成されることになるのである。

（1） Giuliano Procacci, Appunti in tema di crisi dello Stato liberale e di origini del fascismo, in *Studi Storici*, 1965 N. 2, p. 230, pp. 235–236.

（2） Renzo De Felice, *Mussolini il rivoluzionario : 1883–1920*, Torino, 1965, p. 449, p. 491 ; Christopher Seton-Watson, *Storia d'Italia dal 1870 al 1925*, Bari, 1967, p. 596（Original Title, *Italy from Liberalism to Fascism : 1870–1925*, London, 1967）.

（3） Giorgio Rumi, Mussolini e il《Programma》di San Sepolcro, in *Il Movimento di Liberazione in Italia*, 1963 fasc. II, pp. 3–5.

（4） Giovanna Procacci, From Interventionism to Fascism : 1917–1919, in *Journal of Contemporary History*, 1968 No. 4, pp. 169–170.

（5） Benito Mussolini, 23 marzo, in *Il popolo d'Italia*, 18 marzo 1919, cit. da R. De Felice, *op. cit.*, p. 502.

（6） Programma dei Fasci di combattimento, in R. De Felice, *op. cit.*, Appendice, pp. 742–745.

（7） *Ibid.*, pp. 514–517.

（8） B. Mussolini, Il sindacalismo nazionale. Per rinascere, in *Il popolo d'Italia*, 17 novembre 1918 ; anche cf. Giovanna Procacci, *art. cit.*, p.172.

（9） S. J. Woolf, Italy, in S. J. Woolf ed., *European Fascism*, London, 1968, pp. 50–51.

（10） この点は，一九一八年末から一九年初めにかけての『ポーポロ・ディターリア』紙上の諸論文で繰り返し論じられている。cf. Angelo Tasca, *Nascita e avvento del fascismo : L'Italia dal 1918 al 1922*, Firenze, 1950, p. 68, n. 52.

（11） フィウーメ占領事件については，Paolo Alatri, *Nitti, D'Annunzio e la questione adriatica*, Milano, 1959 を参照。

（12） Nino Valeri, *Da Giolitti a Mussolini*, nuova ed., Milano, 1967, p. 68 ; anche cf. Renzo De Felice, *Sindacalismo rivoluzionario e fiumanesimo nel carteggio De Ambris-D'Annunzio*, Brescia, 1966.

（13） ジョリッティ時代については，さしあたり，A. William Salomone, *Italy in the Giolittian Era : Italian Democracy in the Making 1900–1914*, Philadelphia, 1960 と Giampiero Carocci, *Giolitti e l'età giolittiana*, Torino, 1961 の二著を参照。

(14) *Il partito socialista italiano nei suoi congressi*, Vol. III: 1917–1926, Milano, 1963, pp. 45 sgg.

(15) Luigi Preti, *Le lotte agrarie nella valle padana*, Torino, 1955, pp. 383 sgg.; A. Tasca, *Nascita e avvento del fascismo cit.*, pp. 145 sgg.; Mario Vaini, *Le origini del fascismo a Mantova*, Roma, 1961, pp. 94 sgg.

(16) 工場占拠闘争に関しては、全体として、Paolo Spriano, *L'occupazione delle fabbriche: settembre 1920*, Torino, 1964を参照。

(17) B. Mussolini, Alla moda russa?, in *Il popolo d'Italia*, 5 settembre 1920.

(18) R. De Felice, *Mussolini il rivoluzionario cit.*, pp. 632–633.

(19) この点は、すべてのファシズム研究者が一致してみとめているところであるが、当時の見解も、ファシズムが大衆運動として展開されるのは二〇年後半になってからである、という点では共通していた。また、ファシズム運動が、反動として生じたという点でも一致していたが、誰による、誰に対する反動かという点で見解がわかれた。赤い二年に対するブルジョア反動という見解をとったのが、Guido Bergamo, *Il fascismo giudicato da un repubblicano*, Bologna, 1921; Giuseppe De Falco, *Il fascismo milizia di classe*, Bologna, 1921; Luigi Fabbri, *La contro-rivoluzione preventiva*, Bologna, 1922などである。ファシズムには、ブルジョア反動だけでなしに、中間層革命と軍人革命の要素が含まれていると考えたのが、Giovanni Zibordi, *Critica socialista del fascismo*, Bologna, 1922である。また、ファシズムの特徴をプチ・ブルジョア層の動向のなかにみようとしたものに、Mario Missiroli, *Il fascismo e la crisi italiana*, Roma, 1921; Luigi Salvatorelli, *Nazionalfascismo*, Torino, 1923があった。以上の文献は、サルヴァトレッリのを除いて、*Il fascismo e i partiti politici italiani: testimonianze del 1921–1923*, a cura di Renzo De Felice, Bologna, 1966に収録されている。ほかに、Renzo De Felice, *Le interpretazioni del fascismo*, Bari, 1969, pp. 139 sgg. を参照。

(20) この点については、Manlio Cancogni, *Storia del squadrismo*, Milano, 1959を参照。

(21) Piero Marsich, Il fascismo e lo Stato, in *Il popolo d'Italia*, 25 gennaio 1921, cit. da Renzo De Felice, *Mussolini il fascista: la conquista del potere 1921–1925*, Torino, 1966, p. 54.

(22) B. Mussolini, Il fascismo nel 1921, in *Il popolo d'Italia*, 7 gennaio 1921, cit. da R. De Felice, *op. cit.*, p. 55.

(23) B. Mussolini, *Discorso del 6 febbraio 1921 a Trieste,* cit. da A. Tasca, *Nascita e avvento del fascismo cit.*, p. 215.

(24) Luigi Salvatorelli e Giovanni Mira, *Storia d'Italia nel periodo fascista*, nuova ed., Torino, 1964, p. 206.
(25) Gabriele De Rosa, *Il partito popolare italiano*, Bari, 1969, pp. 86–93.
(26) Tasca, *op. cit.*, p. 188.
(27) Patto di Pacificazione の全文は、Pietro Nenni, *Storia di quattro anni: 1919–1922*, Torino, 1946, pp. 155–156 に収録。
(28) Tasca, *op. cit.*, p. 234.
(29) *Ibid.*, pp. 242 sgg.
(30) ファシスト党の組合政策とサンディカリズムの問題については、Enzo Santarelli, *Storia del movimento e del regime fascista*, Roma, 1967, Vol. I, pp. 279–288 を参照。

[後　記]

(初出)「イタリアのファシズム」(全三節構成の第二節)『岩波講座 世界歴史』第二六巻、一九七〇年。

この小論は、ファシズムの誕生からムッソリーニ内閣の成立にいたる政治過程の叙述である。執筆当時、レンツォ・デ・フェリーチェの大著『ムッソリーニ』が三冊目まで出ていて、イタリアでのファシズム研究は転換期にさしかかっていたが、転換の方向はまだ定かでなかった。それまでの研究は、主としてファシズムの成立に際しての政治指導層の対応に関心を向けており、とくにジョリッティの責任が多く論じられていた。本文の政治史的叙述は、そうした研究動向の名残といえる。

小論では、「戦闘ファッシ」から「ファシスト党」への転換の問題を重視したのであるが、ファシスト党の形成以後、党と軍(スクァードラ)の一体化した独特の組織によって諸地域の支配権を掌握していく具体的な過程については触れることができずに終わっている。この問題は、アンジェロ・タスカ『ファシズムの生成と確立――一九一八―二二年のイタリア』が詳細に検討しており、この書に負うたところが大きい。その後、同様の問題を新たな視点で分析した刺激的な研究書、エミーリオ・ジェンティーレ『ファシスト党史一九一九―一九二二――運動と軍団』Emilio Gentile, *Storia del partito fascista 1919–1922. Movimento e milizia*, Roma-Bari, 1989がでた。

第三章　地方ファシズムの思想

一

一九二二年一〇月、ファシストのローマ進軍を背景にしてムッソリーニ内閣ができたとき、ファシズムを第一次大戦後の一連の激動に対する秩序回復力とみなし、ムッソリーニ内閣に合法性への復帰による政治秩序の安定化を期待する、ファシスト自身をふくめた多くの声があった。しかし一方には、ムッソリーニ内閣ができたとはいえ、準拠すべき国家—社会の枠組が存在しないという判断にたって、ファシズム革命の継続を主張する活動家層が存在した。革命継続派のファシストにとって、第一次大戦以来強まった政治社会への大衆の参加という現実の前で、国家と大衆の結合の手立てをもたなかった旧自由主義国家が解体するのは当然であり、再びそこに立ち戻ることはこ数年の大衆の参加の現実を無視するものにほかならなかった。大衆と国家を結合することのできる国家—社会の枠組をどう作るか、ムッソリーニ内閣が成立したいま、彼らにとってこれがファシズム運動の課題でなければならなかった。

こうした国家の空白の観念は、一九二三―二四年の時期を空位時代Interregnum(1)と名づけるにふさわしい状況を示している。本稿ではその空位時代におけるファシズムの問題を、革命の継続を求める活動家層の間に生じた、いわゆる非妥協主義と修正主義との論争のなかにみていくことにする。

両派の立場について、当時の修正主義派の代表者ボッターイは、ファシズム崩壊後に刊行した回想記でこう述べている。「一方は、ファシズムの敵対者ならびに、サランドラ派・ジョリッティ派など自由主義右派や立憲民主派から移行してきたファシストの大部分で、彼らは合法的枠組への純然たる、そして最終的復帰を求めた。他方には、ファシズムの非妥協派、まさに野性派 selvaggi があり、彼らは正当にも革命は始まったばかりだと主張するものの、道のりを一気に飛びこえようとして、暫定的に復興された合法性への反抗に走った。この二派の間に調停的立場、〈修正主義〉があり、ファシスト的非合法主義に対しては現行法規の尊重をよびかけ、保守的合法主義に対しては新たな合法性を対置した。(2)」ここで述べられた第一の立場はいま別にして、ムッソリーニ内閣成立後のファシズム運動における非妥協主義と修正主義の二潮流の存在は、ファシズムと反ファシズムを問わず、同時代人によって等しく認識されていた。

非妥協派を代表するファリナッチは、一九二三年五月二九日、「第二の波(3)」と題する一文のなかで、「ファシズム革命は終っておらず、第二の波の必要が日増しに強く感じられる。……われわれの革命は、ファシスト政府が二二年一〇月の戦いで人民から託されたプログラムを、実行に移すようにさせることだ」と主張した。半月後の二三年六月一五日、ボッターイを中心に新雑誌『クリーティカ・ファシスタ』(ファシスト批評)が創刊され、その発刊の辞(4)でボッターイはこう書いた。「旧指導階級に取って代わる新指導階級を作りだすことがファシズムの緊急の必要事である。……第二の波が、すでに役割を終えた人びとに代わって、ファシズムを国民生活のきわだった中心とすることのできる人材の登場をもたらすよう期待したい。」二人とも、同じ「第二の波」という表現を使って現段階のファシズムの課題を強調しているが、その力点には明らかに違いがある。一方は、人民がファシスト政府に託したプログラムの実行を迫り、それを妨げている「あらゆる障害を一掃する」ことに第二の波の意義をおくのに対して、他方は、「冷静な批判精神」による「人、職能、思想の再評価」を訴え、新指導階級の形成を「ファシズムの中心問題として認識」することを求めている。こののち第二の波の表現は、ファリナッチら前者の立場を特徴づける用語となり、ボッターイの方はファシズム運動の再検討 revisione をよびかける立場にたって、修正主義を標榜することになる。

修正主義と非妥協主義の論争には、中央と地方の問題を始めとしたいくつかの対立軸があり、それらは国家と党、都市と農村、エリートと大衆、テクノクラシーと行動主義、合法性と非合法主義、暴力と合意といった何らかの形で政治と文化にかかわる問題を錯綜してふくんでいる。そのような意味で、この論争は空位時代の政治と文化の状況を少なからず表わしているといえ、また空位時代のファシズムは二派の論争からみずからの活力を生みだしていたのでもある。

二

ムッソリーニ内閣が直面した難問の一つは、ファシズムの大衆行動を担ってきたスクァードラ(行動隊) squadra の処遇にかかわる問題であった。ファシズム運動は、二一年から二二年にかけて、まず北・中部地方の地域社会を個別に制圧することを通じて、その存在を確立し、地域社会の制圧の現実に導かれて中央におけるムッソリーニ内閣の成立がもたらされた。この地域社会の制圧に際して、直接行動を担ったのがスクァードラであり、その指導者のなかからラス ras とよばれる地域支配者が登場した。これらスクァドリスタ(行動隊員)とラスは地方の大衆ファシズムを表現しており、自分たちの制圧した地域社会を自分たちの規範で支配していく保障を、中央で整えることがムッソリーニ内閣の任務だとみなし、その障害となる機構と人物はすべて一掃さるべきであると考えた。「ファシスト政府が人民から託されたプログラム」とはまさにこのことを意味していた。

ムッソリーニ内閣は、二三年一月、首相に直属する全国治安義勇隊 Milizia volontaria per la sicurezza nazionale＝MVSNを設置して、ファシスト党に所属していたスクァードラを国家機関としてのMVSNに移行させた。この措置には二つの意図がふくまれており、一つは直接行動力としてのスクァードラの解体を防ぎ、国家財政でその存続を保障する意図、もう一つは、スクァードラの合法化の措置を通じて規律と統制を強め、暴力主義の傾向を抑制しようとする意図だった(5)。地方ファシズムにかかわる措置として、ムッソリーニはさらに二三年六月、県知事に宛てた通達で、「県における政府権力の唯一の代表者は知事であって、それ以外は誰もいない(6)」と述べ、党県支部委員らも知事に従属しなければならないことを確認した。しかし、これらの措置は地方ファシズムの状況にさしたる変化をもたらさなかった。

ラスおよびスクァドリスタたちが、地域社会のどのような部分に所属したのか、また地域社会の何を表現したのかについては、今後のファシズムの地域史研究に待たねばならない点が多いが、二、三の事例に即してみておこう。ラスとして知られている人物に、クレモーナのファリナッチ、ボローニャのバロンチーニ、ルッカのスコルツァ、ピアチェンツァのバルビエッリーニ、マントヴァのアッリヴァベーネ、カッラーラのリッチなどがあげられるが、地域的には、トスカーナ、エミーリア・ロマーニャ、ロンバルディーア東部の諸地方に多い。これらラスの社会的出自はみなまちまちで、ファリナッチは幼少時に警察勤務の父に従って南イタリアから北に移住し、一九〇九年(一七歳)にクレモーナで電信技師として鉄道従業員になっている。リッチの場合も、父親が鉛管工から収税吏に社会的上昇を果したとはいえ、普通の家庭の出身である。これに対して、バルビエッリーニやアッリヴァベーネは地方で名声のある家系に属していた。

またスクァドリスタの職業もまちまちで、トスカーナのアレッツォ地域のスクァドリスタ一一三人を調べた研究[7]は、商人、学生、鉄道従業員、手工業者、自由業、土地所有農をあげている。各地のスクァドリスタについて一人一人数えていけばおそらく無数の職業に分れることになるはずで、ラスにしろスクァドリスタにしろ、メンバーの社会構成からその性格を考えるというのは、ほとんど意味をもたないことになる。スクァードラに関して一ついえるのは、メンバーのなかに父子、兄弟、親類のどれかを表わす同姓者の多いことで[8]、こうした血縁関係をふくめて、スクァードラが比較的身近な人間関係から成りたっている状況がみられる。つまり、各種の団体やサークルでの仲間、第一次大戦中の前線での塹壕仲間、さらには非行・犯罪仲間などがスクァードラを構成するうえで少なからず重要な位置を占めているのである。例えば、ファリナッチのもとのスクァードラでは、〈ジョルダーノ・ブルーノ〉サークルに属する青年が初期の活動的部分を担っていたが、これは戦前から存在するブルジョアの子弟を中心とした反教権主義の団体であった[9]。また、リッチには、その身辺を固める〈命知らず隊〉disperataがあったが、そのメンバーの多くは犯罪歴をもっていた[10]。そしてこれは単にスクァードラに限らずファシズム運動全体にわたってそうなのだが、大戦中の塹壕共同体の経験がさまざまなところで職業や階層をこえた人的結合を作りだしており、塹壕共同体で身にしみて感じた瞬間的な決断と果敢な行動の必要は、そのままスクァードラ精神にもちこまれていた。この塹壕共同体の経験を通じての新たな人的結合の関係は、おそらく想像以上に従来の職場あるいは居住区での社会関係に変化をよび起していたと考えられる。

スクァードラに積極的に所属していたメンバーが、いわゆるファシスト大衆をどの程度代表しえたかという問題が残るが、ここではムッソリーニ内閣成立後のラス支配の実状に簡単にふれておこう。カッラーラは大理石の生産地として知られる所で、リッチの支配の方法もこの環境とかかわっていた。(11) 一般にスクァードラは、当初より工業家や農業家に資金援助をあおいでいたが、地域社会の支配者となったあとラスは、自己資金を調達するために、これら工業家や農業家に一種の個人課税を強いる措置をとった。リッチはその一つとして、地方鉄道に大理石輸送の運賃の一七パーセント引き下げを実施させ、大理石採石所の所有者たちにその差額を上納させた。そればかりでなく、さらに大理石の価格ならびに採石労働者の賃金の決定にも介入することを要求した。大理石産業家の側からの反発に対して、リッチは、賃金アップの約束と産業家のエゴイズムを攻撃して、彼に敵対していた労働者の支持をとりつけようとする。そして遂には二三年一一月にゼネストをよびかけて、少なからぬ労働者の参加を得た。リッチの、採石労働者の間に支持基盤を拡大しようとする試みは、採石工の職を求める失業労働者がこの地帯に多数いたことによっても助けられたが、この事態に驚いた産業家はローマに代表を派遣して、ムッソリーニに正常化政策を強く訴える。結局、中央政府の介入でゼネストは終了するが、そのときにはすでに、産業家への威嚇と労働者層への浸透の意図は十分に果されていたといえるのである。

ラスの中のラスといわれるクレモーナのファリナッチは、しばしば都市ファシズムに対して農村ファシズムを代表する立場とみなされるが、これにはやや説明が必要であろう。ラス主義 rassismo やスクァドリズモ squadrismo、あるいは非妥協主義に関連していわれる場合の地方ファシズムは、中央＝ローマに対する地方の関係を表わしており、それは地方における都市と農村の両方を包摂している。イタリアにおける伝統的な地方都市の多くは、周辺農村部をふくんで固有の自立的世界を構成し、また農村もそうした地方都市を身近なセンターにもつことによってみずからの世界を成り立たせており、都市―農村関係を単純に対置したり切り離したりしてとらえることのできない性格を有している[12]。したがって、もし地方ファシズムを農村ファシズムとして性格づけるとしても、それは狭い意味で農業の利害を代表しているということでなく、このような都市―農村関係をふくんだ地方の社会生活全体を表わしていると考えるべきであろう。しかし、この点を確認したうえであらためて、各地域社会のファシズム運動が示す都市と農村あるいは工業と農業の関係を具体的に明らかにする課題は残るわけで、ファリナッチについても、「腐敗した首都に対して〝健康な地方〟を誇張して擁護するなかには、単に中央政府に対するラスの不満だけでなく、農業ブロックの利害が関係している[13]」というリトルトンの指摘を無視することはできないだろう。

ところで、国家統一後のイタリア史のなかで、県知事は内相に直属して地方における中央権力を代表し、県行政にとどまらず、地方の社会生活全般に強い支配権を有していた。しかし、知事が政府権力の唯一の代表者であることを確認せねばならなかった、先のムッソリーニ通達は、ラス支配によって知事の諸権限が侵害され、正常に機能していない状態を物語るものにほかならない。例えばクレモーナ県では、二二年七月、スクァードラの圧力で社会党系のクレモーナ市行政府の解散を命じた知事グァダニーニは、当時のファクタ内閣により更迭され、後任にロッシが任命された。しかし新任のロッシも、中央政府の秩序回復の意向に忠実であるより、地域社会で支配的な力との妥協を選んでファリナッチとの衝突を避け、両者の相互依存的関係はムッソリーニ内閣成立後も続いた[14]。この関係にみられるように、たしかに理論的には地域支配の権限争いを国家と党、県知事とラスの対比で語りうるとしても、現実の状況は理論上の対立のようには明確でなく、両者の妥協と融合によって運営されることが多かったとみられるのである。ファリナッチはクレモーナ市行政に関して、毎日曜日の午前、警察署長、憲兵隊司令官、市長、その他数人のメンバーで会合を開いてその一週間の運営方針を検討しており、二三年七月のある週には、旧カトリック系組合の労働斡旋所にファシスト責任者を配属する問題、製糖工場に甜菜を供給するための銀行の会合、農業博覧会の準備、政治的反対者に対する制裁、定められた数の農業労働者を雇傭する義務を守らなかった農業家に対する警告文の作成などがとりあげられている。(15)

ここで最後にあげた、一定数の農業労働者の雇傭義務に違反した農業家については、ファシスト労働組合から強い批判の声があがっていたもので、先のカッラーラのリッチの場合でもそうだったように、ラス支配にとっても地域社会の労働者層の支持をとりつけることは基本的な問題となっていた。スクァドリスタに依存するラス支配のもとで、大衆の合意を獲得する課題がどう意識されていたかははっきりしないが、二五年以降ファシズム体制の確立とともに大規模に組織されることになるドーポラヴォーロ dopolavoro の試みが、すでにこの空位時代にかなり地方に広まっている事実は注目されよう。(16) ドーポラヴォーロは労働後あるいは労働余暇という意味で、もともとは工業技師のジャーニという人物によって、戦後の八時間労働制の導入を機会に、労働者の自由時間を管理する目的で提唱されたものである。これは厚生福祉と娯楽的要素をかねた施設や行事を組織して、労働者に労働時間の短縮で生じた自由時間をそこで過させようとするもので、当初は工業労働者が対象となっていた。しかしその後、ファシスト労働組合がこの試みに関心を示し、以前は主として社会主義派の組織で、スクァードラが破壊した文化サークル、民衆サークル、協同組合、相互扶助組合などに代えて、このドーポラヴォーロのサークルを各地域社会に導入したのである。ファシストによるドーポラヴォーロは、初期には都市よりも農村に多く作られており、こうした試みがスクァドリスタの行動と並んで、地域社会の社会関係のありようにどのような新たな要素をつけ加えたかを明らかにすることは重要となろう。

スクァードラがMVSNに改組されたあとも、その暴力主義的傾向や非合法行動がたえず指摘されているが、二三年一一月の内務省文書によると、公安上の暴力行為に関して逮捕されているファシストは全国でわずか三七一名、すでに有罪判決がでて受刑中の者は九三名にすぎない。クレモーナ、マントヴァなどラス支配の強い県は両方ともゼロ、カッラーラのあるマッサ・カッラーラ県は比較的多いとはいえ、それでもそれぞれ一五人と八人である。(17)一般犯罪に関する記録がないので詳細は不明だが、この問題は単に暴力ということにかかわらず、空位時代のファシストの犯罪がどう取り扱われたか、あるいはさらに犯罪の観念自体がどう変化したかといった問題と関連してくると考えられる。ラスとスクァドリスタたちが合法性への復帰と正常化に執拗に抵抗するなかには、彼らの行動の規範が、合法性への復帰によって一般犯罪として処理されることへの恐怖がふくまれている面があり、この点は、のちのマラパルテの言説によって明らかになるが、こうしたラス支配を批判してファシズム革命の他のあり方を追求しようとしたのが修正主義の動きである。

三

修正主義派を代表するボッターイは、祖父の代からぶどう酒販売業を営む家系に生まれ（一八九五）、ローマで育った。(18)第一次大戦にはアルディーティ Arditi の部隊に所属したが、このアルディーティは戦場での危険な特殊任務のために一般兵士とは違った集団をなしていた。ボッターイ自身はこの経験をこう語っている。「自分は〝アルディーティ〟にいたが、これは農村的というより都市的、農民的というより労働者的な戦闘現象だった。(19)」戦後、ローマ・ファッシの指導的メンバーとなり、ローマ進軍には近郊のティーヴォリから出発する行動隊の責任者の部署にいた。そして先にも述べたようにムッソリーニ内閣成立後の二三年六月、『クリーティカ・ファシスタ』誌を発刊して修正主義の論陣をはるのである。

修正主義に関しては、ボッターイ以前に、マッシモ・ロッカによって主張されており、彼はファシスト党内外の諸分野に専門家グループ gruppi di competenza を組織するプランを抱いていた。具体的には、全国、地方の各レベルに農・工業家、中間層、技術労働者の三者から成る専門家評議会を設置して、それが社会の新しい指導体となる構想である。簡単にいえば、テクノクラート・ファシズムの構想だが、二三年九月一五日の『クリーティカ・ファシスタ』に発表した彼の論文[20]が、物議をかもして活動停止処分をうけ、翌年五月二〇日に除名されて終る。

ボッターイの場合にも、新指導階級は経済、労働、法律、文化の各部門での専門技術者であることが望まれ、テクノクラート・ファシズムへの接近をみることができるが、彼の議論は、ファシズムをイタリア史の伝統と結びつけようとする、もう少し広い視野から出発し、ロッカと違って、あくまでもファシスト党内での指導階級の形成にこだわるのである。ロッカ論文が発表されて批判が高まったおり、ボッターイは『クリーティカ・ファシスタ』の次の号に載せた論文[21]で、再検討 revisione されねばならない問題がまず党内にあることを指摘して、それを八項目に定式化した。彼はそこで、党機関と国家機関の混同、党諸機関の混乱などと並んで、「戦闘と暴力の雰囲気のなかで育ち、より一層の研究、思索、責任といった新たな必要事を身につけることのできない幹部の存続」をあげ、そこに党の危機の原因があると警告する。そして同時に、多くの地方党指導者が「原始的決まり文句を多用した厳格で軍隊的規律のシステム」をもち、「専制的、衝動的、恣意的に行使」している状況を批判する。

ボッターイによる党の再検討の狙いは明瞭であるが、しかし彼は、単なる正常化を望むのでも、ましてや旧国家体制への復帰を望むのでもない。一般に旧指導階級の自由主義政治家は、戦後の主要な危険を社会主義のうちにみて、ファシズムの擡頭を主として社会主義との均衡関係で把えていた。自由主義者にとって、ファシズムは秩序回復力としての一過的な状況的現象であり、社会主義との均衡関係が必要でなくなった時に、ファシズムの役割もまたなくなるはずのものであった。ボッターイは、ファシズムをこのように状況的現象として理解することを拒絶し、そうした理解を打破するために、一方でファシズムの暴力的局面の克服を訴え、他方でイタリア史の伝統との結びつきを強調するのである。

彼は、ファシズムの理論上の拠りどころを明らかにしようとした二四年三月の講演[22]で、「ファシズムは知識人の革命である。もっとはっきりいえば、知的革命である」と宣言する。そして、「知的革命であるファシズムが、宗教改革以来の近代文明を構成する政治的経済的諸形態、哲学理論、イデオロギーの総体のなかに、いかにみずからを体系だてるか」を問題として、ファシズムの歴史的な位置を明らかにしようとする。ここで彼は、フランス革命の経験が国家と個人の関係を解決するのに成功しなかったことに言及し、ファシズムの国家は、自由主義国家や民主主義国家とは概念を異にした倫理国家となることを主張する。「イタリアでマキアヴェッリとともに哲学的に生じ、ヴィーコ、スパヴェンタ、デ・メイスによって熟考され、ナショナリズムによって政治的に推進され、クローチェとジェンティーレの哲学のなかで明確に表現された、倫理国家の近代的概念がファシズムの基礎なのである。」

ファシズムは戦後の危機の一時的現象ではなく、近代文明の歴史に基づくものであり、イタリア思想史の最良の伝統と結びついた知的革命だとするボッターイの考えは、実はジェンティーレのそれと多く共通し、ジェンティーレに触発されている面が大きい。クローチェと並んでイタリア思想界を代表したジェンティーレとファシズムの関係は、いろいろな局面で考察されることが必要だが、ここではボッターイの思想との関連で簡単にふれておこう。

ジェンティーレは、第一次大戦前のイタリアには二つの精神の戦いがあり、それはマッツィーニとジョリッティの名によって典型的に代表されると考える。ジェンティーレは、一三年に刊行した『リソルジメントの先覚者たち』で、マッツィーニを民主主義思想の脈絡で位置づける考え方を斥けて、マッツィーニの読みかえをはかった。彼はそこで、マッツィーニの強調した「思想と行動」、「神と人民」、「進歩の法則」、「個人原理から国民原理へ」、「人類の使命」、「信仰と未来」等々の概念を分析して、ほぼ結論的に次のように述べる。「人民(もし人民総体を考えるなら人類)とは、歴史的な具体性における人間精神そのものである。それは抽象的な個体でも、すでに現実化された静的な共同体でもない。それはみずからを形成するものであり、マッツィーニの言い方によれば、進歩である。[23]」ジェンティーレにとって、みずからを形成するものとしての人民は、マッツィーニと同様に、個人主義的原理に基づくのでなく、国民性の形成をめざすものでなければならなかった。マッツィーニは、その国民性を「生、あるいは人、あるいはもっとはっきり精神の一般理念と一体である[24]」と考え、生涯を国民性の形成の事業に捧げた。リソルジメントはそのような運動としてマッツィーニ自身によって担われたにもかかわらず、統一国家形成後のイタリアには反マッツィーニ的精神が支配的となってくる。ジェンティーレはそれを「使命としての生」を否定する「生の唯物的観念」とみなし、ジョリッティ主義で頂点に達する公的なイタリア、議会的なイタリアが反マッツィーニ的で反理想的なイタリアを制度化していったとみる。ジョリッティはこうしてマッツィーニの対極に位置づけられることになり、二人はそれぞれ実証的、実務的、開明的政治と精神的、宗教的、哲学的政治の象徴とみなされる。[25]そしてジェンティーレは、この二元論からイタリアを解放し、単一の精神によってイタリアを再生する過程が第一次大戦への参戦で開始され、戦後ひきつづきファシズム運動に継承されたのだと主張する。

このようにジェンティーレは、マッツィーニの諸概念を読みかえることを通して、ファシズムをリソルジメントの伝統に結びつけ、リソルジメントで実現されなかった課題がファシズムによって現実となりつつあることに人びとの注意をうながした。ボッターイがファシズムを歴史的に意味づけようとする試みは、こうしたジェンティーレの理論に触発された面が大きいといえるが、ジェンティーレの理論はしかし同時に、スクァドリスタの直接行動主義にも正当性を与えたのである。行為のなかに精神の現実態をみる彼の行為主義 attualismo は、マッツィーニの「思想と行動」の一体の理論と重なって、直接行動に高い価値をおいており、それに加えて、暴力をヴィーコのいう野蛮な創造的本性への回帰とする見方は、スクァドリスタの暴力主義的傾向に活力を与えていた(26)。だがジェンティーレにとっても一つの難問は避けられず、みずからを形成するものとしての人民が常に行為のなかに現実態を見出すとはいえ、実際問題としては、「長期間をかけてきわめて徐々にしかみずからの教育と改造を果さない大衆を、精神的前衛であるエリートの党の要請に適合させることのほとんど不可能(27)」な事態があるのである。

ボッターイの修正主義の難問もまた、この点にかかわっていた。二四年六月、マッテオッティ事件が発生して、全国的にファシズムと反ファシズムの対立が激化する。マッテオッティの誘拐と殺害はムッソリーニの側近グループによる犯行で、直接に非妥協派の行為ではないが、非妥協派は新たに生じた状況をのりきるために第二の波の声を強める。これについては次節で扱うが、非妥協主義の高揚に対して、ボッターイはあらためて修正主義宣言を発して現段階のファシズムの課題を強調する。ボッターイが『クリーティカ・ファシスタ』誌の各号で繰り返し主張するのは、依然として新指導階級の形成の問題だった。二四年七月一日号の、「ファシズムを救うために(28)」と題した論文で、「党内でも国民の間でも統治者と被統治者の正常な関係を再建することが、生存の条件である」と述べたあと、次の七月一五日号の「修正主義宣言(29)」においてさらに論を展開する。「〝第二の波〟あるいは新たな〝ローマ進軍〟への呼びかけは、一つの精神状態を反映しており、そこから革命を日常生活の規範、日常生活のとるに足らない、平凡な、ありふれた、どうでもいい事柄に関する規範とする事態が生じている。」このような態度は、ファシズムによる権力の獲得を国民生活のあれこれのエピソードとしてしか理解しないものだと批判したあと、ボッターイは続けてこう述べる。「われわれの革命的潜在力は、権力獲得の〝既成事実〟のうちに閉じこめられているが、諸理念を制度に移しかえる作業にこの力を顕在化させねばならない。われわれは、革命を成し遂げたから権力を有しているのでなく、革命を行なわねばならぬからこそ権力を有しているのである。」そこでボッターイにとっては、現在の危機の解決は「力ではなくて専門的才能の問題に関係」し、「われわれの最大の課題は新指導階級を形成することだ」という結論がでてくる。

空位時代のボッターイの思想は、以上の点にほぼ尽くされている。彼はファシズム革命の遂行には、地方ファシズムに表われている危険なラス主義を排除することが不可欠だと考えるが、それに代わる大衆の組織化、大衆への呼びかけを伴うことなしにとどまっていた。彼が党内外での統治者と被統治者の正常な関係を語るとき、それは主として知的専門的階層の形成にかかわっており、大衆への呼びかけの言葉をもっていないのである[30]。この点に修正主義の特徴の一つがあったといえるが、こうした修正主義派の性格を鋭く見抜いた同時代人にゴベッティがいた。ゴベッティは、〈自由主義革命〉運動を展開しつつ、その強靭な批判精神でファシズムに敵対していたが、この時期のファシズム運動の二潮流に注目して二度にわたってコメントを発表した。一度目は二三年一〇月九日で「ファリナッチ賛辞[31]」と題され、ローマの修正主義者と地方ラスを比較して前者への露わな嫌悪を示した。「ほんとうの投機師はローマで理論を製造して禄を食んでる輩である。ほんとうの投機師は知識人たちで、文法的に目茶苦茶な文章を書く無学な者たちではない。彼らは剣と棒の使い方を知っており、もしファシズムがイタリアに何らかの効用をもつとしたら、それは棍棒のファシズムである。」ゴベッティは、ファリナッチやバロンチーニら地方ラスの背後にいる何万という青年の粗野と野性のなかに威厳と犠牲精神がみられることを指摘したあと、「ファリナッチやバロンチーニはマッシモ・ロッカより何十倍も開かれている」と文章を結んでいる。次いで二四年二月一九日に「再びファリナッチ賛辞」[32]を発表するが、そこでも同じ観点から修正主義派に憎悪を示す。「ファリナッチらのラスは修正主義の一群の山師に比べて、はるかにすぐれている。修正主義はローマの高級ホテルで高収入を約束されて誕生した。ラスは地方を代表し、具体的な必要のための戦い、赤貧で身を犠牲にし、議会主義化されず、野性のままとどまっている。……知事権力に対して、ファリナッチは革命、自治の原則、人民主権を代表している。」

グラムシと並んで新世代の知性を代表していたゴベッティを知る者にとって、このファリナッチ賛辞は奇異の感を与えるかもしれないが、ゴベッティが二つの文章で表明した内容は、ラスに関する現実認識を誤っていたとか、逆説を表わそうとしたといった問題とは違っている。ゴベッティはファシズムとは正反対の立場から、旧自由主義国家に対する闘争を続けてきて、イタリアの指導階級のあり方に深い不信を抱いていた。彼がここでラスに与えた評価は、ラスがイタリアの指導階級のあり方に対して具体的に一つの抵抗の方法を示した、そのことにかかわっているとみるべきであろう。修正主義派への嫌悪は、それとは逆に、彼らが地方あるいは大衆に呼びかけを発することなく、中央での指導階級の形成によって問題を処理しようとする態度に、新たな危険を感じとったからにほかならない。ただゴベッティ自身は、その後ファシストに襲撃され、二六年二月、パリに亡命した数日後にわずか二四歳の若さで死亡する。

四

先にもふれたように、マッテオッティ事件によってファシズムと反ファシズムの対立が激化するなかで、地方ファシズムの非妥協主義の動きが一段と強まってくる。二四年七月一〇日、マラパルテによる『国家の征服』誌が、三日後、マッカーリらの『イル・セルヴァッジョ』(野性人)誌が相次いで創刊されたのもそうした動きの一つで、両誌とも地方ファシズムの主張を強力に打ち出した。マラパルテは、ローマ進軍直前の二二年九月、故郷トスカーナでファシスト党に入党し、党の役職に就くかたわら文筆活動を続けていた。[34]『国家の征服』創刊号の論文「歴史的ファシズムと政治的ファシズム」[35]は、地方ファシズムの闘争宣言的性格をおびていた。「明らかにファシズムに二種類がある。一つは歴史的、伝統的、したがって革命的である。歴史、民俗、芸術、経済の固有の構成体である諸地方を代表し、イタリア人の民衆的な郷土の感情、寛大で偏見のない感情を表現している。一八七〇年以来ローマに陣取っているあの中間層の要求や主張、似非文化的、議会主義的、投機師的、ブルジョア的でまさしく自由主義的な要求や主張とほとんど関係をもたない。もう一つは政治的、場当たり的、保守的である。首都ローマ、……つまり小ぢんまりしたイタリア Italietta を表わしている。ロビー、カフェー、ジャーナル、妥協、投機、機会主義の心性、つまりどんな場合でも役人的で議会主義的な心性を表現している。」マラパルテはこのように二つのファシズムを対比したあと、国家を最終的に獲得し、新国家を作る課題はまさに地方ファシズムに属していると主張し、こう結ぶ。「ファシズム革命は、修正主義ではなしに、地方の革命精神の表現であるファリナッチに、確保した位置の防衛と新たな奪取の約束を期待する。」

マラパルテは、ファシズムの歴史的な意味をボッターイとは逆の観点に立って考えている。ボッターイが宗教改革に源をもつ近代文明の流れの中にファシズムを位置づけようとしたのに対して、マラパルテは、まさにそうした近代文明の浸透から社会を守るために新たな対抗宗教改革 Controriforma が必要であり、それがファシズムなのだと考える。彼にとって社会とは、「歴史、民俗、芸術、経済の固有の構成体」である諸地方であり、地方ファシズムはその固有の伝統に活力を与え、地方の自立性を守る運動であった。ここからリソルジメントについても、それがヨーロッパ自由主義運動の一環を占めていた点で否定的に考察され、ジェンティーレやボッターイと違って、リソルジメントからファシズムの継承関係は問題にされない。マラパルテは『国家の征服』誌において、時おり議会制に代わる労働代表評議会のプランを語ることがあるにしても、彼の関心はファシズムを制度化することより、ファシズムによって地方の伝統的民衆的な社会とその文化を活性化させることにあった。そうした観点からすると彼にとっては、修正主義派にとどまらず、ムッソリーニ内閣そのものが危険な道を歩んでいるのであった。

マッテオッティ事件による諸混乱に対応するため、ムッソリーニは内相にナショナリスト出身のフェデルゾーニを登用した。国家の機構上の枠組とその正常な機能を重視するフェデルゾーニは、ファシストの非合法的行為を、容認しうる新たな規範とはみなさずに、これまでより厳しい態度で取り締まることになった。これに対して、ファシストの内部からフェデルゾーニを名指しで批判するパンフレットまで出されるが[36]、地方ラスはムッソリーニが事態に対処する明確な方針を打ちださないことにいらだちを示して、第二の波の要求を日増しに強めた。そうした状況を背景に、マラパルテは二四年一二月二一日号の『国家の征服』で、「ムッソリーニに反対のファシズム？」[37]と題する論文を発表する。「地方のファシスト大衆の観点はこうである。ムッソリーニがファシストを政権に導いたのでなく、ファシストが彼を政権の座につけたのである。ムッソリーニは、国王から組閣を委託された以上に、ファシストたちの諸地方から委任をうけている。革命的委任。……ここに、人民の革命意志を実現するムッソリーニの絶対の義務がある。地方のファシストはこの絶対の義務からの逸脱を許さずに問う——ムッソリーニはこの革命意志を実現するのか、それとも、たとえ一時的であれ彼に託された革命的委任を返却するのか。」マラパルテはここでさらに、議員のもつ不逮捕特権に言及してこう述べる。「君ら議員の享受している不逮捕特権は、当然、すべてのファシストに拡大さるべきである。全員が監獄か、あるいはただの一人も。革命に〝法〟を与える任務が今、君らにある。君らにであって、内相にではない。」

マラパルテは同誌の次の号でも、「正常化の唯一の犠牲者となる地方のスクァドリスタ」[38]という表現を使っており、この不逮捕特権の問題は地方ファシズムが非妥協主義を要求する重要な側面をなしていた。「全員が監獄か、あるいはただの一人も」と強調するなかには、地域社会におけるラスとスクァドリスタの行動規範が、フェデルゾーニ内相のもとで単なる法律違反として扱われていく状況が示されている。彼らにとって、その行動規範が法的に処理されることは、地域社会の支配権の根底にひびく問題であった。つまり、この段階で正常化を語ることは、端的にラスとスクァドリスタの切り捨てを意味しており、革命を担った者が革命の犠牲になる危険が迫ったことにほかならない。政治的には、この恐怖の感情が地方ファシズムに新たなエネルギーをよび起して、二四年末、各地の直接行動の試みに連なっていく。[39]そして一二月三一日、MVSN(治安義勇隊)の地方幹部三三人がムッソリーニのところに押しかけて、獄中のファシストの釈放と反ファシズム勢力に対する断固たる措置を強く迫った。同日フィレンツェで、およそ一万のスクァドリスタが、ほぼ全員武装して決起集会を開いた。

こうした圧力のなかで、二五年一月三日、ムッソリーニは議会で演説する。「これまで生じたすべてのことの政治的、道徳的、歴史的責任を自分が、自分一人が負うことを宣言する(長い割れるような拍手。皆一緒だ、の声)。……もしファシズムが犯罪集団だというなら、私がその犯罪集団の首領である(割れるような拍手。皆一緒だ、の声)。……二つの要素が闘争しあって決着がつかないとき、解決策は力である(熱烈な拍手)。……私の演説から四八時間以内に、すべての分野で状況がはっきりすると思ってほしい(長い割れるような拍手)……。[40]」この演説は、非妥協派の要求に二つの点で応ずるものだった。一つは、スクァドリスタの「犯罪」に自分が責任を負うことを明らかにして、「全員が監獄か、あるいはただの一人も」の声に同意を表明した点である。もう一つは、力による解決策で事態をのりきる方針である。

その意味では表面的にみる限り、第二の波が勝利を収めたかの感を与える。だが、ムッソリーニの意図は別のところにあった。同日夜のうちに内相から各県知事に宛てて二通の通達が発せられ、翌日にはムッソリーニの通達が続き、警察力を行使して秩序の回復をはかることが知事に命じられた[41]。これによって反ファシズム諸組織が弾圧され、致命的な打撃をうけるが、しかし同時に地方ファシズムの非合法な行動にも警察力は行使された。ムッソリーニの意図を見抜いたマラパルテは、一月四日付の『国家の征服』で、政府の措置は「革命的秩序の方策でなく、警察的反動的秩序のそれである[42]」と書き、発行停止処分にあった。二月一二日、ファリナッチが党書記長に任命されるが、この人事も地方ファシズムの勝利を表わしているのではなく、ラスの中心人物を規律と統制のもとに置くのが狙いだった。このため、マラパルテをふくめて、かつてファリナッチに支持を与えていた少なからぬグループが彼から離れていく。

ムッソリーニ演説を境にして、地方ファシズムを排除しつつファシズム体制の形成が始められるが、この主役となるのは一月六日に法相に起用されたロッコと内相フェデルゾーニであった。共にナショナリスト出身で、彼らの目標は国家機構の厳格な枠組を作ることだった。いいかえれば国家権力の復興としてファシズム体制の形成をはかる立場で、そこでは、大衆の参加の現実に基づく新たな国家—社会の枠組の形成という非妥協主義と修正主義の論争の出発点にあった問題観はもはや消えている。ボッターイは、大衆への適切な呼びかけの言葉をもたないにしても、少なくとも統治者と被統治者の未解決の関係を意識しており、彼にとってロッコの方策はあまりにも権力的復古的でありすぎた。空位時代に論戦を重ねた両派は、二五—二六年のファシズム体制の形成期には、ロッコの国家観念に対する共通の批判によって一時的に接近する場合すらみられるようになる。[43]

しかし、二五年以降、もはや空位時代でなくなった全体の状況の変化とともに、彼らの議論も新たな形をとらざるをえず、例えばボッターイには、コルポラツィオーネ corporazione 問題とのかかわりが生じてくる。また、地方ファシズムの強硬派だったマラパルテや『イル・セルヴァッジョ』誌のマッカーリは、こののち文学上の郷土と都会をめぐるストラパエーゼ strapaese 対ストラチッタ stracittà の論争に投じていくのである。一方、ファシズムは二五年以降、権力的国家の抑圧体制を築くのと並んで、社会領域のさまざまなレベルで合意を獲得する政策をとり始める。二〇年近く続くファシズム支配の持続性と安定度を考えると、ファシズムがどのような社会領域で、いかなる質と量の合意を獲得したかの問題がでてくるわけで、これは、ファシズムと文化という論点に関係してくるが、本稿で名をあげたものとの関連で見通しを述べておけば、『イタリア大百科事典』*Enciclopedia Italiana* の編集・刊行を通してジェンティーレが知識人の間に獲得した合意の性格ならびに、企業・都市・農村各レベルのドーポラヴォーロの事業を通して民衆の間に獲得した合意の性格を明らかにすることが重要となろう。

(1) A. Lyttelton, *The Seizure of Power: Fascism in Italy 1919–1929*, London, 1973, p. 150.
(2) G. Bottai, *Vent'anni e un giorno*, Milano, 1949, pp. 20–21.
(3) R. Farinacci, La seconda ondata, *Cremona Nuova*, 29 maggio 1923, in *Alla Conquista dello Stato: Antologia della stampa fascista dal 1919 al 1925*, Roma, 1978, pp. 399–400. 以後、*Antologia della stampa fascista* と略。
(4) G. Bottai, Proponimento, *Critica fascista*, 15 giugno 1923, in *Critica fascista 1923–1943: Antologia*, a cura di G. De Rosa e F. Malgeri, Firenze, 1980, Vol. I, pp. 11–12.『クリーティカ・ファシスタ』誌に関して、以下の注でかかげるページ数は、すべてこの *Antologia* のページ数である。

(5) R. De Felice, *Mussolini il fascista: La conquista del potere 1921–1925*, Torino, 1966, pp. 431–432.

(6) A. Aquarone, *L'organizzazione dello Stato totalitario*, Torino, 1965, p. 341.

(7) E. Ragionieri, Il partito fascista, in *La Toscana nel regime fascista 1922–1939*, Firenze, 1971, Vol. I, p. 65.

(8) *Ibid.*, pp. 64–65; B. Frullini, *Squadrismo fiorentino*, Firenze, 1933, pp. 124–141; E. Misefari-A. Marzotti, *L'avvento del fascismo in Calabria*, Cosenza, 1980, pp. 147–167.

(9) F. J. Demers, *Le origini del fascismo a Cremona*, Bari, 1979, pp. 127–128, pp. 142–144.

(10) Lyttelton, *op. cit.*, p. 168.

(11) カッラーラの状況に関しては、*Ibid.*, pp. 169–170; A. Bernieri, Il fascismo a Carrara tra il 1919 e il 1931, in *Movimento Operaio e Socialista*, 1964 N. 2, pp. 105–106.

(12) 馬場康雄「イタリア議会政治の危機とファシズム」東京大学社会科学研究所編『ファシズム期の国家と社会 七』東京大学出版会、一九七九、四五頁。

(13) Lyttelton, *op. cit.*, p. 175.

(14) Demers, *op. cit.*, p. 219.

(15) *Ibid.*, pp. 225–226.

(16) ドーポラヴォーロについては、V. De Grazia, La taylorizzazione del tempo libero operaio nel regime fascista, in *Studi Storici*, 1978 N. 2, pp. 331–336; F. Cordova, *Le origini dei sindacati fascisti*, Bari, 1974, pp. 403–404; 桐生尚武「イタリア・ファシズムと民衆」『歴史公論』一九八〇年二月。

(17) De Felice, *op. cit.*, pp. 442–443.

(18) ボッターイの伝記として、G. B. Guerri, *Giuseppe Bottai: un fascista critico*, Milano, 1976; A. J. De Grand, *Bottai e la cultura fascista*, Bari, 1978.

(19) G. Bottai, *Vent'anni cit.*, p. 9.

(20) M. Rocca, Fascismo e paese, in *Critica fascista*, 15 settembre 1923, pp. 44–47. なおロッカに関して、M. Rocca, *Come il fascismo divenne una dittatura*, Milano, 1952; Id., *Il primo fascismo*, Roma, 1964.

(21) Bottai, Esame di coscienza, in *Critica fascista*, 1 ottobre 1923, pp. 48–51.
(22) Bottai, Il fascismo nel suo fondamento dottrinario, in *Critica fascista*, 1 aprile 1924, pp. 112–120.
(23) (24) G. Gentile, *I profeti del Risorgimento italiano*, Firenze, 1923, 3ª ed., 1944, p. 51, p. 30.
(25) G. Gentile, *Origini e dottrina del fascismo*, Roma, 1929, pp. 23–24, p. 35.
(26) A. Asor Rosa, *Storia d'Italia-Einaudi: Dall'Unità a oggi, Tomo 2, La cultura*, Torino, 1975, p. 1412; E. Gentile, *Le origini dell'ideologia fascista*, Bari, 1975, pp. 358–359.
(27) G. Gentile, *Origini e dottrina cit.*, p. 48.
(28) Bottai, Per salvare il Fascismo, in *Critica fascista*, 1 luglio 1924, pp. 158–159.
(29) Bottai, Dichiarazioni sul revisionismo, in *Critica fascista*, 15 luglio 1924, pp. 160–163.
(30) L. Mangoni, *L'interventismo della cultura: Intellettuali e riviste del fascismo*, Bari, 1974, pp. 73 sgg.
(31) P. Gobetti, Elogio di Farinacci, in *Scritti politici*, Torino, 1960, pp. 526–527.
(32) P. Gobetti, Secondo elogio di Farinacci, *Ibid.*, pp. 606–608.
(33) Mino Maccari と *Il Selvaggio* については、L. Mangoni, *op. cit.* が詳しく扱っている。
(34) マラパルテの伝記として、A. J. De Grand, Curzio Malaparte: The Illusion of the Fascist Revolution, in *Journal of Contemporary History*, 1972 N. 1–2, pp. 73–89; G. B. Guerri, *L'arcitaliano: vita di Curzio Malaparte*, Milano, 1980. なおマラパルテの本名は Kurt Erich Suckert で、Malaparte の名を使うようになるのは一九二五年以降である。
(35) Fascismo storico e fascismo politico, in *La Conquista dello Stato*, 10 luglio 1924, ora in *Anotologia della stampa fascista*, pp. 500–504.
(36) De Felice, *op. cit.*, pp. 708–710.
(37) Curzio Suckert(=Malaparte), Il fascismo contro Mussolini?, in *La Conquista dello Stato*, 21 dicembre 1924, ora in *Antologia della stampa fascista*, pp. 551–554.
(38) *Ibid.*, p. 557.
(39) Lyttelton, *op. cit.*, pp. 259 sgg.

(40)　B. Mussolini, *Scritti politici*, Milano, 1979, pp. 235–237.
(41)　Aquarone, *op. cit.*, pp. 347–348.
(42)　*La Conquista dello Stato*, 4 gennaio 1925, cit. da De Felice, *op. cit.*, p. 724.
(43)　L. Mangoni, *op. cit.*, pp. 106 sgg.

[後　記]

(初出)「地方ファシズムの思想――一九二〇年代のイタリア――」『思想』六八九号(一九八一年一一月)。

ファシズム運動は、もともとその内部に多様な潮流があり、多くは中央志向というより地域主義的傾向が強かった。初期のムッソリーニ政権には、中央政府の主導による正常化と合法性への動きと、地域主義に基盤をおいて党の自律性を確保しようとする動きの、二つの動向が緊張関係をもって並存していた。二五年一月三日のムッソリーニの議会演説を境に、ファシズム体制の形成が始まるが、ファシズム体制がどんな体制であるのか、この段階で明確なプランがあったわけではない。同年六月に開催されたファシスト党第四回全国大会の演説で、ムッソリーニは次のように述べている。「われわれは要するに国民をファシスト化することを、つまり明日には、イタリア人であることとファシストであることが同じである状態を望むのである。……今のところ、ファシズムは党であり、義勇隊であり、協同組合である。これでは不十分で、それ以上のものに、つまり生のあり方とならなければならない。生のあり方、いいかえれば生きる仕方を創造することによってはじめて、われわれは年代記だけでなく、歴史のページを記すことができるのである。」そしてムッソリーニはそのことを「われわれの強烈なまでの全体意志」と表現した。

ファシズム体制の形成には国家機構の再編と強化が不可欠であり、ムッソリーニはこの法制的整備の課題をナショナリスト出身の法務大臣ロッコに託した。しかし、ファシズム体制は国家機構の強化だけでなく、人びとの新たな生活様式の創造を意味するものでなければならなかった。ムッソリーニは、このことを大衆の動員および大衆の組織化の問題として党(ファリナッチ書記長)に託そうとしたが、同時に彼は、党の行動は合法性の枠内での規律あるものでなければならないことを強調した。党の非政治化といわれる問題はこうしたことに関連しているが、このようなさなかの二五年一〇月、フィレンツェ事件が発生する。同市のフリーメーソン宅を襲ったファシストの一人が、抵抗にあって殺害され、これに憤激したファシストの報復が始まって、フィレンツェ市とその近郊一帯でテロルが荒れ狂った事件である。この事件は、一六世紀フランスの虐殺事件にならってサン・バルテルミの夜と名づけられたが、フィレンツェ市民の間では、ファシズム時代のいまわしい集合的記憶としてとどめられている。

緊急にファシズム大評議会が召集され、この事件に怒りを示したムッソリーニは、「イタリアにおける最もアナーキーな政党は、ファシスト党に他ならない」とまで言いきった。この会議で、すべてのスクァードラを直ちに解散させる秘密決議がなされたが、秘密決議であるのは、公式にはスクァードラはもはや存在しないことになっていたからである。だがムッソリーニは、二七年一月の県知事宛通達でなお次のように言わねばならなかった。「国家が予防と抑圧のためのあらゆる手段で武装されたいま、消滅すべき〈残存物〉がある。私は〈スクァドリズモ〉について語っているのであり、一九二七年の時点でこれは単なるアナクロニズムで散発的でしかないが、大衆的高揚の中で無秩序に再燃することがある。非合法主義は終わらねばならない。」ファシズム体制の形成過程で国家と党の対立とされた問題は、「国民のファシスト化」をどのように進めるかという根底的問題の一端をなしているのであり、この点からの検討課題はまだ多く残っているといえよう。

第四章　ファシズムと共産党をめぐる諸問題

はじめに

本稿の目的は、イタリアにおけるファシズムの時代を理解するための、いわば準備作業の一つとして、一九二〇年代のファシズムと共産党に関するいくつかの問題を考えてみることにある。

現在イタリアでスプリアーノの『イタリア共産党史』が三巻まで発表されており(1)、この書はイタリア共産党史に関する研究水準を示している。スプリアーノの叙述の方法は次の言葉に要約される。「政党史は何よりもまずその党の指導集団の歴史にならざるをえない(2)。」この観点から、ボルディーガ、グラムシ、トリアッティら指導部の歴史ならびに彼ら指導部とコミンテルンの関係をめぐって丹念な記述がなされており、そこで扱われている史料および解釈に関しては確かに従来の研究をこえる多くの新しさがみられる。しかしこの史料と解釈の新しさも、政党史を指導集団の歴史として叙述する方法そのものにより、最初から一定の制約をうけている。

政党史を指導集団の歴史として叙述する方法に対しては、グラムシがすでに獄中ノートで批判しているところであり、スプリアーノの方法はグラムシの政党論から後退しているといわねばならない。グラムシは政党史の叙述において、党指導集団、党員大衆、党が表現している社会集団の三者の関係に注意を向けることが必要だといい、そして党指導集団→党員大衆→社会集団と下降して、スプリアーノとは反対に、政党史は党が表現しようとする社会集団の歴史にならざるをえないと指摘する。そこからさらに、この社会集団は孤立しているのではなく、社会と国家の総体に関係づけられているから、「一政党の歴史を書くということは、一国の全体史を、その特徴的な側面を浮彫りにするために、ある主題の観点から書くことに他ならない」と結論づけている。(3)

グラムシの指摘は共産党史の研究にとってだけでなく、ファシズムの問題を考えるうえでも手がかりを与えてくれると思われる。

一　共産党とファシズムの成立

はじめに、イタリア共産党の結成という問題を考えてみる。スプリアーノは、社会党内で左派のフラクションが形成されたところに叙述の起点をおき、主としてナーポリの〈ソヴェト〉派とトリーノの〈オルディネ・ヌォーヴォ〉派の事情をたどりながら、一九二一年一月の社会党第一七回大会で左派が分裂して共産党を結成する経過を追っている。この方法では、共産党成立期の社会情況およびその情況のもとでの社会諸集団という問題は扱われない。スプリアーノの研究は左派フラクションとコミンテルンの動向について詳しい知識を与えてくれるが、共産党の成立した意味をこの時期の社会情況と民衆運動の関係で理解する方法は示していない。われわれにとって重要なのは、むしろこの問題である。それは単に一般的な方法としてだけでなく、イタリア共産党の場合にはファシズムの成立との関係において特に重要なのである。

共産党の成立をもたらした社会情況は同時にファシズムの成立をもたらしたそれでもある。ムッソリーニがイタリア戦闘ファッシを結成したのは一九年三月であるが、ファシズムが大衆運動として展開されはじめるのは二〇年一一月のことである。イタリアにおいて共産党とファシズムは、二〇年末から二一年初めの情況の中でほぼ同時に成立しているのである。共産党の成立と発展は、ファシズムの生成および確立の過程と切り離しがたく結びついているにもかかわらず、スプリアーノの書はこの点にほとんど関心を示していない。党史を指導集団の歴史として叙述する限りにおいて、ファシズムの擡頭をも同時にもたらしている情況、つまりこの時期のイタリア史の特徴的な側面を視野にいれることができないのである。

われわれにとっては、共産党の成立を指導集団の問題に限ることなく、社会情況と社会諸集団の二つの問題をふくめて理解することが必要となっている。社会情況と社会諸集団に目を向けることによって、同時にまたファシズムの成立の問題にまで立ちいることが可能となるであろう。こうした視点は党史研究者によってはほとんどとりあげられてこなかったが、しかし一九二一―二二年ころの一部の共産党活動家の間では多少なりとも自覚されていた問題である。いまグラムシの二一年九月二五日付の「諸政党と大衆」と題する一文をみてみよう。

グラムシは二〇年九月の工場占拠を境にして諸党派と民衆の関係に大きな変化が生じたことを次のように指摘する。工場占拠の時点まで社会党は、プロレタリアート、プチ・ブルジョアジー、貧農というイタリア労働大衆の基本的な三階級の多数を代表していた。三階級のうちプロレタリアートだけが本質的に、したがって永続的に革命的であったが、他の二階級は情況に応じて革命的だったにすぎない。工場占拠の失敗によって社会党の政治指導は完全な行きづまりをみせ、民衆の間に大きな動揺が生じた。この動揺は民衆を三方向に分極化することになった。すなわち、工場労働者は初めての独立した組織として共産党をもち、社会主義に期待を抱いていたプチ・ブルジョアジーは今やファシズムに期待を移し、そして貧農はカトリック系の人民党に組織を求めた。(4)

グラムシはこの文章で諸党派と社会諸集団の関係を極端に図式化しているが、工場占拠後の情況の基本的な特徴については妥当な指摘をしているといえよう。第一次大戦後のイタリアの革命運動は二〇年九月の工場占拠で頂点に達し、工場占拠の失敗によって革命の展望は消える。この工場占拠の失敗により社会党の政治指導は急速に影響力を失い、それと同時にこれまで社会党に指導を求めていた民衆運動も分解過程に入る。このように工場占拠を境にして、社会党の政治指導の崩壊と民衆運動の分解という新たな情況が生じるのである。分解過程に入った民衆運動を掌握するには、社会党に代わる新たな政治指導の形成が必要となっており、共産党とファシズムの成立はまさにこの分解過程の民衆運動をどう掌握するかという同一の課題に直面した問題なのである。ただし両者には民衆運動への対応の仕方で、一つの重大な違いがあるわけで、それはファシズムが反政党の運動体であることを強調してそれ自体が大衆運動として生成したのに対し、共産党はきびしく排他的な党組織論をもって成立したことである。

工場占拠後の諸党派と社会諸集団の関係は、現実にはグラムシのみるほどに図式的ではない。共産党とファシズムの場合でも両者が最初からまったく別個の社会集団を基盤としていたのではないし、また諸社会集団の運動の側からみても、社会党に代わる諸党派の政治指導を直ちに受けいれているわけではない。二一年夏ころまでは、まだ民衆運動が多様な形態で自立的に登場する情況をみせており、ファシズムが反政党の運動体であろうとすることも、党派と大衆運動の関係が一定の観念では解決しえない情況を表わしているのである。

これらの問題を検討する前に、イタリア社会党と社会諸集団あるいは民衆運動の関係について当時の共産党活動家がどう分析していたかをトリアッティの「ファシズムに関する報告」でみておこう。この報告は、二二年一一月開催のコミンテルン第四回大会に提出する目的で同年一〇月二〇日前後、つまりファシストによるローマ進軍の直前に書かれたものであるが、党内事情のためにトリアッティは四回大会に出席せず、その後原稿が紛失したままだったのが、一九六〇年代の初めに党の資料室で発見、公表されるに至った(5)。

トリアッティは、リソルジメントで成立した統一国家の支配階級が異質的な社会諸集団のブロックから成りたっている点にまず注目する。それは、北部産業ブルジョアジー、ポー平原のブルジョア的性格の強い農業家層、それに南部の半封建的土地所有者層である。トリアッティはそこから次の点を指摘する。民衆の支配階級に対する闘争は、支配階級の異質的な構成という条件のもとで、個別的な社会領域における諸運動として開始された。しかもこの運動の個別性ということが他方で、諸運動全体に共通して叛逆的形態の性格を与えた。そしてこの民衆運動の個別性と叛逆性という性格が、社会党の結成された後もそのまま社会党の性格としてとどまることが重視される。つまり社会党は民衆の側の異質的な社会諸集団(北部工業労働者、ポー平原農業労働者、南部農民、プチ・ブルジョアジー)を代表する位置を占めたが、実際にはこれら多様な社会諸集団に対する政治指導を発揮することができず、運動は依然として個別性と叛逆性の性格を脱しきれない。この欠陥が第一次大戦後の工場占拠闘争で露呈されるのであり、工場占拠闘争は決して外からの弾圧によって敗北させられたのでなく、運動内の性格によるものであることが強調される。こうしてトリアッティの場合も、工場占拠後の社会諸集団と民衆運動の新たな情況に関心が向けられ、彼はファシズム運動の成立を、社会党の政治指導が消失した段階でプチ・ブルジョア的な叛逆運動が自立化したものとして捉える。すなわち、トリアッティによれば、プチ・ブルジョアジーは社会党に託した社会変革の期待がもはや実現されないことを理解して、直接的な方法で国家に対する影響力を行使する必要に迫られ、この感情に帰還兵士たちの同じ感情が加わって、社会的にはっきりと規定しえない広汎な大衆の運動が形成された、というのである。

社会党は工場占拠の失敗により、単に都市民衆に対する影響力を失っただけではない。社会党が表現していた最大の社会集団の一つは、ポー平原の農業労働者層であった。この点にイタリア社会党のきわだった特徴があった。社会党系の全国的労働組合組織である労働総同盟CGLの加盟者数をみると、第一次大戦終了時が約二五万、一九年五月が約六〇万、一九年一〇月が約一三〇万、二〇年一〇月が約二〇〇万と急増している。二〇年秋の約二〇〇万のうち工業部門諸労働組合所属が八〇万九〇〇〇人なのに比べて土地労働者連合Federterra所属は八八万九〇〇〇人を数えている。この土地労働者連合八八万九〇〇〇人のうち、エミーリア・ロマーニャ地方つまりポー平原の中心部だけで二八万五〇〇〇人を占めており、次いでロンバルディーア地方の一七万五〇〇〇人、ヴェーネト地方の一五万人となっている。(6) 土地労働者連合には農業労働者、貧農、小作農などが加盟していたが、エミーリア・ロマーニャ地方の場合は農業労働者が中心であった。彼らは第一次大戦後のイタリアで、トリーノの工場労働者と並んで最も激しい闘争を展開している。社会党と労働組合は、この闘争においても、トリアッティのいう個別性と叛逆性の特徴を帯びていたのだが、社会党の政治指導の崩壊はここポー平原の農民運動に最も直接的な作用を及ぼしたのである。

ファシズムの大衆運動は二〇年一一月、ボローニャとフェッラーラを中心とするポー平原農業地帯で、いわゆる農村ファシズムとして成立した。この運動には土地所有者層および資本家的農業経営者層の積極的な援助がみられたが、二一年二月二八日フェッラーラ地方で最初のファシスト系労働組合が結成された。これは同地の社会党系の組合員が集団でファシスト組合に移行して結成されたもので、これと同じ経過をたどってポー平原地帯には次々とファシスト労働組合が結成される。一九二一年中に社会党系の土地労働者連合は、前年の八八万九〇〇〇人から三二万人にまで激減している。ファシズムがポー平原の農民および農業労働者の掌握に成功したのは、社会党の指導力の低下とそれに追いうちをかけた武力闘争の効果の他に、革命的サンディカリスト出身の活動家による労働組合運動の指導も見逃せない役割を果している。スローガン的にいえば社会党が「土地の社会化」をとなえたのに対し、ファシストは「土地を耕す者の手へ」という政策をとった。[8] ポー平原地帯の情況と共産党の成立の関係については今後の研究に残されている。

先に工場占拠後の民衆運動が直ちに諸党派のもとに系列化されたのでなく、まだ多様な形態で自立的に生じる情況がみられたと述べたが、この問題にふれておこう。

二〇年一二月末、ジョリッティ政府はフィウーメに軍隊を派遣して、フィウーメを占領していたダンヌンツィオと義勇軍に攻撃をかけた。ムッソリーニの率いる戦闘ファッシはそれまでのフィウーメ義勇軍支持の立場を変えて、政府のフィウーメ攻撃に承認を与えた。このためファシストと国内に戻ったフィウーメ義勇兵の間には、しばしば衝突事件を起すほどの対立が生じた。この事件は参戦主義派の系譜をひく大衆運動が必ずしも同質的でなく、その内部は情況に応じて流動性をもつことを示している。

ここで興味深いのはグラムシが、ファシストとフィウーメ義勇兵の間の分裂に注目していることである。[9] 彼は、両者を共にプチ・ブルジョアジーの運動と捉えながらも、プチ・ブルジョアジーの運動が内包している感情と利害の多様性に注意を向けて運動の分裂に介入する可能性を探っている。そして現に、ファシズムの攻撃に対してフィウーメ義勇兵と連合しうる条件を検討するために、二一年四月、ガルダ湖畔までダンヌンツィオを訪ねている。[10] 二人の会見は実現こそしなかったが、このエピソードはグラムシの立脚点を示すと同時に、大衆運動がなお流動的である情況をも示している。

周知のように、成立当初の共産党はボルディーガを指導者とするナーポリの〈ソヴェト〉グループが主流を占め、民衆運動の掌握よりも党組織の建設に重きを置いていた。成立時の共産党と民衆運動の関係を理解するうえで、次に述べる人民突撃隊の事件はきわめて象徴的である。

二一年の春から夏にかけて人民突撃隊 Arditi del Popolo という民衆組織がイタリア各地で生じた。これは諸政党とはまったく別個に自立的に形成された民衆組織である。これの核となっている活動分子は、革命的参戦派に属した帰還兵士たちである。彼らの出身階層や大戦中の身分について、フィウーメ義勇兵やファシズムに投じた帰還兵士たちと区別をつけるのはむずかしい。組織の性格はファシスト・スクァードラ(行動隊)に抵抗するための武装集団とされ、諸種のビラではファシストの攻撃から労働者諸組織を防衛することを宣言している。この組織には党派をこえた労働者が積極的に参加して、急速に大衆性をもった運動となった。[11]

しかし共産党は、人民突撃隊が明確なイデオロギーをもたないままに自立的な運動として発展していくことに不信を抱き、早くも七月には革命的軍事闘争は党を基盤にすべきであると宣言して人民突撃隊を批判し、八月初めには党員の人民突撃隊運動への参加を禁止する指令を発した。また社会党も、八月三日にファシスト指導部と平和協定を結んで、社会党が人民突撃隊に関与するものでないことを宣言している。人民突撃隊運動は、共産党と社会党の批判および妨害をうけて分裂をきたし、また警察によるきびしい弾圧にもあって弱体化した。

共産党は民衆運動に新たな政治指導が必要とされている情況のもとで成立し、しかもそうした情況こそが党成立の前提をなしていた。だが人民突撃隊事件に具体的に示されるように、党指導部はそうした情況の意味を十分に把握せずに、党と民衆運動の関係を固定的にしか理解していなかったといえよう。二一年夏の人民突撃隊の運命を最後に民衆運動はもはや沈滞する。工場占拠後の諸党派と民衆運動の再編の過程は、反ファシズム側ではみるべき成果をもたずに二一年夏でほぼ終了するのである。

ところで二一年夏には、ファシズムの方でも重大な転機を迎えていた。二一年五月の総選挙でムッソリーニをふくんだ三五人のファシストが当選し、少数ではあるが議会勢力としての進出をみせた。このときの選挙で社会党は一二二、人民党は一〇七、共産党は一六の議席を得ている。議会に進出したファシスト指導部は、八月三日に社会党と平和協定を結んで、従来の大衆的スクァドリズモから議会政治主義に移行する意図を示した。だがこの平和協定に対しては、地方のファシスト活動家から強硬な抗議の声が起り、ムッソリーニの議会主義的偏向に対して非難の砲火があびせられた。

ファシズム内部に生じた抗争に関して、グラムシは八月九日に「ファシズムの危機」、八月二五日に「二つのファシズム」と題する文章を発表している。この二つの文章はグラムシのファシズム論を特徴的に表明しているので、その要点をみておこう。グラムシは、ファシズムが大戦以来の社会の変化を背景にプチ・ブルジョア的性格をもって発生したと述べ、それをさらに都市ファシズムと農村ファシズムに区別してそれぞれの性格をこう指摘する。都市ファシズムは中小企業主、商店主、事務職員、自由業者など都市中間層に依拠し、彼らの主張を政治的に表現していこうとする。したがって議会主義的傾向をもち、他の政治勢力との妥協もこばまない。農村ファシズムの方は土地所有者、農業資本家の利害を直接に表現しており、農業労働者とその諸組織を破壊するための武装集団として存在する。こちらは一切の政治的妥協を拒絶して、ただ直接的な大衆行動のみを信頼している。社会党との平和協定を結んだのはムッソリーニら都市ファシズムの指導者であり、彼らは議会勢力となった機会に運動を政治的に再組織化し、労働者と農民の間にも浸透する目的で社会党との妥協を選んだ。しかし農村ファシズムの議会主義を批判して、大衆的スクァドリズモを主張しており、社会党との平和協定に何の価値も認めていない。

グラムシはこう述べたあと、今後のファシズムの運命は、ムッソリーニら指導者の抱くファシズム思想の内容よりも、思想の如何を問わずファシズムの名をもって現われてくる直接的な大衆運動の動向にかかっており、農村ファシズム的運動の中により多くの危険が含まれている、と警告している。(12)

以上のグラムシの分析にもみられるように、二一年夏のファシズム運動はその内部にかかえていた政治指導―社会集団―大衆運動の錯綜した関係を、二つのファシズムの対立として一挙に表面化させたのである。二つのファシズムの対立は、同年一一月に戦闘ファッシが運動体から政党に変質することによってひとまず回避される。この政党化は、ムッソリーニら議会グループと農村ファシズムに依る地方活動家の妥協のうえに実現したのであるが、ムッソリーニら指導部の意図は、政党の結成により下部ファシストの大衆運動を中央の政治指導に従属させることにあった。つまり、ファシズム運動内部の錯綜した関係に、この時点で新たに「党」の概念を導入することでそれら諸関係の明確化をはかろうとしているのである。

しかし、おそらく党結成の意味は、単にこれまでのファシズム運動内部の諸関係を党概念のもとに規律化したということにとどまらないであろう。この点に関しては、党指導部―党員大衆―社会集団の関係をプチ・ブルジョア的大衆運動の側面から考察するだけでなく、党の結成によって党指導部と工業ブルジョアジーの結びつきが一層緊密さを増す側面も考慮する必要があるだろう。ファシズムが政党化することによって、政治指導と大衆運動の関係は一応の解決をもたらされるが、他方では党が表現する社会集団の性格はより複雑さを増したと考えられるのである。そしてファシズムにおける党指導部―党員大衆―社会集団の関係は、ファシズムが政権を掌握したあと、さらに国家の問題が加わって絶えざる変化を伴うことになる。

ともあれ工場占拠後の社会党と民衆運動の分解によって生じた情況は、共産党と人民突撃隊の分裂を経たあと、二一年秋のファシスト党の成立をもって一サイクルを終了したといえるのである。

二　ムッソリーニ内閣の成立からマッテオッティ事件まで

1　コミンテルン四回大会

一九二二年一〇月二八日のファシストによるローマ進軍を背景にして、ムッソリーニ内閣が成立した。その数日後にコミンテルン第四回大会(一一月五日―一二月五日)が開かれた。

大会はイタリアに生じた事態に注目して、開会冒頭に「イタリアの労働者・農民に対する宣言」を発した。「宣言」はファシストの性格を次のように表現している。「ファシストは何よりもまず大地主の手に握られている武器である。工業、商業ブルジョアジーはこの凶暴な反動の実験に不安を抱きつつ従っており、これを黒色ボルシェヴィズムと考えている。(13)」ここでのファシズム観は明快で、大地主の反動として特徴づけられており、商工業ブルジョアジーはやや別扱いされている。大会討論の際レーニンは、イタリアのファシストはロシアの黒百人組を想い起させると述べたが、(14)この把握も「宣言」のそれと同じであろう。

大会でファシズムの問題に立ちいって発言したのはラーデクとボルディーガであり、ラーデクはファシズムをプチ・ブルジョア的性格において捉え、従来の反動とは違った歴史的に新しい種類の反動であることを強調した。(15)ボルディーガはファシズムに関する報告の担当者であったが、ラーデクとは違って、ファシズムの固有の特徴に関心を向けるよりも、むしろ資本主義的反動一般を強調しファシズムの到来が何か特別に新たな事態を意味するものではないと述べている。(16)大会の終りに採択された「戦術に関するテーゼ」では、ファシズムは労働者階級に対するブルジョアジーの政治攻勢のための白衛軍であると説明され、その白衛軍は農民層やプチ・ブルジョアジー、さらには労働者の一部の間にも地歩を占めようとしている、と指摘されている。[17]

大会冒頭の「宣言」と大会終りの「テーゼ」では、ファシズムの捉え方に違いがみられる。最近のプーランザスの研究は、ファシズムを地主的反動と性格づけたのはジノヴィエフであると説明しているが、[18]プーランザスのあげているジノヴィエフ演説は大会終了前日のイタリア社会党とイタリア共産党の合同問題に関する演説で、そこではファシズムの性格に特にふれられていない。「宣言」に示されたファシズム観が誰の理解にもとづくかをあえて推測すれば、それはおそらくグラムシによるものと考えられる。グラムシは先にふれたように農村ファシズム的傾向に真の危険を見出していた。彼は二二年五月にイタリアを離れてソ連に行き、コミンテルン執行委員として現地で四回大会の準備に当たっている。また彼は、しばらく後の二四年二―三月にかけての書簡で、ファシズム政権の成立する過程で伝統的な商工業ブルジョアジーがファシズムに不信をもっていた点を、当時の共産党指導部は捉えていなかったと批判している。[19]こうした事情からみて、「宣言」にはグラムシのファシズム観が盛りこまれたと推測しうるのである。

大会でのラーデク演説は、中間層的性格の特殊な反動を強調する点でグラムシと共通した面があったが、[20]ボルディーガは資本主義的発展がすすむにつれて資本家階級全体の反動が強まるのであり、それがファシズムに他ならないとして、グラムシ的な農村ファシズム論には批判的であった。「戦術テーゼ」では地主反動への言及は消えて、資本家的攻撃と中間層的基盤の二つの要素がファシズムの特徴とされたが、これはボルディーガとラーデクのそれぞれの強調点を結合したものであろう。コミンテルンは以後の大会でも、ファシズムについてこの二つの要素を指摘することに変りはないが、しかし明らかにしなければならない点はファシズム運動の展開のそれぞれの局面で二つの要素がどのような関係にあるかということであり、この点でのコミンテルンの分析はどうしようもなく貧弱である。コミンテルンのファシズム論に関して特徴的な事実は大会を重ねるにしたがってファシズムを構成するブルジョアジーの性格を狭く限定していく傾向であり[21]、また中間層的基盤の指摘を媒介に社会民主主義とファシズムを同一視していく傾向である。

やや例外なのは、二三年六月の執行委員会第三回総会における「ファシズムに関する決議」である。これはファシズムの発生を戦後のプチ・ブルジョアジーの生活条件の変化に求め、その運動が初期には革命と反革命の間で多様な可能性を帯びていて、問題はこの運動を掌握する政治指導の側にあったと的確に指摘しており、それがブルジョアジーの側に掌握されたことで特殊な反動の質をもつに至ったのだと分析している[22]。こうした分析は、キャメットのいうように[23]、グラムシ、クララ・ツェトキン、さらにはラーデクの見解に負うていたと思われる。この「決議」はファシズム運動の生成局面に限られているが、コミンテルンの文書の中では最良のファシズム論といえよう。

2　ムッソリーニ内閣の諸政策

二二年一〇月末に成立したムッソリーニ内閣の政策を簡単にみておこう。経済面では、経済的自由主義の政策を原則としており、戦時期からジョリッティ政府に受けつがれた国家による経済統制を撤廃して私企業の活性化をはかっている。有価証券記名制の廃止、戦時利得調査委員会の解散、国有化されていたマッチ、電話、生命保険の諸事業の民間企業への移譲、親族遺産相続税の廃止などを矢継ぎ早に実施して有産階級の支持をひきつけ、これらの政策で穴のあいた国家財政は大衆課税の強化によって補った。自由貿易主義の政策は輸出用農産物の生産に従事する富農層に歓迎され、また貧農による土地占拠を認めたヴィゾッキ法を撤廃して大地主層の要求にも応えている。

政治的な面では、党と政府を超えた指導機関としてファシズム大評議会を設置し、またファシスト・スクァードラを全国治安義勇隊に改組して公的な機関とした。特に見落してならないのは、二三年三月にファシスト党とナショナリスト協会が合同して、ロッコやフェデルゾーニら国家論の理論家がファシズムの陣営に加わったことである。しばらく後に、ファシズムにおける党と国家をめぐって激しい闘争が生ずることになる。

ムッソリーニ政府の政策は、経済面では大衆の犠牲のうえにブルジョアジーの利益を擁護するものであり、政治面では国家機関の整備によって下部ファシスト大衆から自立性を奪うことを意味した。プチ・ブルジョアジーは、自分らの期待とかけ離れたこれらの諸政策に失望し、直ちに不満を表明しはじめる。初期ファシズムの活動家あるいは地方のファシスト活動家は、こうした大衆の不満を代弁して政府の政策に批判を加えるようになる。つまり、彼らはプチ・ブルジョア的社会集団を表現しているはずだと理解する党に依拠して、ブルジョア的利害を表明しつつある党指導部＝政府＝国家に批判を加えるのである。政権についたファシズムは、遅かれ早かれ、党指導部―党員大衆―社会集団―国家の諸関係に新たな変化を生みださざるをえなくなる。

ムッソリーニ内閣成立後のファシズムについて、共産党の側ではどのように分析していたかを当時のトリアッティの文書でみておこう。彼は政府の経済政策に注目して、政権についたファシズムが中間層大衆の利益でなく、ブルジョアジーの利益を代表していることを指摘する。そしてムッソリーニ政府は、ブルジョアジーのためにどんな任務を果すかを問題にして、ファシズムは「ブルジョア諸集団の政治組織を統一する」役割をもつのであり、「ファシストの戦術はブルジョアジーにとっての統一戦線戦術である」と分析している。(24)

二三年後半の段階で自由主義者から共産党まで、ムッソリーニ政府の永続性を考えている者は誰もなく、少なからざる自由主義者がファシズムに秩序回復の任務を託して支持していた。したがってトリアッティが、ムッソリーニ政府をブルジョア諸集団の統一のための戦術と捉えているのは、表現の違いは別としてこの時期の共通したファシズム観を表わしているのでもある。トリアッティは中間層の動きに関しては、次のように分析している。ファシズムがブルジョアジーの統一という任務をすすめれば、必然的にこれまで基盤としたプチ・ブルジョアジーの離反を招くことになり、「ファシズムに対するファシストの反乱」の徴候があらわれている。ファシズムから離反したプチ・ブルジョアジーは人民党に指導を求めて移行しており、ファシズムが人民党を激しく攻撃するのはまさにこのゆえなのである。(25)

3　コミンテルン五回大会

二四年六月一〇日、統一社会党の議員マッテオッティが暗殺され、これに抗議した反ファシズム諸党派は議会活動を停止してアヴェンティーノ連合を結成した。この事件によりファシズム内部の諸矛盾も顕在化して、ムッソリーニ政府は深刻な危機に直面する。

ほとんど時期を同じくしてコミンテルン第五回大会(六月一七日―七月八日)が開催された。この大会にはイタリアからボルディーガ、トリアッティらが出席し、グラムシも参加する予定であったが国内の情勢が急転したために出発を取りやめた。コミンテルンは二三年一〇月のドイツ革命の失敗以後、社会民主党をファシズムの一分派と規定しはじめており、(26)五回大会の「戦術に関するテーゼ」もこれを確認している。(27)この大会で採択された「ファシズムに関する決議」は、一方で「ファシズムはプロレタリアートと闘うための大ブルジョアジーの運動である」と述べ、他方で「しかしその社会的構成においては、ファシズムはプチ・ブルジョアジーの道具である」と表現している。(28)ここでは大ブルジョアジーの道具とプチ・ブルジョアジーの運動という二つの要素が並記されているだけで、その関係については何の説明もない。大会でファシズムに関する報告を担当したのは今回もボルディーガであったが、彼の報告もこの問題に手がかりを与えるような内容を示していない。[29]「決議」は二つの要素を機械的に分離したあと、社会的構成のプチ・ブルジョア的性格という言葉を社会民主主義の方にもあてはめて、「ファシズムと社会民主主義は大資本家独裁の同一道具の二つの側面である」と規定している。[30]

五回大会の「決議」はもってまわった論理で問題をファシズムから社会民主主義に移行させており、ファシズム論の方法を混乱におとしいれている。コミンテルンのファシズム論は、この五回大会の方法的混乱から最後まで抜けだすことはないであろう。五回大会以降もコミンテルンはファシズムについて語り続けるが、しかし注意して検討すれば直ちに理解できるように、それは社会民主主義論および統一戦線論として取りあげられているわけで、ファシズム論としての分析は資本家の性格を狭く限定づけていく以外に何もしていないのである。この点は六回大会と七回大会のときにまたふれることにする。

4　マッテオッティ事件

マッテオッティ事件の渦中にあるイタリア共産党は、グラムシのファシズム論とコミンテルン五回大会のファシズム論が重なりあって、やはり混乱を招いている。二四年八月の党中央委員会におけるグラムシの報告は多くの問題をふくんでいて興味深い。グラムシは、ファシズムの特徴は「歴史において初めてプチ・ブルジョア大衆の組織を作るのに成功したことだ」と、ファシズムの特殊性をこの段階でも依然としてプチ・ブルジョア的性格に求めている。次いでアヴェンティーノ連合に結集している反対派諸政党について、目下の政治情況においては反ファシズム運動に表わされる「民主主義の波を代表している」が、「資本主義体制に手をつけずにファシスト独裁をゆるめ、改良することを望むセミ・ファシズム」の性格が次第に現われていると位置づけている。そしてファシズムとアヴェンティーノ連合の間には、当面、妥協の可能性も公然たる武装闘争の可能性もないと指摘し、この情況の中での共産党の課題は、「勤労者階級の多数を獲得することである」とする。つまり現在は、「権力奪取を直接にめざす局面ではなく、権力闘争を準備する過渡的な局面であり」、したがって当面の具体的な目標は、「まず工場内で広汎な運動を起し、そこからさらに地域民衆を代表するプロレタリア委員会の結成にまで発展させること」とされる。こうしてグラムシは「われわれの真の意志は、ムッソリーニとファリナッチのファシズムだけでなく、アメンドラ、ストゥルツォ、トゥラーティ〔らアヴェンティーノ連合派〕のセミ・ファシズムをも打倒すること」であると報告を結んでいる。(31)

グラムシの分析はファシズムをもっぱらプチ・ブルジョア的性格において捉える点で、ラジョニエーリも指摘するごとく、(32)前年にトリアッティの行なった分析より後退したファシズム論となっている。当時のコミンテルンの議論に影響されてか、アヴェンティーノ連合にセミ・ファシズムの表現を与えており、ファシズム論の混乱を深めている。グラムシの分析からは、ファシズム内部における社会諸集団の矛盾や、ファシズムと反ファシズム諸党派の対立の問題が抜けおちている。

マッテオッティ事件は数年ぶりに民衆運動をよみがえらせ、ファシズム側にとっても反ファシズム側にとっても再び政治指導が問われる情況を迎えていた。共産党はファシズム論の混乱の中で、ファシズムとアヴェンティーノ連合の対立に注目するよりも、それ以上にこの二者と共産党の違いを強調して二者を共に撃つための闘争方針をかかげている。この結果、共産党はアヴェンティーノ連合のもとにある広汎な民衆に何ら影響を及ぼすことなく終っている。アヴェンティーノ連合の方ではこれもまた、民衆運動に依拠するより国王の介入に多くの期待をかけて無策に過している。

共産党もアヴェンティーノ連合も有効な政治指導を欠く間に、ファシズムの下部活動家が情況に介入してくることになる。かつての農村ファシズムの系譜をひくファリナッチら地方活動家が、いわゆるファシズムの第二の波を起して情況の主導権を握ろうとする。この事態に直面したムッソリーニは、有名な二五年一月三日の演説を行なって、「力」が唯一の解決策であることを強調する。この演説を境にファシズムは再度新たな段階に突入するのである。

三　ファシズム体制の確立

一九二五―二六年は一連のファシスト諸法が制定されて、ファシズム体制の確立をみる時期である。出版・表現の自由の抑圧、結社規制法、政府首長に独裁的権限を与える措置、国家公務員に対する罷免権、政府の法規制定権、地方自治の制限、治安維持法、国家防衛法、特別裁判所の設置等はすべてこの二年間に定められた。これらの措置は国家権力の強化を意味する。それは反ファシズム諸勢力の弾圧ということの他に、ファシスト党に対する国家の優位を保障する措置でもある。

ファシズムが政権について以来、下部ファシスト大衆を代表するのは党であった。すでに二三年から、ファシスト大衆とブルジョア的利害の対立が党と国家の抗争としてあらわれていたが、マッテオッティ事件後の政府の危機はその矛盾の顕在化であった。政府の危機そのものは、地方活動家に依拠するファリナッチらのファシズムの第二の波で克服されたが、しかしムッソリーニはファシスト大衆運動のそれ以上の発展を抑えるために、直ちに国家権力の強化に着手したのである。ファシスト的国家機構の確立に最大の貢献をしたのが、ナショナリスト出身のロッコとフェデルゾーニであった。国家は党に従属すべきだとするファリナッチと党を国家に従属させようとするロッコ、フェデルゾーニの対立は、後者の勝利によって解決される。

ファシズムは党が表現していたファシスト大衆の基盤を犠牲にして国家機構を強化したが、見落してならないのは、この段階で労働組合のファシスト化に努力を傾けていることである。党に代わって組合を通じての大衆と国家の結合という問題が、ファシズムの新たな課題とされたのである。(33) 二五年一〇月二日、資本家側の工業総連合と労働者側のファシスト組合連合の間にヴィドーニ館協定が結ばれて、ファシスト組合に排他的代表権が与えられた。すなわちファシスト組合だけが協約締結の権限をもち、組合への加盟非加盟を問わず全労働者はこの協約に拘束されることになった。それに伴って、イタリア労働運動の重要な組織たる工場内部委員会の廃止が決められている。ヴィドーニ館協定はすぐさま一連の関連措置をよびおこした。ストライキとロックアウトの禁止、労働裁判所の設置、非ファシスト組合の解散、そして重要なことは資本家側の工業総連合がファシスト工業総連合と名称を変えて、その代表がファシズム大評議会のメンバーとなった点である。二五年七月、金融資本の代表者ヴォルピが蔵相に就任してファシスト政府と大資本家の関係が緊密度を増していたが、工業総連合が正式にファシスト組織に加盟することによりこの方向はさらに決定的となった。二六年四月三日成立の集団的労働関係の規制に関する法律、通称ロッコ法とよばれる法律は、ヴィドーニ館協定以降の動きを法的に制度化する役目をもったが、それと同時にこの法律は、ファシズム特有の協同体主義 corporativismo を端緒的に表明するものともなった。

この時期の経済政策においては、それまでの経済的自由主義に代わって、ヴォルピ蔵相のもとで保護関税政策とデフレ政策がとられ、大企業の独占と集中の過程が開始された。それともう一つ重要な事件に通貨安定と平価切上げの問題があった。イギリス・ポンドに対するイタリア・リラの為替レートは、二二年のローマ進軍直後に九一・五四リラであったのが、その後次第にリラ価値が下落して二四年一二月には一〇九・九三リラとなっていた。二五年に入るとリラの下落は急速化して、同年七月には一ポンド＝一四四・九二リラを示した。ヴォルピ蔵相の登場により、リラ価値は一時上昇して二五年末には一二〇・一九リラまで持ちなおしたが、二六年には再び低落して同年七月末に一五三・六八リラの数字を示した。この時点でムッソリーニ自身が介入してリラ防衛の堅い決意を表明したため(二六年八月一八日のペーザロでの演説)、リラはようやく安定のきざしをみせ、同年末のレートは一ポンド＝一〇九・一〇リラに戻った。

経済界はイタリアの経済情勢の見地から、リラの対ポンド・レートは一二〇前後で安定することが望ましいと考え、それ以上にわざわざ平価切上げの措置をとる必要を認めていなかった。だがムッソリーニはレート九〇 quota 90(一ポンド＝九〇リラ)を主張し、一部経済界の反対にもかかわらず二七年一二月、リラの平価を切り上げて、最終的にレートを九二・四六リラに定めた。ムッソリーニが単なる通貨の安定でなしに、レート九〇という大幅なリラ切上げを実施した背景には、政治的な意図が少なからず作用していた。プチ・ブルジョア中間層の間には戦争直後に経験したインフレへの根深い恐怖があり、ファシスト支配層からすれば中間層をインフレから守ることは体制の安定にとって死活の問題であった。つまり平価切上げには、ファシズムにとって最も重要な基盤たるプチ・ブルジョア中間層の経済生活を安定させる意図がふくまれていたのである。経済界との意見のくい違いを押しきって実施した大幅なリラ切上げは中間層大衆への安定の保障、つまりは社会安定の保障であり、この社会安定の保障が他方で反ファシストに対する弾圧立法制定の前提条件ともなったのである。(34) またこの平価切上げはデフレ政策とともに経済構造の再編成を促進することとなり、輸出産業や中小企業に打撃を与えつつ、大資本による独占と集中の方向を決定的なものとしている。

四　共産党のファシズム論と革命論

ファシズム体制の確立によって自立的な民衆運動の生ずる可能性はわずかとなった。反ファシズム諸党派も二六年中には非合法化される。こうした情況の中で、共産党は二六年一月にリヨンで第三回党大会を開き、ボルディーガ路線を克服してグラムシを中心とする新指導体制を形成している。グラムシが二六年一一月に逮捕されたあとは、トリアッティ、グリエーコ、タスカらが指導部の中心メンバーとなった。

党指導部はファシズム体制の確立に直面して、この体制の階層構成の分析を重視した。それはファシズム的全体主義体制の確立によって、今後の危機はこの体制内部から生ずる以外になくなったという判断に基づいている。[35] このためファシズム体制の階層構成を分析して、諸階層間の矛盾のあり方を追究し、そこから党の戦略・戦術をひきだそうとしたのである。

こうした要請のうえに共産党はファシズムの分析に取り組んでおり、二六―二八年にかけていくつかのファシズム論が提出されている。まず第三回大会で採択されたリヨン・テーゼは、かつてのトリアッティの分析をとりいれて、ファシズムは「党、政府、国家を同時に指導する単一指導部の支配下の単一政治組織に、ブルジョア諸勢力全体を有機的に統一する」役割をになうと指摘した。[36] いいかえれば、イタリアの支配階級は国家統一以来、異質の社会諸集団のブロックから成りたっていたが、ファシズムはそれを単一の政治組織に統一する機能を果している、ということである。

ファシズムの歴史的な役割をこのように捉えたリヨン・テーゼにたって、グラムシは二六年八月の党執行委員会への報告であらためてファシズムの二つの傾向を問題にしている。それによれば、一つはフェデルゾーニ、ロッコ、ヴォルピらの傾向で、「彼らは政治組織としてのファシスト党を排除し、ファシズムによって作りだされたブルジョア勢力の状態を国家機構の中に定着させることを欲している」。もう一つの傾向は人物としてはファリナッチであるが、彼の場合はファシズムの二種の矛盾を同時に表現しており、「(1)ひとつは関税の利害の相違からくる農業家層と資本家層の矛盾。いうまでもないが現局面のファシズムは国家における金融資本の圧倒的な優位を典型的に示している。(2)第二の矛盾はこれよりずっと重要な問題で、プチ・ブルジョアジーと資本主義の矛盾である。プチ・ブルジョアジーは党の中に自己防衛の手段、自己の議会、自己の民主主義を見出している。彼らは資本主義に圧しつぶされるのを防ぐために、党を通じて政府に圧力をかけているのである」[37]。

グラムシの分析は、マッテオッティ事件当時に比べて、はるかに具体性を増している。ブルジョアジーとプチ・ブルジョアジーの矛盾については、トランクィッリ(シローネ)が「ブルジョアジー、プチ・ブルジョアジー、ファシズム」という二八年の論文の中でさらに一層具体的な分析をしている。これはファシズムの主導諸勢力の性格を歴史的に検討したもので、有益な指摘をふくんだ好論である。この論文からとりあえず一つだけ問題をひきだしておくと、ファシズム内部の中間層を扱ったところで、「商工農業的中間層、すなわち生産に従事する手工業者、商人、農民に比べて、官庁、サービス業、自由業的な中間層、すなわち官公吏、知識人、自由業者が数的にはるかに上回っている」と述べ、ファシズムの発展につれてそれを支える中間層の構成自体が変化していることを明らかにしている[38]。

二六—二八年に共産党内でさまざまになされたファシズム分析をいわば集大成しているのが、トリアッティのったが、「ファシズムに関して」という二八年の論文である。トリアッティは、ファシズムについて一般化して指摘できる特徴と各国ごとに個別的にしか説明できない特徴の二つを区別する必要を説いているが、この点を強調しているのは、当時コミンテルンで支配的となりつつあった社会ファシズム論がイタリアにも適用される危険を防ぐためであった。個別的にしか説明できないとした点に関して、トリアッティは基本的部分をトランクィッリの分析に依拠しながら、イタリア・ファシズムの社会的基盤の特徴に焦点をあてて論じている(39)。

共産党はこのようにファシズムの階層構成とその矛盾を分析しつつ、イタリアにおける革命の性格を検討したのである。共産党の判断によれば、危機は当面ファシズム体制内部の矛盾から生ずる以外にないとされたが、危機の具体的な現われ方としてはマッテオッティ事件後の情況が想定されていた。そして、かつてのアヴェンティーノ連合に対する評価を修正して、ファシズムと反ファシズム民主諸党派の対立に一定の意味を与えはじめる。そうした配慮のうえで、二五年六月に「労働者・農民委員会に基づく共和制議会」というスローガンを提起し、二九年のコミンテルン拡大執行委員会第一〇回総会のときまでこれを掲げている。スローガン自体は、労農政府と議会制民主主義という二つの要素の折衷から成りたっているが、共産党にとっては、民主主義諸党派の影響下にある民衆をどのようにして掌握すべきかが重要な問題だったのである。

二七—二八年にかけて共産主義青年同盟のロンゴやセッキアは、ファシスト独裁とプロレタリア独裁の間に中間的選択の余地はなく、「労農委に基づく共和制議会」のスローガンを廃して、単に「労農政府」のそれに代えることを執拗に主張した。党指導部はこの提案をそのつど斥けており、トリアッティは二八年六月の党中央委員会の報告で包括的に次のような説明を与えている。——ファシズムの周囲に結集している反動諸勢力と反ファシズム民主主義派に結集している反動諸勢力の相違をはっきりと認識しなければならない。ファシズム的反動の特徴の一つは、社会民主主義との妥協を徹底的に排することにある。現に民衆の意識の中では、社会民主主義者マッテオッティは反ファシズムの最大の殉教者として記憶されている。こうした事実が、反ファシズム民主派に一定の民衆的基盤を与えているのである。アヴェンティーノ連合は反革命であり反動であったが、決してファシズムではなかった。われわれは反ファシズム革命運動に「民衆革命」の表現を使っているが、この表現はブルジョア民主主義革命を意味しているのではない。「民衆革命」の表現は、公然たる反ファシスト闘争の時期およびプロレタリアートがヘゲモニーを獲得する闘争の時期を意味している。現在の情況下で民衆運動は労農政府のための闘争から開始される条件はなく、共和制と憲法制定議会のための闘争をもって開始されるであろう。こうした点において「労働者・農民委員会に基づく共和制議会」のスローガンは有効なのである(40)、と。

スローガンの当否ということは別にして、この時期の共産党が問題にしているのは、公然たる反ファシズム闘争が開始されたときその運動のヘゲモニーをどう獲得するかについてである。ここでは革命が段階論的概念ではなく、いわば情況に対するヘゲモニー論として考察されている。したがって、革命の性格がプロレタリア的かブルジョア民主主義的かと問うこと自体が無意味なのである。

以上、コミンテルン第六回大会直前までの共産党のファシズム論と革命論をみてきたが、この時期には他にグラムシの南部問題あるいはタスカとズラッファによるリラ切上げをめぐる論争(41)、など注目に値する議論が展開されている。イタリア共産党五〇年の歴史の中で二六―二八年にかけての三年間は理論活動の最も活発な時期であったといえよう。この理論活動が、ファシズム体制の確立と民衆運動の欠如、さらに党の非合法化という情況のもとでなされていることは特徴的である。グラムシはリヨン・テーゼの中でファシズムが「勃興期資本主義の精神(42)」をもつと記して、その新鮮な活力に一種の驚きを示した。こうしたファシズムの新鮮さへの驚きが、共産党の理論活動を触発したという面も考えられよう。一九三〇年代に入ると共産党の理論活動は多様さを失い、思想の全面的な停滞がみられるのである。

五　コミンテルン六回大会から七回大会まで

最後にコミンテルンの六回大会から七回大会までの若干の問題にふれておこう。六回大会は二八年七月一七日―九月一日に開催され、ブハーリン的解釈とスターリン的解釈の混合たる奇妙な第三期論をうちだした。ファシズムについては「コミンテルン綱領」で、「大資本のテロル独裁」と規定し、五回大会に比べてテロルという表現がつけ加わった。大会ではファシズムよりも社会民主主義への批判に議論が向けられ、社会ファシズムの表現が少なからず使われているが、「綱領」では「社会民主主義はその発展のなかでファシスト的諸傾向を表わす」と表現して、(43)社会ファシズムという言葉をそのまま盛りこむのは回避されている。(44)

一年後の二九年七月に開かれた拡大執行委員会第一〇回総会は、「社会民主主義諸政党の強い国では、ファシズムは社会ファシズムという特別な形態をとる(45)」と規定して、社会ファシズム論を公式に提起した。この第一〇回拡執委ではイタリア共産党の路線がきびしく批判されて、これまでの「労働者・農民委員会に基づく共和制議会」のスローガンは廃棄される。スローガンの廃棄は、このスローガンのもとに展開されていたファシズム論と民衆革命論の重大な修正を意味するのであり、イタリア共産党はこれ以後、社会ファシズムとプロレタリア革命の定式をうけいれる。ごく最近、第一〇回拡執委の際にイタリア問題秘密委員会の開かれていた事実が判明し、そこでの討論内容が公表された。(46)それをみるとトリアッティとグリエーコはソ連代表の批判に抵抗して、従来のスローガンの正当さと社会ファシズム論の誤りを論じているが、この事実はイタリア共産党の路線転換の隠された経過を示している。トリアッティの次のような発言はイタリア共産党とコミンテルンの関係のあり方、さらには「党」的組織に依拠する運動のあり方をわれわれに知らせてくれる。「これら〔ファシズムや革命の〕諸問題を〔イタリア〕共産党指導部の間で議論することは正しいのか正しくないのか？　コミンテルンが正しくないと言うのなら、われわれは議論しないことにしよう。一人一人がこれらの問題を心の中で考えることにして、議論はしないことにしよう。そして反ファシズム革命はプロレタリア革命であるとだけ言うことにしよう。[47]」

トリアッティは総会から戻ると路線の転換を積極的に推進し、指導部内でこれに反対するグループと深刻な対立をよびおこした。この対立は転換反対派の除名をもって結着がつけられるが、今後の研究上の問題としては、指導集団内の対立点にとどまらず、路線転換がイタリアの具体的現実と民衆革命にとってどのような意味をもっていたかの検討が必要であろう。

三三年一一－一二月開催のコミンテルン拡執委第一三回総会は、ファシズムを「金融資本の最も反動的、最も排外主義的、最も帝国主義的な分子の公然たるテロル独裁」と規定した[48]。この規定は、ドイツでナチズムが支配権を確立した後、ファシズムに何らかの新しい分析が加えられたことを意味していない。第一三回総会は第一〇回総会の延長上にあり、スターリン的解釈の第三期論の方針に基づいて議論がなされている。ここでのファシズムの規定は、五回大会以降の、形容語を順次に多く積み重ねてブルジョアジーの性格を狭く限定していく方式が繰り返されているにすぎない。

三四年五月、コミンテルン執行委員会幹部会は同年秋に第七回大会を開催する計画をたて、ディミトロフ、トリアッティらに主要報告の準備を課した。ディミトロフは大会準備のための七月一日付書簡で、社会民主主義を社会ファシズムと特徴づける点の再検討ならびに下からの統一戦線論の変更をよびかけた(49)。この二点は従来のコミンテルン路線の基軸的部分であり、その変更をめぐっては内部で激しい討論がなされた模様で(50)、同年秋に予定されていた大会は三五年夏まで延期された。この間に、ヨーロッパ諸国では実際に共産党と社会党の行動統一協定が結ばれて、下からの統一戦線論はなしくずしに修正されている。

七回大会の問題の前に、トリアッティの『ファシズム講義録』についてふれておく。イタリアで目下トリアッティ全集の刊行がすすめられており、今までのところ最初の二巻が出版されている。その編集の過程でモスクワのマルクス・レーニン主義研究所から未発表の文書がいくつか発見されており、先にあげた第一〇回拡執委における秘密委員会の議事録もこうして明るみにでたのである。この他に七回大会直前の三五年前半にモスクワで党員活動家を対象とした連続講義の講義録が発見され、そのうちファシズムに関する部分が独立して公表された(51)。この『ファシズム講義録』はイタリア・ファシズムの歴史を述べたもので、二六―二八年になされたファシズム分析の成果をとりいれながら、その後のファシズム体制の展開にまでふれている。ここでは、一つは大独占資本の支配がイタリア社会に浸透する側面、もう一つはそれが大衆の反動体制という形態のもとでなされる特徴、この二つの問題が主として強調されている。ただし、二八年までのファシズム分析と三五年の講義との間には見逃しえない認識の違いが生じている。二八年までは、もっぱらファシズムの階層構成が分析の対象とされたが、それはファシズムを構成する社会諸集団の間の矛盾のあり方を追究し、そこにファシズム体制の弱点を求めようとしていたからである。六回大会以後の第三期論は、もはやそうしたきめの細い分析の方法を不可能にした。こうした事情とさらにはファシズム体制の「強さ」への認識が加わって、三五年の講義ではファシズム体制の「強さ」と「安定」がどこから生じているかを追究しようとしている。トリアッティは、ファシズムによる大衆の組織状況に注目しながら、「強さ」

と「安定」がまさに大衆の反動体制という面にあることを強調したのである。[52]

さてコミンテルン七回大会は統一戦線論の再検討を行なって、いわゆる人民戦線戦術をうちだした。ファシズムに関しては、ディミトロフの報告で、「金融資本の最も反動的、最も排外主義的、最も帝国主義的な分子の公然たるテロル独裁」という先の一三回総会の規定が再確認されている。[53] しかしこの同一の規定は、一三回総会のときとは異なった脈絡で使われている。七回大会の課題としているのは統一戦線論の転換であり、ディミトロフの行なっているのはその統一戦線論である。コミンテルンの新たな統一戦線論にとって、ファシズムを「金融資本の最も反動的、最も排外主義的、最も帝国主義的な分子の公然たるテロル独裁」と説明することは極めて重要な意味をもったのである。すなわち、コミンテルンはファシズムをこう説明することで、この規定から除かれたすべての階層ができるだけ幅広く統一戦線に参加してくることを望んだのである。[54] この点にこそディミトロフが与えたファシズムの定義の真の意味が存する。したがって、この規定は新たな統一戦線論、つまり人民戦線戦術をひきだすためのファシズム定義なのである。ファシズム研究者は実に長い間、ディミトロフの規定にとらわれていたが、この規定は人民戦線論にとって意味はあっても、ファシズム論にとってはほとんど意味をもたないのである。

すでに述べたように、一三回総会はファシズムの分析を何ら行なわずに形容語を積み重ねる方式でこの規定に到達したのであった。この規定は偶然にも新たな人民戦線論にとって役立ったのであり、七回大会はこれをそのまま利用したにすぎない。コミンテルンは五回大会以後、結局ファシズムの分析を行なわなかった。コミンテルンが議論してきたことは社会民主主義論と統一戦線論であって、この観点からしかファシズムに言及していないのである。ファシズムに関して倒錯した発想にたった人民戦線戦術が、いかに思想と行動の貧困をもたらしたかはあらためて説明するまでもないだろう。本稿の冒頭で政党史研究の方法にふれたが、ファシズムの問題もまた、指導集団—党員大衆—社会集団—国家の諸関係の変化の各局面において、しかもそれを構造的諸関係として分析する必要があるだろう。三〇年代の人民戦線論は、共産党とファシズムのこうした問題を何一つ明らかにしていないのである。

（1） P. Spriano, *Storia del Partito Comunista Italiano*, 3 voll., Torino, 1967–70.
（2） *Ibid.*, Vol. I, p. X.
（3） A. Gramsci, *Note sul Machiavelli sulla politica e sullo Stato moderno*, Roma, 1971, pp. 40–41.
（4） A. Gramsci, I partiti e la massa, in *Socialismo e Fascismo*, Torino, 1966, pp. 353–356.
（5） P. Togliatti, Rapporto sul fascismo per il IV Congresso dell'Internazionale, in *Opere 1917–1926*, Vol. I, Roma, 1967, pp. 423–445.
（6） A. Gradilone, *Storia del sindacalismo in Italia*, Vol. II, Milano, 1959, pp. 123–124.
（7） *Ibid.*, p. 138.
（8） L. Preti, *Le lotte agrarie nella valle padana*, Torino, 1955, pp. 457 sgg.
（9） A. Gramsci, Fascisti e legionari, in *Socialismo e Fascismo cit.*, pp. 76–79.
（10） S. Caprioglio, Un mancato incontro Gramsci-D'Annunzio a Gardone nell'aprile 1921, in *Rivista Storica del Socialismo*, 1962 N. 15–16.
（11） F. Cordova, *Arditi e legionari dannunziani*, Padova, 1969, pp. 91 sgg.
（12） A. Gramsci, I due fascismi; La crisi del fascismo, in *Socialismo e Fascismo cit.*, pp. 297–299, pp. 544–546.
（13） *Protokoll des vierten Kongresses der Kommunistischen Internationale,* Hamburg, 1923, pp. 18–20.
（14） *Ibid.*, p. 231.
（15） *Ibid.*, pp. 296–329.
（16） *Ibid.*, pp. 330–350.
（17） *Ibid.*, pp. 1011–1012.

(18) N. Poulantzas, *Fascisme et dictature: la troisième internationale face au fascisme*, Paris, 1970, p. 35, p. 103, p. 127.
(19) *La formazione del gruppo dirigente del partito comunista italiano*, a cura di P. Togliatti, Roma, 1962, p. 199, pp. 223–224.
(20) P. Spriano, *op. cit.*, Vol. I, p. 240.
(21) N. Poulantzas, *op. cit.*, p. 100.
(22) *Protkoll der Konferenz der Erweiterten Exekutive der Kommunistischen Internationale*, Hamburg, 1923, pp. 293–298.
(23) J. M. Cammett, Communist theories of fascism 1920–1935, in *Science and Society*, 1967 N. 2, p. 151. 議事録によればグラムシはこの総会で発言をした形跡はみられないが、在モスクワのコミンテルン執行委員として活動していた。
(24) P. Togliatti, Relazioni del 10 settembre 1923, in *Opere*, Vol. I cit., p. 799.
(25) *Ibid.*, pp. 801 sgg.
(26) M. Hájek, *Storia dell'Internazionale Comunista 1921–1935*, Roma, 1969, pp.75 sgg.
(27) *Ve Congrès de l'Internationale Communiste: Compte rendu analytique*, Paris, 1924, p. 372.
(28) *Ibid.*, p. 425.
(29) *Ibid.*, pp. 238–242.
(30) *Ibid.*, p. 425.
(31) A. Gramsci, La crisi italiana, in *La Costruzione del Partito Comunista 1923–1926*, Torino, 1971, pp. 28–39.
(32) E. Ragionieri, Introduzione ad Opere di Togliatti, Vol. I cit., pp. CXCI sgg.
(33) G. Carocci, *Storia del fascismo*, Milano, 1972, pp. 44–46.
(34) P. Grifone, *Il capitale finanziario in Italia*, 2^{a} ed., Torino, 1971, pp. 54 sgg.; V. Foa, Le strutture economiche e la politica economica del regime fascista, in *Fascismo e antifascismo*, Vol. I, Milano, 1962, pp. 276–277; R. De Felice, I lineamenti politici della quota 90 attraverso i documenti di Mussolini e di Volpi, in *Il Nuovo Osservatore*, N. 50, 1966, pp. 370–395; R. Sarti, Mussolini and the italian industrial leadership in the battle of the Lira 1925–1927, in *Past and*

Present, N. 47, 1970, pp. 97–112.

(35) A. Gramsci, Il congresso di Lione, in *La Costruzione cit.*, p. 486.

(36) La situazione italiana e i compiti del PCI, in A. Gramsci, *La Costruzione cit.*, pp. 488–513.

(37) A. Gramsci, Un esame della situazione italiana, in *La Costruzione cit.*, pp. 116–118.

(38) S. Tranquilli, Borghesia, piccola borghesia e fascismo, in *Stato Operaio*, 1928 N. 4, ora in *Lo Stato Operaio 1927–1939. Antologia*, Vol. I, Roma, 1964, pp. 194–207.

(39) P. Togliatti, A proposito del fascismo, in *Opere*, Vol. II, Roma, 1972, pp. 542–559.

(40) P. Togliatti, Osservazioni sulla politica del nostro partito, in *Opere*, Vol. II cit., pp. 395–411.

(41) P. Sraffa-A. Tasca, Il vero significato della quota 90, in *Il capitalismo italiano del novecento*, a cura di L. Villari, Bari, 1972, pp. 180–191.

(42) A. Gramsci, *La Costruzione cit.*, p. 495.

(43) *VIe Congrès de l'Internationale Communiste: Compte rendu sténographique*, Paris, 1928, p. 1601.

(44) M. Hájek, *op. cit.*, pp. 162–166.

(45) J. Degras ed., *The Communist International 1919–1943*, Vol. III, London, 1965, p. 44.

(46) E. Ragionieri, Togliatti, Grieco e Di Vittorio alla commissione italiana del X Plenum della Internazionale Comunista, in *Studi Storici*, 1971 N. 1, pp. 108–170.

(47) *Ibid.*, p. 149.

(48) J. Degras, *op. cit.*, Vol. III, p. 296.

(49) ディミトロフ選集編集委員会編訳『ディミトロフ選集』第二巻、大月書店、一九七二、八二—八四頁。

(50) M. Hájek, *op. cit.*, p. 255.

(51) P. Togliatti, *Lezioni sul fascismo*, Roma, 1970.

(52) L. Paggi, La formazione del partito comunista di massa nella storia della società italiana, in *Studi Storici*, 1971 N. 2, pp. 345–346.

(53)『ディミトロフ選集』、前掲書、九二頁。

(54) N. Poulantzas, *op. cit.*, pp. 100–101, p. 176; E. F. Damascelli, La restaurazione antifascista liberista: ristagno e sviluppo economico durante il fascismo, in *Il Movimento di Liberazione in Italia*, 1971 N. 3, pp. 98–99.

[後　記]

(初出)「ファシズムと共産党をめぐる諸問題——一九二〇年代のイタリア——」『社会運動史』(社会運動史研究会)、二(一九七三年)。

六〇年代までのファシズムをめぐる議論は、ファシズムを研究することよりも、コミンテルンによるファシズム論を検討することに重点がおかれていたように思われ、本稿もそうした傾向を表わしている。それとは別に、当時イタリアにおいて、逮捕される以前のグラムシの論文集やトリアッティの全集が刊行され、新資料の発掘によるイタリア共産党史の見直しが進められていた。この小論は、ファシズムの成立と共産党の成立が、同じ時期の同じ情況のもとであることに注目して、この二つを同時代史として考察することを試みたのだが、全体として荒削りなままに終わっている。

第五章　ファシズム時代の大衆の組織化

はじめに

一九二四年のマッテオッティ事件の危機を脱したファシズムは、二五―二六年の一連の措置によって新体制を築いていくが、この過程はファシズム内部における国家と党の主導権争いを伴っていた。一方が党の政治的自立性を確保して大衆行動主義を維持しようとしたのに対し、他方は中央から地方のすみずみまで国家機関による統制の強化を望み、地方レベルでは党地方幹部と県知事の権限争い、中央レベルでは党書記長ファリナッチと法相ロッコ、内相フェデルゾーニの対立として表面化した。この対立は、二六年三月にファリナッチが党書記長の職をはずされることで党の側の敗北が明らかとなり、これ以降ファシスト党の非政治化が急速に進められる。新国家体制の建設は、ファシスト党の非政治化に加えて、ファシスト労働組合の変質ももたらした。二五年一〇月のヴィドーニ館協定に発して、二六年四月の集団的労働関係の規制に関する法律(通称ロッコ法)に至る経過の中で、労働組合もまた自立性を奪われて国家の統制下に組みこまれる。

また一方、ファシスト的国家体制の建設と並行して、この時期には産業構造の再編も進められる。電力産業界の出身で、当時の三大兼営銀行の一つのイタリア商業銀行に関与するヴォルピが、二五年七月に蔵相に就任することで、この動きはきわめてはっきりしてくる。ヴォルピはアメリカのモルガン銀行との接触を通じて、二七年一二月にリラの大幅切上げを断行するが、そこから生じたデフレ効果のなかで、資本の集中と生産の合理化が一層促進された。この政策は失業増大、賃金低下、労働強化など労働者の状態を極度に悪化させたが、ファシスト労働組合はもはや労働者を救済する組織としての機能を失っていた。

このようにしてファシズムは、ファシスト大衆の立場を表現していたファシスト党とファシスト労働組合の抑圧を伴う、国家体制と産業構造の編成を進めたが、このことはしかし、ファシズムに新たな課題を投げかけた。端的にいえば、大衆をあらためてどう掌握するかの問題である。この問題は、二九年末からの恐慌の波及によって一層その必要に迫られた。大恐慌はイタリアでは、デフレ現象が続いたさなかに到来したため、他国に比して衝撃の度合いは小さかったにしても、失業の増大と賃金の低下に拍車をかけた。こうした情況にファシズムは、大衆の組織化の新たな方法をもって支配を維持するが、本稿ではこの点を一つのテーマとして考えてみようと思う。ただし、労働組合についてはコルポラツィオーネの問題もふくめて別個の考察が必要なので、ここでは触れずに、主として党の変質との関連でみていくことにする。

本稿ではこれとあわせて、反ファシズムの側からの問題も考えておきたいと思う。具体的にはイタリア共産党についてだが、共産党はマッテオッティ危機のさなかには、ファシズム論の混乱に由来する情況への立ち遅れ、または情況への先走り、あるいは情況とのすれ違いがあった。しかしその後の党内論争を経て、マッテオッティ危機の情況をファシズム崩壊のほとんど唯一のモデルケースとして考えるようになる。そして共産党は、二五年六月に

「労働者・農民委員会に基づく共和制議会。労働者による産業管理。農民に土地を。」というスローガンを発し、さらにしばらくのちには、反ファシズム革命を民衆革命として性格づけるようになる。そしてまた、ファシズム論についてもあらためて整理し直して、「単一の政治組織のもとにブルジョア諸勢力全体の有機的統一を果たす試み」(一九二六年のリヨン・テーゼ)とか、あるいは「金融資本、大工業、農業家など指導諸階級全体の政治的統一のセンター」(一九二八年のトリアッティ「ファシズムに関して」)として特徴づけた。

つまり共産党は、イタリアにおけるファシズムと反ファシズムについて、次のような見解ないしイメージを抱いたのである。――ファシズムの動揺が始まるのは、外からの打撃であるよりは、むしろ内部のブルジョア諸階層の間の矛盾、対立がきっかけとなる。この対立からファシズム派ブルジョアジーと反ファシズム派ブルジョアジーの分裂が生じ、民衆の間にも流動が生じて、民衆が反ファシズム派ブルジョアジーに指導を求める情況が生まれる。これが、まさにマッテオッティ危機の情況だった。共産党はこうした情況に介入するに際して、民衆の流動性をさらにおし進め、反ファシズム派ブルジョアジーの手からヘゲモニーを奪いとるための政策をかかげることが必要で、それはプロレタリア革命の方針ではなく、共和制議会のスローガンとなる。このスローガンは、ファシズムの崩壊が直ちにプロレタリア革命に接続するのでなく、そこに何らかの過渡期の存在することを表わすもので、これによってブルジョア内部の分裂を決定的なものとし、また民衆の流動化に具体的な目標を与えることをめざすのである。しかしながら、このスローガンは、過渡期の固定化や段階論的革命観を意味するのでなく、この情況のなかで党がヘゲモニーをもって民衆革命を推進する方法を示すものである。――

これがおおよそ、共産党の見解ないしイメージであった。このイメージは、二六年一月の第三回党大会準備のための政治委員会におけるボルディーガとの論争のなかで、グラムシがかなりはっきりと打ち出しており[1]、三回大会で採択されたリヨン・テーゼにもその大筋は反映されている。二六年一一月にグラムシが逮捕されたあと、指導部の中心メンバーとなったトリアッティやグリエーコは、さらにますますこのイメージを強めており、二五年末ころから二九年半ばまでの党の基本路線は、ほぼこのイメージのうえに立っていたと言うことができる。しかし共産党は、二九年後半から三〇年にかけてかなり唐突に路線の転換を行なって、このイメージを放棄する。この路線転換については、当時の論争においても、また最近の議論においても、いくつかのレベルの問題が重なって、必ずしもその意味と内容が明確になっているとは言えないので、ここで簡単な整理をしておこうと思う。このように本稿は、三〇年前後のファシズムおよび反ファシズムのそれぞれの変化の一局面をとりあげて、そこにはらまれているファシズム時代の問題を検討しておこうとするもので、前章の「ファシズムと共産党をめぐる諸問題」に続く性質をもっている。

一　ファシスト党の非政治化

ファシスト党の党員数は二五年末に約六〇万だったのが、その後一年間に三〇万以上の大量入党があって、二六年末には約九四万を数えた。ファシズムの階級的性格と社会的構成の区別および関連をめぐっては、コミンテルンでしばしば議論された問題であるが、二六年から二八年にかけて、イタリア共産党はファシズムの社会構成についての分析に熱心にとりくんでいる。その動機は、共産党の抱いた先のイメージに直接関係している。グラムシは前述した二六年一月の政治委員会の討論でこう述べている。「ブルジョア階級の階層構成を注意深く分析しなければならない。というより、ファシズム自体の階層構成を分析する必要がある。なぜなら、ファシズムが導入しつつある全体主義体制を考えれば、抗争が生じるのはファシズムの内部そのものにおいてであろうから。[2]」

党のなかでファシズムの社会構成の分析を実際に手がけたのは、トランクィッリであった（一九三一年党を除名され、その後はシローネのペンネームで知られる作家となった）。トランクィッリは、その調査報告を二七―二八年の党月刊機関誌『スタート・オペライオ』に三度にわたって発表したが、彼もやはり、ファシズムの社会構成を分析する必要を、「ファシズムの内部矛盾と内部危機の原因を諸階級の分化のうちに求める[3]」理由からだと述べている。二八年発表のよく知られているトリアッティ「ファシズムに関して」もまた、同じ発想に基づいていた。共産党が、ファシズムの性格をブルジョア諸階層の組織的統一と理解し、その諸階層の構成を熱心に分析しようとしたのは、ファシズム体制に危機が生じる原因をブルジョア諸階層間の矛盾と対立の中に求め、その矛盾と対立のあり方を明らかにしようとしたためであった。こうした分析の試みは、路線転換によって共産党が先のイメージを放棄したあと、分析の動機そのものを失って消えることになるが、のちの一九五二年に、トリアッティが二八年発表の「ファシズムに関して」を再発表するに当って、論文中の〝社会的基盤〟という用語の使い方の混乱にふれ、政治運動の社会的基盤をここでは単に参加者の社会カテゴリーの面でだけみていたきらいがあり、それは当時の党指導者の論文に共通していた混乱であった、とわざわざ但し書きをつけ加えたのは興味深いことである。[4]

動機の問題はひとまず別にしても、二六―二七年ころのファシスト党の階層構成や地域分布の分析を試みたのは、共産党のそれ、とくにトランクィッリの調査がほとんど唯一のもので、最近のリトルトンのすぐれた研究書も、この点に関してはトランクィッリの調査を手がかりにしている。[5]研究の現状はまだ実状の解明にほど遠いけれども、ほぼ確認されていることは、二六年の大量入党によって党内での公務員層の比重が大きくなった事実である。この傾向はとりわけ南部において顕著にみられる。二六年の党員急増によって、ファシスト党内に出世主義、機会主義の党員がふえた事実はよく指摘されている。実際、中央・地方を問わず、公務員層の入党の動きは、個々人にあっては身分の安定と出世への期待に発している面が強かったと言えるだろう。しかしこの時期の公務員層の大量入党は、単にそうした面から考察するだけでは不十分で、党と国家の対立が背景にあったことを思い起さねばならぬだろう。

党員増加の地域分布に関しては、それまで党員の少なかった南部における増加が目立つけれども、特徴的なのは、ローマ進軍以前から強力であったトスカーナ、エミーリア・ロマーニャ地方の伸び率が小さいのに対し、ムッソリーニ政権ができたあとに党組織が広まった地域で増えていることである。これは、初期ファシズムを担った地域の活動家たちが、初期の党の性格を守るために新入党員の資格を制限したのに比べて、新しく広まった地域ではそれほどの制限なしに入党希望を認めたことによっているが(6)、このこともまた党と国家の関係に及ぶ問題をふくんでいる。

党と国家の争いの中で、党の政治的自立性を確保しようとしたのはスクァドリズモ、非合法主義、大衆行動主義など初期ファシズムの性格を守ろうとする古参の非妥協派活動家たちであった。ファシスト国家体制の形成過程で、党を国家機関の統制下におくことが求められたとき、具体的には党の性格から大衆行動主義を取り除き、党の脱政治化を図ることが課題とされた(7)。これに対する最大の障害は地方の古参活動家たちの抵抗で、したがって党を国家に従属させるための、より直接的な目標は、党内でこれら古参活動家の立場を弱体化させる問題にかかわっていた。これらの点を考えあわせれば、公務員層をふくめた新党員の大量加入の現象は、党内での大衆行動主義を代表した非妥協派の古参活動家を孤立化させる目的が、たとえすべてでないにしろ、少なくとも高い比重を占めていたと理解できる。

大量入党の現象は、党の大衆行動主義と政治的自立性をとなえる古参活動家の弱体化をよんで、党に対する国家の優位を確立するとともに、党の非政治化に道を開いた。ファシズムは、二六年の党員増大を通じて所期の目的を達成しうる見通しを得たあと、二七年度から新規入党を認めない措置をとる。党は、古参の非妥協派活動家の力を弱めるために新党員の大量加入を認めたものの、これら新加入者の出世主義、機会主義の風潮が党を堕落させることも避けねばならなかった。このため、これ以上の新規流入者を防いで、党の新たな立て直しをはかる必要が生じていた。しかし、党の非政治化の方向はすでに確定しており、この立て直しは、党をファシスト大衆の意志を表現する政治的組織としてあらためて活性化することを意味しなかった。むしろ、非政治化の方向をおし進めながら、党に新たな機能を与えることが図られた。この新たな機能は当面、党自身が地方行政の補助機関の位置につくかたわら、そうした党の新性格を通じて、党内にでなく党の周辺に、大衆の新たな結集の場を作る形で表明される。

二六年秋に、市町村の長を選挙制から任命制に切りかえて、ポデスタ Podestà 職を導入したことは、ファシスト党の性格の変化との関連で重要な意味をもった。ポデスタ職には多くの場合、地域社会の〝本来の有力者〟が任命され[(8)]、それらは貴族であったり、上流中間層であったり、村の顔役であったりするが、いずれにしてもその本来の有力者が地方行政と党支部の指導をともに担当するケースが生じてくる。

新規入党の禁止措置、つまり党の門戸閉鎖は三二年まで続けられ、この期間新入党員の資格は原則として一八歳に達したファシスト青年組織出身者のみに認められた。したがって、二七年以降の党員数は一〇〇万前後で横ばいを続けることになり、この時期については党員を対象としてファシズムの社会構成を分析するやり方は、動機が何であれ、あまり意味のないことになったと言えよう。

二六年三月にファリナッチが党書記長を更迭され、後任にトゥラーティが就任したのは、党の非政治化と官僚化、党の国家への従属と補助機関化を進めるための人事交代であった。トゥラーティは首尾よくこの任務を遂行したといえるが、彼が書記長となって最初の三年間に、およそ六万近くの非妥協活動家が除名されたと数えられている。その後の経過にふれておくと、(9)トゥラーティは三〇年一〇月に辞任して、かわりにジュリアーティが書記長のポストに就く。ジュリアーティは、これまで党よりも政府関係の職を経てきた旧ナショナリスト系の人物で、党書記長としての任務自体はトゥラーティの場合と基本的に変りはなかった。ジュリアーティのもとで非妥協派活動家の動きは依然として圧迫されたが、しかし彼は党の純化のために新たに抑圧の対象を機会主義、出世主義の党員にまで広げて、わずか一年の間に大量約二〇万の党員に除名処分を下した。その意図は党を幹部官僚の党にするということにあったが、この強硬措置は行き過ぎと判断されて三一年一二月に辞任を迫られ、二六年以来副書記長のポストにいたスタラーチェが昇任する。

二七年から続いた入党制限は三一年で終り、三二年一〇月のローマ進軍一〇周年を機会に大規模な入党キャンペーンが始まる。三一年末に約八二万に落ちていた党員数は、三二年一〇月に早くも一〇〇万台に回復し、以後急カーブを描いて上昇して、三三年一〇月に一四〇万、三七年末には二〇〇万台に達する。三二年の入党キャンペーンの開始は、この時期のファシズムとカトリック大衆の対立および大恐慌による民衆の生活状態の悪化などと関係し、またこれ以降、公職にある者は党員証をもつことが義務づけられるなど新たな要因が加わってくるけれども、党への門戸開放が、二六年に始まった党の性格変化の方向を修正するものでなく、むしろそれを徹底化する作用をもっていたことに変りはない。先走っていえば、このような党の非政治化の措置は、結局のところ、ファシズムの固有の政治組織というべきものを失うことになって、たとえば、一九四三年七月のムッソリーニ逮捕の際に、反ムッソリーニ派支配層がもっとも恐れていたファシスト大衆の反乱のわずかな動きすら生みだし得なくしたと言えるのである。

二　ファシズムによる大衆の掌握

ファシズムは二〇年代後半に、ファシスト党およびファシスト労働組合の変質を伴う、国家体制と産業構造の編成を進めたが、このことはファシズムに大衆をどうあらためて掌握するかの課題に向わせた。国家と教会の和解を定めた二九年二月のラテラーノ条約は、単にイタリア国家が統一以来の教皇庁との対立に終止符をうったということにとどまらず、ファシズムによる大衆の掌握という面からも重要な試みを示していた。ファシズムは教会との和解を通じて、教会が掌握している広汎なカトリック大衆をファシズム体制の支持基盤に組みこもうとしたのだった。(10)

しかし、これはファシズムにとって危険な試みだった。これが成功すれば、たしかに体制にとっての大衆的支持を広げることができるが、他方では教会との和解、つまりファシズム以前からの既成秩序との和解は、ファシズムがとなえてきたファシズム的哲学とファシズム的制度の全社会への浸透という課題を一部放棄することである。ファシズム哲学の主唱者ジェンティーレの理論がこの時期に影響力を失い、またファシズム国家建設の立役者ロッコがしばらくのちに退陣していくのは、この点と無関係ではない。だが現実は、ファシズムにとってより厳しいものとして現われた。教皇庁との関係は改善されたものの、それは期待したカトリック大衆によるファシズムへの支持には直ちに結びつかず、一面では下部におけるファシスト組織とカトリック行動団の争いを激化させるものとなった。ファシズムと教会の和解の試みは、この点からすれば、ファシズム体制に容易に包摂されえない教会、大衆の組織力としての教会の独自の存在を確認することになった。三二年にファシスト党が入党制限をとりはずして無制限の大衆参加をよびかけ、公職につくには党員証を義務づける措置にでるのも、カトリック行動団との対立がひとつのきっかけをなしていた。

このラテラーノ条約のケースは別にして、二〇年代後半からのファシズムは独特の方法で大衆の掌握を試みるようになる。それは主として、非政治化した党の周辺に党の補助機関的な性格の大衆組織を作ったり、あるいは官庁に付属する半官半民の組織を作ったりする形でなされる。こうした形での大衆の掌握のうち、ひとつ注目されるのが青年層への働きかけである。ファシズムはこの時期あたりから、青年層を組織し、教育し、新指導者を養成する課題をとりわけ重視して、そのための諸機関の整備と活動に異常な熱意を注いでいる。その代表的な機関に、八歳から一八歳までの青少年の精神と肉体の鍛練を目的として、二六年に設置された全国バリッラ事業団 Opera Nazionale Balilla があるが、これは二九年に国民教育省の官轄下に入って機能を一層強めることになった。これと並んで、三〇年一〇月には、新たに一八歳—二一歳を対象にした青年戦闘ファッシ Fasci giovanili di combattimento が党の下部機関として設置され、新世代の掌握と養成に多大の努力が払われた。この二機関はたがいに組織の拡大に努め、結局三七年一〇月にリットーリオ青年団 Gioventù italiana del Littorio として単一機関に統合されるが、三九年には七九〇万の加盟員を数えるまでになった。

ところで、二〇年代後半からのファシズムによる大衆の新たな組織化とは、いわば社会的領域のファシズム化の課題を意味していたが、これに対するファシズムの試みは全国ドーポラヴォーロ事業団 Opera Nazionale Dopolavoro という形で行なわれた。このドーポラヴォーロを通しての大衆の掌握は、ファシズムのもっとも成功した事業のひとつとみなされているので、以下これについて若干の紹介をしておこう。(11) ドーポラヴォーロを訳すと労働後とか労働余暇の意味になるが、この事業は労働時間以外の時間を有効に、集団的に組織することによって大衆の掌握を図る試みであった。前史は省略して、全国ドーポラヴォーロ事業団という名称で設立されるのは、一九二五年五月である。これ以前はファシスト労働組合連盟に付属して事務局がおかれていたのを、この時点で党にも組合にも属さない独立した機関として整備された。しかし、二七年五月に機構改革がなされて、党の書記長が責任者のポストに就くことになった。二六年には会員数二八万で、その半数以上が鉄道と郵政関係の従業員であったが、機構改革によって党に接続する機関となって以降、新たな発展の段階を迎え、会員数は二七年に五三万となり、三〇年にはすでに一六二万を記録し、三六年には二七五万を数えた。

ドーポラヴォーロの機構は形式的には三つに分れて、国家公務員を対象として官庁ごとに運営する官庁ドーポラヴォーロ、企業従業員を対象に企業ごとに運営する企業ドーポラヴォーロ、それに地方党組織と地方行政機関が協力して居住区で運営する居住区ドーポラヴォーロとなるが、最後の居住区における活動がとくに重要であった。ドーポラヴォーロの活動領域は多様である。労働時間以外の大衆の自由時間を有効に組織しようとするのであるから、その活動は強制的であっても、単調であってもならない。しかもそれは、労働強化と生活条件の悪化をまぎらわせることを目標とするのだから、面白くかつ多彩であることが必要となる。ファシズムはこのドーポラヴォーロの活動に、実施しうるすべての文化的、娯楽的活動を注ぎこんだといえるだろう。

ドーポラヴォーロの事業は、したがって、組織の形態においても活動の内容においても、きわめて多面的な性格を有した。トスカーナ地方における分野別活動回数の記録があるのでそれを表示すると次のようになる。(12) ちなみに同地方における一九三〇年の会員数は一二万三九〇六人で、ドーポラヴォーロに加盟する組織は一万四四二七だった。

スポーツ行事	四七二八回

エクスカーション(遠足・旅行)　二四三二回
音楽会・映写会・ラジオ聴取会　一万六五〇八回
演劇会　一八三一回
民俗芸能行事　四一八七回
職業技術訓練　三九六〇回
福祉厚生サーヴィス　二一四四回
合計　三万五七九〇回

これは一例にすぎないけれども、活動領域の広さと活動回数の多さは直ちに了解しうるであろう。スポーツ、音楽会、演劇会などはもちろんファシズム以前になかったわけではないが、ごく限られた愛好者のサークル活動で、一般の人びとの参加は困難だった。ドーポラヴォーロは、それを見るにしてもやるにしても、普通の人びとの手の届くところに開放して、大衆的行事にしたのだった。スポーツを例にとると、以前は貴族的といわれて一部同好の士のものだったテニス、フェンシング、登山などを大衆化させるとともに、平民的とみなされていたボッチェ(屋外球ころがし)や格闘技を積極的に奨励して競技大会をひんぱんに催した。音楽会や演劇会にしても、堅苦しさ退屈さを取りはずして、広場での楽団演奏や巡回興行を多く導入し、出し物は時と場所に応じて違ってくるが、例えば、ピランデッロの作品よりもヴェルディのアイーダを多くという具合になった。映写会やラジオ放送について言えば、民衆にニュースと娯楽を提供しつつ、情報宣伝の重要な手段となっていた。ファシズムの文化活動は、「イタリア風」、「われわれ風」の流儀を尊ぶものだったが、それはドーポラヴォーロにおいて、民衆文化とフォークロアの活動としてとりあげられた。地方ごと、地域ごとの伝統に根ざした民衆文化が、それぞれに固有の歌、踊り、祭によって盛んに表現された。宗教的であれ非宗教的であれ、伝統的な祭や行事の催しは、しかし民衆文化の継承そのものを目的とするのでなく、日常生活の周囲にある文化的伝統の再確認を通じて民族と歴史への誇りを植えつけることに狙いがあった。

ドーポラヴォーロの活動のなかで、ファシズムがその功績を誇れる最大のものは、おそらくエクスカーションであったろう。登山やハイキングあるいは自転車旅行などがごく一般的なものだが、とりわけ人気を集めたのは土曜から日曜にかけて民衆列車に乗っての団体一泊旅行であった。この企画はファシズムになって初めて導入されたもので、人びとにとってたしかに新鮮な経験だった。列車のなかで歌をうたい、旅先の宿で一夜を語りつくし、日曜の夕方戻ってくるときには、参加者の間に以前とは比べものにならない連帯感が生まれている。そうした人びとの満足の気持は、同時にファシズムによる大衆の掌握の成功を表わすものでもあった。エクスカーションは、ほかにも夏の海水浴列車や割引周遊券などによって、多くの人びとに自分の町や村の外に出る初めての機会を与えた。職業教育と厚生福祉の領域は、労働時間外の技術指導を行なったり、古くからある相互扶助活動を継承して慈善事業や救済事業を行なうもので、ドーポラヴォーロが単に文化娯楽活動だけでなく、必要としている人びとに対して直接的な利益を与える事業であることも示している。

こうした多彩なドーポラヴォーロの活動は、組織の面でも多様な形態を伴った。例えば、ファシズム以前に活動していた労働者サークルや「民衆の家」などで、ファシズムに抵抗したものは破壊する一方、吸収できるものはできるだけ取りこんで利用した面がみられる。また企業内の労働の場におけるドーポラヴォーロは、明らかに労働組合の抑圧に代わる動きであったため、古くからの労働者にはなじまず、参加したのは青年層に多かったといわれるけれども、企業意識に密着した活動によって、多かれ少なかれ労働者の自由時間の掌握と企業への統合の役割を果たしていた。[13] しかし、ドーポラヴォーロのより大きな特徴は、労働の場より生活の場で大衆を掌握した点であった。都市においてドーポラヴォーロの諸機関は、多くの場合ファシスト党地区グループのもとに設置された。この地区党員グループが事業の斡旋や行事の準備を進めるなかで、次第にその地区に、地区協会 società di quartiere とよばれる形の結合が生まれていった。地区協会は、党員グループに代わってドーポラヴォーロを運営するようになり、ファシストのみならず、非ファシスト住民の参加もでてくる。ドーポラヴォーロの多面的な活動は、地区住民のあらゆる層と結びついて、地域社会の生活を再統合し、そこに新たな地域共同社会を生みだしたと言えるのである。わずかな会費によってさまざまな会員特典が得られるという直接的な利益のほかに、地区住民の諸要請に応え、しかも政治的色彩を消した形のドーポラヴォーロの営みを通して、地域社会は諸階層ならびに諸世代の間の接触を深めることに成功し、以前とは違った形の共同性をあみだしたのである。ドーポラヴォーロは、また例えば南部において、サークルといえば名士たちがカード遊びをする特定のサークルしか存在しなかったところに、種々のサークルを作って大衆の自由な参加を可能にした。そこへ行けば必ず仲間がいるという場所で、ぶどう酒を飲めるようにすることは、自由時間への限りない希望を抱かせることになる。

このようにしてドーポラヴォーロは、国家統制と経済状態のきびしくなった二〇年代終りから三〇年代にかけて、大衆の新たな組織化の方法として導入され、かなりの程度の成功を収めた。それは、労働時間外の自由時間を個々人の自由にまかせずに、系統だって集団的に、しかも強制的でなく組織する仕方でなされた。それは、ファシズムへの政治的なかかわり方の問題に導かないやり方で、つまり非政治的な側面で大衆を組織し、そして大衆の脱政治化を図るものであった。それはまた、日常的な生活の場で大衆を組織することによって、大衆の社会的状態を固定し、社会生活の変動を防止した。[14] ファシズムは、このドーポラヴォーロ的側面において大衆の掌握を果たして、大衆の社会的流動を防ぎ、体制の安定および維持にとっての重要な支えとしたのである。

三　共産党の路線転換

ファシズムの側での大衆の掌握が以上のような形をとり始めたと同じころ、共産党は路線の転換を行なって、ファシズムと反ファシズムについてこれまで抱いてきた見解ないしイメージを放棄する。ここでは、路線転換およびそれにかかわるいくつかの問題について簡単な整理をしておこう。

転換といわれるものの内容は比較的わかりやすい。まず資本主義社会の危機が深まったという前提から出発して、大衆の急進化が進んでいること、革命的情勢が近づいていること、したがってファシズムの崩壊はもはや過渡期を経ずにプロレタリア革命になること、こうした情況であるから党の国内指導部を再建する必要が生じたこと、ほぼこういうことである。転換は実行されるが、しかしその過程で指導部の間に激しい論争が生じて、転換に反対した政治局メンバー三人をふくむ五名の除名を伴った。初めに転換の経過を説明しておく。コミンテルン執行委員会第一〇回総会(二九年七月三日―一九日)は、社会ファシズムの用語を公式に打ちだしたことで知られるが、この総会でイタリア共産党の路線に厳しい批判が加えられた。総会からパリに戻ったトリアッティとグリエーコは、政治局および中央委員会で先のような内容の路線転換を提案する。新方針の提案が、従来の路線の十分な総括のうえにたたずに、かなり唐突になされたことも影響して、以後数カ月にわたって指導部の間で論争がくりひろげられた。論争は情勢分析、ファシズム論、社会民主主義への評価、反ファシズム革命の性格など全面的な問題をふくんでいたが、形式的には国内指導部の再建に関する組織方針の採択をめぐって争われた。政治局は転換推進派のトリアッティ、ラヴェーラ、ロンゴ、セッキア（青年共産主義同盟代表）の四人と批判派のトレッソ、ラヴァッツォーリ、レオネッティの三人に割れ（政治局メンバーのうち推進派のグリエーコはコミンテルン執行委員としてモスクワにおり、批判派のトランクィッリは病気療養でスイスにいて討論に加わってない）、三〇年三月の中央委員会で転換が承認されると、批判派の三名は政治局からはずされる。この三名は同意見の他の幹部二名（バヴァッサーノとレッキアの労働者夫婦）とともに、フランスの左翼反対派として知られるロスメルおよびナヴィルに近づき、彼らの紹介でトロツキーに宛てて論争の問題点をこまかに整理した長文の手紙（五月五日付）を書く。その結果これら五人は、党の活動方針への違反とトロツキー・グループとの接触を理由に六月に除名されて、転換論争は一段落する。国内指導部は五月末に再建されるが直ちに弾圧され、続く第二次第三次の国内指導部も次々と逮捕されて、結局三三年初めにこの試みは放棄される。これが経過のあらましである。(15)

この路線転換をめぐっては、六〇年代半ばから、これまで伏せられていた事実が公表されたり、あるいは新事実が発見されたりして、多くの議論が生じた。とくに獄中のグラムシが転換に批判的であった事実が明るみにでて、論議を活発化させた。グラムシに関する証言は現在までにすでに多く発表されているけれども、(16)最もまとまっているのは、六四年一二月一二日付の『リナッシタ』紙に公表され、のちに『回想録』に収められたリーザの報告書である。(17)この報告書は、グラムシがファシズム崩壊の見通しについて転換路線とは違った展望を描いて、獄内で孤立するにいたった状況を説明しており、リーザが一九三三年の出獄直後に党中央に提出していたものである。議論が活発化した原因には、ほかに、除名された政治局メンバーの三人のうち、ただ一人生存していたレオネッティが六二年に復党を認められたあと、その後の情勢の推移からみて転換批判派の立場が正しかったのだと繰り返し発言し、(18)これに対し、当時の転換推進派が転換の正当性を同様の調子で主張する、(19)という事情もある。これらの議論は結局のところ、転換の当否を問うことで終る傾向が強くて、あまり実りあるとはいえないが、それらの中ではセッキアの議論が注目に値しよう[20]。

セッキアは、転換をめぐる論争が国外の指導部の間で生じたにすぎず、大衆的基盤での討論を何ら伴わなかった事実にふれながら、共産党の活動を理解するためには、何よりも闘争の実際の現場、階級対立が生じている現場、労働者・農民・勤労者が日々生活し働いている現場、ファシズムの弾圧のなかで下部党員が活動している現場、をみることが必要だという。セッキアによれば、国内の下部党員、そしてこの時期にふえてきた新世代の党員は、コミンテルンや指導部における理論闘争の経過をたどって党活動に入ったのでなく、ファシズムに対する闘争とそれを遂行する党の強化を求めて活動しているのである。したがって国内の現場にとどまっている活動家にとって、革命の性格をめぐる理論闘争がどのようなものであれ、ファシズムに対する闘争を具体的かつ日常的に続けることに変りはない。そういう事情であるから、路線の転換はただ指導部にあったにすぎず、国内での活動は転換以前も以後も連続しているのだ。

こうした観点にたって、セッキアは、三〇年前後の下部党活動を丹念に再現しようとしたのである。この方法は興味深い試みであった。しかし結論的にいえば、セッキアは下部党活動をもっぱら下部党組織の問題にしてしまって、下部組織の実状を明らかにすることにとどまったのである。これはセッキアの党派性の問題でもあって、彼は諸運動をみる場合、運動の自発性に重きをおかず、常に党の指導性を基準に判断する。セッキアは、二七年から三二年にかけてのデモ、ストライキ、争議に関する年表を作って、大衆の急進化が進んでいる根拠とするわけだが、その際、彼は、このデータをもとに党の立ち遅れを指摘する一方、党の指導のない大衆闘争は成功しえないという点を必ず強調するのである。このため党活動と大衆運動に関する彼の方法は、指導と被指導の単一の関係に終始し、反ファシズム闘争の課題もつまるところ党組織の強化の問題に導かれることになる。この時期の共産党史の試みとしてセッキアの問題提起は、例えば現在もっともスタンダードとみなされているスプリアーノの党史などに比べて、はるかに重要な視点を提供したと思われたが、結果は残念ながら期待はずれのものとなった。共産党の転換問題に関しては、指導部の論争の領域にとどまらず、闘争の実際の現場における情況を明らかにする課題が依然として残されているわけで、この点は方法と実証の両面にわたる課題であろう。

路線転換とどのように関係するかはまだ検討の余地が残されているけれども、三〇年前後の共産党についてセッキアの集めた資料から、とりあえず二つの事実は指摘できるように思える。共産党の党員数（獄中者を除く）は、二七年六月に約六五〇〇だったのが、国家防衛特例法適用後の弾圧・逮捕によって、三〇年七月には三〇〇〇に減少、その後また増加して、三一年四月に四五〇〇、三二年七月に七〇〇〇となり、これがピークで、こののちこれを越える数にはならなかった。党員増加はたしかに路線転換によって国内指導部を再建した時期と重なるが、ここで注目しておきたい一つの事実は、この党員増加が新世代の青年層の加入とアナキストや社会主義者の古い活動家の加入を特徴としていたことである。[21]もう一つの事実は、この時期に党員の地域分布に大きな変動が生じていることである。二七年に党員総数の約三七％（二四〇〇人）を占めていた北イタリア工業地帯のピエモンテ、ロンバルディーア地方が、三二年には一四・四％（一〇〇〇人）に減ったのに比して、中部イタリア農業地帯のエミーリア・ロマーニャ、トスカーナ地方が二四％（一五五〇人）から四〇％（二八〇〇人）に増加している。[22]このことは、少なくとも数字のうえでは、党員のなかに工業労働者よりも農業労働者と小作農がふえてきた事実を物語っている。この地域分布の変動は、単に路線転換の結果というよりも、おそらくファシズムがもたらした産業構造の新編成とも関係しており、[23]今後の問題としてはそうした社会変化との関連で考えてみることが課題となろう。

ところで、共産党は大衆の急進化と革命的情勢の切迫という判断のうえに路線転換を行なって、国内闘争を強めたのだが、結果は相次ぐ弾圧で、三三年初めには国内指導部の再建は挫折する。大衆の急進化という判断は、イタリア各地でストライキやデモが決してなくなってはいないという情況を、希望的に過大評価した面をもっていた。現実はこれとは逆に、ファシズムによる大衆の掌握が進行している情況を示している。大衆の急進化をめぐる評価は転換論争のなかでも争点となっていたが、この点に関していえば、転換批判派が三〇年五月にトロツキーに宛てた手紙のなかで、推進派による大衆の急進化という判断を批判して、大衆の消極性の多くの事例をあげ、そのひとつとしてドーポラヴォーロの活動にふれていることは注目してよいだろう。(24)

転換推進派もファシズムの大衆組織に無関心であったのではないが、ファシズムによる大衆の掌握にとくに注目し、重視し始めるのは、ほぼ三三年ころからである。ドーポラヴォーロへの言及もこの時期に初めてあらわれて、三三年八月号の『スタート・オペライオ』にフリーニ署名の「ドーポラヴォーロ的大衆の獲得のために」という論文が掲載される。そしてコミンテルン拡大執行委員会第一三回総会(三三年一一月二九日—一二月一三日)における討論で、トリアッティは、ファシズムがドーポラヴォーロのような大衆組織を作りあげたことに注意を喚起する。(25) 彼はさらに、一二月一九日の同幹部会でも同様の発言を繰り返す。(26) トリアッティはドーポラヴォーロが大衆をひきつけている情況を率直に認めて、これを外から解体するのは不可能で、党員はこれに加入して内側から大衆と接触すべきことを訴えるのである。

こうした大衆組織への注目は、ファシズムの性格への新たな認識をも生みだした。共産党のファシズム論は、以前は「全ブルジョア諸階層の組織的統一」としてとらえるところに要があったが、転換以降は「発達した資本主義の産物」としてファシズムを説明するようになっていた。つまり、そこでは、独占的大ブルジョアジーが支配権を握って、中小ブルジョアジーを完全に従属化させていて、そのためもはやブルジョア間の分裂による政権交代の可能性は生じえない、という認識である。このようなファシズムの認識と、過渡期を否定してプロレタリア革命を主張する方針とが、相互に関連していることは言うまでもない。しかし共産党は、ファシズムが大衆の組織化を通して、その安定を支えているという情況を認識し始めると、こうしたファシズム論のなかに新たにもう一つの要因を加えることになる。[27] トリアッティは、三五年前半にモスクワで、イタリア人党員を対象としたファシズムの連続講義を開いたが、そこで特別に一章をさいてドーポラヴォーロの分析を行なった。[28] この連続講義でトリアッティは、拡執委一三回総会がうちだした「金融資本の最も反動的な、最も排外主義的な、最も帝国主義的な分子の公然たるテロル独裁」というファシズムの規定を確認するとともに、あわせて「大衆の反動体制としてのファシズム」という面を強調した。彼は、ファシズムのなかに階級独裁と大衆の反動体制の二つの要因を認めて、大衆の反動体制という形態で実現される階級独裁としてファシズムを性格づけたのである。転換後の共産党は、ここにおいてようやく、ファシズムによる大衆の掌握に対処する理論上の手だてを得たといえるかもしれない。しかし、三五年夏のコミンテルン七回大会以降、今度はファシズムと民主主義を対置する新たな単純化が始まって、事態はまた別の展開をみせるのである。

補　トリアッティの思想

トリアッティにふれたついでに、三〇年から三四年にかけての彼の思想について少し補っておこう。最近の一九七一年に、トリアッティ著作集の編集を進めていた歴史家ラジョニエーリ(一九七五年没)によって、コミンテルン拡大執行委員会第一〇回総会の閉会直後の二九年七月一九日―二三日に、イタリア委員会が特別に開かれていた事実が明らかにされた。正確にいえば、イタリア委員会が開かれたこと自体は秘密でなく、当時すでに知られていたのだが、そのときの議事録がモスクワのマルクス＝レーニン主義研究所に保管されていることが判明したのである。(29) 議事録にはトリアッティの筆跡で、「この記録は極秘として扱われねばならない。執行委員会資料室から持ち出されてはならない。」とフランス語の注意書きが記入されているという。トリアッティは生前、この委員会について何もふれることはなかったが、極秘議事録はさまざまな事実を語っている。それによると、イタリア側の出席者はトリアッティ、グリエーコ、ディ・ヴィットーリオの三人で、マヌイリスキーらコミンテルン幹部の批判に実に雄弁に応じつつ、イタリア共産党のこれまでの路線の正しさを主張している。コミンテルン幹部の路線転換の要求に逐一反論するトリアッティの発言は多岐にわたっているけれども、彼が議論の出発点においている事実は、マッテオッティ危機のときの情況である。つまりトリアッティは、「共和制議会」のスローガンや「民衆革命」の表現を弁護しながら、イタリアにおける反ファシズム闘争のあり方を、これまで共産党が抱いてきたイメージそのままに説明しているのである。トリアッティもグリエーコも、少なくともこの委員会の場では、イタリア共産党の従来の路線ならびに反ファシズム革命のイメージに深い確信を抱いており、それを修正する必要を認めていない。

しかし討論のなかで、トリアッティは次のような発言をする。「これら〔ファシズムや革命の〕諸問題を〔イタリア〕共産党指導部の間で議論することは正しいのか正しくないのか？　コミンテルンが正しくないと言うのなら、われわれは議論しないことにしよう。一人一人がこれらの問題を心の中で考えることにして、議論はしないことにしよう。そして反ファシズム革命はプロレタリア革命であるとだけ言うことにしよう。(30)」トリアッティが、こののち路線転換を進めるに当たってとった態度は、ほぼこの発言につきていると思えるふしがある。

転換に反対を表明し、除名された五人は、論争の過程で結びつきのできたグループで、それ以前に特別の一派をなしていたのではなかった。彼らの転換反対の理由も必ずしも旧路線の擁護にあったわけではなく、どちらかといえば、旧路線の「労農委に基づく共和制議会」のスローガンや「民衆革命」として性格づけられる革命構想に批判的であった。ところが、旧路線の推進者であったトリアッティやグリエーコが、かなり唐突に路線の転換を提唱したため、転換批判派は旧路線の総括をどのように考えているかを執拗に問うことになったのである。これに対してトリアッティは、情勢の変化としてしか説明せず、この説明に不満の批判派が、しばしばトリアッティの変節をなじって個人攻撃に及ぶ場面が生じている。当時の論争はこうして不毛さを増していったが、ここで指摘しておきたいことは、極秘議事録全体の発言をみる限り、トリアッティは心の中では、以前の見解ないしイメージを完全に捨てさっていないとみえることである。

このことは、三〇年から三四年までのいくつかの論文、演説のうちにも読みとることができる。政治情勢を扱ったこの期間のトリアッティの論文、演説は概して単調なもので、結論はだいたい、社会ファシズム論、ファシズムと資本主義の同一性、プロレタリア革命の主張というところに落ち着いている。だが、こうした全体の脈絡とは必ずしも結びつかない発言が、ときおり顔をのぞかせている。一部の論者はこうした発言をとりあげ、コミンテルン七回大会の人民戦線論の萌芽と評価しているが、それは疑わしい。この時期のトリアッティには、ファシズムに対する民主主義の新たなとらえ直しという問題のたて方はみられないのであって、ときおり現われる文脈の不整合は、マッテオッティ危機の情況を念頭にしたイメージの残存から生じているとみるべきである。

例えば三三年一二月のコミンテルン拡執委一三回総会の演説のなかに、次のような箇所がある。「ファシズムの崩壊のあとに必ずプロレタリア独裁の樹立が続くと考えるべきではない。[31]」レイプゾンとシリーニャ共著『現代革命の理論』は、これをコミンテルン七回大会につながる考え方が「はじめて」表明されたものと評価する。[32] 果たしてそうだろうか。トリアッティの発言は、やや唐突になされているのだけれども、ここでの発言は、ラジョニエーリが著作集序文でふれているように、[33] イタリア共産党が二〇年代後半にもっていた見解を念頭にしていたと考えるべきであろう。それは、フランスの二月六日事件を扱った「フランスにおけるファシズムの行進」という三四年三月発表の論文をみれば一層はっきりする。彼は二月六日事件を論ずるに際して、相変らずマッテオッティ危機の情況をもちだしており、そして大分混乱しながら、ファシズムが民主主義国家によって阻止されると考えるのは間違いで、プロレタリア独裁があるのみだと主張している。[34]

さらに、三四年一〇月二四日のトレーズとの会談の問題がある。この日の朝、トリアッティがトレーズに対して人民戦線の方式と理念を放棄するよう勧告したという事実はすでによく知られているが、この勧告をめぐっていろいろな憶測がなされている。最近のチェッレーティの回想録『トリアッティとトレーズと共に』も、チェッレーティ自身がその場に立ち会った情景をこと細かに描写して、この勧告はトリアッティの本意ではなかったと述べている。[35] 果たしてそうだったろうか。トリアッティは、三四年八月末ないし九月初めに、コミンテルン七回大会準備のためにモスクワに招かれる。しかし一〇月初めに、コミンテルン書記局の任務で再びフランスに派遣される。最初の任務が何であったかは、はっきりしてないけれども、フランス滞在中の一一―一二月には主として、スペインのアストゥリアス鉱夫弾圧に対する国際的支援を組織する活動に従事している。トリアッティがトレーズに会って勧告するのはこうした任務のさなかであったが、トリアッティが人民戦線に疑念を表明するのは決してこのとき一度だけのことではない。この時期に彼はマヌイリスキーに宛てて活動報告を送っており、そこにおいてもフランス共産党の人民戦線の考え方に疑問を示している。例えば一一月一九日付の長文の報告書があり、[36] そのレポートでトリアッティは、パリ駐在コミンテルン代表クレマン（本名フリート）や仏共産党の指導者と何度か話し合ったが、意見が一致しなかったと述べている。意見の違いは人民戦線の理解の仕方にかかわることで、トリアッティは自分の了解している統一戦線の考え方とフランス共産党の進めている人民戦線の間に違いがあることを問題にして、その角度から人民戦線の考え方を批判しているのである。彼にとって統一戦線とは、そこに集まった反ファシズム諸勢力を流動化させ、既成諸組織の分解と再編をもたらし、その過程でのヘゲモニーが重要になる。これに対しフランス共産党によって進められている人民戦線は、政党間の同盟の試みないしは諸党派が集まって政治ブロックを作る試みにすぎず、民衆の流動性をおし進める視点と党が独自のヘゲモニーを発揮する視点が欠けている、というのである。このような問題のたて方は、トリアッティが以前に慣れ親しんでいた発想である。彼は、こうした見地から、みずからの考えをトレーズに述べたのであって、他からの指令を不本意ながら伝達したということではないだろう。

以上にみたように、三三―三四年のトリアッティのある種の発言をコミンテルン七回大会の人民戦線論に結びつけて評価しようとする試みは、幾重もの誤解のうえに成り立った見当はずれの試みのように思われる。トリアッティは三四年末にモスクワに戻って、七回大会準備のための委員会に加わる。この委員会での発言は、いまのところ三五年一月二六日と四月二六日の分だけが断片的に紹介されているにとどまっている。[37] 三五年初めから夏の七回大会に至る過程で、トリアッティの思想がどのような軌跡をたどっているのかは、先のファシズム連続講義との関連においても、まだ今後の検討に残された問題である。

（1） Verbale della Commissione politica per il congresso di Lione, in *Critica Marxista*, 1963 N. 5–6.

（2） *Ibid.*, p. 320.

(3) S. Tranquilli, Elementi per uno studio del P. N. F., in *Stato Operaio*, 1927 N. 8, p. 875.
(4) P. Togliatti, A proposito del fascismo, in *Opere*, Vol. II, Roma, 1972, p. 549, n. 1.
(5) A. Lyttelton, *The Seizure of Power: Fascism in Italy 1919–1929*, London, 1973, pp. 303–304.
(6) E. Ragionieri, *Storia d'Italia, vol. 4 - tomo 3, Dall'Unità a oggi*, Torino, 1976, p. 2221.
(7) R. De Felice, *Mussolini il fascista. L'organizzazione dello Stato fascista 1925–1929*, Torino, 1968, pp. 177 sgg.
(8) A. Lyttelton, *op. cit.*, p. 305.
(9) R. De Felice, *Mussolini il duce. Gli anni del consenso 1929–1936*, Torino, 1974, pp. 208 sgg.
(10) E. Ragionieri, *op. cit.*, p. 2220.
(11) ドーポラヴォーロについては主として次の論文を参考にした。G. Galli, Un'organizzazione ausiliaria del P. N. F.: L'Opera Nazionale Dopolavoro in provincia di Arezzo, in *Studi Storici*, 1975 N. 3.
(12) A. Baldi, Il dopolavoro strumento di propaganda del fascismo, in *La Toscana nel regime fascista*, Firenze, 1971, p. 654.
(13) E. R. Tannenbaum, *The Fascist Experience: Italian Society and Culture 1922–1945*, New York, 1972, p. 139.
(14) E. Ragionieri, *op. cit.*, pp. 2224–2228.
(15) *L'opposizione nel P. C. d'I. alla svolta del 1930*, a cura di M. Salerno, Milano, 1966; *Crisi economica e stalinismo in Occidente*, a cura di F. Ormea, Roma, 1976.
(16) *Gramsci vivo nelle testimonianze dei suoi contemporanei*, a cura di M. P. Quercioli, Milano, 1977.
(17) A. Lisa, *Memorie*, Milano, 1973.
(18) A. Leonetti, *Note su Gramsci*, Urbino, 1970; Id., *Un comunista 1895–1930*, Milano, 1977.
(19) C. Ravera, *Diario di trent'anni 1913–1943*, Roma, 1973; L. Longo-C. Salinari, *Dal social-fascismo alla guerra di Spagna*, Milano, 1976.
(20) P. Secchia, *L'azione svolta dal partito comunista in Italia durante il fascismo 1926–1932*, Milano, 1969.
(21) *Ibid.*, p. 471.

(22) *Ibid.*, pp. 77–78, p. 469.
(23) L. Paggi, La formazione del partito comunista di massa nella storia della società italiana, in *Studi Storici*, 1971 N. 2, pp. 349–350.
(24) *Crisi economica cit.*, pp. 94–95.
(25) P. Togliatti, *Opere*, Vol. III, T. 2, Roma, 1973, pp. 310–312.
(26) *Ibid.*, pp. 345–348.
(27) L. Paggi, *art. cit.*, pp. 345–346; F. Sbarberi, Il dibattito sulla transizione nel comunismo italiano degli anni trenta, in *Rivista di Storia Contemporanea*, 1977 N–1, pp. 71–72.
(28) P. Togliatti, *Opere*, Vol. III, T. 2, pp. 594–606.
(29) E. Ragionieri, Togliatti, Grieco e Di Vittorio alla commissione italiana del X Plenum della Internazionale Comunista, in *Studi Storici*, 1971 N. 1, pp. 108–170.
(30) *Ibid.*, p. 149.
(31) P. Togliatti, *Opere*, Vol. III, T. 2, p. 300.
(32) 石堂清倫訳『現代革命の理論』合同出版、一九六六、七三頁。
(33) E. Ragionieri, Introduzione, in Togliatti, *Opere*, Vol. III, T. 1, p. CLXXIX.
(34) P. Togliatti, *Opere*, Vol. III, T. 2, p. 371.
(35) G. Cerreti, *Con Togliatti e Thorez*, Milano, 1973, pp. 168–172.
(36) P. Togliatti, *Opere*, Vol. III, T. 1, pp. CXCI–CXCII.
(37) *Ibid.*, pp. CCI sgg.

[後　記]

(初出)「ファシズム時代の大衆の組織化」『社会運動史』(社会運動史研究会)、七(一九七八年)。

地方において支配権をもつのは、中央政府の派遣する県知事であるのか、それともファシスト党の県支部長であるのか。この権限争いは、ムッソリーニ政府の成立以来の争点だったが、ムッソリーニは二七年一月の文書で「知事は県における国家の最高権威である」と宣言して、党に対する国家の優位を明確なものとした。研究者の多くは、国家機関への党組織の従属、これに伴う党の非政治化がファシズム体制の特徴であると指摘してきた。本稿もそうした見解を示している。しかし、問題はこの先にあると考えるべきであろう。党と国家の関係において問題となるのは、実は制度上の優位か従属かではなくて、党と国家の双方の日常的実践のなかでの具体的な関係のありようということで、そうした視点から考察したとき、ファシズム体制のもとで現れてくるのは党の非政治化というより、政党の意味の変化、そしてさらには政治の概念そのものの変化なのである。

ムッソリーニは、二九年九月、ヴェネツィア広場に集まった党員大衆への、いわゆる「大演説」でこう語っている。「国民ファシスト党の性格、属性、機能は全体主義的ファシスト国家のもとでは、他の諸政党とはまったく違ったものになる。」では、どのようなものになるのか。「党は体制の毛細管組織である」とムッソリーニは述べ、「党はどこにでも浸透する。党の任務は権威の行使というより、献身的な伝道である」と、党の役割の変化を強調するのである。

「党は体制の毛細管組織である」という性格づけは重要である。ムッソリーニはこの演説でも、「すべては国家のうちにあり、国家の外に何もなく、国家に反して何物もない」という好みのフレーズを用いているが、「国家がすべて」という言説を文字通りに受け取って、ファシズム体制をそのようなものとして理解することには慎重でなければならない。ナショナリスト出身のロッコは、ファシズムの法制的枠組みを作るのに貢献したが、それは国家機構の整備、強化であって、ファシズムの課題とする大衆の動員という問題は、彼の視野にはないことだった。ロッコの思想が全体主義でなく、権威主義であるといわれるゆえんである。ファシズム体制の特徴は、「国家がすべて」という言説の背後で生じている政治社会と市民社会の諸関係の変化、そしてそのことが人びとの日常生活にもたらしている変化の中にこそあるのであり、この問題はどこにでも浸透する「体制の毛細管組織」としての党のあり方と深くかかわっているのである。

本稿では、日常生活の場における大衆の組織化の問題としてドーポラヴォーロを取りあげているが、このテーマについては、今ではVictoria de Grazia, *The Culture of Consent. Mass Organization of Leisure in Fascist Italy*, Cambridge, 1981(豊下楢彦他訳『柔らかいファシズム——イタリア・ファシズムと余暇の組織化』有斐閣、一九八九)の好著がある。またコミンテルンでのトリアッティの活動について、全集刊行以後に見出された新たな資料二五点が最近公表された。アルド・アゴスティ編『コミンテルン時代のトリアッティ(一九二六—四三年)——ロシア文書館の未刊行資料』*Togliatti negli anni del Comintern (1926–1943). Documenti inediti dagli archivi russi*, a cura di Aldo Agosti, Roma, 2000.

第六章　ファシズム体制下の国家・社会編成

はじめに

第一次世界大戦後の一九一九年、イタリアでムッソリーニを指導者とするイタリア戦闘ファッシ Fasci italiani di combattimento が結成され、これは二一年に政党化して国民ファシスト党 Partito Nazionale Fascista となる。ファッショ（ファッシは複数形）はイタリア語で束という意味をもち、労働運動の組織名などによく使われていた言葉だが、戦闘ファッシの運動が現われて以後はもっぱらこの運動を指して用いられるようになり、この運動を推進ないし支持する者をファシスト、またこの運動が主張ないし目標とするところのものをファシズム（イタリア語でファシズモ）と呼ぶようになった。ファシズムの名において進められた運動は急速に勢力を拡大させ、一九二二年にムッソリーニ内閣の誕生をもたらし、ファシズムへの批判者を暴力的に排除しながらイタリア社会にファシズム体制を築いていくことになる。その後、イタリア以外の国々にもファシズム的な運動や主張が現われ、またいくつかの国ではイタリアのファシズム体制に類似してみえる政治体制が作られるようになり、ファシズムは一国的なものにとどまらない国際的な現象に広がった。ファシズムはこのようにして第一次世界大戦後の国際社会を特徴づける新たな歴史的現象を示すものとなったが、ではファシズムとは何であり、その性格はどのようなものなのであろうか。本章はこの問題を考えることがテーマとなるが、それに当たってはファシズムの語を生み出し、ファシズムのモデルを作り出したイタリアの具体的な実情に即して考察を進めることにする。ファシズムをめぐってはすでに多くのことが論じられ、さまざまなファシズム論が打ち出されているが、ここではそうしたファシズム論を取り上げての理論的な検討というより、イタリアのファシズムが人びとの社会生活の場において実際にどのようなことを行なったのかを検討し、それによって今後のファシズム論へのいささかの材料を提供しておくこととしたい。

イタリアではムッソリーニの政権掌握後、およそ二〇年間にわたるファシズム支配が続き、この間、反ファシズムに立つ人たちによるファシズム分析が多様に試みられ、それらのなかには現在でもなお参照すべき優れたファシズム論が少なからずある。それに対して、ファシズム崩壊から一九六〇年代半ばに至る次の二〇年間のファシズム分析は、概して平板な印象を与えるものが多い。この時期のファシズム分析を担ったのは、やはりファシズム支配を経験した反ファシズムの人たちであったが、前者の場合にはファシズムを倒すにはどうすればいいかの実践的な問題意識に導かれて、ファシズム内部の諸関係や諸矛盾に注意を向けながらファシズムの性格を明らかにしようとする試みがあったのに対して、後者の場合は自由主義社会あるいは民主主義社会を建設する観点から、いわばファシズムをまるごと否定し、ファシズムの内側に踏みこんでの分析にあまり関心を示さなかったという事情がある。

もちろんこの時期のファシズム分析が皆同じであるというわけではないが、ファシズムを語るに際して次の三点をほぼ共通の了解としていたといえるだろう。つまりファシズムは、第一に自由の抑圧の上に立つ独裁的性格であり、第二に社会的経済的に進歩・発展のない停滞的性格であり、第三に西洋文明の伝統から逸脱した非理性的で反文化的性格である、という了解である。

一九六〇年代後半から七〇年代にかけて、ファシズム研究に新しい動きがでてくるが、この動向はひとつには、ファシズム支配期になされたファシズム分析にあらためて注目し、それを見直し、摂取することから生じてきた。これに関しては、共産党の指導者であったトリアッティの「大衆の反動体制」としてのファシズムという考え方や、グラムシが『獄中ノート』で論じている「受動革命」の概念などがとりわけ論議の対象とされた。この動向はもうひとつには、イタリア内外の研究者の間でファシズムに関する個別研究が進んできた情況を反映するものであった。この時期の研究には、前世代の場合と違って、必ずしもファシズムに対する反ファシズムという対抗軸にとらわれない問題観がでてくるが、それと同時にこの時期の研究は多かれ少なかれ、以前に共通の了解とされていたファシズムの三点の性格の強調だけでは不十分だとする批判および提言から出発するものであった。その批判および提言とは簡単にいえば次のようなことである。第一点に関して、ファシズムはたしかに自由の抑圧であり独裁政治であるが、しかし抑圧や弾圧だけで二〇年に及ぶ長期の支配が維持できたわけではなく、そこには何らかの国民の合意があったと考えるべきではないか。第二点について、ファシズムは社会的経済的停滞というよりも、むしろ近代化の課題を担ったのであり、実際に近代化の効果をあげたのではないか。第三点をめぐっては、ファシズムはそもそもそれまでのヨーロッパ社会における理性と文化のあり方のなかから生まれてきたのであり、それを非理性とか反文化と説明しても意味はなく、重要なのはファシズム支配下における文化のありようということの検討を通じて、ファシズムと文化の関係を明らかにすることではないのか。

このようにしてファシズム研究のなかに、抑圧と合意、停滞と近代化、文化のありようなどのテーマが取りこまれ、研究の方法と対象の双方に広がりが生じて、ファシズムについての理解は格段と深められた。しかし、このことから直ちに新しい共通したファシズム解釈が生まれたわけではなく、むしろファシズム解釈は多様化し、それらの解釈をめぐって研究者の間での論争が起こった。論争は、ファシズムにおける「合意」、「近代化」、「文化」といったテーマから発しているけれども、そこには中央と地方、国家と党、都市と農村、エリートと大衆、テクノクラシーと行動主義、暴力と合法性といった諸問題の理解の仕方が複雑に絡んでおり、これらの解明には自覚的な方法論に基づく個別的で実証的な研究があらためて必要とされたのである。現在のファシズム研究はこうした動向を背景にして、基本的にはこれらの論争を引き継ぎ、それに触発されながら分析が深められており、さらにまたこの間の現実の政治と社会の変化を反映した問題観を取り入れながら検討が進められている情況だといえるのである。

一　行政システムの多様化

ファシストによるローマ進軍を背景にして、一九二二年一〇月、ムッソリーニ内閣が成立するが、これによって直ちに新しい体制が作られたのではない。いわゆるファシズム体制といわれるものが形成されるのは、広範な反ファシズム運動を呼び起こしたマッテオッティ事件を乗り切って、一九二五年一月三日、ムッソリーニが議会で力による統治の方針を宣言して以降のことである。二五年から二六年にかけて矢継ぎ早に一連の立法措置がとられ、諸制度・諸組織の廃止、改革、新設がなされ、そのもとで国民生活のあり方が大きく変容していく。これらの措置はその全体があらかじめ綿密に計画されて実行されたというより、個別的な立法を重ねながら、それらが相互に関連しあってひとつのレジームができあがってきたという性格を示している。根幹となる代表的な諸措置を便宜的に大きく三つの系列に分けて説明すると、第一は国家機構の整備とその防衛に関するもので、出版と言論の統制、結社規制法、国家防衛法、特別裁判所の設置などである。第二は中央の行政機関に権力を集中する措置で、政府首長(ムッソリーニ)の権限を大幅に拡大する法律や、内相に直属する県知事の権限を強化する法律、あるいは市町村長を公選制から任命制のポデスタ職にする法律などに表わされる。第三は労使関係と生産組織の編成に関連する問題で、集団的労働関係規制法(通称ロッコ法)やコルポラツィオーネ省の設置などがそれである。

これらの措置によって生み出されたファシズム体制の特徴について、最近までの研究は以下のことを指摘している。すなわちこの体制は、何よりもまずファシズムに反対する者の活動を徹底的に弾圧し、多くの人びとを投獄・流刑に処し、また国外亡命へと追いやったこと。人びとはこの体制のもとで自由な表現、自由な活動を奪われ、絶えざる監視の中での生活を強いられるようになったこと。ファシズムに反対する諸組織は非合法化され、ファシスト党以外の政党、ファシスト組合以外の労働組合はすべて排除され、解散に追い込まれたこと。諸研究はファシズム体制が自由の抑圧の体制であることをこのように強調したうえで、しかしまたファシズム体制はそれだけではないことも同時に指摘し、自由の抑圧はファシズム体制の不可欠の要素ではあるが、唯一の特徴ではないとするのである。前に触れたように近年の研究の多くは、ファシズムが自由の抑圧と並行して進めた社会サーヴィスや国民統合の諸政策に関心を向け、ファシズムにおける合意の問題として論じている。

二五―二六年の諸措置とそこから生じたファシズム体制をめぐって、これまでの研究はさらに次の点を指摘している。その第一は、この体制は国家諸機関(行政官庁、県知事、警察、軍隊、宮廷)を中心とする社会の編制であり、その面では自由主義国家との完全な断絶を示しているのではなく、むしろ政治・経済・行政の諸分野における旧支配層との権威主義的妥協からなっていること。第二は、地方行政に対する中央政府の管理・監督権を強めた中央集権的な体制で、地方に対する中央の支配の確立であること。第三に、ファシスト党は政治組織としての自律的な活動を制約されて、国家機関に従属する立場におかれたこと。第四は、その結果ファシスト党は次第に非政治化して、サーヴィス的機能の組織となったこと。以上のようなことがこれまでの研究で指摘されており、これらはファシズム研究の通説となっているといってよいだろう。

ところで、これらの指摘はこの限りでは妥当といえるが、先の抑圧と合意の問題も含めて、中央と地方、あるいは国家と党の関係をいささか対比的にとらえており、これらの関係のもつ入り組んだ性格を十分に説明しているとはいえない。こうした対比はファシズムの言説そのものでもあって、例えばムッソリーニは「すべては国家のうちにあり、国家の外に何もなく、国家に反して何物もない」(二五年一〇月二八日、二七年五月二六日、二九年九月一四日)という表現を好んで使った。また彼は、地域社会の支配権をめぐる県知事とファシスト党県支部長との権限争いに関して、「知事が県における国家の最高の権威者である。権威は折半することはできない。……党と各レベルでのその構成員は、革命が成し遂げられたいま、中央においても地方においても、国家の意志を自覚的に果たす道具でしかない」(二七年一月五日)と言明している。あるいはまた、「ファシスト体制のような全体主義的で権威主義的な体制」(同日)とか「全体主義的なファシスト国家」(二九年九月一四日)という表現もよく使用している。ムッソリーニとファシスト幹部たちはファシズム体制をこのように表象しようとするのだけれど、しかし現実に生み出されたファシズム体制は、中央と地方、国家と党あるいは抑圧と合意といった対比的関係では納まらない国家と社会の編制を表わしており、そうした編制においては中央と地方あるいは国家と党といったことのあり方自体が変容し、したがってまたそれらの関係も新たな意味のもとにおかれることになると考えられるのである。「国家がすべて」とか「全体主義的」などの言説は、ファシズム体制がきわめて厳格で強固な枠組みをもったレジームであるようなイメージを作り出しているが、この体制の特徴はむしろそうしたイメージの背後で生じている諸関係の意味の変化、そしてそのことが人びとの日常生活にもたらしている変化のなかにあり、それらの問題の検討が重要だと思われるのである。

一九二五年以降の諸立法措置における際立った特徴のひとつは、従来の行政機関、つまり各省の外に、公社・公団あるいは事業団を数多く設立して、行政のシステムを多様化していることである。ムッソリーニ内閣の成立以前から、行政の効率化を求める政治家や官僚の間で各省の改革の課題が取り上げられていたが、ムッソリーニ内閣の成立後も行政改革の課題はテクノクラートの間で熱心に取り組まれた。しかしこれに対しては、行政の効率よりも法規の遵守を第一の任務と考える守旧的官僚が強く抵抗し、結局は遵守派官僚が効率派官僚を押さえて行政改革は成功せずに終わる。そこでムッソリーニ内閣においては、従来からの官庁機関によるあまり能率的とはいえない国家行政が持続することになる。他方、行政の効率化を掲げるテクノクラート官僚とファシスト政治家は、伝統的で守旧的な官庁機関の制約を離れて、その外に新たな機関を設立し、社会的必要に対応した組織形態をもとうとするのである。それがこの時期以降、公社・公団あるいは事業団の形をとって設立される諸機関の性格であって、その代表的なものはアジップ(AGIPイタリア石油総合公団)や三〇年代のイーミ(IMIイタリア動産公社)、イーリ(IRI産業復興公社)などの経済分野での機関、あるいはインファイル(INFAIL全国ファシスト労働災害保険公社)やインフプス(INFPS全国ファシスト社会保険公社)などの福祉厚生分野での機関である。これらの機関は、官庁機関と並んで存在し、それと並行して行政運営を進めるので、官庁行政に対して並行行政、あるいは各省官僚機構に対して並行官僚機構と名づけられることになる。ファシズム体制における国家行政を考える場合に、実際には新たに設立されたこれらの並行行政の役割に注目することが必要で、この体制を中央の行政権の強化としてだけ説明するのでは不十分なのである。これらの公社・公団の多くは、ファシズム体制が崩壊したあとも存続して、共和制イタリアのもとで引き続き機能していくのであり、ファシズム体制下における国家と社会の編制が「逸脱」あるいは「挿話」としてすまされるものでなく、国民生活にとって深く構造的な性格をもつものであることを示している。またイタリアの国家官僚は南部の出身者が多く、行政の南部化ということがよく指摘されるが、新たに設立された公社・公団の職員には北部・中部の出身者が多いことが明らかにされており、この面でもファシズム体制の行政のあり方に変容が生じているのである。

公社・公団的形態の行政と並んで、ファシズムが盛んに設立し、活用したのが事業団の形態をとった諸機関である。各種の事業団は人びとの日常生活のより身近なところで組織され、人びとの日常生活とたえず接触をもち、その生活のあり方にさまざまな変容をもたらした。ファシズムによる大衆の組織化と呼ばれる情況は主としてこれら事業団の活動を表わしており、事業団活動の日常生活への浸透は、市民社会に伝統的な公的生活と私的生活の境界領域にも意味の変化を与えたのである。

二　事業団活動の性格

1　事業団の組織形態

ファシズム体制のもとでの国家と社会の編制および人びとの日常生活の変容を考えるとき、次の三つの事業団はとくに重要な例を提供してくれる。政府のイニシャティブに基づく議会での立法措置によって、一九二五年五月一日に全国ドーポラヴォーロ事業団 Opera Nazionale Dopolavoro＝OND、同年一二月一〇日に全国母子事業団 Opera Nazionale Maternità e Infanzia＝ONMI、そして二六年四月三日に全国バリッラ事業団 Opera Nazionale

Balilla＝ＯＮＢがそれぞれ設立された。

ドーポラヴォーロは直訳すれば労働後という意味で、労働後の余暇ないし自由時間を指しているが、第一次大戦後に労働者のかちとった八時間労働制の導入を機会に、経営者側が労働者の自由時間を管理する目的でドーポラヴォーロ組織というものを提唱した。この組織は、労働時間の短縮で生じた労働者の自由時間が労働運動や社会主義運動のために用いられることのないように、娯楽と福祉をかねた施設・行事を準備して、労働者の時間と行動を管理するのが狙いだった。こうした民間企業での娯楽、福祉、管理を重ね合わせたシステムを、国家行政のなかに取り込もうとして作られたのがドーポラヴォーロ事業団である。また母親と幼児の保護に関しては、ムッソリーニ内閣以前の諸政府によっても諸種の立法措置がとられており、またそれとは別に医療行為から慈善事業まで民間におけるさまざまな独自の活動がなされていた。貧窮ないし苦境にある母親と幼児の保護のためにそれぞれのレベルで取り組まれていたこれらの諸活動を、国家行政のなかに統合する目的で設立されたのが母子事業団である。三番目のバリッラというのは、一八世紀の伝説的な愛国少年の名前で、この少年の名前を冠した事業団は、青少年の課外諸活動を行政的な指導と管理のもとに統合することをめざして設置されたものである。

このようにそれぞれの事業団は、これまで民間でなされていた諸活動を国家行政のなかに取り込む目的で設立されており、その意味では「すべては国家のうちに」の原則がこうした形で社会諸領域に適用されているのをみることができるのだが、ここで考えておきたいのは、そうした形で組織された事業団の性格とその機能、そしてこの事業団活動が人びとの生活に及ぼした影響という問題である。ファシズム体制は「すべてを国家のうちに」取り込んで、国家の行政権を強化した体制と表象されるけれども、すでに述べたようにそうした表層の背後で国家や行政のあり方、あるいはその意味に変化が生じており、ファシズムの理解にとってはこの点の分析が重要となるのである。

事業団活動はファシズム体制における国家や行政のあり方の問題を具体的に表わしているのであり、ファシズムの本質的性格に関わる主題といえるのである。

先の三つの事業団は二五年から二六年にかけて設立されたけれども、設立当初からすぐに活発な活動を始めたわけではない。また目的や規約、あるいは組織の構造や運営方針が設立当初から変わらずに、そのままずっと維持されたわけでもない。むしろ目的は情況に応じて多様化していき、それにしたがって組織の構造も運営の仕方もたえず変化しており、その点では固定的でない柔軟な制度であった。ただしこれはファシズムの柔軟性というより、情況への順応あるいは無原則性の表われとみるべきであろう。いずれにしても活動内容や組織構造あるいは運営方針のたえざる変化は、伝統的な官庁行政にはなじまないものであり、まさに事業団という形態の性格がそれを可能としているのである。政府は民間の諸活動を国家行政のなかに取り込んだのであるが、それは旧来の官庁行政としてではなく、国家に結びついてはいるが、国家から半ば自律した運営を行なう新しい形の行政、つまり事業団行政として取り入れたのである。事業団活動は行政のあり方に新しい形をもちこむことによって、人びとの日常生活のさまざまな領域への浸透を果し、それによってまた生活のあり方を変容させつつ、ファシズム体制のいわゆる大衆的基盤を形成していくのである。

三つの事業団とも、設立当初の組織の構造と運営の仕方はほぼ共通している。ドーポラヴォーロ事業団の監督官庁は国民経済省で、あとの二つは内務省であるが、これらの省が運営を担当するのではなく、会長のもとに、運営のための最高機関として中央評議会が置かれ、これに各省からの代表、関係諸団体からの代表、それに専門家が加わって基本的な方針が検討される。ドーポラヴォーロ事業団の会長には国王のいとこで国民の間に人気のあるアオスタ公エマヌエーレ・フィリベルト、母子事業団の会長には学者でファシスト政治家のジャン・アルベルト・ブラン、バリッラ事業団の会長には武闘派ファシストのレナート・リッチがそれぞれ就任している。各事業団は中央評議会の他に、地方組織として県委員会と市町村委員会を置き、事業団活動の実際の運営と指導はこの地方委員会が担当することになる。県にしろ市町村にしろ委員会は、地方行政の代表者、関係諸団体の代表者、ファシスト党関係の代表者、各部門の専門家たち、地域の名士たちが地方の実情に応じて参加し、構成した。三事業団のそれぞれの設立の趣旨は、ドーポラヴォーロ事業団についていえば「労働者の身体的・知的・道徳的能力を向上させるために、諸制度によって労働者の余暇時間の健全かつ有益な利用を促進すること」と謳っており、母子事業団の場合は母親と幼児の「身体的・道徳的状態の改善を促進すること」であり、またバリッラ事業団に関しては「一八歳以下の男女青少年の身体的・道徳的な教育ならびに扶助」と定めている。こうした目標のために三事業団に共通して課されたのは、公共と民間を問わず既存の関係諸団体の活動をこの事業団のもとに統合し管理することで、事業団は個人参加者も含めて、いわば諸団体の連合組織としての性格をもったのである。そこで県委員会や市町村委員会が実際にまず行なう必要のあったのは、既存の関係諸団体の調整と整備ということであったが、これはやさしいことではなかった。

2　母子事業団

例えば母子事業団をみてみると、この事業団はいまの趣旨にしたがって具体的には、妊娠・出産・産後の期間の女性の保護ならびに扶助、母体および新生児の衛生予防、障害児や捨て子の救済、未婚の母や私生児の保護救済など広範囲の福祉活動に携わる計画をもったのであるが、こうした問題はどの地域においても、これまで公共あるいは民間の病院や診療所、福祉施設や扶助組織、慈善団体や博愛協会など数多くの団体によって扱われてきたことで、それらの活動を調整し管理することは行政的にも利害関係の面でもきわめて困難な作業であった。とくにこの分野では伝統的に教会や聖職者団体の活動が活発であり、カトリック組織との衝突の問題も生じた。そこで現実には、既存の諸団体を調整し管理する課題は厳密に遂行されたわけではなく、一方で事業団の中央上層部は、諸団体に対する調整、監督、指導の権限を自らがもつことをことあるごとに確認しながら、他方で諸団体の自主的な活動を容認せざるをえず、また容認することで事業団活動の広がりも確保したのである。母子事業団は、組織の最末端の各市町村において保護委員会を設け、他団体との競合よりも協力を図りながら、主として貧窮生活の家庭や父親のいない母子を対象として保護と救済の活動を行なった。この時期の母子事業団が最も力を注いだことの一つは、他の諸国に対して高い割合にあるイタリアの新生児死亡率を減少させることであった。保護委員会を構成するメンバーはパトロン(保護者)と呼ばれる無給のボランティアで、この人たちの資格としては地域において誠実で清廉の評判をもち、できるならば母子保護に関する知識とファシスト党の党員証を有することが望まれたが、ファシストの宣伝文句では「福祉の志願兵」と名づけられた。パトロンの役割は保護と救済そのものではなく、その前段階の保護と救済が必要な母子を調査し認定することであったが、このために熱心に各家庭の状態の調査に励むことになり、事業団は地域の居住者の私生活にわたる情報を掌握することになるのである。事業団の資金について述べておけば、母子事業団は国家財政から八〇〇万リラの予算が与えられ、ドーポラヴォーロ事業団とバリッラ事業団はともに一〇〇万リラずつである。この金額は国家が準備する行政費としては少額であって、これだけの予算では各事業団の運営にはまったく不十分なために、各事業団は資金調達の面でもいわば自主性に委ねられた形となり、諸団体や個々人の出資あるいは寄金を求めることで、それらの団体や人びとと事業団活動との結びつきを強めたのである。

3　バリッラ事業団

三事業団の発足後数年を経ずしてそれぞれに位置の移動がでてくる。それはファシズム体制のなかでの各事業団の意味のもち方に変化が生じたことを示すが、このことはまたファシズムの順応主義的な性格を表わしてもいる。ファシズム体制は、体制としての大きな枠組みを維持するうえで、内部においては常に自己革新を試み、国民生活の新たな領域への浸透を遂げているのである。ドーポラヴォーロ事業団は二七年五月にファシスト党書記長のアウグスト・トゥラーティが会長に就任し、事実上ファシスト党の補助機関ないし外郭団体の性格を帯びることになった。母子事業団では議論ばかりで指導力を発揮しない中央評議会が二七年に解散の措置をとられ、会長に諸権限が委ねられた。そしてこれと前後して、昇天祭祝日の演説として知られるムッソリーニの議会演説(二七年五月二六日)で人口増大の方針が強く打ち出され、母子事業団はこの人口政策を担う重要な任務をもつことになった。また二九年九月に文部省が国民教育省に改組され、その時に新設された青少年身体教育担当次官にバリッラ事業団の会長リッチが就任したことに伴い、バリッラ事業団は国民教育省の一部門となった。

バリッラ事業団は一八歳以下の青少年を対象としていることで、他の二つの事業団に比べると活動領域はかなり限定されているようにみえるが、やはりいろいろな面で社会生活に影響をもたらした。バリッラ事業団に関しては青少年への準軍事的教練の実施がよく強調され、たしかにこの教練も行なわれていて、それを見落としてはならないが、もう少し多様な側面で考える必要がある。この事業団は、会長リッチの政治力によって従来の行政機関をいくつか吸収しながら、青少年組織あるいは青少年活動の統合を推進して、次の時代を担う青少年の掌握に努めたのである。事業団の実際の活動は、この場合も地域の実情に応じて県委員会および市町村委員会でかなりの程度自主的に進められており、準軍事的教練と並んで、設立趣旨に謳ってある教育と福祉の活動がもうひとつの柱であった。補習授業、職業訓練コース、音楽・演劇の実習コースなどを準備したり、林間学校や臨海学校を開設して貧困児童の参加への特別な配慮を行なったり、団員には奨学金や傷害保険の利用などの特典を与えた。こうした活動の指導にあたるのはボランティアであったが、軍事的教練は主として治安義勇隊のメンバーが担当し、その他では学校教師に依存する面が多かった。教師は事業団活動に参加することによって、昇進の評価点数を高めることができた。青少年のバリッラへの加盟を呼びかける通達を発しており、バリッラ事業団への参加は義務ではなく、希望による登録制であったが、二七年には文部大臣が全生徒のバリッラ事業団への加盟を呼びかける通達を発しており、バリッラ事業団の活動は全体として学校教育との関連を深め、教育における公的なものと私的なものとの境界を次第にあいまいなものとしていった。やや誇張された数字と思われるが、事業団の機関誌は二八年末の加盟者を一二三万人と発表している。

二七年から二八年にかけて、政府はバリッラ以外の青年組織の解散および新設禁止の措置をとるとともに、人口二万人以下の市町村におけるカトリック系のボーイ・スカウトの解散も命じた。イタリア社会において、女性組織や青年組織を含めて圧倒的なネットワークをもっているのはカトリックの大衆組織であり、ファシズムが「すべてを国家のうちに」取り込み、「全体主義的」であるためにはカトリック諸組織をどうするかが難しい問題であった。政府は、地方においてバリッラと競合関係にたつボーイ・スカウトの解散を命ずる強行措置にでたが、これに対するカトリック側の反発もまた強かった。国家統一以来の懸案事項である国家と教会の対立、いわゆる「ローマ問題」の解決をめぐって、折からムッソリーニ内閣とローマ教皇庁の間で交渉が進められていたが、ボーイ・スカウトの閉鎖はこの交渉にも一時暗雲を投げかけた。「ローマ問題」は結局、二九年二月のラテラーノ条約によって一応の解決に達するが、その際カトリックの平信徒組織であるカトリック行動団の存続が認められたため、カトリック側はこの行動団を通して青少年への働きかけを行なうことになり、今度はこれに反発するファシストの暴力事件が発生するなど、青少年組織をめぐる両者の争いは長く尾を引いた。

二七―二八年の間、バリッラ事業団は事務所および活動センターとして常設の「バリッラの家」を各地に広げていった。また二三年に哲学者のジョヴァンニ・ジェンティーレが文部大臣だったときに設置された中学校身体教育全国協会、あるいは南イタリア地方の識字率改善のために設置されていた南部向上全国協会などの学校教育にかかわる行政機関を吸収していった。以上のような全体の経過を背景にして、二九年九月にバリッラ事業団は事業団としての形態を維持したまま、国民教育省の一部門となるのである。これはバリッラ事業団が官庁行政に統轄されたのではなく、事業団はそのままの性格を保ちながら、事業団行政と官庁行政の結合が図られたものということができる。つまり伝統的な官庁行政では浸透しにくい領域に事業団行政が進出し、その事業団活動は国家的保障に支えられる体制がここで作られているのである。

バリッラ事業団の活動は人びとの日常生活のなかにも思いもよらぬ形で変化を持ち込んでいる。団員への福祉面での諸特典はそれとして、少年少女のバリッラに対する憧れがある。バリッラのユニフォームを身につけることへの憧れ、それを着てパレードに参加することへの憧れ、「バリッラの家」に出入りして友人とともに過ごすことへの憧れ、バリッラの行事に参加することへの憧れ、そうした憧れが多くの少年少女の気持をとらえ、バリッラへの加盟を親にせがむようになる。一方、親のなかには密かにファシズムへの批判の気持をもち、子供のバリッラへの加盟をこころよく思わない者がいる。このようにバリッラへの加盟をめぐるひとつをとってみても、日々の生活のなかでの親子関係や友人関係にこれまでになかった変化を与えることになったのである。

三　ファシスト党の福祉活動

1　ドーポラヴォーロ事業団

バリッラ事業団が官庁行政と結合する方向で、青少年活動をより広く管理する態勢をとったとすれば、ドーポラヴォーロ事業団は逆に国民経済省からファシスト党に管轄が移され、それによって活動の一層の広がりがもたらされた。ドーポラヴォーロはファシズム諸制度のなかで大衆の組織化に最も成功した例とみなされているが、それはどのような点においてであろうか。事業団という形態がもつ性格についてはここでは繰り返さないが、事業団の会長にファシスト党書記長のトゥラーティが就任することで事業団活動と党活動が結合され、事業団の側にもファシスト党の側にもそれぞれ新たな活動領域と活動のスタイルがつけ加わった。二〇年代後半にファシスト党の内部では古参党員の除名とか新規入党の制限などの措置がとられ、党内問題が発生しているのだが、その間の事情はいま問わないことにして、党組織の規模を知っておくためにとりあえず党員数をあげておくと、二七年から三二年までの間はほぼ一〇〇万人前後の数である。ローマ進軍一〇周年にあたる三二年一〇月に入党制限をやめて入党キャンペーンが始められると、一年後の三三年末には一四一万人となり、以後急上昇の道をたどる。またドーポラヴォーロ事業団への加盟者は、同事業団の資料によれば二七年に五三万人、二八年に八八万人、二九年に一四四万人、三〇年に一六二万人、三三年に一九二万人と年々うなぎのぼりの数字をみせている。

ドーポラヴォーロは大きく分類すると、国家公務員を対象として各省に作られる官庁ドーポラヴォーロ、民間企業が従業員のために設置する企業ドーポラヴォーロ、それに都市と農村において居住区住民を対象に組織される居住区ドーポラヴォーロの三系統に分かれるが、最後の居住区ドーポラヴォーロがとくに重要だった。ファシズムの諸組織はすべて上部から下部へ、中央から地方へ、幹部から平へと階層的秩序で成り立っており、ドーポラヴォーロ事業団もその例外ではない。ファシスト党書記長が事業団会長を兼ねることで、上から下への階層的性格は一層顕著になったともいえる。ドーポラヴォーロ事業団の運営はこうした上下の階層制を維持したうえで、しかし具体的な活動においては他の二事業団がそうであったように、地方の県委員会および市町村委員会の自主性と創意が求められるのである。地方の委員会を構成するのは党役員、県・市町村の幹部職員、地元の名士・有力者、専門家・技術家、学校教師等々で、委員会は関連諸団体をまず事業団に組み入れ、統合し、そして日常活動の計画をたて組織する。事業団の有給職員は全国で七〇〇人ほどしかおらず、この有給ポストの地位はとくに地方では社会的上昇の手段ともなったが、日常活動の大半は当初からボランティアに依存している。ボランティアの総数は一〇万人を越えたと数えられるが、ドーポラヴォーロ事業団の活動というものは結局のところボランティアの存在と彼らの発揮する能力に負うているのである。

居住区のドーポラヴォーロの活動はまことに多彩であり、スポーツ、音楽会、演劇会、団体旅行、民俗芸能、共同購入、職業訓練、福祉厚生、割引特典など、娯楽的要素から福祉活動、消費生活に至るまで、日常生活のあらゆる領域に浸透していた。旧自由主義国家においては、これらは篤志家の慈善行為や限定された福祉行政のなかで個別的に行なわれていたにすぎず、民衆にとってのこうした包括的な社会サーヴィスの制度はファシズムによって初めて導入されたもので、研究者の間にはこれらの総体をファシスト文化と呼ぶかどうかの議論もある。この議論は別にして、ここではドーポラヴォーロ事業団とその活動の性格の検討だけにとどめるが、事業団はあくまでも政府の行政政策を担う一機関としての性格を帯びている。その意味では国家行政の一環としての活動であり、国家からまったく自律しているのではない。しかし、事業団が目的とする民間諸活動の調整と管理は、それを完全に行なうことが不可能というだけでなく、民間諸活動の創造性を取り入れながら事業団活動の基盤を広げていくという点で、国家からの一定の自律性も保持している。しかもこの機関の運営が官庁行政にではなく、ファシスト党に委ねられることで、伝統的な行政機関の非能率さと官僚的対応によってこれまで軽視されてきた社会領域への浸透を容易にし、そのことによってまた行政のあり方自体を変化させているのである。

つまりドーポラヴォーロ事業団は、国家の行政政策を伝達する機関ではあるが、純粋に国家の行政機関というわけではない。その活動は地域社会に根ざした諸組織に基づいているのだが、しかしながらそうした諸組織による自発的な制度というわけでもない。階層的な運営の制度ではあるがまったくの中央集権というわけではなく、だからといって地方分権なのでもない。人びとの私生活の領域での諸活動の形をとりながら、一方では国家の公的行事のなかに組み込まれている。これらの活動の主体となるのはボランティアであって、多くはファシスト党員であるが、以前の熱烈な古参党員と違って、彼らはこれによって地域社会における党の支配権を確立しようとするのではない。ボランティアはまた常に専門的技術的知識の持ち主であったのではなく、テクノクラート支配の社会が目指されたわけでもない。おそらくボランティアは行政活動と党活動、あるいは娯楽と管理、福祉と規律の有能な媒介者であったといってよいであろう。というよりも実はドーポラヴォーロ事業団自体が、いわば国家と社会、中央と地方、官僚機関と政党、強制と合意、私的生活と公的生活のそれぞれの境界を横断し媒介し、そうすることでこれらの境界領域をあいまいなものとする国家と社会の編制を作り出しているのであり、ファシズム体制の特徴はまさにそのような点に見出されるといえるのである。

2　福祉事業協会

ところでこれまでの研究では、ファシスト党はファシズム体制のもとで国家に従属し、非政治化され、娯楽と福祉の大衆活動のための組織となったことが強調されてきたが、以上のような問題を考えてみれば、ファシスト党の非政治化といわれることは、むしろ政治と呼ばれるもののあり方自体が変わってきている情況を表わしていると理解されるのである。ムッソリーニはローマのヴェネツィア広場での党員集会で次のように呼びかけて、ファシズム体制のもとでの党の役割を示そうとした。「ファシスト党は体制の毛細管組織である。その重要性は根本的である。党はどこにでも浸透する。党の任務は、権威の行使というより、献身的な伝道なのである」(二九年九月一四日)。その二年後、世界恐慌のなかでイタリアにも経済不況の波が押し寄せている事態を前に、ムッソリーニはファシスト党指導部に対して次のような指示を与えた。「経済危機に対処するため、そしてまた苦境に陥っている民衆階層の現状を福祉事業組織の活用によって緩和するため、党は政治的にも精神的にも動員態勢をとらねばならない。……党は経済危機を和らげるため、公共事業や扶助活動の準備にあたるが、それは慈善的な施しの性格であってはならず、人間的、国民的、ファシスト的連帯の事業としての性格でなければならない」(三一年一一月一二日)。

政府は経済不況による民衆の生活の悪化が、もはや伝統的な慈善事業によって救済されるとは考えておらず、組織的な社会福祉事業が必要であることを明確に認識している。しかし政府は、国家行政の責任による社会福祉政策の遂行というより、ここでもまたファシスト党にこの事業を託して、党の政治的精神的動員を求めたのである。そしてこの活動には、三一年初夏に設立された福祉事業協会 Ente Opere Assistenziali＝ＥＯＡが取り組むことになった。先の諸事業団の場合と同じように、福祉事業協会も市町村において地方行政体と党組織が協力して関連諸団体の調整を計り、この場合は貧困家庭の救済は主として行政体が、失業者とその家族の扶助は党機関が担当することとした。この協会の資金は企業、ファシスト労働組合、金融機関、有産者などに半ば強制的に割り当てて寄付させることで調達している。党組織による失業者への扶助活動は、ムッソリーニの指示にもみられるように、個人的な慈善行為や博愛精神でなく、集団的で社会的な福祉事業の意識においてなされ、それが新たな国民的連帯に導くことが期待されていた。その意味では、この事業協会の活動は食堂での食事の提供、生活必需物資の提供、祝日の贈り物などの物質的援助の他に、精神的な働きかけも重要な内容であった。

福祉事業協会の活動でとくに注目されるのは、この協会に設けられたファシスト家庭訪問員のポストである。これは女性職で、扶助の対象となる失業者の家庭を巡回して物質的および精神的な援助を行なうとともに、裁縫や料理の講習会、小物グッズの即売会、祭りごとの催し、子供へのプレゼント、サマーキャンプなどを組織して苦境にある家庭への社会サーヴィスに努めた。家庭訪問員のこうした活動は、先の母子事業団のパトロンのケースと同様に、個々人の私的生活の領域への党組織の介入を容易にするものであった。この家庭訪問員もまたボランティアであり、なかには裕福な有閑女性が旧来の慈善の観念で携わることもあったが、家庭訪問員活動はファシズム体制下の女性の地位にいくつかの問題を投げかけた。

ファシズムは女性が家庭にとどまることを美徳とし、女性が母親として家庭を守るべきことをたえず唱えてきた。しかし、家庭訪問員への女性の動員は女性に家庭の外へ目を向けさせ、家庭の外で女性が果さねばならない仕事のあることを示すものであった。この意味で家庭訪問員の仕事はファシスト女性に新たな活動の場を提供し、彼女らを活気づかせる大きなきっかけを作ったのである。ちなみに、哲学者アントーニオ・ラブリオーラの娘でフェミニスト運動の指導者であったテレーザ・ラブリオーラは、家庭訪問員への女性の動員のなかに、ラテン的フェミニズムとファシスト的フェミニズムの調和を見出して高い評価を下した。一方、家庭訪問員となった女性たち本人は、最初はボランティアとして必ずしも福祉事業に深い関心と知識を有していたとはいえないにしても、活動の経過のなかで次第に専門意識と職業意識を身につけることになり、そうした意識に基づく活動が強まるにつれ福祉事業のあり方自体も、ボランティア活動から専門性を要するものへと移行していくのである。ファシスト党に委ねられた福祉事業協会の家庭訪問員の活動は、このようにファシズム下の女性史と福祉事業史の双方にとって重要な意味をもったのである。

福祉事業にみられるような国家と党の関係は、ファシスト党の非政治化と簡単にはいいきれない問題を表わしているが、またこうした福祉事業のあり方はファシズムにおける強制と合意という問題のたてかたの不適切さも示しているだろう。これを民衆の側からみてみれば、ファシストによる福祉活動の日常生活への浸透は、単に生活の支えと救いを得るということだけでなく、同時に監視と規律の強化を伴っている問題である。しかしまた、これを生活の管理と統制のシステムとだけみることはできず、明らかに諸個人の生活にとって利益の享受の面がある。こうしたことがらは強制か合意かという問題であるより、むしろ人びとの生活戦略にかかわってくる問題と考えられる。ファシズム体制はその規範秩序を社会全体に及ぼしている体制のようにみえるけれども、すでに明らかにしたように、それはもろもろの境界領域を流動的なものとしているのであり、そこには間隙や矛盾がいくつも含まれている。人びとは、体制のそうした間隙や矛盾をぬって生活戦略をたてるのであり、それは日常的な不断の選択、決断、操作、交渉といった行為に支えられている。ファシスト的福祉事業の日常生活への浸透は、人びとの生活戦略のどのような選択、決断、操作、交渉と結びついているのか、そのことの検討はファシズムの理解を深めるうえで、今後の重要なテーマをなすと思われるのである。

四　類似の運動について

本章ではイタリアのファシズムを中心に検討してきたが、「はじめに」でも触れたように、「ファシズム」という語はイタリアに限らずに、次第にそれ以外の国々にも適用され一般化して使われるようになった。ファシズムの語を一般化することによって、第一次世界大戦後の国際社会の歴史的な性格を考察する有力な方法が導入されたといえるのであるが、一方ではそれによってイタリアのファシズムと一般化されたファシズムとの関係をどう考えるかという新たな問題も生ずることになった。つまり、ファシズムと呼ばれるもののなかに、相互に類似しているけれども、まったく同一とはいえない諸現象が含まれることになり、それらを共通してファシズムとくくることでたしかに第一次世界大戦後の国際社会の重要な傾向を明らかにしうる反面、ではファシズムとは何かという基本的な問いがあらためて生ずるのである。それはファシズムの定義を明確にすれば解決できるという問題ではない。ファシズムをどのように定義しても、その定義に納まらないファシズム的現象が必ず残るだろうし、そもそも歴史を考える際に、類似してみえても現実には独自の意味をもつ諸現象を、定義によって一つの枠のなかに押し込めてしまうことはもっとも好ましくないやり方なのである。

国際的な広がりでのファシズムを考える場合に、ごく当然のことではあるが、ファシズム的と呼ばれるさまざまな運動や体制の個別的な検討を通して、それらの性格を明らかにする作業が第一に必要となり、そのうえで類似性や共通点の問題が語りうることになる。しかしこの場合でも実際に重要なのは、類似性や共通点を探しだすことよりも、ファシズム的とみなされる運動や体制がそれぞれの社会において有している固有の意味をまず解明することであろう。表面的に類似したり共通してみえることがらが、それぞれの社会的脈絡のなかで異なった意味を示していることに注意を払わねばならないのである。したがってファシズムを第一次世界大戦後の広く国際的な現象として理解するとしても、その国際性はファシズム的とみなされる諸運動がもつ類似性や共通性のなかにあるというより、それぞれに異なった社会的脈絡を有するこれらの運動が、直接的か間接的かは別として、互いに政治的、思想的、外交的あるいは精神的な結びつきをもって国際社会に存在し、この時期の国際社会の動向に影響を及ぼしているところにあるといえるのである。こうした問題点を指摘しておいて、ここでは一例としてリトアニアでのファシズム的とみられる動向とイタリアのファシズムとの関係に触れておくことにする。

第一次世界大戦後、リトアニアは独立共和国となるが、ポーランドが首都ヴィリニュス(ポーランド語名ヴィルノ)を占領して併合したために、当初からポーランドとの間に緊張関係が存在した。また内政においては伝統的にカトリック教会の影響力が強く、カトリック勢力による政治支配が行なわれた。こうした情勢のもとで、リトアニアの国民意識の形成とナショナリズムの発揚による政治を求めるグループが、一九二四年にリトアニア国民連合を結成する。ローマ教皇庁がポーランドとの政教協約においてヴィリニュスをポーランドの司教管区として認めたことで、リトアニアのカトリックは大きな打撃を受け、これに加えて国内ではカトリックによる政治支配への不満が高まり、二六年五月の議会選挙でキリスト教民主党は敗北し、社会民主党と農民大衆党の連合政府が形成される。同時期にポーランドではピウスツキがクーデターで政治の実権を掌握するが、リトアニアでも二六年一二月にクーデターによってリトアニア国民連合の指導者スメートナが大統領に就任し、また首相には同連合のヴォルデマラスが任命された。議会の機能は停止され、大統領に諸権限を集中した新憲法が二八年に制定されるが、国民連合内部のいわば穏健派と強硬派の対立、それを反映したスメートナとヴォルデマラスの対立が生じ、内閣の権限の強化を図った強硬派のヴォルデマラスは二九年に失脚し、この後スメートナの独裁的な支配が確立されることになる。

ヴィリニュスをめぐって対立するリトアニアとポーランドの両国では、ほぼ同じ時期にそれぞれスメートナとピウスツキによる独裁的な政治体制が成立した。独裁体制を支える政治組織が前者の場合は単独党派の「リトアニア国民連合」であり、後者の場合は諸党派を包含した「サナツィア」であるというように諸種の面での違いはあるけれど、これらをファシズムとみなすかどうかについて早くから議論があった。現在の研究の多くは、両者の体制をファシズムとみるよりは、権威主義的な性格とする見解をとっている。そして両国のファシズム的性格の運動としてはむしろ、リトアニアに関しては、国民連合から分離したヴォルデマラス支持派の強硬グループ、あるいは反ユダヤ・反ポーランドを掲げる「鉄狼団」とその系譜の組織をあげ、またポーランドに関しては、サナツィアを批判して二六年末にドモフスキによって結成された「大ポーランド陣営」、あるいはのちにこの組織の主導権を握る「大ポーランド陣営青年運動」をあげ、これらの運動が両体制のもとで共に弾圧されている事実を重視するのである。私はいまここで、両国のどの組織ないし運動がファシズム的であったのかに関心を向けているのではなく、むしろこのように問題を立てることで、イタリアのファシズム体制がまさにファシスト党内の非妥協主義的な強硬路線を抑圧することによって成立したという事実を見落とすことのないように注意しておきたいのである。

リトアニアにおけるスメートナの独裁体制をピウスツキのそれと同一視しえないと同様、イタリアのファシズム体制とも直ちに同一視することはできない。また、ムッソリーニ支配下のイタリアとスメートナ支配下のリトアニアの両国が、きわめて緊密な外交関係で結ばれたというわけでもない。しかし、戦間期に両国は互いの動向を注意深く観察しあい、とりわけリトアニアはイタリアのファシズムに強い関心を示していた。それは第一には、反ボリシェヴィズムと反議会制民主主義の立場からどのような国家のあり方が可能か、そのモデルをイタリアのファシズムから学ぼうとしたことによっている。それは党のあり方についてもいえることで、リトアニア国民連合の幹部は三〇年にイタリアを訪れてつぶさにファシスト党の経験を学んで帰った。第二には、いま述べたことだが、イタリアのファシズムがファシスト党内の強硬な非妥協派を抑圧して体制の運営を図っていることへの関心および共感である。第三は、イタリアのファシズムが伝統的な諸制度、つまり君主制、軍部、教会などに干渉の手を伸ばさずに、それらとの妥協によって体制を形成していることへの注目で、カトリック勢力の強いリトアニアでは、ラテラーノ条約を結んで国家と教会の関係を定めたファシズムの教会政策にとりわけ関心がもたれた。そしてドイツでヒトラーが政権を掌握したあと、右のような諸点がナチズムと比較されて、さらにファシズムへの親近感を強める傾向がみられた。ただしドイツのナチズムへの警戒は領土上の不安とも結びついており、その点イタリアとは遠く隔たった位置にあって侵略の恐れがなかったことが、リトアニアとイタリアの友好関係を可能にしていた事情も指摘できる。こうしたリトアニアの例にみられるように、国際的な広がりでファシズムを考えるということは、必ずしもさまざまな運動や体制の直接的な類似性や共通性の検討を意味するのでなく、そうした運動や体制が相互に作り出す諸関係を明らかにし、それが第一次世界大戦後の国際社会に与えている歴史的な性格を検討することにあるといえるのである。

参考文献

Benito Mussolini, *Opera Omnia*, Voll. 21–25, Roma, 1956–58.
Alberto Aquarone, *L'organizzazione dello Stato totalitario*, Torino, 1965.
Carmen Betti, *L'Opera Nazionale Balilla e l'educazione fascista*, Firenze, 1984.
Jerzy W. Borejsza, East European Perceptions of Italian Fascism, in Stein U. Larsen ed., *Who were the Fascists*, Bergen-

Oslo-Tromsø, 1975.
Id., L'Italia e le tendenze fasciste nei paesi baltici: 1922–1940, in *Annali della Fondazione Luigi Einaudi*, 8, 1974.
Annalista Bresci, L'Opera Nazionale Maternità e Infanzia nel ventennio fascista, in *Italia Contemporanea*, N. 192, 1993.
Philippe Burrin, Politique et sociètè: les structures du pouvoir dans l'Italie fasciste et l'Allemagne nazie, in *Annales*, 43–3, 1988.
Vittorio Cappelli, *Il fascismo in periferia: Il caso della Calabria*, Roma, 1992.
Sabino Cassese, *La formazione dello stato amministrativo*, Milano, 1974.
Enzo Collotti, *Fascismo, fascismi*, Firenze, 1989.
Id., Il fascismo nella storiografia: La dimensione europea, in *Italia Contemporanea*, N. 194, 1994.
Victoria de Grazia, *The Culture of Consent. Mass Organization of Leisure in Fascist Italy*, Cambridge, 1981.（豊下楢彦他訳『柔らかいファシズム――イタリア・ファシズムと余暇の組織化』有斐閣、一九八九）
Id., *How Fascism Ruled Women*, Univ. of California Press, 1992.
Nicola Gallerano, Le ricerche locali sul fascismo, in *Italia Contemporanea*, N. 184, 1991.
David G. Horn, Welfare, the Social, and the Individual in Interwar Italy, in *Cultural Anthropology*, 3–4, 1988.
Id., L'Ente Opere Assistenziali: Strategie politiche e pratiche di assistenza, in *Storia in Lombardia*, 8–1・2, 1989.
Wieslaw Kozub-Ciembroniewicz, La ricezione ideologica del fascismo italiano in Polonia negli anni 1927–1933, in *Storia Contemporanea*, N. 24–1, 1993.
Ricciotti Lazzero, *Il Partito Nazionale Fascista*, Milano, 1985.
Massimo Legnani, Sistema di potere fascista, blocco dominante, alleanze sociali: Contributo ad una discussione, in *Italia Contemporanea*, N. 194, 1994.
Adrian Lyttelton, *The Seizure of Power: Fascism in Italy 1919–1929*, London, 1973.
Guido Melis, *Due modelli di amministrazione tra liberalismo e fascismo: Burocrazie tradizionali e nuovi apparati*, Roma, 1988.

Philip Morgan, *Italian Fascism 1919–1945*, Macmillan, 1995.
Id., Italian Fascist social welfare policy 1927–1937, in *Tuttitalia*, N. 4, 1991.
Luisa Passerini, *Torino operaia e fascismo*, Roma-Bari, 1984.
John F. Pollard, *The Vatican and Italian Fascism 1929–1932: A Study in Conflict*, Cambridge U. P., 1985.
Paolo Pombeni, *Demagogia e tirannide: Uno studio sulla forma-partito del fascismo*, Bologna, 1984.
Mariuccia Salvati, *Il regime e gli impiegati. La nazionalizzazione piccolo-borghese nel ventennio fascista*, Roma-Bari, 1992.
Id., Modernizzazione e impiego pubblico tra unità e fascismo, in *Rivista di Storia Contemporanea*, N. 19–1, 1990.
Niccolò Zapponi, Il partito della gioventù. Le organizzazioni giovanili del fascismo 1926–1943, in *Storia Contemporanea*, N. 13–4·5, 1982.
ファシズム研究会編『戦士の革命・生産者の国家』太陽出版、一九八五。

［後　記］

（初出）「イタリアのファシズム、類似の運動」歴史学研究会編『講座世界史　六、必死の代案』東京大学出版会、一九九五年。

　ムッソリーニ政府の成立とともに行政改革が始められ、官庁および部局の統廃合と人員整理によって公務員の削減が図られた。行政改革と並んで、政府およびファシスト党は、それぞれの立場から官僚に対する働きかけを強めて官庁のファシズム化を試みた。だが官僚の側は、これにそのまま応ずるというわけではなく、そうかといって抵抗するのでもなく、一般的な言い方をすれば、政権の座にある者に協力するという伝統的な行動様式をとった。

　政府は、二六年八月、公務員の新規採用を向こう三年間停止する政令を発し、その後三一年まで延長した。政府の意図は行政の簡素化という従来の方針の継続であったが、新規採用の停止は厳密だったのではなく、機会主義的人物が採用され、「二八年入省組」といった芳しからぬ呼び名を与えられたりしている。ただ、新規採用停止の措置は、長期的にみれば、官僚の間での新陳代謝が消えて平均年齢の高度化ならびに順応主義的態度の蔓延をもたらした。

　こうした問題にみられるように、ファシズム体制のもとで官僚が全体としてファシスト化しているのでも、また官庁に著しく権限が集中した中央集権的な行政システムが作られているのでもない。ファシズムにおける行政という問題を考えるとすれば、これとは別の領域、つまり第二行政あるいは並行行政といわれる領域を検討することが必要となる。ムッソリーニ政府が存続した二〇年間に、三〇〇を越す新たな公社、公団、公庫、事業団が設立されている。ちなみに、一九一二年から一八年の間の設立数は二一である。ファシズム期のこれら法人は金融、産業、厚生、福祉、文化、スポーツ、娯楽など社会のあらゆる領域に広がっており、ファシズム体制はこうした行政システムの多様化によって管理、運営、動員を行なっているのである。これら法人は、所管官庁の監督のもとにおかれているが、事業計画、人事、財政、運営、指揮系統に関してはそれぞれ機関ごとに形態は多様であり、重要なのはこれらの組織には多かれ少なかれファシスト党が関与していて、テクノクラート、学者、利害関係者らと並んで、「非政治化」された党の活動家たちがここに活動の場を見出していることである。

　ファシズムの特徴として、協同体国家 Stato corporativo ということがよく指摘されてきた。たしかに、コルポラツィオーネについては盛んに宣伝され、イタリアの内外でずいぶんと注目されたけれども、実際にはこのシステムはほとんど機能することはなく、社会生活において現実に機能したのは公社、公団、公庫、事業団の第二行政であり、ファシズムの日常的実践の性格はこの分野にあるといえるのである。注にあげた文献の他に、このあとで出版されたグイード・メリス『イタリア行政史。一八六一—一九九三年』Guido Melis, *Storia dell'amministrazione italiana 1861–1993*, Bologna, 1996 が有益である。

Ⅲ　ファシズムの崩壊とレジスタンスの諸相

第七章　レジスタンス史の一断面

一九四〇年のイタリアの戦争突入は、ファシズムのあらゆるレトリックの背後にまだ何か本質的なものがひそんでいるのかを、イタリア国民が期待する最後の機会となった。この戦争は初めから国民戦争の様相を帯びず、ドイツ・ナチズムの破竹の戦勝を眼前にして焦燥にかられたムッソリーニが、イタリア・ファシズムの光栄を賭した参戦だった。そこにはイタリア国家の軍事的戦略は立案されておらず、戦争推進の動機は、王国軍人にではなくファシスト政治家の中にあった。戦火の拡大はムッソリーニの意図を裏切って、イタリア・ファシズムのドイツ・ナチズムへの軍事的政治的従属を、ますます余儀なくされる結果を明るみにだしていた。民衆はファシズム理論が事実によってかくも無残に反証されていくことに、ファシズムへの不信を決定的にするのであり、兵士は無準備無謀な軍事行動にかりたてられることをいさぎよしとせず、軍部首脳やファシスト幹部も現に進みつつある事態の真の姿にようやく気づき始めるのだった。

第一次大戦後の革命運動の波から支配階級を擁護し、この基盤にファシスト・レジームを構築したムッソリーニは、結局、イタリア社会の基本的構造を変革していなかった。彼の対外戦争への独走が、イタリアの資本家的経済に対する物理的爆破となってはねかえってきたとき、支配階級は、もはやムッソリーニに体制擁護を託す理由をもたなかった。ファシスト党内反対派は国王に接近して、ムッソリーニを除外したファシスト政府の存続を探り、国王は、危急の問題的事態に常にそうであるように、依拠する力を軍部に求めるのだった。

一九四三年七月二五日のムッソリーニ逮捕を準備したのは、ファシスト党内反対派と国王・軍部首脳であった。両派の共同陰謀が成り立ったのは、イタリアの軍事的敗北の責をムッソリーニに帰すという点においてであり、そこには反ムッソリーニの感情はあっても反ファシズムの思想はなかった。連合軍のシチリア島上陸と爆撃の猛火はイタリア戦線の急を告げ、国王・軍部首脳は事態をもっぱら軍事的レベルの問題として処理することを望んだのである。そこで、ファシスト党ムッソリーニ独裁に代えるにイタリア王国元帥バドリオの軍事独裁をもって、一方で連合軍との交渉条件をつくるとともに、他方でファシスト・レジームを内包したままの君主制国家の存続をはかろうとしたのであった。だが、七月二五日の主役たちの、ムッソリーニなきファシズムへの驚くべきオプティミズムも、そもそもこのドゥーチェ Duce に体現されてこそ意味をもちえたファシスト・レジームの存在理由の全的設問の前に立たされねばならなくなる。

連合軍の進攻は、七月二五日事件の直接的な外的インパクトとなっている。連合軍の目標が独伊軍への速やかな軍事的勝利にあることは疑いないが、米英軍の対イタリア軍事行動の背後には米英両国の政治戦略があることを確認しておかねばならない。スターリングラード戦以降、とりわけ米英ソの軍事的勝利の拡大につれて、三国のパワー・ポリティクスが可能性として予測する新たな国際政治構造の徐々なる精密化は、イタリア国内政治に国際的諸条件の枷をはめこんでいく。七月二五日以後、イタリアは国際政治で主体の場を喪失するにとどまらず、国内政治においても米英ソ三国が継起的につくりだす国際的諸条件に規定されていかねばならぬのである。

国内反ファシズム諸勢力は七月二五日事件の直接の介入者ではないが、地下政治運動や北イタリア都市労働運動の活発化がこの事件の重要なファクターとなっていることも事実である。国王派がムッソリーニ排除後もファシスト・レジームの存続を意図し、また連合軍が国際政治の一つの変数としてしかイタリアを扱わないとすれば、ファシズムを成立させたそのレベルでファシズムを問題にするのは、ただ反ファシズム諸勢力の側でのみ可能となる。一九四三―四五年のイタリア史にまつわる雄大なエポペは、ほかならぬこの勢力の活動を記録とするものである。

七月二五日に切って落された新たな局面は、以後、これら三勢力の交錯拮抗の中にドイツからの国土解放を進めていく。国際戦争の場でのイタリア国家の敗戦＝連合軍占領の過程と、イタリア国内のファシズム体制打破＝ドイツ軍追放の過程とが、ドラスティックに重なりあうイタリアの終戦形態は、それゆえ極めて複雑な様相を呈するのであるが、以下は、一九四三―四五年の反ファシズム運動の歴史的展開をたどる角度から、運動内にあらわれた政治論議の検討を主題とする。けだし戦後イタリアの政治主体は、この反ファシズム運動を通じて形成されるのである。

七月二五日―九月八日の四五日間は、バドリオ軍事独裁政権として特徴づけられる。ファシスト党、大評議会、特別裁判所といった固有のファシスト組織の解体は命じられたが、国家構造に体制化された政治・行政機構の維持、中央・地方行政官の留任がはかられ、政治結社の結成は禁止されていた。イタリアの直面する問題は、半島を戦場と化すことなしに戦線から離脱することにあり、バドリオ首相は就任直後、「戦争は継続され、ドイツとの同盟を保つ」と放送して、ドイツ軍のリアクションを牽制しつつ連合軍との休戦交渉を秘密裡に開始した。だが、バドリオのとった措置は、かえってこの間にドイツ軍にイタリアでの戦線確立の機会を与えることになる。連合軍がローマ近くに上陸するのを待って発表される予定であった休戦協定は、九月八日公表され、国王・政府首脳は翌朝首都ローマを捨て南イタリアに向け逃亡した。突然の休戦発表と国王・政府首脳のローマ放棄の報は、イタリア軍隊を混乱と解体に陥れた。しかし、まさにこの事実が、広汎な民衆の武装レジスタンス闘争を生みだす条件となるのである。

政府のローマ放棄により、この時点で、南部、中部、北部と地域的に区分された政治的構図が成り立つ。南イタリアのブリンディジを所在地とした国王=バドリオ政権は、イタリアにおける唯一の合法政府として連合軍に認可され、いわゆる南部王国を構成する。ただし、南イタリアはほとんど全域にわたって連合軍政府の直接支配下におかれている。無防備都市città apertaとなったローマは、独軍占領下におかれる。しかしこの地には、政府のローマ放棄の報で、九月九日、従来の反ファシズム諸党派を結集して、レジスタンス運動の政治的指導機関として存在するようになる。北イタリアでは、独軍に救出されたムッソリーニが、九月二三日イタリア社会共和国を宣言して、サロに傀儡政権を樹立した。同じ時期に、ローマと同様の国民解放委員会が北イタリア各市に結成され(特にミラーノCLNが中心となるが総称して国民解放北部委員会Comitato di Liberazione Nazionale per l'Alta Italiaとよばれる。以下CLNAIと略称)、独軍とネオ・ファシスト政権との闘いに入る。南部、中部、北部の三地域はそれぞれ異なった政治的軍事的経験をたどって終戦に至るのであり、この過程の相違が南部と北部の社会構造の違いの上に、さらに戦後イタリアの政治勢力の配置を条件づけていくので、この間の三地域の政治的構図の区分の確認は重要である。

バドリオ政府は一〇月一三日に対独宣戦を布告した。イタリア側には、来るべき講和会議への有利な布石という思惑がすでに働いていたと考えられるが、連合国側は、イタリアをあくまで「無条件で休戦協定を受けいれた」敵対敗戦国にとどめておくため、対独参戦も、これを同盟国allyとしてではなく共同参戦国cobelligerentとしてしか認めず、イタリア正規軍の再編にも厳しい制限を課した。バドリオ政府に対して、連合軍は、反ファシズム諸政党の代表を加えて政権の基盤拡大を要求するとともに、イタリアの政体form of governmentの最終的な決定権はイタリア人民にあるという見解を表明した。しかしバドリオは、governoという言葉に、政体でなく内閣を意味させて、人民が内閣を選ぶ自由を認めることで君主制維持を既定の事実としようとしていた。

連合軍とバドリオ政府との間にかかる経緯が生じていたとき、CLNに結集した反ファシズム諸党派はいかなる態度を示していたのか。CLNは、南部、中部、北部三地域の政治状況の違いと委員会の民衆的基盤の度合とによって、その政治性を異にしていたが、各地のCLNの性質を問題とする前に、委員会を構成する反ファシズム諸党派のそれぞれがもつ反ファシズムの意味について検討しておくことが必要であろう。

共産党　Partito Comunista Italiano――トリアッティはすでに早く、コミンテルンのファシズム論の混迷の時期にイタリア・ファシズム分析の試論を提示(一九二八年)していた[1]。それは、各国資本主義経済の構造分析の中にファシズム成立の条件を探る方法を提起し、ファシズムが社会運動として現われるプロセスで、ファシズムと対決する政治指導のあり方を問題としていた。この分析視角は、レーニンが「帝国主義の経済的本質と帝国主義の政治的諸傾向の混同」を鋭く批判し、「経済的には帝国主義は資本主義の最高段階、……民主主義から政治的反動への転換が新しい経済の上に立つ政治的上部構造」(レーニン『マルクス主義の戯画と帝国主義的経済主義について』)ととらえた方法論を前提にしていると考えられる。すなわちレーニンによって、帝国主義が経済的に資本主義の最高の発展段階とされたことで、トリアッティには、ファシズムはもはや段階論とならず、構造論としてのみ経済的分析の対象になる、と考えられたのである。そして政治的には、反動のすべての形態がファシズムなのではなく、反動の特殊な一形態としてのファシズムという点が強調された。レーニンの帝国主義分析の方法をファシズム分析の前提にしたトリアッティからは、必然的段階でない阻止しうる政治的反動としてのファシズムという認識が生じてくる。こうしたファシズム論が成り立ったところで、トリアッティは、反ファシズム闘争としての統一戦線の論理を提出しえたのであった。ところでトリアッティは、レーニンが民主主義と政治的反動と対置した図式を、「新しい経済の上にたつ」というレーニンの方法的な軸をはずして、ファシズムと民主主義との図式に置き換えた。トリアッティは、ファシズムに対置した民主主義を、レーニンの発展段階の方法論によらずして、構造論として独自の展開を試みたのである。トリアッティが、新しい民主主義を語るとき、それは基本的には労働者階級が国民的指導階級の地位に自らを高めることを意味している。このことは、彼によれば、必ずしもプロレタリア権力の樹立を条件としないのであって、むしろ労働者階級の国民的階級への上昇の仕方自体が、社会主義への道を条件づけるというのである。それゆえ、反ファシズム闘争の過程は、労働者階級を国民的階級に高めるそうしたあり方で進められねばならないのだった。

イタリア共産党にとっての第一義的課題は、ドイツ軍とネオ・ファシスト政権への武装闘争にあり、このために形成された統一戦線に分裂をもたらすいかなる問題も、レジスタンス闘争の中にもちこむことを批判し、反ファシズム諸党派の政治プログラムがCLNを制約することも拒否した。また、国王＝バドリオ政府の存在理由を武装闘争が要請されている時期に問うべきでなく、この政権の合法的存在が反ファシズム勢力の組織化に役立つ限りで存在理由を逆に規定していけばよいというのが共産党の態度であった[2]。

行動党　Partito d'Azione――イタリアの反ファシズム運動に現われた極めて特異な党派で主として知識人・学者を中心としている。一九四二年に結成されたが、それ以前のゴベッティの〈自由主義革命〉、ロッセッリの〈正義と自由〉の系譜をひいている。ファシズムをイタリア社会の歴史的問題として把握し、それはリソルジメントにまでさかのぼって検討さるべき性質のものと考えられた。イタリア近代国家の形成が、共和制でなく立憲君主制をもって実現されたまさしくその歴史的問題に深くかかわっていたのである。彼らは、反ファシズム・レジスタンス闘争に第二次リソルジメントの意義を見出して、リソルジメントが実現しえなかった共和制をこの過程で達成することによって、ファシズムとして顕現したイタリア社会構造の矛盾をも一挙に解決せんとした。そうした歴史意識に支えられて、リソルジメント期のマッツィーニ派組織に因む〈行動党〉名を、みずからの組織にも冠したのであった。君主的国家構造のもとに成立したファシズムへの闘争は、それゆえ、君主制自体の否定に行きつかねばならなかった。行動党は、こうして四三―四五年の反ファシズム闘争の意義を、国家制度の変革という点に集約させていくのである。合法政府の権利を主張する国王＝バドリオ政権を厳しく否定して一切の協力を拒否し、CLNのみがイタリア人民の唯一の正当な代表であるから、CLNは単に武装レジスタンスの軍事指導の機関であることにとどまらず、国家政治の行政的機能をも果す政治的権力機関として行動することを主張するのである。CLNにおける政治プログラムの発案は大部分が行動党のイニシャティブによるもので、運動としての反ファシズム闘争を、極力原理のレベルで貫徹していこうとするその姿勢は、共産党のリアル・ポリティクスへの傾斜と対極をなすこととなり、両党の対立は時として極めて尖鋭化する。(3)

社会党　Partito Socialista Italiano di Unità Proletaria――社会党は、この期間、理論上の原則としては行動党に近く、CLN内の政治論において急進的プログラムの作成に加担したが、当面する具体的な行動様式の選択には、「行動統一」協定にもとづいて共産党と共同戦線をはることが多かった。指導的立場にあった左派のネンニ書記長が共産党との「行動統一」に固執したのは、一九二〇―二一年当時の社会主義運動の分裂が、ファシズムの権

力掌握を許した原因であったとする反省があり、このにがい歴史的教訓を繰り返してはならないという意識によっていた。(4)

自由党　Partito Liberale Italiano――リソルジメントの偉業を成し遂げ、イタリア社会の自由主義的発展を推進してきた、ファシズム以前のイタリア支配階級の政党であり、その自由主義イデオロギーはクローチェに代表される。だがまさにクローチェのファシズム論の欠如の中にこそ、伝統的自由主義の破綻が露呈されてくる。クローチェによれば、ファシズムは、絶えざる自由の発展を目指す健康体が突如として陥る疾病症状に譬えられるものであって、病気と闘うことはできても、それは自由主義発展の一挿話にすぎぬのであるから、歴史的分析の対象になりえない、というのである。この立場からは、ファシズムと自由主義との尖鋭な対立は、歴史的にも理論的にもとらえられることはない。歴史的経験主義にもとづいて、コミュニズムもカトリシズムも社会の建設的力ではないと否定して、イタリア近代社会の動力であったリベラリズムへ回帰するのだが、そのリベラリズムが一体なぜファシズムに帰結したのかは、問題の外に残されたままである。この点を問題にしようとした自由主義者は、例えばオモデーオのごとく、行動党の側に移行していかねばならなかった。国家政治における教会的要素の浸透に反対する世俗官僚および保守的な南部土地所有者層に深く根をおろす自由党は、CLNで最右派の位置を占める。国王とファシズムとの共同責任を厳しく追及して国王の即時退位を迫るが、これは、国王個人と君主制とを区別して、君主制擁護のために現国王の個人的犠牲を強いたのである。(5)

キリスト教民主党　Democrazia Cristiana――伝統的自由主義の衰退の間隙にキリスト教民主主義の政治的登場の基盤が準備される。それは第一次大戦後のイタリア人民党 Partito Popolare Italiano の結成に始まるが、ファシズム下で解体の後、一九四二年夏に一〇カ条からなる「キリスト教民主主義再建構想」を発表して、キリスト教民主党の再建を準備した。イタリアの政治が直面する難問は、旧来、国家と教会との関係にあったが、ムッソリーニ政府とローマ教皇庁との間で取りかわされたラテラーノ条約が、国家と教会とはおのおのその固有の領域で独立にして最高である、と定めることで両者の調停がなされた。キリスト教民主党はキリスト教の精神的絆を紐帯にして最大の大衆政党となり、自由党没落後の政治支配階級を受け継ぐことになる。その反ファシズム論が比較的倫理性にかかわってくるのは当然であるが、レジスタンス闘争において農民の組織化にもった下級聖職者の影響には大きいものがあった。ＣＬＮでは自由党と並んで右派に位置するが、君主制に対する態度は内部での一致はなかった。

労働民主党　Democrazia del Lavoro――第一次大戦前の改良派社会主義の系譜にたつ党で、ローマ以南で存在した。漸進的な社会改革を目標とするものの、みるべき政治理論はもたない。ローマＣＬＮ議長ボノーミが所属していることによって記憶される党であって、政党としての重要性はなかった。(6)

以上の諸党派から構成されるＣＬＮは、対独宣戦を布告した国王＝バドリオ政府に対して、先ずＣＬＮＡＩが「侵略者ドイツとその奉仕者ファシストに対してイタリア全人民は闘争せよ！」と応じた（機関誌『解放』一〇月一五日）。翌一〇月一六日にローマＣＬＮのアッピールがだされるが、これはＣＬＮの基本的な政治テーゼとなる重要な声明である。「ムッソリーニの新たなファシスト政権の樹立に直面して……、また、国王とバドリオによって創出された、新政府の形成、連合軍との休戦、対独宣戦という新たな事態に直面して、国民解放委員会は次の点を確認する。国民復興の第一の崇高な任務と必要事である解放戦争は、国の精神統一を要請するものであり、それは国王とバドリオで構成される現政府の下では実行不可能である。ゆえに、ファシスト独裁と一貫して闘い、一九三九年九月以来ナチスの戦争に敵対してきた政治勢力から成る臨時政府が樹立されねばならぬ。国民解放委員会は、この政府が国家機構の全権限を負うものであり、解放戦を連合国側で遂行するものであり、国家政体決定のため戦後に議会の召集を行なうものであることを宣言する。」この声明にもられた論理は、解放戦争遂行のためには、国王＝バドリオ政府からCLNを基盤とする臨時政府の手に先ず全権限の委譲がなされねばならぬ、というのであり、行動党と社会党の思想が支配的に貫いている。[7] この声明が一一月初旬、南イタリアに届いたとき、この地のCLNは、クローチェを中心に、国王退位要求とその責任を明らかにしない限りバドリオ政府への協力拒否の態度をとっており、ローマCLNの声明も同じ内容を表わしたものとして受け取った。この段階で、反ファシズム諸政党には、まだ内部対立は表われておらず、三地域のCLNは現存する国王＝バドリオ政権に一致して反対の線を打ち出していた。国王＝バドリオ政府は、このため政権の基盤拡大の道を閉され、連合軍の支持を唯一の支えとしなければならず、それに応えるかのごとく、一〇月末のモスクワ三国外相会議は、バドリオ政府支持を公にしたのだった。

国王＝バドリオ政府の所在する南イタリアは、連合軍の速やかな占領下に入った関係上、武装レジスタンス闘争の経験をほとんど持たず、南部農村の政治的アパシーの空気が支配的だった。こうした環境にある南部CLNは他の地域のそれと違って戦闘性に欠け、一九四四年一月二八―二九日に開かれたバーリ会議においても、ローマCLN代表が反君主制と臨時政府樹立のメッセージを携えて討論に参加したが、会議は、クローチェ自由党の主張するファシズムへの責任を君主制にではなく国王個人に限定して国王の退位を要求する、という方向で進んだ。南イタリアの停滞した政治状況は、しかし、三月を待って一挙に揺り動かされる。先ず一三日、バドリオ政府とソ連との間に外交関係が樹立され、バドリオ政府はイタリアを代表する外交的資格を得て、国内の反ファシズム勢力の上に大きな権威を確立するところとなった。次いで一六日、懸案の国王退位問題に妥協が成立し、国王ヴィットーリオ・エマヌエーレ三世は、ローマ解放がなったときに、皇太子ウンベルトを国王代行に任命して国王のもつ全権限を委ね、みずからは国王の称号を戴いたまま公生活から引退する、ということになった（公には四月一二日に発表された）。そして最後の、しかも決定的一撃は、モスクワから帰国して三月二七日ナーポリに上陸したトリアッティによって与えられた。彼が三月三一日の党全国協議会と四月一日の記者会見で明らかにした点は大要次のごとくである。現下の最も重要な任務はナチ・ファシストを国土から一掃することであり、君主制に関する論議は二義的問題である。共産党は確かに共和制を要求する。しかし制度問題の最終的解決は終戦後に憲法制定議会で決定されることが約束されているので、現在は国制問題を一時休戦にしておかねばならぬ。今必要なのは解放戦争を成功裡に遂行する国民統一政府の形成である。その目的のため、他の反ファシズム諸政党に呼びかけて、共産党はバドリオ政府に入閣する用意がある。このトリアッティの爆弾提案と軌を一にして、ソ連の『イズヴェスチャ』紙は、イタリア問題に関する長文のコメントを発表、バドリオ政府を有効な国民統一戦線の結集の場とすることを訴えた。トリアッティ提案の衝撃は事態を急転回させ、四月二二日、バドリオ政権のもとにCLN六政党（ただし行動党は個人の資格で二名参加）が参加する解放戦争遂行のための国民統一政府が成立した。

トリアッティの論理は、先のローマCLN声明のそれと相反していた。イタリア共産党は、ソ連国家の存在する国際諸条件への対応を国家的主体の形成というレベルで問題とせねばならず、他方国内的には階級の論理に規定されており、この関連の理論的解明を欠くままに、現実政治への実践的要請が、この時点で、労働者階級を国民的階級へ高めることで国内政治における政治主体を創出し、この階級の国家政治への働きかけにより新しい民主主義国家の確立を展望する、という方針を提出させることになった。共産党の方針に頑強に反対したのは行動党であった。行動党は政治的イデオロギーをその次元で原理的に貫徹させることを要求したのであり、問題を最もラジカルに提起した。しかし、そうすることで逆に現実政治をパワー・ポリティクス化させることになり、この関連を運動組織

していた。

の理論で架橋することができずに終るのである。この点に行動党の政治運動における致命的ともいうべき欠陥が存

南イタリアの事態がこうした転回をとげているとき、ドイツ軍占領下のローマCLNとCLNAIは他の課題に直面していた。行動党の反君主制、共産党の統一戦線、社会党の理論的には前者で実践的には後者、自由党とキリスト教民主党の国制問題は現状維持の態度、これらすべての折衷点に立つ議長ボノーミ、といった内的構造をもつローマCLNでは、この時期に行動党と社会党が理論的主導権を握っていたが、その内的対立はかなり表面化していた。CLNAIはみずからがおかれた苛酷な状況下で、武装レジスタンスを一義的課題とすることが必要であったところから、内的結集を強める方向にあった。こうした時点でローマ解放が行なわれる。

ローマ解放　ローマ解放はパルチザン蜂起によるものではない。ローマが蜂起を欠いた原因は、都市の性格そのものに基づいている。住民は工業労働者に欠け、主として聖職者と官僚市民とから成り立ち、彼らは政治の保守的伝統と分ち難く結びついていた。この地のレジスタンス運動は民衆的基盤をもつことができず、散発的行為に多くとどまった。ローマCLNは軍事指導の中心になりえず、「大臣は去ったが官僚たちは残った」政治的雰囲気の中で、もっぱら国制論議にその課題を見出していた。国王と政府のローマ逃亡で政治的保護に見放された住民は、ローマ教皇と教会に救いを求めた。教会の保護活動はキリスト教の権威を再興するのに役立ち、またローマ教皇は、ドイツ軍占領から連合軍占領への平和的移行を望んだ。このヴァティカンの政策はローマにおけるレジスタンスの方向づけに強い影響力を与えることになった。すなわち、待機主義 attesismo とよばれるものがそれである。パルチザン蜂起をみることなく六月四日、連合軍の入都でローマは解放されたが、この解放のされ方が、以後の反ファシズム運動の政治的軍事的諸問題を規定する条件を生んだ。軍事的には、戦線を北方に移動させることで中・北

部に激烈な戦闘地帯を準備する結果となり、政治的には、連合軍政府に対して相対的にせよ自立した政権樹立の可能性をローマ解放の過程でつくりだしえなくした。

六月五日、国王は皇太子ウンベルトを国王代行に任命して全権限を委譲、ウンベルトは直ちにバドリオに新内閣の組閣を求めたが、ローマCLNはバドリオ首班を拒絶、そこでウンベルトはボノーミに組閣を要請する。ボノーミは組閣に際し、戦後に憲法制定議会の召集、それまでの期間は内閣だけが立法権を有すること、などの条件を提示、一〇日にCLN六政党から成る新政府を形成した。この段階で、国王代行ウンベルトに形式的権限は留保されながらも、実質的政治権力はローマCLNに移行している(連合軍政府の許す限界内ではあるが)。しかしローマCLNに内在する理論対立をそのままかかえこんだボノーミ内閣は、その弱点を早晩露呈せずにはおかない。しかもボノーミ政府の成立によって六政党の異質性は一層明瞭にされてきたのである。ボノーミ内閣の六月二五日法令に明記された「立法権は内閣に存し、戦後に憲法制定議会選挙」という条項は、ボノーミの考えでは国制問題の論議を戦後まで棚上げする意味であったが、行動党はそれを国制問題解決への第一歩と理解した。共産党は有名な七月九日のトリアッティ演説で情勢分析と基本方針をほぼ定式化して、国制問題の休戦と解放戦争に総力を投入するよびかけを再度表明し、社会党はそれに応じた「行動統一」協定の更新(八月八日)によって、反ファシズム勢力分裂の危機を極力回避しようとした。キリスト教民主党は七月二九—三〇日に党会議を開催し、党の基本態度について、秩序と法の政党であり、イタリア再建はとりわけ精神的問題で、社会改革は個人の崇高なる諸権利を尊重せねばならぬと表明した。そして自由党は、国王が責任をとった現在、これ以上の事態の進行を阻止するため保守化の一途をたどっていた。

さて、反ファシズム運動は、ローマ解放とボノーミ政府成立の時点に到達したが、反ファシズム運動の側からする段階区分はここではまだなしえない。ローマとフィレンツェの解放のされ方の相違の中にこそ、反ファシズム運動の政治的軍事的問題の画期が設定される。すなわち、南部CLNはレジスタンス組織としての機能をもたず、バドリオ政府への圧力機関であった。ローマCLNは理論闘争の場であって、蜂起指導に無力であった。政権樹立は両地域とも国王の権限に由来した。解決をのばされた課題は、フィレンツェ解放闘争に集中的に投げこまれる。

フィレンツェ解放　フィレンツェは十分に組織された戦闘的なCLN(この地域のそれは国民解放トスカーナ委員会、以下略称CTLN)の活動で解放された最初の都市である。CLNAIは、個別的パルチザン部隊を統一的軍事組織に編成するため、六月九日に自由義勇軍団総司令部 Comando Generale del Corpo Volontario della Libertà(以下CGCVL)を設置し、反ファシズム運動の政治機関たるCLNAIの指導のもとに組みいれた。CTLNの政治指導とCGCVLの軍事計画で闘われたフィレンツェの対独パルチザン蜂起は、連合軍の到着を待たずして八月一一日に解放に成功した。即日「CTLNはトスカーナ人民の唯一の代表機関として臨時政府の全権限を負う」と宣言が発せられ、連合軍到着のときには既にCTLNがフィレンツェ地域の行政権を掌握していた。だが連合軍及びボノーミ首相は、CTLNが地方臨時政府として独立した権力機関となることを容認せず、あくまでローマ中央政府の一地方機関たる位置にとどめておくことを図った。両者の間に二カ月余にわたる交渉が続けられ、結局CTLNがつくりあげた既成事実を部分的に承認することで妥協がはかられた。法的承認をかちとることができなかったにせよ、フィレンツェ解放戦は、CTLNの地方権力機関としての機能という問題の提起を初めて可能とし、引き続く北部レジスタンス闘争の礎石となったのである。フィレンツェ以北の北イタリア都市は、規模において一層ダイナミックな解放戦を繰り拡げるが、その原基形態はほぼフィレンツェ解放戦に見出すことができる。CLNの地域的性格の相違が、ローマ解放と北イタリア解放の違いの本質的意味を説明する。

フィレンツェ解放を機として、北部反ファシズム運動の政治的指導性と軍事的組織化の方向に展望が開けてきたまさにその時期に、連合軍の国際戦線における局面が転換をとげ、四四年秋から四五年初めにかけてイタリア国内のレジスタンス闘争に阻止的要因が働くことになる。米軍のフランス戦線への、英軍のバルカン戦線への兵力移動でイタリア戦線が手薄になったところに、駐イタリア連合軍最高司令官アレグザンダー将軍によるパルチザン活動の停止をよびかける声明が出されたのである(一一月一三日)。CGCVL設置後CLNAIは政治機関としての権威と実力を高め、連合軍とローマ政府とに独立した権力機関としての承認を求める声が強まっていた折から、パルチザン闘争のこの新たな危機に対処するためローマに代表を派遣して交渉にあたらせることになった。

このCLNAI代表を迎えるボノーミ政府の体制はどうであったのか。ボノーミ政府にはファシスト・パージ委員会が設けられ、その任には行動党系スフォルツァと共産党スコッチマッロがあたっていた。彼らは、ファシズムから利益をあげた者の処罰、ファシズムに協力した官僚の政府機関からの排除にまでパージの対象を広げていたので、自由党とキリスト教民主党は、この措置に、利潤行為の一般的禁止と行政官僚支配層の崩壊の危険を読みとり、閣内での左右の対立が尖鋭化していた。またボノーミ首相は、政府は諸政党を代表するものでなく国民を代表するものであるから、国家元首たる国王に責任を負うている、という考えを次第に明らかにし、自由党とキリスト教民主党もこれを支持した。行動党と社会党は、国家元首でなくCLNこそが国民を代表するものであることを主張、ボノーミ首相がファシズム以前の立憲君主制の復興を目指す意図に、もはや妥協の限界点は超えたと判断した。CTLNの実験が突破口を切り開く形となって、行動党と社会党は、少なくとも解放地区の行政権は地方CLNの手に委ねるべきことを要求、ネンニは「全権力をCLNへ!」と発言する(一一月二一日)までに至った。ボノーミ首相は一一月二五日ついに辞職の表明をする。この辞職表明の形式が注目さるべきで、ボノーミはCLNにでなく国王代行のウンベルトに辞表を提出したのである。六月に失った政治主導権をウンベルトはここで取り戻し、後継首班指名の権限を確保することになる。連合軍政府の介入、ボノーミが「新政府の基礎をCLNのプログラムにおく」という条件をローマCLNに説明、そして共産党の支持などにより再びボノーミ政府が形成された(一二月一二日)。行動党と社会党はこれに入閣せず、政府反対の立場を鮮明にする。新ボノーミ政府は、依然として地方CLNによる解放地区の支配権を認めず、中央政府の一代表機関にすぎないとする方針をとったが、北イタリア解放戦を控えたCLNAIはローマ中央政府との接触を余儀なくされており、そうしたときに行動党と社会党が閣外にでた状況判断は、両党のCLNAIへの政治的影響力を著しく後退させることになった。これに反して共産党は、政府の公的チャンネルを通じて強い規制力をCLNAIに課していく。またパージ委員会は政治家の手から法律家の手に移管され、パージの対象が穏健化していくことで、中央官僚機構はその実体を保つことに成功する。この段階で四党新政府の重心は明らかに右に移行し、ローマCLNの地位は弱体化した。北イタリア解放の任務を前にして、中央政府の政治体制は右傾化の方向で整えられていたのである。

CLNAI代表が到着したローマの政治的雰囲気は以上のごとくであった。代表の要求事項は、CLNAIがローマ政府と同等の法的資格をもつ機関として認められることと財政的援助とであった。連合軍との交渉は一二月七日ローマ協約 Protocolli di Roma の締結に至り、CLNAIの軍事司令部としてのCGCVLの地位が承認されて連合軍司令部に従属することが定められ、またCLNAIは、領土解放から連合軍政府が樹立されるまでの期間は法と秩序の維持に努めねばならぬが、連合軍政府樹立後は全権限を直ちに委譲せねばならぬ、と規定された。なお、他党代表より遅くまでローマにとどまった共産党のパイエッタはCLNAI代表の資格で、一二月二六日、ボノーミ首相との間に、「CLNAIは、唯一の合法権力であると連合国に認められているイタリア政府の、未解放地域における代表機関として行動する」との協定を締結した。CLNAIを単なる代表機関とみるこの協定内容を後に知った行動党と社会党はこれを厳しく論難する。CLNAI代表がローマで獲得したものは、初期の目標にほど遠いものであったのみならず、そこで判明したのは、CLN内各党派の政治的対立が癒し難い点にまで達していることだった。

ローマでのこうした経緯のさなか、CLNAI内部では北イタリア解放戦へのさらに独自の準備が進行しつつあった。イタリアの先進工業地帯を構成する北部では、南部、中部と違ってレジスタンス闘争の中核には労働者階級が存在し、多様な闘争が展開されたが、ここでは蜂起前夜にCLNAI五党派でかわされた政治目標に関する論争を紹介しておくことにする。それは行動党のヴァリアーニとロンバルディの署名入りで他党への公開書簡として発せられた(一一月二〇日)ものをめぐって生じた。書簡は、ローマ中央政府の旧制度への復帰が顕著にみられる現在、旧来の中央集権国家構造に戻ることを欲しないならば、われわれはCLNAIを臨時秘密政府に改組して蜂起の過程で社会変革のプログラムを提出しながら、連合軍到着以前に国民革命政権を樹立しておかねばならぬ、と提案していた。[8] 共産党が直ちに返答して(一一月二六日)、提案の根本思想には反対でないが、当面する問題を考えれば、CLNAIは臨時政府に改組される以前に労働組合・青年・婦人の反ファシズム大衆諸団体を包摂して組織拡大を図るべきで、民衆運動との合体に成功したときに「未解放地域秘密政府」に値する実質をもちえよう、と応じた。[9] 年が明けて社会党は、CLNAIの権威と権力は強められねばならぬが、それは民衆的基盤に支えられて可能となるのであるから、現下の地下組織の状態で秘密政府に改組するのは非現実的であると答えて、自身のプログラムには明確性を欠いた。[10] 引き続き、キリスト教民主党(一月二〇日)、自由党(一月)の見解が表明されたが、共に社会改良に異存はないが、国家構造にかかわる問題で合法性を欠く変革には反対だとする態度をとった。

各党のこうした展望を調整しながら、北イタリア解放を実現するために、CLNAIは緻密な蜂起計画の立案に着手する。この間、連合軍とボノーミ政府は、地方権力の樹立を構想するCLNAIの政治指導で北イタリア解放が進行するのを極度に警戒した。最終的には、四月二四—二六日、ジェーノヴァ、ミラーノ、トリーノ三大都市の蜂起をクライマックスとして北イタリア解放が実現する。四月二七日、行動党は「CLNAIが地方政府に、地方CLN代表者会議が臨時議会に、CVLが共和国正規軍になる」ことを訴えたが、共産党はCLNに基礎をおく中央政府への参加と憲法制定議会の召集を主張して行動党案を拒否した。五月五日、ローマに到着したCLNAI代表は、もはや内的な共通点をもたず各党さまざまの主張を提出する。CLNの時代は急速に終りに近づいていた。六月二〇日、行動党のパッリを首班とする政府が成立するが、これは決して行動党の強さを示すものではなく、逆に、共産・社会・キリスト教民主の大衆三政党の勢力均衡のゆえに、学者・知識人の個人的集合体で大衆的基盤をもたない行動党の首脳に過渡的暫定政府の形成が託されたのだった。北イタリア解放からパッリ政府成立までの五〇日間の政治的空白は、南から北へと時間差をもちながら段階的に解放された事実によって説明されるのであって、既に整備の進められていたローマ中央政治の体制にCLNAIが併呑される過程であった。ネンニ首班工作の失敗が左派の主導した時代の終焉を告げるとすれば、パッリ政府が自由党からの攻撃で一一月二四日に崩壊したときに、反ファシズム勢力内の政治的な力関係の転換が決定的となる。このことは、とりもなおさずローマ解放のされ方に由来する中央政治機構の連続性が保障されたことを意味するのであった。このようにして一二月一〇日、キリスト教民主党のデ・ガスペリ時代が開始する。共産党は、この間終始ローマ中央政府に参加しながら国民的指導権の確立を図ったのであった。反ファシズム闘争は、君主制廃止と共和制樹立を実現したが、CLN内の国制問題論議と四六年六月の国民投票による共和制の選択およびその意味についての検討は、稿を改めねばならない。

(1) エルコリ「ファシズムの問題について」(吉野次郎・萬里信一郎訳『ファシズム論』希望閣、一九三二、所収)。なお、エルコリはトリアッティの筆名。

(2) P. Secchia, *I Comunisti e l'insurrezione 1943–1945*, Roma, 1954; P. Togliatti, *Il Partito comunista italiano*, Roma, 1958. またレジスタンス史の大著 R. Battaglia, *Storia della Resistenza italiana*, 2ª ed., Torino, 1953 は共産党の立場で書かれたものである。

(3) 知識人・学者を主力とする行動党は、ファシズム崩壊後に消滅したが、その立場については旧行動党メンバーによって理論的な多くの問題が提出されている。さしあたり以下のものを参照。A. Monti, *Realtà del Partito d'Azione*, Torino, 1945; L. Valiani, *Dall'antifascismo alla Resistenza*, Milano, 1959; A. Omodeo, *Libertà e storia*, Torino, 1960; F. Parri, Il CLN e la guerra partigiana, in *Lezioni sull'antifascismo*, a cura di P. Permoli, Bari, 1962; U. La Malfa, La lotta per la Repubblica, in *Ibid.*

(4) P. Nenni, *Una battaglia vinta*, Milano, 1946. なお R. Carli-Ballola, *Storia della Resistenza*, Milano-Roma, 1957 は社会党の立場から書かれたレジスタンス史である。

(5) B. Croce, *Pagine politiche. Luglio-dicembre 1944*, Bari, 1945; Id., *Quando l'Italia era tagliata in due: Settembre 1943–giugno 1944*, Bari, 1945.

(6) I. Bonomi, *Diario di un anno (2 giugno 1943–10 giugno 1944)*, Milano, 1947.

(7) 声明起草の会議に出席した各党の代表はスコッチマッロ(共産党)、ラ・マルファ(行動党)、ネンニ(社会党)、カサーティ(自由党)、ルイーニ(労働民主党)、グロンキ(キリスト教民主党)それにボノーミ(議長)である。討論の内容及び経過については出席者の回想を参照。I. Bonomi, *op. cit.*, pp. 117–124; La Malfa, *art. cit.*, pp. 259–263. なお共産党からは国制上の形式や手続きを論じて、武装闘争の指導機関としての機能を果さないローマCLNへの否定的評価がある。Battaglia, *op. cit.*, pp. 153–155.

(8) L. Valiani, *op. cit.*, pp. 155–157.

(9) R. Battaglia, *op. cit.*, pp. 519–521. バッタリアは、行動党の陥っているイデオロギー的、綱領的論議を避けて、共産党は現実の反ファシズム運動の組織問題に論点を移行させるのに貢献したと評価する。

(10) R. Carli-Ballola, *op. cit.*, pp. 248–249.

なお、前掲書のほかに主として参考にしたのは次の文献である。

F. Catalano, *Storia del C.L.N.A.I.*, Bari, 1956.

F. Chabod, *L'Italia contemporanea (1918–1948)*, Torino, 1961.

N. Kogan, *Italy and the Allies*, Cambridge, Mass., 1956.

C. F. Delzell, *Mussolini's Enemies : The Italian Antifascist Resistance*, Princeton U. P., 1961.

A. Repaci-C. Navone, *Dio e Popolo : Antologia del Risorgimento e della Resistenza*, Torino, 1961.

Due Risorgimento : Pagine di storia italiana, a cura di L. Pasqualini e M. Saccenti, Bologna, 1961.

[後　記]

(初出)「イタリア・レジスタンス史の一断面」『歴史学研究』二六四号(一九六二年五月)。

一九六二年度歴史学研究会大会の第六分科会「第二次大戦の終戦形態」の討論素材として提出したペーパーである。もとの文章はあまりにも生硬で読みにくく、語句に修正を施したけれども、未熟な表現と未熟な内容は覆い隠しようもない。反ファシズム諸政党およびこれら諸政党から成る国民解放委員会を中心とした記述であるが、このとき以来私には行動党に対する関心が持続している。

付論「イタリアにおける近現代史研究の過去と現在」三七二頁でふれたように、イタリアでは九〇年代に入って、レジスタンスを問い直す動きが盛んになった。問い直しをめぐって、とくに論争を呼んでいるのは、レジスタンスをドイツ軍に対する国民解放運動としてよりも、イタリア国民の内戦として性格づける議論である。これは、九一年に歴史家クラウディオ・パヴォーネが『内戦――レジスタンスにおける道徳性の史的考察』Claudio Pavone, *Una guerra ci-*

vile. Saggio storico sulla moralità nella Resistenza, Torino, 1991と題する大著を刊行して、内戦としてのレジスタンスの性格を重視したことがきっかけだが、実はレジスタンスを内戦としてとらえる見方は決して新しいものではなく、レジスタンスの過程そのもので行動党が打ち出していた立場である。行動党のメンバーにとって、ファシズムはイタリア統一以来のネーションの形成のありようから生じてきたのであり、いわばネーションの自伝であって、レジスタンスはこのファシズムとの闘争を通じてネーションの自伝を書きかえる課題をもつのだと意識されていた。

九〇年代の問い直しをめぐっては、レンツォ・デ・フェリーチェやエルネスト・ガッリ・デッラ・ロッジャらが対極的な見地から、レジスタンスは国民の分裂と解体をもたらしたとする議論を展開したが、かつての行動党のメンバーである哲学者ノルベルト・ボッビオ、著述家ヴィットーリオ・フォア、歴史家アレッサンドロ・ガランテ・ガッローネらは、レジスタンスがネーションの新たなアイデンティティ創出の運動であったことを主張し、活発な論争が繰り広げられた。付論の注(6)、(11)、(12)にあげた関連書のほか、行動党の思想と行動を検討しながら、その現代的意味を探ろうとするクラウディオ・ノヴェッリ『行動党とイタリア人――共和制下の道徳性、政治、市民意識』Claudio Novelli, *Il Partito d'Azione e gli italiani. Moralità, politica e cittadinanza nella storia repubblicana*, Firenze, 2000が新たに出た。

なお、本章の注(2)でロベルト・バッタリアの書『イタリア・レジスタンスの歴史』を共産党の立場から書かれたものとしている。バッタリアは、行動党に属してレジスタンスを闘い、その後共産党に移行して、この書はたしかに共産党の立場からの解釈が取り入れられているが、内容はそうした党派性にとどまらずに、社会史的叙述の垣間見られる好著であり、小稿の執筆当時はそれらの内容を十分に読みとっていなかった。

第八章　反ファシズムの諸形態

一

二〇年間つづいたイタリアにおけるファシズムの支配は、一九四三年七月二五日のムッソリーニの失脚で転機を迎える。ムッソリーニの失脚はただちにファシズムの崩壊につながるのではなく、支配層はムッソリーニなきファシズムを夢みて、バドリオ軍事政権の樹立によって支配の連続をはかろうとする。バドリオ政権は同年九月八日に連合軍との休戦協定を発表して第二次大戦からの離脱を表明する。しかし、連合軍がすでに占領したシチリア島と南イタリアを除く他の地域は、ドイツ軍によって占領されることになり、ドイツ軍に救出されたムッソリーニがあらたにその地域の支配権を復活させる。このドイツ軍の占領とムッソリーニ支配の復活にたいしてイタリア人民の武装抵抗闘争、すなわちレジスタンスが開始され、二〇カ月の闘争を経た四五年四月二五日にイタリアの解放が実現される。

このようにイタリアのファシズムの崩壊過程には、さまざまな事件が入りくんでいるが、この経過のなかで反ファシズムのありかたが問題となってくる。
七月二五日のムッソリーニの逮捕は、事件史的にみれば、国王ヴィットーリオ・エマヌエーレ三世周辺の数人の計画にもとづく一種の宮廷クーデターにすぎない。しかし、事件の背後には、民衆の反ファシズムの動きと、この動きに危機意識を抱いた支配層の側での対応という、より広い社会的関係が存在している。また、九月八日以降のレジスタンスのばあいも、ただ一つの反ファシズムの運動があったのではなく、たとえば民衆の反ファシズム、政党の反ファシズム、支配層の反ファシズムといったそれぞれの反ファシズムが、たがいに複合し対抗しあうなかで展開されたといえるのである。

本稿では、反ファシズムのいくつかのありかたとそれらの複合と対抗という観点から、ムッソリーニ失脚前後の状況を考えてみることにするが、こうした観点を重視するのは、反ファシズムの問題をもっぱら、そしてしばしばきわめて安易に統一戦線論として理解することで満足している考えかたにたいする批判の意味を含んでいる。

いうまでもなく反ファシズムの歴史はファシズムの歴史と切り離すことのできないものであって、ファシズムの展開の仕方に応じて反ファシズムの性格や形態も多様化してくるのであるが、イタリアが第二次大戦に参戦した一九四〇年六月以降、戦争の遂行という新たな状況のもとで、反ファシズムの歴史にも新しい局面が生じてくる。

それは四二年末から四三年初めごろにはすでにはっきりしたものとなるが、この時期に大きくいえば三つのタイプの反ファシズムを認めることができる。この三タイプの反ファシズムをイタリアのレジスタンス史研究者グイード・クァッツァは、政治的あるいは組織的反ファシズム、実存的あるいは自発的反ファシズム、それにファシストたちの反ファシズム、と名づけている。この三者の性格についてはとりあえずつぎのように指摘することができよう。第一のタイプは、諸政党の活動家たちから成る反ファシズムである。これは政治的立場の違いはあるけれども、それぞれの政治的信念にもとづいて、過去二〇年間、ファシズムの支配にねばり強く、勇敢に、ときには英雄的に戦ってきた長い歴史をもっている。

これにたいして第二のタイプは、比較的最近に生じた反ファシズムで、ここ数年の日常的な生活経験を通じて反ファシズムの感情を抱くようになった動きをさしており、生活の場の違いに応じて、戦争にかりだされた前線の兵士・下士官たちのケース、徴兵による農業労働力の不足、肥料分配の不公平、収穫高の低下、そしてとくに食料供出制に不満をもつ農民のケース、食料不足、生計費高騰、闇売買、空襲、疎開といった状況下におかれた市民のケース、このうえさらに工場での労働強化がつけ加わる労働者のケースなどに分けることができる。クァッツァがこのタイプを実存的反ファシズムあるいは自発的反ファシズムと名づけるのは、ファシズムにたいする批判が、政治意識の獲得としてよりも、生存にかかわる日常的な生活感覚に発している事実を重視するためである。

第三は、これも比較的新しい反ファシズムのタイプで、国王、軍部、大資本家、官僚、教会上層部など、これまでファシズム支配の中枢を構成してきた諸力が、みずからの支配の連続をはかるためにファシズム的制度を取り除く立場に転じた動きをさしている。

従来、反ファシズムについては、主として第一のタイプを考えることが多かった。そして第二のタイプは、第一のタイプに従属する動きとしてとらえる傾向が強かった。また第三のタイプにかんしては、反ファシズムの外の動きとするか、あるいは逆に、広汎な反ファシズム統一戦線の成立、ないしはファシズムにたいする民主主義擁護という枠に収めていささか混乱した理解をしめしてきた。つまり従来の反ファシズムの考察は、諸政党のレベルに視点をおいたために、第二と第三のタイプの反ファシズムについては、それのもつ意味をじゅうぶんに理解してこなかったといえるのである。

たしかに第一のタイプの反ファシズムは重要である。これの存在なしには、ファシズムと反ファシズムの歴史を理解することは不可能である。しかし同時に、これに従属したものとしてでなく、固有の動きをもったありかたとして第二のタイプを考察することもきわめて重要なことになる。

第二のタイプの反ファシズムは、第一のタイプと違った発生と展開をみせており、ファシズムの最初の動揺は、このタイプの反ファシズムの出現によって準備された。またレジスタンスは、第一のタイプと第二のタイプの出会いによってはじめて成立したといえる。もし、反ファシズムの問題をたんに政治のレベルにとどまらずに、社会生活の領域にまで広げて考えようとするならば、第一のタイプとは区別された第二のタイプの反ファシズムの存在に独自に注目することが必要となる。

さらに第三のタイプにかんしていえば、ファシストたちの反ファシズムというクァッツァの名づけかたは、一見奇妙な表現にみえるかもしれないが、その意味するところははっきりしている。ここではこれを支配層の反ファシズムと呼びかえて使うことにする。

このタイプの反ファシズムも、第一および第二のタイプの反ファシズムとならんで独自の立場からファシズム支配の崩壊に介入するわけで、この存在を無視することはできない。このタイプは経済機構と国家機関を現実に掌握しているという事実によって、第一と第二のタイプの反ファシズムに強い規制力をおよぼしており、もしこれを反ファシズム統一戦線の成立とかファシズムにたいする民主主義の擁護という枠で評価するならば、事態をあまりにも単純化することになるであろう。

二

第一のタイプの政治的あるいは組織的反ファシズムは、二〇年間の闘争の長い歴史をもっている。だが、四二年末から四三年初めにかけての時期には、このタイプの反ファシズムの活動家たちは、すでにほとんどが監獄、流刑、亡命のいずれかの運命におかれていて、国内では反ファシズム活動の足がかりを欠いていた。

しかし、各政党とも残ったわずかの活動家の努力で組織の再建がはかられて、この時期に諸政党の新しい配置がみられるようになる。共産党はトリアッティを中心にしてモスクワに最高指導部を置いていたが、マッソーラ、ロアージオ、ノヴェッラの三人に国内指導部の形成を命じて組織の立て直しを進めた。社会主義者のあいだでは、ネンニに代表される伝統的な社会党とバッソら若い世代によるプロレタリア統一運動の両組織が存在していた。カトリック系の政党としては、人民党の再建というかたちで、デ・ガスペリを中心にキリスト教民主党が成立した。

このほか新しい政党として行動党が結成されている。これは二〇年代のゴベッティによる〈自由主義革命〉運動と三〇年代のロッセッリによる〈正義と自由〉運動の系譜をひき、これにカロージェロらの自由社会主義運動のグループが加わって作られた組織である。この党はイタリア史の過去に対する徹底的な批判に基づく急進的プログラムによって他政党と区別された。

これら再建された諸政党は国内各地に散らばる活動家たちを結びつけて政治的あるいは組織的反ファシズムのための新たな活動の基盤を準備する。しかし、現実の力としてはまだ弱体で、いわばファシズム体制に対する外側からの批判にとどまっていた。

これにくらべて実存的あるいは自発的反ファシズムは、日常的な生活過程から出てきた点で、ファシズム体制にたいする作用の仕方が違っていた。この時期に兵士、農民、市民、労働者などのうちに生じた実存的あるいは自発的反ファシズムは、いいかえればファシズムからの大衆の離反を意味していた。イタリアのファシズムの特徴を「大衆の反動体制という形態で実現された階級独裁」として理解できるとすれば、大衆の離反はファシズム体制の底辺での動揺を表わすものにほかならなかった。大衆の日常の状態を監視する警察の記録には、四二年後半からこうした底辺における動揺を表わす民衆の不満と疲弊についての報告が多くみられるようになる。

闇売買は穀物だけにとどまらず、他の生活必需品にも及んでいる。食料の不足と生活費の高騰は大衆に深い影響を与えている。彼らは目立たないやりかたではあるが、ことあるごとに現在の生活にたいする無気力、疲労、恨みの感情を表わそうとする。さらに重大なのは、今のところはおだやかなかたちをとっているが、毎日あちこちで賃上げの要求が労働者のあいだに広がっていることである。

これは四二年九月二日付のボローニャ警察署の報告であるが、これと同じような内容の記録は都市においても農村においてもふえていた。当時の警察庁長官セニーゼもこの時期の大衆の精神状態の変化にふれて、「ファシスト精神はファシスト党の内部においてすらどんどんと弱まっていった。……彼らの会話はすべて現状への不満につながっていき、ドゥーチェ(＝ムッソリーニ)さえも彼らの批判から免れえなかった」と回想録に書きとどめている。

食料不足と生活費高騰をきっかけにした日常生活における不満と疲労の感情は、都市の住民、農村の民衆、工場の労働者に共通して認められるものとなったが、この不満の感情を具体的な要求に結びつけて運動にまで表現しえたのは、まず工場労働者であった。

北イタリアのトリーノ市やミラーノ市など工業地帯の労働者のあいだでは、四二年末からストライキの数が徐々にふえてきて四三年三月の大規模なストライキに連なっていく。このストライキの増加は労働者の経済状態の悪化と密接に関係している。この時期、生活必需品はほとんどが配給制となっていた。だが、配給価格の急速な上昇にくらべて、配給量は減少する一方だった。人びとは必要なカロリーを満たすことができず、とくに労働者のあいだでの肉体的な衰えが目立つようになっていた。配給物資だけでは生活できずに、闇市に頼る人が多くなった。しかし、闇価格の上昇率は公定価格のそれをはるかに上回って生活を圧迫した。こうした生活状態のなかに、新たに空襲の恐怖が加わるようになる。北イタリアの大都市は四二年末に連合軍の爆撃にみまわれて、半分以上の建物が全半壊の被害をうけた。そのため真冬を迎えて住宅問題、暖房問題の困難をひきおこしていた。

一方、工場内では、徴兵による労働力の不足を補うために、残った労働者にたいする労働強化が図られて、ところによっては一日一二時間労働を強制するまでになっていた。

このように四二年末から四三年初めにかけて、飢え、寒さ、労働強化、体力の衰え、空襲の恐怖といった状態が深まり、労働者のあいだに意識的欠勤(アブセンティズム)がふえはじめる。この意識的欠勤には、空襲で被害を受けた労働者家族が郊外に疎開したものの、通勤のための交通事情がはなはだしく悪くて、通勤意欲を減退させていたという事情も働いていた。

政府はこのため、四三年一月に、空襲による損壊のため引越しを余儀なくされた労働者のうち、本人が世帯主である者にかぎって、一九二時間ぶんの手当(一ヵ月の労働時間相当額)を特別支給する通達を出した。しかし労働者は、この措置が、手当支給の対象者を引越しをした世帯主に限定していることに強い反発をしめして、世帯主にかぎらず、また引越しをした者にかぎらず、全員に同じように支給することを訴えた。労働者のあいだに深まっていた、日々悪化する生活状態への不安感は、この問題をきっかけに経営者にたいする具体的な要求としてかたちをとりはじめ、全員への一九二時間手当の支給、一二時間労働の拒否、物価手当の支給などをもとめる声が広まった。そしてストライキが語られはじめる。

ファシスト組合以外の労働組合は存在せず、集会、ビラ、掲示も禁止されているなかで、これらの要求やストライキの動きは、職場の労働者の間で口から口へと伝えられ、ついには三月の大規模なストライキにまで発展する。ストライキは、三月五日午前一〇時に、トリーノにある大企業フィーアトの工場からはじまり、およそ二週間にわたってトリーノ市内のほとんど全部の工場をまきこみながら、「しゃっくりストライキ」(各工場が一日に数十分ないし数時間ずつ何回かストライキを反復したり、あるいは数日おいてストライキをくり返す形態)がつづけられた。ストライキはその後、ミラーノ市および周辺の工業地帯に波及して、四月上旬までつづき、けっきょく経営者側が労働者の要求に屈して、労働者全員に一時金を支給する約束をして終わった。

このストライキに表わされた労働者の闘争は、第一のタイプの政治的・組織的反ファシズムとは別種のもので、自発的・実存的性格のもとに独自の課題をもって進められた運動をしめしていた。労働者の運動は、日増しに悪化する生活への不安感に発して、これに密着した要求をもって進められており、それは、たとえ直接にファシズム打倒のスローガンをかかげるものではないにしても、ファシズム体制の底辺における基盤を深く揺るがす性格のものであった。実存的・自発的性格の反ファシズムが大衆的規模で表現されたのは、当面、工場労働者のばあいだけであったが、この傾向そのものは、先の警察記録にもみられるように、社会生活の諸領域で広く進行している現象だった。

三

このような生活過程のなかから生じた大衆の離反が、ファシズム体制の底辺における動揺を明るみに出すにつれて、支配諸階層のあいだでも、これまでの支配のありかたにたいする危機の意識が表明され、支配層の側での反ファシズムの試みが生まれてくる。

支配層による反ファシズムの動きは、戦争の敗色が濃くなった外的衝撃をきっかけに、四二年末ごろからはっきりしてくるが、それを決定的にしたのは四三年三月のストライキに直面してのことであった。支配層にとっては、敗戦それ自体が問題なのではなく、終戦をはさんで支配の連続をどう維持するかが最大の関心事であった。その立場からすれば、社会生活の内部において大衆の離反が進行している状況は、きわめて憂慮すべき事態なのであった。

大資本家、官僚、軍部、ファシスト内不一致派、国王周辺といった支配諸層は、それぞれに事態の打開策をもとめて、連合軍との早期の休戦交渉や、あるいはムッソリーニを排除しての体制の存続といった策謀にとりかかりはじめる。連合国とのひそかな交渉は、経済界首脳の、ヴォルピ、ピレッリ、アニェッリらによって早くから追求された。またそれはファシスト大幹部で元外相グランディや現外相チャーノ（四三年二月辞職）によっても進められていた。四二年一二月一四日付のアメリカの雑誌『ライフ』は、この間の事情を説明したつぎのような記事を載せている。

ファシズム体制の内部には、ムッソリーニとドイツからは離れるが、体制は維持しようとする明瞭な傾向が存在する。チャーノが言及したところによれば、大資本家のヴォルピやピレッリがこの考えにたっている。つまりは、親ドイツ的ファシズムから親連合国的ファシズムへの転向を求めているのである。

三月のストライキにたいする支配層の評価の仕方は、彼らの危機意識を知るうえで興味深いものである。たとえばフィーアト社の報告書は、フィーアトの労働者は平均よりもはるかに高い賃金を得ているのだから、経済的不満でストライキを起こすはずはないと分析し、にもかかわらずストライキに参加したのは、政治的煽動にもとづくものだと結論づけている。

また警察庁長官セニーゼの観察も同様の結論を導きだしており、「ストライキは経済的動機によって推進されたが、目的は政治的であり、……何よりも重大なのはファシストも非ファシストも全員が参加していることである」と書き記している。

支配層は三月ストライキのもつ政治的波及効果に神経をとがらせ、それへの対応を真剣にもとめはじめる。彼らは現在のファシズム体制が破局を迎える前に手直しをほどこして、なんとか支配の連続をはかろうと試みるのである。ここから支配体制を維持するための反ファシズムの方策、いいかえればムッソリーニ抜きのファシズムの構想が具体化してくる。

しかし支配諸階層のあいだにもさまざまな意見と思惑がいり乱れて、この構想が明確な一本の路線にまとまらないままに、七月一〇日、連合軍のシチリア島上陸に直面し、事態は大詰めを迎えることになる。支配層に決断をもたらしたのは七月一九日だった。この日ムッソリーニは、北イタリアのフェルトレでヒトラーと会談して、ドイツ軍と共同行動をとることを確認した。同じ日、ローマ市内は連合軍の猛爆をうけて七〇〇名以上の死者をだしていた。軍部と国王周辺はムッソリーニとヒトラーの会談結果に失望するとともに、最後の決断に踏みきった。

これとは別に、ファシスト内不一致派も、四年ぶりに開かれることになっていたファシズム大評議会でムッソリーニの責任を問う方針を固めて、七月二四日の会議の開催に備えていた。七月二四日夕刻に開会されたファシズム大評議会には、ムッソリーニをふくめた現職閣僚とファシズム功労者など計二九人が出席した。席上、チャーノ、ボッターイ、フェデルゾーニ、グランディらによってあらかじめ準備されていた動議が提出され、これをめぐって長い討論が続けられた。グランディ動議は、国家職務の交代のために政府首長は国王のもとにうかがいをたてるべきであるという内容であった。これはムッソリーニにたいする事実上の不信任を意味していた。夜半を過ぎて動議は投票にかけられ（ムッソリーニは投票せず）、賛成一九、反対七、棄権一、その他一、という結果になった。

ムッソリーニは事態をかならずしも深刻に受けとめた様子はなく、二五日午後、国王のもとに会議の報告に出かけるが、そこで逮捕されることになる。後任首相にはバドリオ元帥が任命されるが、ムッソリーニ逮捕とその後の諸措置を直接に指導したのは、軍総参謀長アンブロージオ、警察庁長官セニーゼ（セニーゼは三月ストライキの直後解任されたが七月二五日に復職）、王室担当相アクァローネの三人だった。バドリオが実際に職務につくのは二七日で、それまでのあいだにアンブロージオとセニーゼの手ですみやかに軍部支配の態勢が固められた。

新政権の基本方針はファシスト勢力を中立化させることと、民衆の介入を排除することの二点におかれていた。その観点から治安維持を重点とする諸措置がとられた。注目されるのは、ムッソリーニ逮捕の報に三〇〇万余を数えるファシスト党員からなんらの反応もみられなかったことで、これは底辺における大衆の離反の度合を如実に物語るものといえよう。これと対照的なのは、反ファシズムの徹底化をもとめる民衆の街頭行動で、これにたいする弾圧は、七月二六日から三〇日までの五日間だけで、死者八三、負傷者三〇八、逮捕者一五六四の数を記録した。バドリオ軍事政権のもとで、ファシスト党、ファシズム大評議会、特別裁判所などファシズムに固有の諸制度は廃止されたが、国家と社会の支配構造は手をふれないままに残された。あるいはむしろ、国家と社会の支配構造を維持するためにこそ、ファシズムに固有の諸制度だけを切り捨てたというほうが正確であろう。支配層の反ファシズムの課題とは、まさにこのことを意味していたのであるから。

この時点までの経過をふりかえれば、まず自発的・実存的反ファシズムの動きがファシズム体制の底辺での動揺を誘いだし、これに危機意識を覚えた支配層の反ファシズムが、ムッソリーニ排除を決断することで状況の主導権を握ろうとした、ということだった。この経過のなかで政治的・組織的反ファシズムはほとんど不在といってよい状態だった。しかし、バドリオ政権のもとで、追放、流刑、獄中の身にあった政治犯の多くが釈放され、これまで不在だった政治的・組織的反ファシズムの活動があらたに状況に介入するようになる。冒頭にふれたように、連合軍との休戦が成立した九月八日以降に、反ファシズム運動は武装抵抗闘争(レジスタンス)の形態をとることになるが、これは自発的・実存的反ファシズムと政治的・組織的反ファシズムの出会いによって成立するものである。レジスタンスは、この二つのタイプの反ファシズムのほかに、さらに、みずからの主導権を貫こうとする支配層の反ファシズムが加わって展開されていき、四五年四月二五日のイタリア解放をむかえる。しかし、この解放によって、どのような反ファシズムが達成されたのか、あるいはどのような反ファシズムが達成されなかったのか、という問題は、反ファシズムのいくつかのありかたとそれの複合と対抗の関係のうちにはらまれている問題だといえるのである。

[後　記]

(初出)「イタリアにおける反ファシズムの諸形態」『歴史公論』(雄山閣出版)、五一号(一九八〇年二月)。

六〇年代後半から始まったイタリアにおける歴史研究の転換の動きは、レジスタンス研究の場合にもあてはまる。従来の反ファシズム諸政党に焦点をおく見方から、新たな研究は社会諸分野におけるさまざまなレジスタンスのあり方に関心を向けたが、一九七六年に新動向の推進者の一人であるグイード・クァッツァの『レジスタンスとイタリア史——研究の諸問題および仮説』Guido Quazza, *Resistenza e storia d'Italia. Problemi e ipotesi di ricerca*, Milano, 1976 が出版された。

この書は、レジスタンスを二〇カ月の出来事としてでなく、イタリア史の長期的枠組みの中で考察する方法をとり、戦後の共和制がレジスタンスから生まれたとされているものの、「ファシズムのイタリア」から「共和制のイタリア」には多くの連続性が見られることに注意を呼び起こした。クァッツァはまた、政治的、組織的な反ファシズムとは別に、個々人あるいは集団が日常的生活の中から自分たちの生存の仕方として反ファシズムの実践を選択する実存的、自発的な反ファシズムがあることを明らかにした。

この小論は、クァッツァの研究に触発されて、反ファシズムの諸形態ということを考えたのだが、こうした視点を導入することで、反ファシズムの問題をたんに政治のレベルにとどめずに、社会生活の諸領域にまで広げて考察することが可能になる。クァッツァの実存的反ファシズムの概念を継承して、反ファシズムの研究を続けているのがジョヴァンニ・デ・ルーナで、彼は反ファシズムを、ファシズムへの政治的反対という狭い意味でなしに、ネーションのアイデンティティの異なったあり方の創出として積極的な意味づけを試みている。デ・ルーナの代表作に『主題としての女性——一九二二—一九三九年のイタリア社会における反ファシズム』Giovanni De Luna, *Donne in oggetto. L'antifascismo nella società italiana 1922–1939*, Torino, 1995 がある。

第九章　イタリアのレジスタンス

はじめに

第二次大戦期のヨーロッパで、主としてドイツの占領下におかれた諸国の民衆がみずからの解放のための武装闘争を展開し、それが第二次大戦のきわだった特徴をなしたことはつとに指摘されているところである。この民衆によるみずからの解放のための闘争は、国によってさまざまな名称で呼ばれたけれども、のちに共通して「レジスタンス」という言葉で表現されるようになった。(1) レジスタンスは、いずれの国においても、他国支配者に対する抵抗闘争をきっかけとしていたが、闘争は必然的に自国内部の変革の課題をふくむ性格をおびており、この二つの課題が結合された度合に応じて、各国のレジスタンスの規模と深度にそれぞれの特徴が生じたといえよう。本稿では、イタリアの場合に即してレジスタンスの問題を考えていくのであるが、イタリアでは自国内部に二〇年に及ぶファシズム支配が続いていたことによって、レジスタンスにおける二つの課題の結合は一層深刻なものとなっており、レジスタンスをめぐる最大の争点もそこにあったとみることができよう。

一般にイタリアのレジスタンスといわれるのは、一九四三年九月八日から四五年四月二五日に至る期間の闘争をさしているが、イタリアでは、これ以前から反ファシズム運動の長い歴史があり、この反ファシズム運動とレジスタンスの関係ということが、まず問題となるだろう。が、この点については、レジスタンスはそれ以前の反ファシズム運動が四三年九月八日を境に質的な転換をとげ、新たな形態と性格を示すにいたった闘争とひとまず理解しておいて、はじめに四三年九月八日前後の全般的な状況を概観しておこう。

四三年七月二五日、ムッソリーニの失脚によって、二〇年間続いたファシズム支配に大きな転機が訪れる。ムッソリーニの逮捕は、事件史的にみれば、国王ヴィットーリオ・エマヌエーレ三世周辺の数人の計画にもとづく一種の宮廷クーデターにすぎないが、事件の背後には、社会の諸領域における反ファシズムの動きがファシズム体制の底辺での動揺をさそいだし、これに危機意識を抱いた支配諸層が、ムッソリーニ排除を決断することで支配機構を救おうとした経過が存在する。(2) これより先、連合軍が七月一〇日にシチリア島に上陸して、イタリアの敗戦の色が濃厚となっていたが、支配諸層にとっては敗戦そのものよりも、敗戦をはさんで支配の連続をどう維持するかが最大の関心事であった。ムッソリーニ逮捕後に樹立されたバドリオ軍事政権のもとで、ファシスト党、ファシズム大評議会、特別裁判所などファシズムに固有の諸制度は廃止されたが、国家と社会の支配機構は手をふれないままに残された。(3) バドリオ政府は、連合軍側とひそかに交渉を進め、九月三日、休戦協定に調印して降服する。イタリア側は、休戦協定の公表以前に連合軍がローマ防衛のための軍事行動をとることを期待したが、連合軍はナーポリ南方のサレルノに上陸する作戦計画をたてただけで、予定どおり九月八日に休戦協定を公表した。このためイタリア政府も、同日夜のラジオ放送で休戦の成立を国民に告げ、国王、バドリオ、政府高官らは九日未明に首都ローマを脱して南イタリアの小都市ブリンディジに逃れる。

これに対して、ドイツ軍は直ちにイタリア占領の行動を起して、数日のうちにナーポリ以北の諸地域を支配下におさめた。また、休戦発表から三日後の一二日、グラン・サッソに監禁されていたムッソリーニの救出にも成功する。ムッソリーニはドイツに運ばれ、ヒトラーと会談したあと、一八日のミュンヘンからのラジオ放送を通じて、ファシスト党とファシスト政府の再建を宣言した。イタリアに戻ったムッソリーニは、その後ガルダ湖畔サロにファシズム政権の所在地を定め、一二月一日からはファシスト政府の支配地域にイタリア社会共和国 Repubblica Sociale Italiana の名を冠するようになる。

このように九月八日を境にイタリアは南北に分断され、サレルノ以南は連合軍、ナーポリ以北はドイツ軍がそれぞれ占領し、これと並んで南には国王＝バドリオ政府、北には新ファシスト政府が存在するという政治的・軍事的配置ができあがる。そして、この配置の成立とともに、従来の反ファシズム運動は質的な転換をとげてレジスタンスとよばれる局面を迎えるのである。ここでレジスタンスという場合に、それは多様な形態の諸闘争から成りたつ反ファシズム運動の総合的表現を意味している。たとえば、九月八日を境にしての反ファシズム運動の側での顕著な変化は、新たにパルチザン部隊が形成されて、武装闘争が開始されたことである。レジスタンスは、この武装闘争を最も重要な構成要因とするのだけれども、しかしレジスタンスという表現は単にそれのみをさすのでなく、他の形態の諸要因もふくめて、九月八日以降の闘争の局面全体を表わしているのである。

そのような意味におけるレジスタンスは、闘争、とりわけ武装闘争の直接の目標がドイツ占領軍とファシズム政府からの解放にあったとしても、より根源的には、九月八日に生じた政治的・軍事的枠組そのものに対する異議の表明と変革の意思を示すものだった。レジスタンスの推進者にとって、ドイツ軍との闘争という限りでは、連合軍および国王＝バドリオ政権と同じ基盤にたっているといえても、反ファシズム闘争という面からすれば、旧支配機構との連続を示す国王＝バドリオ政権の存在は容易に承認しうるものではなかった。このためレジスタンスは、連合軍および国王＝バドリオ政権との関係においても、単なる協同ではすまない、対抗と競合を伴った緊張関係を生みだすのである。そしてまさにこの関係のなかから、レジスタンスの展開にとって無視することのできないいくつかの問題がでてくるわけで、まずその点の考察が必要となる。

一般に、ドイツ軍とファシズム政権の支配下から脱することを解放とよんだが、連合軍が解放するか、レジスタンスの力で解放するか、その違いは大きな問題だった。結果的にみれば、南イタリアから中部イタリアにかけての解放は連合軍の手で実現され、フィレンツェをふくめて、そこから北の諸地域はレジスタンスの力で解放された。またこれに関連して重要となったのは、解放が南から北に向って時間的なずれをもって進行したことである。解放の順序を時間的にみれば、ドイツ軍の最初の防衛線グスタフ・ラインで北上を阻止されていた連合軍が、ローマの解放を実現するのが四四年六月四日で、その二カ月後の八月一一日にフィレンツェがレジスタンスの力で解放されるけれども、このあと戦線の展開はドイツ軍の強力な防衛線ゴート・ラインに阻まれて停滞し、レジスタンスは二度目の冬を越す困難な闘争となり、ようやく四五年四月二五日に北イタリアの主要都市を自力で解放して闘争を終結させるという経過になる。

こうした順序で解放された地域は、ひとまず連合軍の占領下におかれたあと、軍事作戦上重要でなくなった地域から順に、イタリア政府に施政権が返還された。したがって、北イタリアではまだレジスタンスがきびしく戦われているときに、南および中部イタリアでは行政機構の正常化が進むという具合になる。そして問題は、この正常化が旧支配機構との連続性が問われている中央政府のもとで行なわれたことである。つまり、初期の解放が連合軍によって実現される経過もふくめて、解放が地域的および時間的なずれをもって進行することは、レジスタンスの働

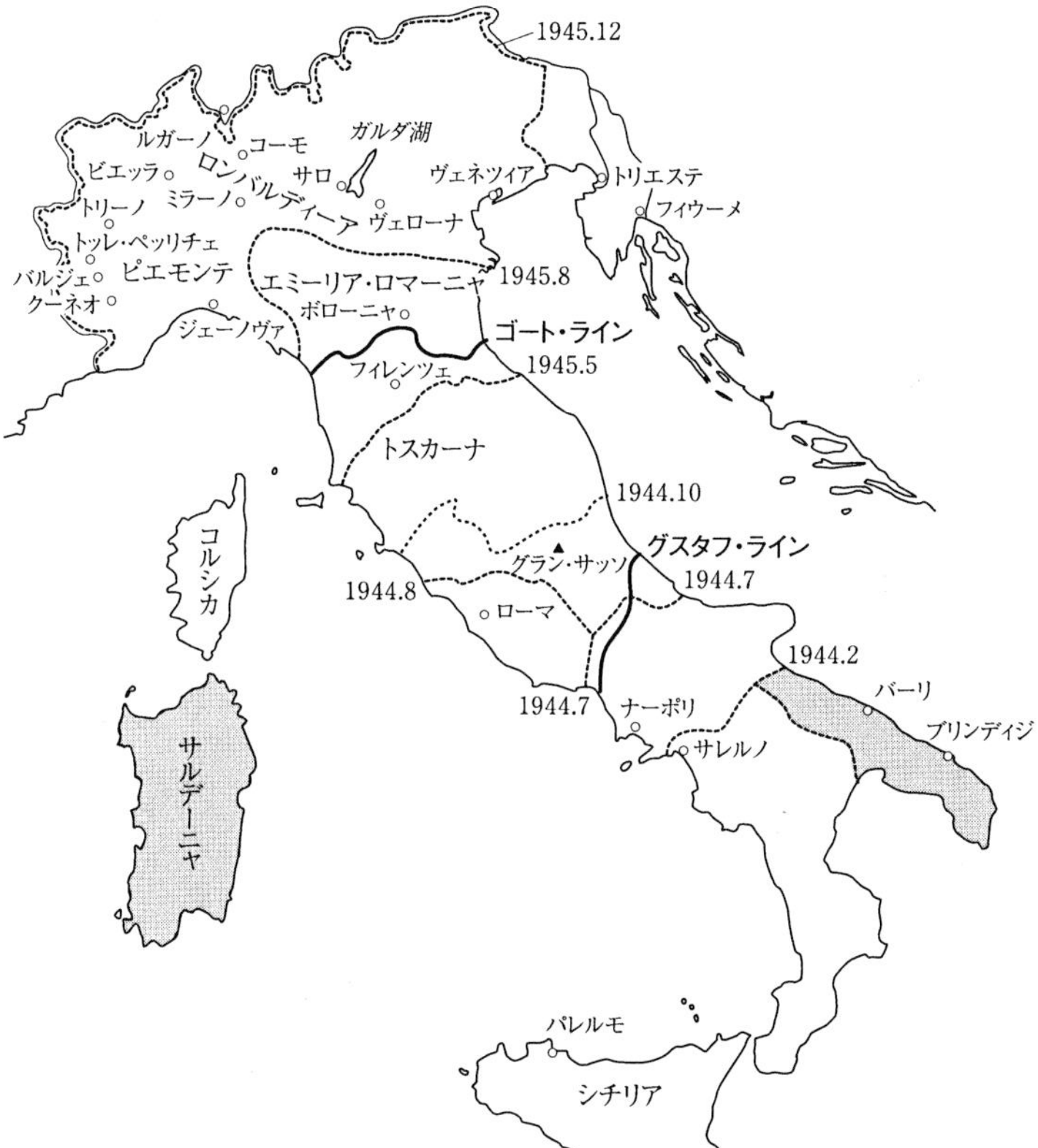

バドリオ政府の最初の施政権地域

イタリア政府に施政権が返還された北限

1943-45年のイタリア

出典：F.Chabod, *L'Italia contemporanea (1918-1948)*, Torino, 1961, p. 129より作成.

きかける空間を狭め、レジスタンスの求める内部変革の課題を抑制する意味をもってくるのである。連合軍および中央政府との関係でこうした局面を経過しなければならなかった点に、イタリアのレジスタンスのひとつの特徴があったといえよう。

すでに述べたところから明らかなように、レジスタンスが十分な展開をみせるのは、フィレンツェ以北の北・中部イタリアである。では、レジスタンスは、どのような人びとによって構成され、またどのような場で戦われたのだろうか。レジスタンスの最も重要な要因をなす武装闘争は、主としてパルチザンによって担われた。パルチザンの行動領域は広い範囲にわたるけれども、生活の拠点はおもに山岳地帯である。一方、レジスタンスの政治的・軍事的指導の役割を担ったのは、諸政党で構成される国民解放委員会であった。国民解放委員会は主要都市に設置されたが、都市における闘争の重視という点も、イタリアのレジスタンスのひとつの特徴だった。イタリアでは、たとえばユーゴスラヴィアのレジスタンスにおけるように、山岳地帯の解放区を拠点として次第にみずからの支配領域を拡大していくという形態でなしに、むしろ都市生活内部での多様な形態の闘争が追求された。イタリアのレジスタンスでも、闘争の過程でパルチザン解放区がいくつか成立はするけれども、しかし闘争の基本方針として解放区の形成が提起されることはなかったのである。これは、ひとつには地形的な問題と関係し、もうひとつにはイタリアにおける都市の機能に関係していた。都市の重視は、労働者闘争への期待と結びついていた面があるが、レジスタンスと労働者闘争の関係は、実際には複雑な問題をふくんでいた。また、農村においても、農民の地域ごとの性格の違いに応じて、レジスタンスとの関係は多様となったが、一般的にいえば、農民のレジスタンスへの参加は大分遅れて、主として食料徴発の問題をきっかけに生じたのだった。

このようなレジスタンスのなかで、内部変革の課題が具体的にどのように提起されたかが最後に問われることになるが、この問題はレジスタンスの推進者たちの間でも決して統一的見解があったのではなく、種々の意見に分れて論争が続けられた。論争はさまざまなレベルにわたっていたが、中心的争点のひとつに国民解放委員会の性格をめぐる問題があり、この点については主として共産党と行動党の議論を通じて検討しておこうと思う(4)。

一　連合軍とバドリオ政府

四三年九月八日に生じた政治的・軍事的配置のもとで、連合軍はバドリオ政府をイタリアの唯一の合法政権として認めたが、このことはのちのレジスタンスの展開にとって重要な影響を及ぼした。国王＝バドリオ政府は休戦協定の発表に際して、首都ローマの防衛あるいは予測されるドイツ軍の行動に対して、民衆の抵抗活動をよびかける思想をもたなかったのはもとより、軍隊にすら何らの指示、命令をだすことなく南イタリアに逃れた。このためイタリア軍隊は、マルタ島に結集した海軍を除いて、指揮系統が乱れ、混乱のうちに解体する。

軍隊解体の責任をめぐっては、のちに多くの議論をよび、国王＝バドリオ政権を擁護する観点からは、休戦協定の公表に関して連合軍側との間に手違いが生じ、早まってそれが発表されたために急遽ローマを離れる必要が生じたという説明がなされてきた。しかし最近の研究が明らかにしているように(5)、バドリオ政府が軍隊に何らの指令も発せずにローマを脱出したことは、思慮された結果の政治的選択であったとみられよう。つまり、国内でのドイツ軍との戦闘が発生すれば、不可避的に社会諸領域での抵抗闘争をよびおこし、それはさらに既存の支配機構の危機を招くことになる。国王＝バドリオ政権にとって、みずからの支配の連続を確保するためには、何としてもそのような状況を避けねばならず、九月八日の行動はそうした判断にもとづく措置であったと言えるのである。

連合軍はイタリアの占領にあたって、直接支配にするか間接支配にするか、検討を重ねていたが、結局、両者を併用した占領行政の方針をたてた。前戦に近いかあるいは軍事作戦に必要な地域は連合軍政府の直接支配のもとにおき、それ以外の地域は連合国側の管理委員会の規制のもとにではあるが、イタリア政府に施政権を認めた(6)。そしてバドリオ政府を、休戦協定の調印主体であることを最大の理由に、かつまたファシスト政府の再建宣言に対応する必要に迫られて、イタリアの唯一の合法政権として認めたのである。連合国の対イタリア政策は、あらかじめ確固とした方針があったわけではなく、またイギリスとアメリカの間の政策上の違いもあって、状況に応じて対処する場合が少なくなかったが、いくつかの基本原則は堅持された(7)。

連合軍政府の基本原則は、国王＝バドリオ政府とほぼ同一の基準にたっており、ファシスト的諸制度およびファシスト党幹部を排除したあとは、既存の行政機構にのっとって支配するという方針だった。この方針は、なかでも県知事 Prefetto の機能を重視することを意味した。県知事はイタリアの統一国家の成立以来、中央政権による地方支配のかなめの位置を占めており、中央政府の任免権に服して、地方行政の広範な権限を付与されている官職である。連合軍が県知事を通じて地方支配を行なう方針をとったことは、単に制度的に旧支配機構との連続性を保障したにとどまらず、地方官吏と地方住民の間に「従来と変らない」という安心あるいは失望の、それぞれの感情を植えつける作用をもった。直接支配下の地域において、連合軍は、明らかにファシスト的人物とみなされた者を除いて、あとは既存の機構の尊重と実務的能率を基準に県知事、市町村長、警察署長などの諸人事を手がけたが、細部にわたる正確な情報をもたないことと、主たる相談相手が地方名士および教区司祭であったことによって、結局は、旧官吏と地域の有力者が多く役職に就くことになった(8)。この人事を通じて、シチリアでは、ファシズム期に弾圧されていたマフィアが復活したことはよく知られた問題であろう(9)。

イタリアの唯一の合法政権と認めた国王＝バドリオ政府に対する連合国の政策は、イタリア内外の政治および軍事情勢の推移に対応しつつ次第に明確化されていくが、四三年九月一八日付で地中海方面連合軍司令官アイゼンハワーが連合軍参謀本部に提出した覚え書きの内容が、[10]ほぼその基本線を形づくるものとなった。覚え書きは、現政府に諸政党の代表を加えて国民連合政府の形態にすること、制憲議会選挙を戦後に実施する約束をすること、国王は退位して皇太子あるいはその子が即位する可能性を検討すること等の条件をあげて、こうした条件のもとでイタリアを共同参戦国 Cobelligerent として扱う方針を提案していた。

連合国と国王＝バドリオ政府の関係は、ほぼこの基本線に従って運営されるが、ここにあげられた条件のうち、制憲議会選挙を戦後に実施する見通しを述べた項目に注目しておく必要があろう。この項目は、将来のイタリアの政治体制をどうするかについては、戦争終了後の選挙でイタリア国民自身の自由な選択にまかせる、という方針を示したものであるが、これを言いかえれば、それまでの間はこの問題には手をふれないで、現体制をそのまま維持する方針を意味していた。つまり、制度上の問題の解決は戦後にのばす大原則をたてたうえで、当面、バドリオ政府の基盤の拡大と国王の責任問題の処理を図りたいとするのが連合国側の意図であった。[11]この二つの点に関しては、国王＝バドリオ政権に対する諸政党の対応の問題と関係してくるので、のちにふれるとして、国王＝バドリオ政府が国の大半をドイツの占領にゆだねる選択をしてまで維持しようとした支配体制の連続性は、連合国側の以上のような政策によって支えられたのである。

イタリア政府に施政権が認められたのは最初七県にすぎなかったが、ほぼ同一の基準で連合軍政府に直接支配されていた諸県が順次返還されることになるので、その支配地域は次第に増えていく。しかし、ここで重要なのは、施政権の地域的な広がりということよりも、既存の支配機構のうえにたつ政権が合法的に存在している現実自体であって、このことが支配諸層あるいは穏健派の反ファシズムのあり方に有力な支えを提供するものとなるのである。

二　レジスタンスの始まり

1　国民解放委員会の成立

四三年九月八日直後に、反ファシズム運動の側では新たに国民解放委員会とパルチザン部隊の二組織が形成され、これがレジスタンスの推進力となる。

国民解放委員会 Comitato di Liberazione Nazionale＝CLNは、共産党、プロレタリア統一社会党、行動党、キリスト教民主党、自由党の五政党（ローマ以南では労働民主党を加えて六政党）から成る機関で、それ以前にさまざまな名称で存在した反ファシズム委員会が転化して形成された場合が多い。

このうち、プロレタリア統一社会党は、ネンニに代表される伝統的な社会党とバッソら若い世代によるプロレタリア統一運動とが合体してできた党であり、キリスト教民主党は、人民党の再建という形でデ・ガスペリなどを中心に結成されたカトリック系の政党である。行動党は、二〇年代のゴベッティによる〈自由主義革命〉運動と三〇年代のロッセッリによる〈正義と自由〉運動の系譜をひき、これにカロージェロらの自由社会主義運動や共和派のグループが加わって四二年に作られた新しい組織で、イタリア史の過去に対する徹底的な批判を立党の精神としていた。自由党はファシズム以前の旧支配層の立場を代表し、五政党の中では最も保守的な性格を有していた。

諸政党はそれぞれに党としての基本的プログラムをかかげていたが、実際には各党とも内部に諸潮流を含んでいて、党内事情は複雑であった。[12] 大まかな言い方をしても、たとえば、社会党内には、最大限綱領主義と改良主義の伝統的な二派の対立があり、行動党内には、ルッスを中心とする社会主義的傾向とラ・マルファを中心とする共和主義的傾向の二潮流がみられ、また、キリスト教民主党の場合にも、党の基礎固めの過程にさまざまな要因が入りこんで党の構成を複雑なものとしていた。党としての統一性をもっともよく保持している共産党にしても、党内および周辺に左派系の諸分派の活動がみられた。こうした党内諸潮流の存在という点を別にしても、一般に、政党の具体的行動を直ちにその基本的プログラムから説明することは困難であり、レジスタンスのような場合にはとくにそのことが指摘できよう。諸政党に問われていたのは、レジスタンスのひとつひとつの現実に直面して、従来のプログラムをどう適用するかではなくて、その行動のなかからどのような新しい思想を育てていくかということであったろう。そうした観点からすると、CLNを構成した諸政党のなかでは、とくに行動党と共産党の場合が注目されるのである。

CLNは主要諸都市に存在して、各地域で独自の活動を進めたが、ローマのCLNが中央機関としての機能をもち、国民解放中央委員会と名のった[13]。諸政党は、それぞれの背後の組織力に関係なく、すべて同等の資格で参加し、全会一致を原則として運営された。しかし、ピエモンテCLNのように、あまり重要でない事項は多数決、重要な事項は四党の賛成があれば決定としていたところもある。ドイツ軍とファシズム当局にたえず追及されている地下組織であるから、特定の事務所や一定の会合場所をもつことはなく、必要に応じて秘密裏に会合は開かれた。

CLNの性格について、行動党と共産党は当初より、CLNが国王＝バドリオ政権に代わってイタリア国民の新たな結集軸となったことを強調し、たとえば行動党は、九月二五日付の機関紙で、「CLNがイタリア人民の唯一の正当な代表である[14]」と主張し、また共産党も九月二九日付の機関紙上で、「イタリア国民の統一はCLNの周囲でのみ実現され、……バドリオと国王の周囲での統一は存在しないばかりか、実現不可能である[15]」と訴えていた。

バドリオ政府は一〇月一三日にドイツに宣戦を布告するが、三日後の一六日、ローマCLNはそれまでの議論にもとづいて次のような内容の宣言を発した。[16]——CLNは、国民再生にとって第一の崇高な課題である解放戦争は国の真に深い精神的統一を必要としており、国王とバドリオの現政府のもとではこの統一をなしえないこと、したがって、ファシズム独裁と不断の戦いを続け、かつ三九年九月以来ナチスの戦争に敵対してきた政治諸勢力を表現する臨時政府の形成が必要であること、を確認する。CLNは、この臨時政府が、(一)国家の全権限を掌握し、(二)連合国側にたって解放戦争を進め、(三)戦争終了後に国家の政体を決めるために人民の意志を問う任務をもつこと、を宣言する。

この宣言は、CLNの原則的立場を簡潔に表明していた。つまり、CLNは、国王＝バドリオ政府には解放戦争を指導する正当性が欠けていることを指摘して、みずからが代わって臨時政府を樹立する用意のあることを表明したのである。こののちしばらく、両者の間に鋭い対立関係が続くことになる。

2　パルチザン部隊の形成

CLNがレジスタンスの政治的・軍事的な指導機関の役割を果したとすれば、パルチザンは武装闘争の底辺での担い手であった。パルチザンの形成にあたっては三つの源泉が存在した。[17]第一は、遠くリソルジメントにさかのぼる歴史的伝統である。『イタリアに適したゲリラ的民族戦争』を著してゲリラ戦の理論をうちだしたカルロ・ビアンコや、それを実践に移したマッツィーニのゲリラ蜂起の例にみられるように、一九世紀のリソルジメント期に、イタリアの解放をゲリラ戦で勝ちとろうとした根強い運動の歴史があり、パルチザン戦争の思想の一部はその伝統から生じていた。第二は、スペインの内乱である。この内乱にはイタリア人の反ファシスト約四〇〇〇人が義勇兵として参加しており、その経験がパルチザン戦争に受け継がれ、内乱に加わったかなりの人びとがパルチザン戦争の担い手ともなった。

第三は、第二次大戦そのものである。イタリアが侵略した国々、特にギリシャとユーゴスラヴィアにおいて、前線のイタリア兵士たちは敵国のパルチザン活動に悩まされた。前線の兵士のなかには、軍隊の具体的状況を経験して戦争への懐疑を抱きはじめる者、あるいは敵のパルチザンの側に大義があることを感じるようになる者など、多様な反戦、厭戦の感情が生まれ、そうした経験が九月八日以降の新しい状況のもとで、みずからをパルチザン戦争に投じさせる動機となった例が少なからずみられる。第一の源が主として知識人、第二の例が主として政治意識をもった反ファシズムの活動家に関係するものだったとすれば、第三の源は、無名の兵士たちが自発的にパルチザンとなっていく重要な動機を表わしていた。

最初のパルチザンがどのようにして成立したかを、ピエモンテ地方南西部の数例に即してみておこう。ピエモンテ南西部のフランスと国境を接する地帯は、南北に走るアルプス山脈におおわれた山岳地帯で、この一帯は最も早くパルチザンが形成された地域であると共に、山岳パルチザンの世界を作りだしていくところでもある。

—(18)トリーノの西南約四〇キロにトッレ・ペッリチェという町があり、そこから西方に長く続く山間部一帯はヴァル・ペッリチェとよばれて、ワルド派の伝統の流れる土地である。ワルド派の教えそれ自体が直ちにファシズムとの衝突を招いたわけではないが、既成の権威に対するワルド派の闘争の伝統のなかから、徐々に反ファシズム活動の芽がでてくる。四二年頃には、すでにワルド派学校の教師ロ・ブーエの周囲に、大学生のマラン兄弟、町の織維工場の労働者リヴォワール、家具職人のファヴーラの青年が集まって、小さな反ファシズムのグループができていた。このグループには、ミラーノ大学助手で行動党に属し、帰省のたびに地下出版物を運んでくるロリエも参加した。こうした地元のグループに、トリーノの司法官で行動党の創設メンバーの一人でもあるアゴスティが、疎開でトッレ・ペッリチェに移ってきて接触をもつようになる。

四三年七月二五日以後、流刑や監獄から解放された行動党系のヴェントゥーリ、アンドレイス、フォア、スピネッリらがこの地に来て、グループにはさらに新しい人的まじわりが生じる。地元の青年グループと行動党グループとの間でしばしば会合がもたれ、今後の政治的見通しと抵抗運動をめぐる議論が重ねられた。行動党の活動家たちは、リソルジメントの伝統を思い起して、パルチザン形態の運動を提案し、また地元の青年の間でも、たとえばファヴーのように、ユーゴスラヴィア戦線でパルチザン抑圧隊に配属された折に、かえってパルチザン戦争への共感を深めて、この闘争形態の熱心な支持者となっていた者もおり、両者の間には比較的早くからパルチザン闘争への合意がみられた。[19]

九月八日の休戦発表後の数日間は、イタリア各地いたるところで軍隊の混乱、将校たちの指揮放棄、兵士の離散、ドイツ軍の進駐といった光景が生まれ、ヴァル・ペッリチェでも事情は同様だった。軍隊の解体とともに、下士官、兵士の間から、ドイツ軍への抵抗を決意するグループがあちこちにできて、反ファシズム・グループに加わったり、あるいはのちにふれるような独自の軍人パルチザン部隊を作る動きが生じてくるが、ヴァル・ペッリチェでは、地元のグループと行動党のグループが中心となって、これに新たに軍隊からのグループも加えて、管理の手薄となった兵器庫や軍隊倉庫から、武器、食料、衣服などを運び出し、武装抵抗闘争の準備に入っていく。ヴァル・ペッリチェのパルチザン部隊の最初の核はこのような経過で成立するのであり、一カ月足らずのうちにこの地帯には一〇カ所ほどの基地が設営され、パルチザンの数も二五〇名ほどに達した。

二[20]　トッレ・ペッリチェから南十数キロのところにバルジェという場所がある。ここでは、共産党系の活動家と軍人の二系列のグループが合流してパルチザンが形成された。共産党は、九月八日後直ちに北イタリア各地でゲリラ戦を展開する方針をたてて、そのうちの一拠点をバルジェにおくことを決めた。九月一〇日夜、トリーノからの汽車で、コモッロ、コンテ、グァイータ、ジェイモナト、マルチェッリーノの五人の共産党員がバルジェに移動する。最初の二人は古参党員労働者で長い獄中生活の経験をもち、最後のマルチェッリーノは父親に従ってパリに亡命していた若い女性活動家である。残りの二人は三〇年代半ばに〈正義と自由〉運動に関係して逮捕されたことがあり、その後に共産党に加わった知識人である。バルジェが一拠点として選ばれたのは地勢的な理由からだが、ここにはジェイモナト夫人の実家があって、かねてより住民との接触が保たれていたことも理由のひとつであった。

バルジェには、同じ夜、近くの騎兵士官学校の軍人四人も到着して、トリーノからのグループと合流する。軍人の一人はコラヤンニ中尉で、彼はシチリアで弁護士を職とする古い党員だが、補充士官として騎兵学校に配属されたあと、軍人の間でひそかな組織活動を進めていた。合流した両グループは、翌日から地元の農民の協力を得てパルチザンのための基地設営を始めるが、このグループには、さらにジョリッティ元首相の孫にあたる若い知識人アントーニオ・ジョリッティなどが加わって最初の中核が構成される。バルジェのパルチザンは、この小さな核から次第に規模をふくらませて四四年一月にはピサカーネ旅団、同年五月にはピエモンテ第一師団を編成するまでに発展する。

三[21]　バルジェからさらに南四〇キロほどの山間に小都市クーネオがある。ここでは、行動党に所属する弁護士のガリンベルティを中心に、四二年頃反ファシズムのグループが生まれた。グループには、登山仲間や弁護士業を通じて知りあった印刷職人、装飾職人、弁護士研修員、高校教師、商人などさまざまな職業の人が集まった。このグループには、クーネオ出身の弁護士でトリーノの行動党の一員であるビアンコがのちに加わる。ガリンベルティは、ゲリラ蜂起にもとづく人民の戦争というマッツィーニの思想に深く傾倒しており、ムッソリーニの逮捕された翌日に早くも事務所のバルコニーから、ドイツ軍との戦争の準備をよびかけた。解放後にパルチザン戦争の貴重な記録を発表するビアンコ(22)もまた、熱心なゲリラ闘争の支持者で、このグループには、ヴァル・ペッリチェ・グループのケースに似た、パルチザン戦争への志向が早くに生じていた。

イタリアの西部国境に配置されて、フランス領の一部の占領にも当たっていたイタリア第四軍は、この時期のイタリア軍隊のなかでは最もよい装備と戦闘力を残していた。だがこの第四軍も、九月八日直後に解体状態となり、特にフランスから撤退してきた兵士たちはクーネオ周辺で大混乱に陥っていた(23)。ガリンベルティたちは、将校の何人かに軍団の立て直しを図ってドイツ軍との戦闘に備えることを訴えかけるが、聞き入れられずに終る。クーネオ近辺の軍事諸施設には、第四軍用の武器、食料、被服その他の物資がかなり豊富に貯えられていたので、レジスタンスを決意した軍人や市民は、それらの武器・物資を奪取して、自分たちの隠し場所に運びこんだ。ガリンベルティたちも同様の行動に励むが、クーネオ市にドイツ軍の進駐してきた九月一二日、グループのうち一二人のメンバーで山に入って、パルチザン部隊を形成する。これが〈自由イタリア隊〉の出発点で、この部隊はのちに、〈正義と自由〉アルプス第一師団、第二師団の名をもつ大部隊に発展する。

以上、パルチザンの成立の三例をみたけれども、初期のパルチザン部隊の形成は、他の地域においても、多かれ少なかれ同様の傾向を示していたといえよう。すなわち、無名の人びとから成る地元の小さな反ファシスト・グループと、政党に属する反ファシストたちとの出合いを通じて最初の核が作られ、そこに解体した軍隊の兵士・下士官らが合流するという経過である。この、いわば政治的・市民的パルチザンへの軍人の参加は、武器の使用法をはじめ軍事技術の習得のうえで、きわめて貴重な役割を果したのだが、市民パルチザンと旧軍人との関係がスムーズにいくのは、すでに互いに知己であるか、あるいは思想的な一致が確認された場合であって、そうでないときには両者の協同が必ずしも直ちに成立したわけではなかった。市民パルチザンの側での軍人への不信感がみられる一方、軍人の側でも、市民パルチザンのもつ政治性に対する強い反発があり、軍人だけの独立派とよばれるパルチザン部隊も少なからず形成された。これは、軍人たちが旧軍隊の階級、序列、規律などを残したままにパルチザン部隊を編成したもので、国王への忠誠と政治性の拒絶を共通の性格としていた。この部隊は、市民パルチザンの軍事技術の幼稚さを蔑視して、ドイツ軍との戦闘でも独自の作戦を展開することが多く[24]、レジスタンスのなかでは、支配層あるいは穏健派の反ファシズムの動きと結びついた。

三　パルチザンの世界

パルチザンのおおよその数は、四三年一一月に四〇〇〇人、四三年末に一万人、四四年三月に三万人内外、四四年七月に七—八万人、四五年三月に一三万人と数えられている。年齢構成にすると、一九二〇—二五年生まれの者が約四六％、一九一〇—一九年生まれと二六—二七年生まれが合わせて約四〇％で、ファシズム期に育った青年世代が主力をなしていた。また、職業については、ピエモンテの〈正義と自由〉隊六一八一人を対象とした例で、労働者三〇％、農民二〇％、手工業者一一・七％、学生一一・二％、事務員一〇％、自由業五・三％、職業軍人三・三％、家事女性一・六％という構成がみられる。(25)

市民パルチザン部隊の形成には、たいていの場合政党の活動家が加わっており、部隊と政党との関係は緊密だった。共産党系の部隊は〈ガリバルディ〉、行動党系は〈正義と自由〉、社会党系は〈マッテオッティ〉、キリスト教民主党系は〈緑の炎〉とそれぞれの名称で区別され、おのおの系列とも最初は小さな部隊であったが、人数が増えるにつれ、旅団、師団の編成をとるようになった。このうち〈ガリバルディ〉系列のパルチザンが全体の約半数を占め、〈正義と自由〉系列が約四分の一で、規模の点では、両系列が圧倒的な力を有した。

しかし、このことは直ちに個々のパルチザンに対する党の組織力を意味するものではない。各部隊は政党別に系列化されていたとしても、隊員で入党している者は決して多いとはいえず、個々のパルチザンと政党との関係は自由であった。党は政治委員を配属して部隊の〝政治化〟に努めるけれども、その〝政治化〟は党の政治宣伝を内容とするよりも、より広い意味での解放闘争の根本の課題に自覚を促す性格のものであった。(26)部隊の〝政治化〟ということについて、ビアンコはこう述べている。「この〝政治化〟の様式と範囲を記述し分析することは容易ではない。宣伝は多くの形態のほんの一側面にすぎず、おそらく最も重要なものでもない。……パルチザンのみずからの内における政治的成熟の過程を理解するためには、隊の生活と環境、つまり、単純にして複雑なパルチザンの〝小世界〟をその具体性において考えることから出発しなければならない。ここでは、政治的理念や動機、歴史的根拠などは形式的に〝教えられる〟ことを必要としていない。それらは空気の中にあり、パルチザンをとりまく現実それ自体の中にまざりあって存在しているのだから、それらを〝凝結させ〟、明確な表現のもとに定着させるだけでいいのである。それには、ほんのただの一言、ある状況下のちょっとした動作、あるいは、歩哨中や武器を手入れしている時に小さな声でするありふれた会話で十分なこともある。パルチザン部隊における真の政治的作業とは、〝講義〟をすることやパルチザンに政治文書を読ませることなのではなく、生き生きした問題点にふれて（まさにふれるだけのことで）その所在を発見し、そこからあいまいさ、混乱、不明確さを取り去り、その問題点を最も原初的な形態でひとりひとりの意識に再提示し、行動の新しい動機をつかみとるということのうちにあるのである。(27)」

政治的・市民的パルチザンにとって、山の中の基地は新しい生活空間の創出を意味していた。市民パルチザンの部隊には、軍人パルチザンのそれと違って、階級や序列にもとづく人間関係は存在しなかった。彼らの結合は個々人の自発性にもとづくものであり、ドイツ軍とファシストに対する襲撃や破壊活動を通じて、軍事闘争にすぐれた才を示す人物が自然に部隊長に選ばれる以外は、隊員間の序列を表わすものは何もなかった。そのような意味において、クァッツァは、厳しい自己規律を伴った直接民主政の小宇宙としてパルチザン部隊を特徴づけている。(28)また、レジスタンス史の最初の通史を著したバッタリアは、パルチザンの世界が農民的フォークロアの伝統と深いつながりをもつことを強調する。(29)彼によれば、たとえばパルチザン名をとってみても、その人物の性格に似つかわしい動物名や、出身地にまつわる風物とか伝説からの命名が好んで用いられ、パルチザンはそうした命名を通じて自分の育った地域の自然的環境に回帰する感情を表現したとされる。この点はさらに、多くは地域の古い民衆的カンツォーネの替え歌として作られたパルチザン歌によっても検証されうるであろう。(30)

パルチザンにとって、部隊内部における共同性の創出とともに、地域住民との共同性の形成も不可欠の課題であった。パルチザンたちは、最初は住民たちによって反抗者 ribelli とよばれており、次いで愛国者 patrioti となり、パルチザンという呼称が定着するのは大分あとのことである。住民のパルチザンに対する感情は、この呼称の変化の中に一部表わされている。パルチザンの活動には、情報の提供と食料の補給を最低限とする地域住民の協力が必要だったが、この関係の確立は常に順調にいったわけではなかった。パルチザンの世界の周縁に、主として軍隊の旧兵士と地域の犯罪者から成る、かなりの数の山賊が生じた。彼らはパルチザンを装って山間の生活を選び、附近の住家を襲っては強奪を働いた。この集団は住民に恐怖を与え、しかもパルチザンと見まがう集団のため、少なからぬ誤解と不信を植えつけた。パルチザン部隊は、住民の不安を取り除くとともに、自分たちに向けられた誤解の原因を除去するために、この山賊集団に対してはとりわけ厳しい態度で臨み、山賊の出没する地域での山狩りや偶然の出合いによって彼らを逮捕すると、多くの場合銃殺刑に処した。[31]

パルチザンと住民の関係の確立にとって、ひとつの転機をなしたのは、ファシスト政府の徴兵布告であった。ファシスト政府は、四三年一一月九日、国防相グラツィアーニの名で、一九二四年一〇月から二五年一二月までの出生者に新規に徴兵義務を課す布告を発し、該当者は一一月一五―三〇日の間に出頭することを命じた。[32]あわせて、一九二三年と二四年九月までの生まれで、すでに召集令状を受けていながらまだ軍役についていない者への出頭命令も出した。結果的には、新規徴兵対象者数約一八万のうち、出頭に応じたのは五万余に過ぎなかった。[33]徴兵を拒否した一〇万以上にのぼる青年が、ファシズム当局の追及を逃れて身を隠す必要に迫られたわけで、広範囲に及ぶ社会問題となった。青年たちは、都市、農村、山村のいたるところで隠れ場を求め、なかにはパルチザン部隊に加入する者もでてきた。この状況のなかで、パルチザンは、ファシズム当局の執拗な追及から、これら青年および家族をできる限り守るための行動をとった。自分の息子や知合いの青年が、パルチザンのおかげで危険を免れて保護される状況を身近に感じた住民たちの間には、従来とは違った感情でパルチザンと接する動きがでてくるのである。

パルチザンの部隊は、こうした諸関係のもとで、ドイツ軍・ファシスト軍との戦闘に入っていく。戦闘はパルチザン側からの襲撃による攻撃的戦闘にしろ、ドイツ軍の度重なる掃討作戦に立ち向う防衛的戦闘にしろ、いずれの場合においても厳しい困難な状況の連続で、パルチザンの世界はこの厳しい戦闘の局面を二〇カ月にわたって耐えぬいて、解放をかちとるのである。

四　都市の闘争

1　闘争諸組織

山地におけるパルチザンの闘争と平行して、北イタリアの主要都市においても多様な闘争が試みられたが、ここでは新たに次のような諸組織が作られた。

愛国闘争団 Gruppi di Azione Patriottica＝GAP。これは都市の中心部での直接行動のために編成された組織で、最初共産党、次いで行動党によって採用された。目的は、ドイツ軍将校とファシスト幹部に対する襲撃、軍司令部や軍事施設の爆破、通信網、発電所、鉄道の破壊工作など、人・建物を問わず敵に直接の打撃を与えることを狙いとした。これらの任務の遂行には、特別の技術と勇気を兼ね備えていることが要請され、主として、スペイン内乱などで闘争経験の豊かな者や、大胆さと行動力の証明された青年を中心に編成された。したがってパルチザン部隊とは違って、厳選された党員のみから成る小人数の組織であることをその性格としていた(34)。

青年戦線 Fronte della Gioventù。共産党幹部パイエッタのプランにもとづいて、同党のクリーエルとポンテコルヴォを中心に四三年秋に作られた。党の下部組織でなく、青年層の大衆組織としての性格をめざし、はじめ徴兵拒否者の逃亡援助やパルチザンへの救援活動などを行なった。四四年一月にカトリック系青年グループとの協定が成って、諸政党の青年が参加する統一的な大衆組織としての形を整え、四五年四月の解放時までに約一万五〇〇〇人を結集した。工場、大学、居住区等において青年層の組織化を図り、青年独自のグループを編成して解放闘争に参加した。[35]

女性擁護グループGruppi di difesa della donna。四三年一一月、各党の女性代表者会議の決定で結成され、正式には〈女性擁護と自由の戦士の救援のためのグループ〉という名称をもつ。イタリアの解放と女性の解放の二重の解放を目的として、工場、事務所、学校、居住地で組織され、多種多様な闘争にとりくんだ。レジスタンスの政治的および軍事的課題に関しては、多くの女性が男性と同じ質の闘争に加わっており、女性のパルチザン、連絡員、GAPは合わせて三万五〇〇〇人にのぼったが、それと並んで、日常生活の場における女性の闘争は、レジスタンスの中で重要な局面を構成していた。いわばレジスタンス期の日常生活に生じてくるすべての問題が、女性の闘争の課題としてあったわけで、ごく基本的な例でいえば、日々の食料をどうするかがまず問題であった。割り当て配給量はすでに最低必要量の限界をきっており、通常の家族分を入手するだけでも困難なおりに、もし負傷者や連合軍捕虜脱走兵などを匿っていたとしたら、食料の調達それひとつだけでも大変な苦労であった。女性擁護グループにとって、闇市場や食料倉庫前でのデモ、あるいは隠匿物資の摘発活動などが、非常な決意をもって、しかし自然の行為として組織されたのである。衣料品、暖房燃料の入手にしても事情は同じだった。

また犠牲者救援活動も、おもにこのグループによって担われたが、この活動はいろいろな境遇におかれた人びとが、レジスタンスのなかで互いにどのような形の結びつきを作りだすかの重要な役割をおびていた。女性擁護グループの活動は、さらにまた、賃金と労働条件の差別に発する労働の場での闘争の課題も提起していた。これら女性の日常生活の場での、多様な日々の闘争については、比較的最近、ピエモンテ地方の一二人の女性を例とした記録が出版され、[36]きわめて具体的に知られるようになった。従来、レジスタンスと女性の関係をめぐっては、レジスタ

別　表

食料品目	分量	1942年		1943年上半期		1943年下半期
		配給価格（リラ）	闇価格（リラ）	配給価格（リラ）	闇価格（リラ）	闇価格（リラ）
パ　ン	1 kg	2.35	5.42	2.60	8.50	10.00
牛　肉	〃	25.68	91.25	32.15	136.67	171.67
じゃがいも	〃	1.58	2.34	2.15	6.17	12.00
バター	〃	27.00	76.25	30.87	121.67	236.00
チーズ	〃	22.23	95.84	—	128.00	140.00
牛　乳	1 l	1.79	2.75	2.78	6.00	7.00
ぶどう酒	〃	6.23	—	11.00	12.00	23.33
砂　糖	1 kg	7.80	20.92	8.66	50.00	90.00
たまご	12個	20.00	60.48	38.40	96.00	120.00

出典：R. Luraghi, *Il movimento operaio torinese durante la Resistenza*, Torino, 1958, p. 32, p. 141 より作成.

ンスでどれほどに女性の貢献がなされたかを強調する観点が支配的であって、レジスタンスが果して女性のどのような面を解放したかについては、ほとんど問われることがなかったようにみえるが、この記録はそうしたレジスタンスの問題性をも提出しているのである。

2　四三年一一―一二月ストライキ

四三年一一―一二月、工業三角地帯をなすトリーノ、ミラーノ、ジェーノヴァの三大都市で労働者のストライキが生じる。労働者は、すでに四三年三月の大規模なストライキを経験していたが、ドイツ軍占領下では初めてのストライキであった。四二年後半から急速に悪化していた経済状態は、ドイツ軍占領下でもさらにその傾向を強め、たとえばトリーノの物価は、一九四一年を一〇〇とすると、四三年初めに一三五・四二だったのが、九月一六七・七三、一〇月一八三・三五、一一月一九八・七三、一二月二一二・〇四と急上昇していた。このうち食料品価格だけをとると上昇率はさらに激しく、九月一九七・二四、一〇月二一五・四六、一一月二四九・一九、そして一二月にはほぼ三〇〇に達している。[37]労働者の賃金は、専門、熟練、不熟練によって少しずつ差があるけれども、比較的条件のよい金属機械部門の大企業の場合で、一時間当りの平均が四・五リラから五・五リラであった。[38] 週労働時間を四八時間として、これに出勤手当一日一〇リラを加えても、一週間分の収入は三〇〇リラ前後にしかならず、これを別表(前ページ)の食料品価格と比べると、日常の生活状態の苦しさが理解されよう。

四三年一一―一二月のストライキは、トリーノの大企業フィーアトから始まった。[39] フィーアトでは少し前から、一一月分給料は一括前払いの形にして男子労働者に五〇〇リラ、女子労働者と見習い工に二〇〇リラだけ一一月一五日に支給することと、同日支給予定の一〇月分未払い給料は一一月二七日まで支払いを延期することを告げる経営者側の掲示が出されていた。これに対してフィーアト労働者は、一一月一五日午後からいわば自然発生的にストライキに入り、直ちに交渉委員会を結成して八項目の要求を提出する。要求は、一〇〇%の賃上げ、食料の増配、五〇〇リラは前払いでなく物価手当のための一時金とすること、女性労働者と見習い工への支給は三五〇リラに引き上げること、などの項目から成っていた。経営者側は、しかしこれらの要求、とくに食料増配問題などは、自分たちの回答能力をこえるとして交渉を拒絶した。フィーアトに始まったストライキは、数日のうちにトリーノ市内の諸工場に波及して、多くの労働者をまきこむものとなった。

イタリアの労働運動史で重要な役割を演じていた、職場代表から成る内部委員会 Commissione Interne は、ファシズム体制のもとで一九二五年に廃止されたが、四三年九月初めにバドリオ政府のもとで復活され、九月八日以降も制度的には存続していた。内部委員会は反ファシスト労働者よりも、むしろファシスト労働者によって活用が図られており、彼らはストライキの高揚に際して、市内主要工場の内部委員会代表会議を招集し、その資格でファシズム行政当局との調停に当たった。両者の合意事項が二二日に発表されるが、それは、三〇%の賃上げ、週最低賃金の保障、世帯主労働者に五〇〇リラ、非世帯主労働者に三五〇リラの一時金支給、という内容だった。労働者はこの内容を不満としてストライキの動きを強めるが、翌二三日、それまで直接介入を避けていたドイツ軍当局が事態の打開にのりだし、スト派の労働者交渉団との接触を図った。そして、ファシズム行政当局のそれとは別に、一一月中に具体的な措置を講ずることを約束してストライキの中止を求めた。労働者はドイツ軍の介入の成り行きを見守ることにして、二四日に労働を再開する。ドイツ軍占領当局は、回答期限の三〇日に、先のファシズム行政当局の発表事項を有効なものとしたうえで、食料品増配について細かに規定した声明を発表した。それは、パン一日七五グラム増配、一二月中にじゃがいも五キロ分配、米・小麦粉・砂糖の正常配給の回復、たばこ一週間四〇本配給、その他、オリーブ油・塩・ぶどう酒・靴・仕事着・暖房燃料などのドイツ本国からの補給、といった内容だった。このあとに一二月一三日から一九日まで続いたミラーノのストライキは、(40)細部においてトリーノのそれと違った点はあったけれども、要求項目をはじめとするストライキの性格は同一であり、三〇％の賃上げ、一時金五〇〇リラ支給の確認を得たほかに、ドイツ軍による食料増配の措置を伴った結果もほぼ同じであった。

四三年一一—一二月のストライキは、レジスタンスと政治的・社会的諸勢力という点でいくつかの重要な問題を示していた。ストライキは、フィーアト経営者の挑発的ともいえる賃金政策に端を発したのだが、レジスタンスのなかでの資本家層の行動はとくに注目を必要としよう。ピレッリ、ヴォルピ、アニェッリらファシズムの経済体制を支えてきた大資本家たちは、すでに四三年初めより、ムッソリーニを見限って連合国側に接近する動きを示しており、(41)彼らにとっての基本的関心事は、既存の社会機構の解体を防いで戦後への支配の連続を準備することだった。この点で、彼らは国王＝バドリオ政権に象徴される支配層の反ファシズムの有力な一翼を構成しているわけで、レジスタンスにおける資本家層の行動には終始この観点が貫かれていた。資本家層は、ドイツ軍の占領体制に協力することで必要な原料資材を確保して生産活動を継続する一方で、連合国との密かな接触(42)を保ってドイツの生産計画の情報を提供し、連合軍が工場を爆撃しない保証をとりつけていた。こうした関係のなかで、ストライキによる生産活動のときおりの停滞は、少なくとも大企業の経営者にとっては、巧みに利用すべき道具となった。すなわち、労働者に対しては決定能力を有しているのはドイツ軍当局であることを納得させ、ドイツ軍に対しては生産と労働の実情を知らせて資材や物資の補給を求め、連合軍に対してはドイツの生産計画の挫折を示して爆撃を避ける効果をもったのである。(43)

レジスタンスのなかでの資本家層の行動について、ここでもうひとつ指摘しておかなければならないのは、CLNとの接触である。資本家たちはCLNになにがしかの資金を提供して、(44)解放闘争への理解と協力を表明した。また、パルチザンに対しても同様に資金の援助を行なった。だがこの行動は単なる理解と協力からなされたわけではなく、資金の提供を通じて解放闘争を穏健な路線に導こうとする明白な政治的意図にもとづいていた。資金の援助はCLNに対しては自由党やキリスト教民主党の穏健派政党を通じて、またパルチザンに対しては主に独立派の軍人パルチザンに提供された。これはレジスタンスにおける待機主義の問題を表わしている。(45)待機主義 attendismoは、簡単にいえば、レジスタンスの力による解放を志すのでなく、連合軍による解放を待つという立場であった。つまりこの立場は、レジスタンスを連合軍の戦闘の補助活動にとどめる考え方を表わすのだが、それは、レジスタンスが既存の社会の枠組を越えて内部変革に進むことを抑制しようとする政治的意図に発するものだった。

ところで、四四年三月のストライキとの比較で重要になることだが、四三年一一―一二月のストライキは労働者の自発性にもとづく経済要求を中心とした闘争だった。このストライキはCLNの指導によるものでも、共産党の組織したものでもなかった。政党のなかで労働者の間に足がかりをもっていたのは、ほとんど共産党だけで、この時期、共産党のイニシャティブで労働者の秘密委員会(46)を作る動きが進んでいたが、この委員会がストライキを組織したとも言えない。個々の工場での闘争は次のようになされたとみてよいだろう。「どの工場でも作業の停止、経営者との交渉、作業の再開のイニシャティブをとった者が明らかにいた。つまり、労働者と経営者の双方に威信と影響力をもつ、労働者仲間の〝リーダー〟が明らかにいたのである。こうした〝リーダー〟は他の政治党派に所属しておらず、われわれ〔＝共産党〕の運動の同調者であるが、残念ながら以前にも、また現在も、われわれの組織と関係のないままにとどまっている。[47]」

レジスタンスのなかで、共産党の方針と労働者の闘争の間には、かなりのずれがあったということができる。共産党は、労働者とパルチザンをレジスタンスの二本柱とみていた。そして、労働者階級がドイツ軍とファシストに対する解放闘争に取り組むことを期待し、そうした方針で臨んだ。つまり、いいかえれば、労働者の経済闘争でなしに、ドイツ軍・ファシストに対する解放運動としての政治闘争の遂行を望んだ。[48]このような観点から、共産党は、今回のストライキのなかで労働者がドイツ軍当局と交渉することに強く反対していた。また、ドイツ軍による食料増配の声明がだされたあと、この声明に対するストライキをよびかけた。しかし、労働者はドイツ軍との直接交渉を選び、また声明に対するスト再突入の試みは、部分的にでてきたけれども半日と続かずに失敗に終った。トリーノ市共産党最高幹部のコロンビは、これを「長年にわたって無組織と政治的受動性のもとにあった大衆の政治的未成熟[49]」に帰したけれども、労働者の一連の行動は、ストライキの目標が何であるかをはっきりと示していたと言えよう。労働者の闘争は、ドイツ軍からの解放という意味での政治闘争であるよりは、生活的諸条件の要求に発する経済的性格の闘争であった。ドイツ軍との直接交渉は、労働者の政治的無感覚や政治的未成熟を表わすのでなく、労働者の要求に答えをだせる唯一の相手と交渉する必要と、またそれを可能とする力を示したということにほかならない。[50]レジスタンスのなかでの労働者の闘争は、その動機と目標において自律性を有しており、レジスタンス以前の四三年三月のストライキに始まる独自の闘争のサイクルをもっていたといえるのである。

ドイツ軍に関してふれておけば、労働者のストライキに対する占領軍当局の方針は、必ずしも一つにまとまっていたわけではなかったが、四三年末の段階では、工業三角地帯の軍需生産をできるだけ活用する方針が優先していたとみられる。ここから、労働者の要求に弾圧の脅しをかけつつも、社会的平穏と生産活動の維持を図るための一定の措置がとられたということになる。(51)

3 CLNの指導体制

山地のパルチザンと都市の諸領域での闘争に対して、CLNはその政治的・軍事的な指導に努めた。初期のCLNが当面した課題のひとつに、連合軍兵捕虜の逃亡援助があった。イタリア各地に収容されていた連合軍兵捕虜六万以上が(52)、九月八日の休戦発表で混乱のうちに一斉に解放された。彼らにとっての主たる選択は、国境を越えてスイスに逃れるか、イタリア人家庭に匿われるか、パルチザン部隊に加わるかの三つであったが(53)、いずれにせよ、ドイツ軍が、連合軍兵士一人につき一八〇〇リラの賞金をかけているなかで、彼らを安全に保護することは大変な仕事であった。この点でのCLNの努力は連合国側にも評価されるところとなって、のちに、CLNと連合国機関との直接交渉を生みだす一助となる。

初期のCLNにとって最大の課題は、パルチザンに武器、食料、被服を補給するための活動であった。それとともに、個々に生じたパルチザン部隊の動きを掌握して、できる限り統一的な指導体制を作る必要であった。パルチザン活動に関しては、地形的理由にも支えられてピエモンテ地域が最も活発であり、他方レジスタンスの全体的な政治指導の観点からすると、ミラーノが中心的な位置を占めているという事情で、北イタリアのCLNのなかでは、トリーノのCLN（ピエモンテCLN）とミラーノのCLNがきわだって重要な任務をおびていた。[54] 両CLNとも資金の調達と軍事指導体制の確立の二つの難題にとりくむが、これには政治的要因が働いて、必ずしも順調に進行しなかった。

ピエモンテCLN[55]では、諸系列のパルチザンの闘争を統一的に指導するための、統一軍事司令部の設置が早くから検討されていた。これは司令官の人選のからむ問題でもあったので、委員会内部では何回か議論が重ねられた。司令官には旧軍隊の将校をあてる方向で検討が進んだが、パルチザン戦争の総指揮を職業軍人に委ねることには共産党が反対の態度をとっていた。この問題にはさらに資金問題がからんできたために、事態は一層複雑化した。いわゆるオペルティ資金問題がそれで、イタリア第四軍将校オペルティが、軍解体の混乱の際に巨額の軍資金を秘匿していて、自分が司令官に任命されることを条件に、その一部をCLNに提供することを申し入れてきたのである。この問題にはいくつか細かい事情が介在したが、結局、一一月上旬、共産党の反対のままオペルティの統一軍事司令官への就任が決定される。

ピエモンテCLNは、オペルティ資金を得て約二億リラの資金をもつことになり、これは当のCLNの計算で、パルチザンの経費を一人一カ月一〇〇〇リラとみて、二万人のパルチザンの一〇カ月分の経費に相当するものだった。資金面ではこれで一息つけるようになったものの、しかし軍事面で直ちに大きな障害がでてきた。オペルティのたてたプランが、結論的にいえば、パルチザン戦争の作戦計画であるより、パルチザンを軍隊式に再編成する組織計画だったのである。つまり、オペルティのプランは待機主義の思想にたっていたのである。オペルティ問題は、その後、彼自身のファシストとの関係も明るみにでて、一二月下旬、司令官の地位から追われ、一応の決着をみるが、レジスタンスにおけるCLNの政治的・軍事的指導の確立にあたっては、このような委員会内部の困難を克服する過程を経なければならなかったのである。

ミラーノCLNの場合も、資金と軍事指導の問題については、同様の困難を経験した。ここでは、行動党のパッリが中心となって軍事委員会を結成し、全パルチザン部隊の統一的指導を提案したが、初期の共産党は、〈ガリバルディ〉隊の独自の強化に努める方針をとったので、十分に機能するには至らなかった。(56) 資金面では、のちにピエモンテCLNからオペルティ資金のなかの五〇〇〇万リラを融通されるが、そうした特別の場合を除いては不足に悩まされていた。ミラーノCLNは、軍事、資金等に関して連合国側との交渉を求めて、行動党のパッリとヴァリアーニがスイスを訪れ、四三年一一月三日、イギリスの特殊作戦部SOEおよびアメリカの戦略情報部OSSのそれぞれのスイス駐在代表と会談した。これは、レジスタンスと連合国との最初の公式の接触であった。両者の会談はいわば当然のことながら、レジスタンスをめぐる相対立した見解を明らかにした。すなわち、連合国側が、レジスタンスの性格をドイツ軍に対する情報の収集と作戦妨害のための活動と考え、そのような活動範囲にとどまることを求めるのに対して、パッリらはレジスタンスが人民の戦争であり、内戦としての性格をもつことを表明して、解放闘争の課題を強調したのである。(57) この二つの考え方の違いは以後も縮まることはないが、ミラーノCLNと連合国スイス出先機関との接触はCLNのルガーノ代表部を通じて続けられ、資金、武器、弾薬の援助が約束される。だが、この援助は、「二カ月間待ちに待ったあと、一二月二三日に、三〇人分程度のきわめてわずかな量の物資がはじめて投下された」(58) という報告にみられるように、不定期に少量しか届かなかった。

ところで、ミラーノCLNは、四四年一月末に中央委員会であるところのローマCLNから、北イタリアにおけるセンターとしての地位を付与される。これは、ローマ解放が近づいたという見通しのもとに、ローマCLNによって解放地域における民主政府の樹立が構想され、その民主政府の被占領地域〔＝ドイツ軍占領地域〕での代表部の資格をミラーノＣＬＮに付与するという形式でなされた(59)。この結果、ミラーノＣＬＮは、名称を国民解放北部委員会Comitato di Liberazione Nazionale per l'Alta Italia＝ＣＬＮＡＩと改称するが、ＣＬＮＡＩは、これを機会に従来の解放闘争の指導を強化する一方、新たに地下政府としての機能をとりはじめる(60)。そして、この地下政府の性格のあり方をめぐって、新しい質の議論が生じてくるのでもある。

五　サレルノ転回

前節までの考察は、おもに北イタリアのレジスタンスにかかわる局面であったが、この節ではローマと南イタリアの状況について検討しておこう。四三年九月末に、ナーポリの四日間として知られる民衆の叛乱によってナーポリは解放されるが(61)、その後ドイツ軍のグスタフ・ラインに阻まれて戦線の膠着状態が続いた。こうしたなかで、ローマＣＬＮは先の一〇月一六日宣言に沿って、国王＝バドリオ政権への批判を続けていた。ローマおよびその周辺地域では、パルチザンの形成や都市の諸運動が、まったくなかったわけではないが、北イタリアに比べるときわめて弱かった(62)。この状況を反映してローマＣＬＮも、社会諸領域での解放闘争を指導する課題、あるいはみずから組織する課題にとりくむよりも、新政府の形成を焦点とする政治問題の解決に活動の中心をおいていた。

このことはローマＣＬＮの性格としていえるだけでなく、それを構成する諸政党においても同じだった。たとえば、共産党はローマとミラーノの二カ所に指導部をおいていたが(63)、ローマ指導部の方は当面の反ファシズム闘争の最も重要な課題を、国王＝バドリオ政権を否定してＣＬＮに基礎をおく新政府を樹立することに求めていた。これに対して、ミラーノ指導部は解放闘争の遂行のなかに政府問題の事実上の解決があることを強調し、指導部の一人セッキアは次のような批判を加えていた。「ローマCLNはもっぱら明日のこと、連合軍の到着、新政府の形成、国王・バドリオに対してとるべき態度などに気をとられていて、ドイツ軍を追放する直接闘争やファシズムを解体するための闘争は、緊急の基本的な問題となっていないようである。……国王・バドリオ問題は、ここではすでに全員がCLNの政府を認める、あるいは少なくとも認めることを確認する方向で解決されている、といえる。(64)」共産党の両指導部の間にはさらに、バドリオ政府との協力を示唆したモスクワからのトリアッティの放送のうけとめ方もからんで、激しいやりとりが続くのであるが、この論争はローマと北イタリアのレジスタンスの状況の違いを端的に表わすものであった。

このようにローマでは、新政府の構成をめぐる問題に活動の主たるエネルギーが注がれていたが、この傾向は南イタリアのCLNにおいて一層顕著なものとなる。(65) ナーポリの四日間のやや特殊なケースを除いて、解放闘争を経験することなく連合軍の到着を迎えた南イタリアのCLNは、勢いみずからの政治—軍事の形成も不十分にとどまった。第一節でふれたように、連合軍は、バドリオ政府が諸政党を加えて政権の基盤を拡大させることが望ましいとする方針をとっていたが、ナーポリCLNはローマCLNの一〇月一六日宣言を支持して、国王＝バドリオ政権には一切非協力の態度をとった。ただしナーポリCLNでは、哲学者クローチェや元下院議長デ・ニコーラら保守的な自由主義者が主役の座を占めて、国王退位問題を中心に事態が進行したのが特徴的である。クローチェらはバドリオ政府への協力の条件として、国王ヴィットーリオ・エマヌエーレ三世の退位と皇太子あるいはその子の即位を要求にかかげるのであるが、これにはもう一つの側面があって、とくに行動党によって主張されていた君主制廃止の動きを抑えるために、現国王の退位で責任問題にけりをつけ、君主制の存続は擁護するという意図がふくまれていた。

南イタリアではこうした妥協案でバドリオ政府とCLNの対立の緩和が図られるが、関係者間の合意に達するには至らず、政治的な手詰りの状態がでてくる。CLNによる国王＝バドリオ政権の否認は、既存の支配機構と断絶し、新政府のもとで国家改革に着手しようとする意志の表明であって、反ファシズムの課題の一つの焦点をなすものであった。ローマCLNおよび南部CLNの、とくに左派諸党が、この問題を活動の中心においたのは、そのような動機にもとづいてのことであった。だが、ローマと南部では、この問題が民衆の動員をよびかけることなしに議論された点で、北部と状況を異にしており、それがまた政治的手詰りの一因ともなったのである。

しかし、バドリオ政府とCLNの対立は、思わぬ方向からの解決を招いた。まず、四四年三月一四日、ソ連がバドリオ政府との外交関係の樹立を表明する。連合国はイタリアを共同参戦国として扱っていたが、その国際的地位は不明確なままにしてあったので、バドリオ政府が他国と外交関係を結ぶのはこの時のソ連がはじめてであった。[66]バドリオ政府の権威が高められたところに、共産党の指導者トリアッティの爆弾声明が続いた。モスクワを発って三月二七日にナーポリに上陸したトリアッティは、党会議、記者会見、演説等を通じて、ドイツ・ファシスト軍に対する解放戦争を有効に推進するために、バドリオ政府に参加する用意のあることを表明したのである。[67]先にCLNが表明したのは、解放戦争の主体となりうるのはファシスト独裁とナチスの戦争に一貫して敵対してきたものであり、そうした政府のもとで国民統一が実現されねばならないとする原則であったが、トリアッティの場合は、国民統一を図るためにはバドリオ政府に加わる必要があるという主張で、CLNとは逆の論理にたっていた。トリアッティの提案に刺激されて、デ・ニコーラらの進めていた国王の進退問題にも妥協が成立し、国王は四月一二日、ローマが解放された暁に皇太子を国王代行の地位につけ、自分は王位をもったまま引退することを表明した。こうして、停滞していた政治状況は一挙に転回して、CLN諸政党が参加し、トリアッティ、クローチェらも入閣した

バドリオ新政府が四月二二日にサレルノで成立する。(68)

これが、いわゆるサレルノ転回で、当時から現在に至るまで多くの議論をよんでいる事件である。(69)トリアッティの提案がソ連の外交と軌を一にしている点は疑いえないが、ここではむしろ、イタリア社会との関連でトリアッティの思想を考えてみることが重要で、それについてはのちにふれることにする。トリアッティの方針は、当然共産党内にも波紋を投げかけ、国王＝バドリオ政権に非妥協的な態度をとっていたローマ指導部は、議論ののち大半が自己批判して新方針に切りかえる。(70)ミラーノ指導部は、もともとこの問題にあまりかかわっていなかったために、ローマ指導部に比べて衝撃の度合は少なかったといえるが、それでも慎重な言いまわしで、「諸勢力の結合とその指導という二つの問題のうち、われわれは結合よりも指導に関心を注いできた(71)」という見解を表明した。

サレルノ転回に対して最も厳しい判断を下したのは行動党だった。それは、「イタリア民主主義の最初の敗北(72)」（ラッギアンティ）とか、あるいは「君主制と過去の諸勢力に一時的に敗れた(73)」（ヴェントゥーリ）という言葉で表現されるように、行動党にとってイタリアの過去との断絶を求める解放闘争が、逆に過去にとりこまれていくことへの不安を示すものだった。サレルノ転回は、事実、国王＝バドリオ政権が依拠していた既存の国家機構の存続を前提としており、この国家機構の存続がのちの諸改革をきわめて困難なものとするのである。そして、レジスタンスにとっては、この先なお一年に及ぶ闘争の現実を通じて、そうした制約の枠をつき破る解放のあり方を提起することが課題となるのである。

六　闘争の諸局面

1　四四年三月ゼネスト

南イタリアでサレルノ転回が生じるのに先だって、北イタリアでは三月一日から七日まで大規模なストライキが敢行された。共産党は、前年一一―一二月のストライキで実証された労働者の闘争力が、さらにドイツ軍とファシスト政権に対する直接闘争に向うことを期待し、パルチザンと労働者階級を二本柱とする春季大攻勢の計画をたてた。そして四四年初頭から、工場内における秘密闘争委員会 Comitato di agitazione の組織化に努める一方、CLNにも積極的に働きかけて、政治的ゼネストあるいは蜂起ストライキの構想を提示した。(74) 蜂起ストライキの見通しが次第に困難となり、宣伝の内容に経済要求が強まってくる事情はあるけれども、ストライキを反ドイツ・反ファシズム的な政治ストライキとして準備する方向は変らなかった。

共産党以外では、行動党が一種の評議会思想をもって三月スト前後の労働者の闘争に取り組んだ。第二節でふれたように、行動党は社会主義系および共和主義系の諸グループが合流してできた新しい党である。ローマの指導部においては、ルッスとラ・マルファをそれぞれ中心とする二派の間での政治原則をめぐる議論が目立ったのに対し、ヴァリアーニ、ヴェントゥーリ、フォアらから成るミラーノとトリーノの指導グループは、解放闘争の現実に密着して、レジスタンスの具体的な諸課題に直面していた。(75) この点は先の共産党におけるローマとミラーノの両指導部の事情に似ているが、評議会思想はこの北イタリアの指導部にみられたものである。新しい党である行動党は、そのための困難をかかえていた。「行動党は――とヴァリアーニは指摘する――大衆諸政党の特徴をなす伝統、メンタリティ、経験、柔軟さ、それに労働の場あるいは勤労者居住区での活動家の存在自体を欠いていた。[76]」行動党にとってとりわけ痛く響いたのは、過去に労働組合運動の実績をもたないとして、共産党、社会党、キリスト教民主党の三党で進められていた労働組合再建準備過程から除外されたことで、[77]このことがまた、労働者の間への行動党の浸透を困難にもしていた。

行動党の活動家には、自由業の知識人が比較的多くみられたが、彼らを行動に導いたものの一つは、知識人運動と民衆・労働者運動の協同のもとに国民の知的道徳的革新をなしとげようとする課題であった。[78]この課題は、古くはマッツィーニが全生涯をかけて追求したものであり、また最近では、若くして死亡したゴベッティが自由主義革命としてうちだした課題でもあった。この協同は、パルチザンの形成に際してはすでにかなりの成果をみており、行動党の〈正義と自由〉隊のパルチザンの規模は共産党系の〈ガリバルディ〉隊に次ぐものとなっていた。したがってこの面では、行動党も十分に大衆的基盤を有していたといえるのであるが、工場あるいは労働者居住区では、ヴァリアーニの指摘するように、大衆的基盤を確立するには多くの困難にとりまかれていた。それゆえ、北イタリア指導部の評議会思想が、大衆性をもった形で表現されたとはいいがたいけれど、レジスタンスにおいて既成の諸機構の変革をめざす行動党の志向の一例として、ここで注目しておく必要はあろう。

いまも述べたように、行動党は労働組合再建の準備過程から排除されていた。この事情も働いて、行動党は従来の政党―組合の関係にもとづかない解放のあり方、政党―組合の二元論を克服するあり方を模索し、第一次大戦直後の評議会運動の経験に着目した。そして、この評議会の核になる組織として、労働者の秘密闘争委員会を重視した。[79]この闘争委員会は、おもに共産党のイニシャティブのもとにおかれていたが、しかしその場合でも、当時の責任者の一人サンティアの証言[80]にみられるように、党の方針そのものが直接労働者にアッピールしたというより、個々の活動家に表現された限りで党のイメージが存在したという状況であった。そのような意味で工場内の労働者同士の結びつきには、政策と並んで、あるいはそれ以上に人的関係が重要な働きをしていたのである。(81)行動党は、労働者同士のそうした結びつきと闘争委員会の制度的意味を強調して、この動きのなかに工場評議会の手がかりを求めようとしたのだった。行動党は、四四年二月に『工場の声』*Voci d'officina* と題する機関紙を創刊して、評議会思想を積極的に表明するが、(82)共産党の精神的源をなすグラムシによって推進された評議会運動が、レジスタンスのなかでは、行動党に受け継がれ、共産党はこれに無関心であったということは、興味深い事実といえよう。

主として秘密闘争委員会を通じて準備が進められたストライキは、三月一日から北イタリア各地で一斉に開始された。(83)労働者の生活状態は、前回のストライキ以後も決して好転したとはいえず、クリスマス手当から一時金として支給された五〇〇リラ分が差し引かれていたり、給料や食料の遅配が続いたりで、不満は依然として残っていた。しかし今回のストライキでは、前二回の場合と違って、そうした不満が具体的な要求項目にまとめられることはなかった。今回のストライキは政治ゼネストとして組織されており、ストライキの熱心な推進者であった共産党は、労働者が街頭行動を展開し、これに呼応してＧＡＰ、青年戦線、女性擁護グループの闘争諸組織、さらにはパルチザン部隊が介入する見通しをたてていた。しかし部分的に生じた少数の例を除くと、事態はこのようには進行しなかった。なによりもまず、労働者の街頭行動が起らなかった。労働者は三月一日にストライキに入ったが、トリーノではその前日、電力エネルギーの不足を理由にむこう一週間すべての工場を休業する措置が経営者側によってとられ、ミラーノでも少なからぬ企業がそれにならった。また、のちには多くの工場でロックアウトが宣言された。このため労働者は最初の一、二日は工場に来てストライキを表明したものの、あとは概して家にとどまったままだった。そして一週間後の三月八日に、ロックアウトの解かれた工場にほぼ平常どおりに出勤して、さしたる混乱もなく仕事を再開した。

この経過にみられるように、今回のストライキは、四三年三月および一一―一二月のそれとは様相を異にしていた。今回は政治的ストライキとして組織され、たしかにそのとおりの様相を呈していた。ドイツ軍占領下で、各地一斉のゼネストに突入した労働者の闘争力と、生産を一週間にわたって完全に停止した成果は、各方面の強い注目を集めた。また、ストライキのイニシャティブをとった共産党の力も注目され、CLN内における同党の発言力は比重を増した。そのような意味で、共産党にとってこのストライキは成功だったといえるのだが、しかし労働者の闘争という観点からみると、そこには別の問題が生じていた。[84] 今回のストライキでは、労働者の具体的な要求項目は作成されず、また前二回のような具体的な成果を得ることもなかった。それに宣伝されていた、支援のためのパルチザンの到着をみることもなかった。これに加えて、今回はドイツ軍の態度が強硬で、労働者に対する組織的な弾圧が初めて行使された。逮捕者はかなりの数にのぼって数百人がドイツに強制移送された。こうした結果を伴った今回のストライキは、労働者の間に敗北感を残すことになり、それは、四三年三月以来、労働者が味わう初めての敗北感だった。労働者の生活条件は、このあと、以前に比べて悪化していくが、四四年秋まで再び闘争に起ちあがることはなく、共産党幹部コロンビ自身の表現にみられるように「三月ストライキ以降の下降局面[85]」を迎えるのである。

2　農村の闘争

四四年三月ストライキは、外部に与えた影響の大きさとは逆に、労働者の内部では闘争力の低下を招いた。工場内の活動家の多くも、追及を逃れて山岳のパルチザン部隊に移っていった。このため、以後のレジスタンスのなかでの労働者闘争の比重、あるいは工場の役割は弱まっていき、これまで労働者階級をパルチザンと並ぶ主役の位置においていた共産党さえも、力点に微妙な変化をみせるようになる。[86] こうした内部的事情と、それに春・初夏を迎えた季節的要因によって、レジスタンスの中心は一時、都市から農村に移動する。

農村民衆とレジスタンスの関係については、「イタリアの歴史上初めて、農村の民衆は、もはや反動側に立つことなしに、民族的・社会的意識に鼓舞されて積極的に内戦に加わった」[87] という歴史家サルヴェーミニのよく知られた評価がある。が、この評価は一般的にすぎ、とくに後半部分は個別的な検討を必要とすることがらであろう。農民が、レジスタンスのなかでファシズム側に加担しなかったのは、そのとおりの事実で、これはおそらくファシズム期の農業政策が農民に及ぼした影響とそれに対する農民の反発ということに深く関係していると言えよう。農民にとってレジスタンスとの最初の出合いは、連合軍兵捕虜の逃亡援助であった。これは民族意識からよりも、遠方からの旅人や、あるいは追われた者をもてなし、匿う農民世界のある種の伝統から説明されうることのように思われる。[88] これに続いて、徴兵忌避青年の保護があったが、これを越えてパルチザンとの関係になると、前にもみたように、一定の社会意識だけからは説明しえない多様な側面がふくまれていた。たとえば食料問題がそれで、パルチザンによる食料購入は、現金払いができないときは、解放後の支払いを保証した手形によってなされたが、食料売買をめぐってはたえず闇値の問題がつきまとっていた。[89] そしてこの闇値の問題こそ当時の農民の行動を特徴づけた重要な要因で、単にパルチザンとの関係にとどまらず、都市—農村関係として表わされた深刻な社会現象だった。[90] この現象は、ファシスト行政当局自体も、都市の食料不足の原因を、農民が供出に応ぜずに闇売買していることに帰して、都市住民の不満を別の方向にそらす宣伝に利用したのである。

個々の農民のレジスタンスとのかかわりとは別に、解放闘争のなかでとくに農村が主要な舞台となり、農民を集団的にまきこむ形をとったのは、四四年春から夏にかけてのポー平原の場合だった。ポー河流域の平野部はイタリア最大の穀倉地帯で、例年、六月下旬から小麦の刈り入れが始まり、七―八月に脱穀作業が行なわれる。一般に北イタリアの食料事情は、この地帯からの穀物の出荷に大きく依存しており、ドイツ軍とファシズム政権の食料政策にとってここの穀物を確保することはきわめて重要なことだった。一方、レジスタンス側にとっては、穀物徴発を阻止することが闘争の課題となった。エミーリア・ロマーニャ地方では、五月中旬から六月上旬にかけて、すでにモンディーネ(草取り女性労働者)を中心とする賃上げ要求のストライキが広範囲に生じていたが、それにひき続いて穀物徴発阻止闘争が始められた。[91] 闘争の形態は、まず小麦の刈り入れをできるだけ遅らせること、刈り入れたあとは束ねないで持ち運びが不便なようにしておくこと、そして脱穀を最大限引きのばすことであった。

この闘争には政党やパルチザンからの農民に対する積極的な働きかけがあり、農民の側でも食料徴発を少しでも免れて手許の貯蔵をふやすことは大きな関心事であったので、かなりの規模で共同闘争が成立した。刈りとられた麦は、普通なら脱穀場に運ばれて機械で一斉に脱穀されるのだが、今回は脱穀場への持ち運びそのものを阻止するために、農民は少量ずつ分散して刈り穂を保管し、自家消費分だけをそのつど原始的な方法で脱穀した。これに対してドイツ軍とファシストは、割増金をだして脱穀奨励策をとる一方、従わない者は厳しく処罰する布告をだし、また強制徴発隊を繰りだして、みずから脱穀場への運搬も試みた。こうした状況のなかで、農村における大衆的な闘争機関としての農民防衛委員会 Comitato di difesa dei contadini が組織され、また、ドイツ軍、ファシストの強制徴発を実力で阻止するための愛国行動隊 Squadra di azione patriottica＝SAPも結成された。SAPおよびパルチザンが介入して強制徴発を阻止した例は多くにのぼり、八月下旬まで約二カ月に及んだ穀物闘争は相当の成果を収めた。

だがこの闘争にも、別の面で内部の矛盾がふくまれていた。脱穀作業は例年、ブラッチャンティ（農業労働者）の担当する仕事で、彼らにとって三〇―四〇日間の労働が保障されるこの作業は、毎年の重要な収入源であった。ところが穀物闘争は、ブラッチャンティからその収入源を奪うことになったため、日が進むにつれて彼らの間から農民に向けての強い不満の声が聞かれるようになる。[92] つまり、ポー平原の歴史をいろどるブラッチャンティと農民の根深い反目が予期しない形で現われてきたわけで、ここにもまた、レジスタンスと社会問題の困難な関係を表わす一つの例がみられるのである。総じて、パルチザン、政党活動家などレジスタンスの推進者と農民の関係をまとめるとすると、それは共通の目的による同盟というより、互恵関係にもとづく「強いられた共存の形態[93]」であったということになろう。

レジスタンスの中心が一時、都市から農村へと移った四四年夏は、また山岳におけるパルチザンの夏でもあって、各地で激しい攻勢がみられた。かねてより懸案となっていた統一軍事司令部の設立に関しても、四四年六月、CLNAI（国民解放北部委員会）のもとに自由義勇軍団総司令部 Comando Generale del Corpo Volontario della Libertà＝CGCVLが設置され、行動党のパッリと共産党のロンゴを中心とした軍事指導体制の確立が図られた。[94] パルチザンの戦闘は、ドイツ・ファシスト軍のたえざる掃討作戦にみまわれて多くの困難な局面を経過してきたのであるが、この時期には部隊員七―八万を数えるほどの規模に達していた。夏季攻勢の展開を通じて、北・中部の一五ほどの地域に解放区が樹立されたのも、この時期の注目すべき事件だった。ただしこの解放区は、レジスタンスのなかでは戦略的位置を与えられておらず、パルチザンにとって貴重な経験を残しながらも、ドイツ軍の反撃をうけて秋までにほとんどが消滅した。[95]

七　政治的諸問題

1　CLNの性格

前節までに検討したように、レジスタンスは山地、都市、農村において、それぞれの内部事情をふくみながら多様な闘争を繰りひろげ、それはさらに四五年四月まで続けられていくが、この節ではレジスタンスの政治的諸問題に簡単にふれておきたい。

レジスタンスの政治問題は、主としてCLNの形態、機能、性格をめぐる論争のなかに集約された。レジスタンス諸勢力のなかの反ファシズムの考え方を大きく分ければ、そのひとつにファシズム以前の自由主義社会の復興を望む考え方があり、諸政党のうちでは自由党がこの立場にあった。これはレジスタンスを既存の諸機構にもとづいて行なおうとする立場につらなって、資本家層や軍人パルチザンの待機主義に結びついていた。これに対してもうひとつの考え方は、反ファシズムの課題をまさに旧自由主義社会の復興に終らせないためにこそ、レジスタンスを戦うという立場で、共産党、社会党、行動党のいわゆる左派三党がこの考えにたっていた。この立場は、諸改革を伴った新社会の建設を、多かれ少なかれCLNに依拠して、かつまたCLNを通じて実現しようとする志向を示していた。

ここからCLNの性格をめぐる論争が政治的に重要な意味をもつことになるが、この問題はさらに一層具体的に、北イタリア諸都市のCLNのセンターであるCLNAI(国民解放北部委員会)の権限をめぐる論争と結びついていた。すなわち、CLNAIが解放闘争の指導と同時に、ドイツ軍占領地域の地下政府としての機能を現実に強めていったことから、中央政府との間に権限をめぐる緊張関係が生みだされるのである。したがってCLNの性格をめぐる論争は、CLN内の諸政党間の論争ならびにCLNAIと中央政府との論争の二つのレベルをふくむことになるが、サレルノ転回以降、中央政府にはCLNを構成する諸政党が加わっているので、二つのレベルの関係はかなり複雑なものとなった。

四四年三月ストライキのイニシャティブをとった実績にたって、共産党(ミラーノ指導部)は、これまで政党連合の形態をとっていたCLNに大衆諸組織を参加させ、新たな性格を付与することを提案する。党機関誌『われわれの闘争』*La Nostra Lotta* 三月号は、ロンゴの執筆になる長い声明文を掲載して、次のような構想を提示した。「現在あるような単なる政党連合の委員会としてでなく、大衆的委員会としてのCLNは、工場、居住区、農村、都市で直接に大衆を組織し、大衆の欲求と意志を直接的方法で表現する。このCLNはそれゆえ、上からその意思を押しつける政府の道具でなしに、大衆自身の自治機関であり、きわめて広汎な直接民主主義の組織である。……〔この実現のために〕われわれは、工場内外での労働者の闘争委員会および農村・農民・婦人・学生の諸委員会の組織の強化に努めなければならない。CLNは、底辺での地区CLN・居住区CLNを通じて、これら諸委員会の直接の表現者となり、それらの結合と指導の中心とならなければならない。これら諸機関は武装部隊とともに蜂起の組織となり、そして明日の自治機関となるのである。(96)」この提案には、解放後の新社会でCLNが大衆自身の自治機関となり、直接民主主義の組織となる構想が示されていることに注目しておきたい。この文書はトリアッティの帰国直前に発表されたもので、トリアッティの帰国後はニュアンスがやや違ったものとなる。

共産党とは別に行動党(北イタリア指導部)もまた、CLNが新しい性格をとることを主張していた。ヴェントゥーリは五月に執筆した文書のなかで、「闘争の論理自体によって、自由のための戦いは政治的領域でも社会的領域でも等しく革命的とならざるをえず、唯一の真の民主主義は今日では下から生じるものだという確信にわれわれは導かれた」と述べ、そしてたとえば「工場評議会、政治諸団体、農民協同組合等が新国家の中心になり、イタリアの民主主義を保障するものとなる」(97)と論じた。また同じ五月のミラーノ書記局の文書は、サレルノ転回で成立したバドリオ新政府に対してCLNがとるべき立場を具体的に次のように提示した。「CLNを(制度的でなくとも実質的に)非常時の議会として機能させ、政府の行動を統制する権限をみずからがもつ。……CLNの補助機関として、諸政党のほかに工場委員会、パルチザン部隊、専門家集団、農村抵抗組織、学生団体等の代表から成る審議会を機能させる。(98)」

共産党と行動党の構想の違いはおくとして、両党とも北イタリアの指導部にあっては、CLNを政党連合の組織から大衆的な組織に変質させ、下からの民主主義の機関とする展望が抱かれているのをみることができよう。

2 ボノーミ政府

CLNAIでこうした展望が語られつつあるとき、南イタリアでは六月四日、連合軍の手でローマが解放され、それに伴っていくつかの新しい政治状況が生みだされる。まず先の約束に従って国王が身を退き、皇太子ウンベルトが国王代行となった。連合国とバドリオ政府は、バドリオ首班の内閣を存続させる方針で一致していたが、ローマの政治家たちの参加をしやすくするために、内閣はいったん総辞職し、あらためて国王代行がバドリオに組閣を要請する形式をとる方針でローマにのりこんだ。そして六月八日、バドリオ内閣とローマCLNの間での合同会議が開かれた。バドリオ内閣側は首相以下トリアッティ、クローチェらの諸閣僚、ローマCLN側はボノーミ議長をはじめ六政党代表(99)が参加し、ほかに連合国管理委員会委員長マクファーレンも同席した。会議は、バドリオが組閣方針を述べてローマCLNの協力を要請したのに対して、CLN側はバドリオ首班を認めず、CLN諸政党のみから成る新内閣の形成を強硬に主張するというやりとりになった。このためバドリオは、席上、バドリオ内閣の存続を支持していたトリアッティにとくに意見を求めたが、トリアッティも議論の大勢がCLN側に向いている状況をみて、バドリオ首班でない新内閣の形成に同意するという一幕もあって、結局、バドリオ内閣の存続は不可能となる。(100)

新内閣は、六月一〇日、ボノーミ首相のもとで、トリアッティ、クローチェらの留任組に、新たにデ・ガスペリ、サラガートら各党の幹部を加えて、CLN諸政党の内閣として成立した。(101) 新政府の形成に際して、ローマCLNは国王代行に三条件を提示して、認めさせていた。条件の第一は、解放後に制憲議会を召集して国家の政体を決めること、第二は、閣僚の国王(代行)への宣誓の慣行を廃止すること、第三は、議会が存在しないので政府が立法権をもつこと、であった。(102) 一と三の条件については、六月二五日の法効力をもつ政令一五一号 decreto-legge N. 151 によってさらに明確化された。このようにボノーミ政府はCLNに基礎をおいて形成されたという意味で、バドリオ政府とは大きな違いを示していた。そして新政府は、一見、従来の国家機構との断絶を示し、反ファシズム諸政党はサレルノ転回による失地をここで回復したかの印象を与えている。たしかにそのような方向性がここで生まれたことは指摘できよう。しかしながら結論的にいって、それは萌芽にとどまって、そうした方向に進むことなく終った。

この問題の分析には多くの考察が必要となるが、ここでは次の二点だけをあげて問題点としておこう。まず第一にローマCLNの性格に関係する問題である。ローマCLNは北イタリアのそれと違って、大衆的諸組織との結びつきが弱く、基本的に政党連合の組織にとどまっていた。したがって、ここで新政府がCLNを基礎として形成されたといっても、それは底辺における大衆組織に依拠した新しい権力の形態を示しているのでなく、単なる政党内閣の成立を意味していたにすぎない。[103] この内閣が依拠したのは、ほかならぬバドリオ政権から受けついだ既存の国家機構だったのである。

これに関連して第二に、政府の立法活動の問題がある。国家の政体に関する問題は解放後の解決に延ばされていたが、それ以外の点では、政府はみずからの立法権にもとづいて改革のイニシャティブをとることが可能であった。たとえばファシズム時代の刑法を廃棄すること、県知事をかなめとする旧来の地方行政制度を改革すること、[104] ファシズム協力者の追放問題にとりくむこと[105]等々の問題は、政府の立法権によって推進しうる課題であった。しかし、それらは課題として提起すらされないか、あるいは提起されても不十分にとどまったかで、全般的に既存の諸制度の連続を許したのである。

こうしたボノーミ政府の性格は、北イタリアのCLNの活動と比較するとより鮮明なものとなってくる。四四年八月一一日、連合軍の到着以前にレジスタンスの力でフィレンツェが解放された。[106] トスカーナCLNは、直ちにみずからが自治機関となり、フィレンツェ市長に社会党のピエラッチーニを任命したのをはじめ、行政職に反ファシストの間から適任者を採用して地域行政に当たらせた。四日後の一五日に連合軍が入市したときには、すでにCLNに基礎をおく地方自治が機能しはじめており、連合軍はこの地のCLNと折衝するにあたって、これまでのような数人の政治指導者との会談でことが運んだのとはまったく違う雰囲気を見出すことになった。連合軍はローマ政府の推薦になる人事リストを携えて来たが、それは市長候補として貴族の有力者の名があがっており、またファシズム協力者として知られる人物の名がしばしばでてくる種類のもので、すでに事実上の自治政府としてのCLNの活動が進んでいるところに、その人事を新たに押しつけることは困難を伴った。

フィレンツェの解放はこうして、以後の解放のための新たな範例を作りだしたのである。[107] フィレンツェの経験以後、連合軍は直接支配下の地域に関して、軍事作戦に支障がなく、かつ地域行政が能率的に運ぶのであれば、人事にはそれほどこだわらないという態度をとる。フィレンツェではまだ県知事の任命権だけはＣＬＮに認めなかったが、これ以降は県知事の任命すら承認するようになる。ＣＬＮの任命するいわゆる政治家知事 prefetto politico の方が、職業的な官僚知事 prefetto di carriera よりも、実務的で仕事がうまくはかどる場合が多かったのである。この点で連合軍はイタリア中央政府より柔軟であった。

連合軍の実務的観点と違って、イタリア政府はこの問題が国家機構の根幹にかかわるものとして、その制度上の原則にこだわった。ボノーミ政府の時期に、新たに二三県が連合軍の直接支配からイタリア政府の施政権のもとに移されるが、政府はその際、政治家知事の多くを更迭して、官僚知事に代える措置をとるのである。(108) 知事以外の人事においても事情は同様だった。解放前夜の四五年四月二四日に、ボノーミ首相は連合国管理委員会のストーンに宛てて次のような書簡を送っている。「一八六五年以来機能してきたイタリアの行政制度に従えば、県知事は地方における政府の代表者であり、内務省のキャリア官僚の間から選ばれるのが通例である。県警察本部長の場合も、内相によって公安部局のキャリア官僚から任命されるのが原則である。……最近生じているような、知事あるいは警察本部長の職が各県ごとに地方ＣＬＮによって指名された人物に委ねられるシステムは、イタリア国家の民主的法制度と両立しえないものである。(109)」ボノーミはその二日後にも「政府の観点から重要なことは、地方ＣＬＮが任命権をもっているという考えを許さないことだ(110)」とする見解を明らかにしている。

北イタリアのＣＬＮは具体的な人事を通じて事実上の地域自治の体制を作りあげ、底辺からの諸制度の改革にとりくもうとしたといえるのだが、それに対する中央政府の態度は右のようなものだった。「ＣＬＮとイタリア政府の関係はＣＬＮと連合軍のそれより悪いものだった。……衝突と対立の連続だった(111)」と指摘されるように、ボノーミ政府はバドリオ政権を否定して成立したとはいえ、基本的にはなお既存の国家機構のうえにたっていたのであり、レジスタンスの内部改革の志向は、このボノーミ政府の存在によって強い制約を蒙ったのである。

3 行動党と共産党

北イタリアのCLNおよびそのセンターであるCLNAIは、四四年春以降、二方向での基盤の拡大に努めていた。一つは、居住区、村、企業など社会諸領域のいたるところにいわゆる周縁CLNを組織しようとする試み、もう一つは、青年戦線、女性擁護グループ、農民防衛委員会などの大衆諸組織をCLNに参加させる試みである。この二方向での基盤の拡大は、政治的諸力と社会的・地域的諸力の結合を図り、それを通じてCLNに新しい機能と性格を付与する試みを意味していた。[112]それはすでにみたように、具体的には解放闘争の過程で地域行政の既成事実を積み重ね、解放後直ちに自立的な地域自治機関として登場する志向を表わしていた。この志向が中央政府の存在によって障害にぶつかったこともすでにみたとおりであるが、ここで最後に諸政党の動きにふれて結びにかえておきたい。

四四年末から四五年初めにかけて、行動党の公開書簡をきっかけに五政党の間でCLNAIの権限をめぐる論争が起る。行動党の書簡は、CLNを「国の真の民主生活の制度的基礎」とする方向で、CLNAIの地下政府としての権限をはっきりと制度化することを提案したものだった。[113]これに対して共産党は、行動党の提起したCLNの制度化という問題には直接の回答を避け、CLNの機能を実際に強めるためにはその大衆化に一層努力することが必要だという点を強調した。[114]他の政党では、社会党が階級的視点を明確にすることを求めたほかは、自由党もキリスト教民主党も行動党の提案には反対した。行動党の提案は、かねてから同党の主張にみられた、評議会―自立機関―CLNという思想的連関[115]を整理した形の内容といえるが、共産党については少し検討を要するだろう。

四四年三月のトリアッティの帰国と彼を主役とするサレルノ転回についてはすでに述べたとおりであるが、帰国直後の三月三一日―四月一日にナーポリで共産党全国協議会(南イタリア代表者会議)が開かれ[116]、その席上、トリアッティは次のように問題を提起している。「われわれは民主的・進歩的イタリアの建設を求める。……それはファシズムの再生を許さない民主的体制で、真に反ファシスト的・進歩的民主主義である。われわれは人民をこの新体制の建設に導いていかなければならない。」そして、さらに続けてこう発言している。「キリスト教民主党に注目しよう。将来強力になりうるのはどの政党だろうか。われわれとキリスト教民主党だろう。彼らはおそらくわれわれに先んじて、農民大衆とプチ・ブルジョアジーを組織するに至るだろう。われわれは今日、農民大衆とヴァティカンの二精神との危険を伴う対立を避けねばならない。」

ここで表明された進歩的民主主義 democrazia progressiva という考え方は、これ以後共産党の基本方針となり、この言葉によって解放後にめざす新しい社会の性格が表現されるようになる。ただし、この進歩的民主主義という言葉は、内容的な明確さを欠くままに、ごく一般的な方向を指し示して使われる場合がほとんどだった。たとえば、クリーエルにみられるように[117]、その概念を明確化する試みがなかったわけではないが、トリアッティにあってはむしろ新しい社会の性格を明確化しえないがゆえにこそ、この言葉が用いられているという様子がうかがわれるのである。

共産党の実際的な活動の面では、キリスト教民主党に関する問題の方が重要な意味をもっていた。トリアッティは機会あるごとにキリスト教民主党への呼びかけを行なっており、たとえば四四年九月二四日の演説でもこう述べている。「われわれはキリスト教民主党との特別な政治同盟を望んでいる。この同盟の要請は、都市、とりわけ農村の勤労大衆がキリスト教民主党に参加しており、彼らはわが党に加わっている大衆とほとんど同じ利害を有しているという事実から発している。すでに労働組合の分野で達成されている勤労大衆の行動の統一は、政治の分野でも実現されねばならないのである。[118]」

この演説に言及されているように、かねてから進められていた労働組合の再建は、四四年六月、共産・社会・キリスト教民主の三党による統一労働組合(イタリア労働総同盟CGIL)の結成として実現された。再建準備過程の段階ですでに排除されていた行動党は、これで労働組合運動から決定的に遠ざけられることになり、大きな痛手を蒙った。CLNの内部では、共産・社会・行動の左派三党が統一するケースが多かったのに対して、労働組合の分野では共産・社会・キリスト教民主のいわゆる大衆三政党の統一が優先されたのである。トリアッティは労働組合の統一を基礎にして、それがさらに政治の分野でも確立されることを主張するが、彼が帰国以来進めてきたのは、まさにこの大衆三政党間の協調路線にほかならなかった。[119]

この構想は基本的に労働組合と大衆政党という二本の柱を軸にたてられており、それはいいかえれば、解放後の社会のあり方を組合—政党、そしてその延長での議会の関係において考える立場を示していた。レジスタンス期のトリアッティの行動にはこの原則が貫かれており、ここから彼のCLNに対する態度も生じていた。もはや説明するまでもなく、トリアッティの思想にはCLNが何らかの形で新しい社会の基礎となるような、そうした考えはふくまれていなかった。四四年一一月、ファシストの公職追放問題などをめぐってボノーミ政府の内部対立が深まり、内閣総辞職の事態を招いた。結局は、再びボノーミ内閣ができあがるが、これに反対した行動党と社会党が閣外に去るのと対照的に、トリアッティはキリスト教民主党のロディノとともに新たに副首相のポストに坐るのである。トリアッティにとっての進歩的民主主義は、地域や底辺のCLNに依拠するのでなく、むしろそれと対抗する形で、中央政府の観点から構想されていたといえるのである。

　CLNAIは中央政府の課す制約に束縛されながらも、なおその制約を越える志向を、二度目の冬を迎えた解放闘争のなかで表わしていく。そして四五年四月二五日、CLNAIの所在地であるミラーノの蜂起、解放が実現する。CLNAIはこの日、解放地域の行政・軍事上の全権限を掌握することを宣言し、同時に二つの重要な布告を発した。一つは裁判権の行使に関するもので、[120] これにもとづいてムッソリーニとファシスト幹部に対する死刑の宣告がなされた。脱出を図ってスイス国境に向ったムッソリーニはコーモ湖畔でパルチザンに捕えられる。ムッソリーニの行方については連合軍が必死で捜していたが、CLNAIはムッソリーニを連合軍に引き渡すよりも、みずからの手で処刑することを選んで二八日に銃殺した。

　もう一つは管理評議会 Consigli di gestione の設立に関する布告で、[121] これは各企業に資本家と労働者の同数の代表から成る評議会を設置して一種の共同管理方式を導入しようとするものだった。だがそうした改革の志向は、中央政府体制の復活につれて抑制されることになる。そしてこののち、県・市町村の各レベルに存在していたCLNは、地方行政の単なる諮問機関の性格を認められるだけとなって衰退していくのである。

(1)　イタリアの場合も「レジスタンス」という言葉が一般化するのは解放後のことで、闘争期には「解放闘争」、「解放戦争」、「パルチザン戦争」の呼称でみずからの戦いをよんでいた。「レジスタンス」の語はフランスに由来するが、これを「ヨーロッパにおけるフランスの文化的・言語的なヘゲモニーのおそらく最後のエピソード」とみる考え方もある。E. Ragionieri, La storia politica e sociale, in *Storia d'Italia-Einaudi, Vol. IV, Dall'Unità a oggi*, Torino, 1976, p. 2359. フランスのレジスタンスについては、加藤晴康「ヨーロッパにおける対独抵抗運動――フランスを中心にして――」(岩波講座『世界歴史』29、一九七一、所収)のすぐれた分析がある。

（2） ムッソリーニ失脚に至る過程は、政治的・組織的反ファシズム、実存的・自発的反ファシズムおよび支配層の反ファシズムの三者の対抗と複合という観点から、拙稿「イタリアにおける反ファシズムの諸形態」(『歴史公論』一九八〇年二月号)〔前章〕で簡単にみておいた。

（3） 七月二五日から九月八日までのバドリオ軍事政権下の四五日間については、共同研究になる AA. VV., *L'Italia dei quarantacinque giorni*, Milano, 1969 が最良の書である。

（4） イタリアのレジスタンスに関しては、すでに膨大な量の史料、記録、研究書が刊行されている。研究史的にみれば、レジスタンスを戦った人びと自身による記録・研究はもとより、それ以外のモノグラフィーにしても、闘争の過程で提出された論点が多かれ少なかれ解釈の基準になっていた面が強いが、近年、地域的あるいは社会領域ごとの個別的な研究が進められるようになって、レジスタンス史研究も新しい段階を迎えているということができる。そうした新しい研究動向を代表するものとして、ここではとりあえずレジスタンスのなかで労働者および農民がそれぞれ独自の要求に密着して運動を構成していたことを明らかにした共同研究、AA. VV., *Operai e contadini nella crisi italiana del 1943–1944*, Milano, 1974 をあげておこう。なお、レジスタンスの研究史および最近の動向については、それぞれ違った観点からではあるが、次の二書が鋭く問題点を整理していて有益である。*Italia 1943–1945: La Resistenza*, a cura di A. Preti, Bologna, 1978; T. Gasparri, *La Resistenza in Italia*, Firenze, 1977.

（5） C. Pinzani, L'8 settembre 1943: Elementi ed ipotesi per un giudizio storico, in *Studi Storici*, 1972 N. 2, pp. 289–337; P. Pieri-G. Rochat, *Pietro Badoglio*, Torino, 1974, pp. 809–824.

（6） E. Aga-Rossi, La politica degli Alleati verso l'Italia nel 1943, in *Storia Contemporanea*, 1972 N. 4, p. 891; N. Gallerano, L'influenza dell'amministrazione militare alleata sulla riorganizzazione dello stato italiano (1943–1945), in *Italia Contemporanea*, N. 115, 1974, pp. 6–7; D. W. Ellwood, *L'alleato nemico: La politica dell'occupazione anglo-americana in Italia 1943–1946*, Milano, 1977, pp. 207 sgg.

（7） イタリアと連合国の関係については、他の注であげたもののほかに、それぞれアメリカおよびイギリスの研究者による包括的な研究として次の二書がある。N. Kogan, *Italy and the Allies*, Harvard U. P., 1956; C. R. S. Harris, *Allied Military Administration of Italy 1943–1945*, London, 1957.

（8）　連合軍政府の県知事重視策と人事の具体的事例については、とくにD. W. Ellwood, *op. cit.*, pp. 240–260を参照。

（9）　連合軍とマフィアをめぐるエピソードを扱ったものは多いが、とりあえずL. Mercuri, La Sicilia e gli Alleati, in *Storia Contemporanea*, 1972 N. 4, pp. 943 sgg.

（10）　H. L. Coles-A. K. Weinberg, *Civil Affairs: Soldiers Become Governors*, Washington, 1964, pp. 231–232に収録。

（11）　C. Pinzani, Gli Stati Uniti e la questione istituzionale in Italia (1943–1946), in *Italia Contemporanea*, N. 134, 1977, pp. 10–13.

（12）　政党の問題は必要に応じて以下の注でとりあげていくが、ここではひとまずL. Valiani-G. Bianchi-E. Ragionieri, *Azionisti Cattolici e Comunisti nella Resistenza*, Milano, 1971をあげておく。

（13）　CLNについても以下の注であげることになるが、その全般的問題を扱ったものとして、G. Quazza-L. Valiani-E. Volterra, *Il governo dei CLN*, Torino, 1966. ローマCLNに関しては、議長ボノーミの日記がある。I. Bonomi, *Diario di un anno (2 giugno 1943–10 giugno 1944)*, Milano, 1947.

（14）　*L'Italia libera*, 25 settembre 1943, cit. in F. Catalano, *Storia del CLNAI*, Bari, 1956, p. 59.

（15）　*L'Unità*, 29 settembre 1943, in *Ibid.*, p. 59.

（16）　宣言全文はBonomi, *op. cit.*, pp. 123–124に収録。議長ボノーミの他に、当日の会議に出席した各党代表者はスコッチマッロ（共産党）、ラ・マルファ（行動党）、ネンニ（社会党）、グロンキ（キリスト教民主党）、カサーティ（自由党）、ルイーニ（労働民主党）。

（17）　R. Battaglia, La resistenza italiana: lo sviluppo dell'intervento armato fino all'insurrezione, in *Fascismo e antifascismo (1918–1948): Lezioni e testimonianze*, Milano, 1962, Vol. 2, pp. 473–479に拠る。

（18）　**I**の記述は主としてD. Gay Rochat, *La Resistenza nelle Valli Valdesi (1943–1944)*, Torino, 1969に拠っている。

（19）　ヴェントゥーリについては、ヴェントゥーリ講演・戸田三三冬編訳「イタリア・レジスタンスの諸問題」（『現代史研究』二八号、一九七六）をみよ。

（20）　**II**の記述は主としてM. Diena, *Guerriglia e autogoverno: Brigate Garibaldi nel Piemonte occidentale 1943–1945*, Parma, 1970に拠っている。

(21) 三の記述は主として A. Repaci, *Duccio Galimberti e la Resistenza italiana*, Torino, 1971 に拠っている。

(22) D. L. Bianco, *Guerra partigiana*, Torino, 1954. ビアンコの『パルチザン戦争』については戸田三三冬氏による詳しい紹介がある。前掲戸田編訳、九六—一〇三頁。

(23) 第四軍の解体については、AA. VV., *8 settembre: Lo sfacelo della IV Armata*, Torino, 1979.

(24) クーネオの場合の軍人パルチザンと市民パルチザンの対比について Bianco, *op. cit.*, pp. 19–25.

(25) 以上の統計は、L. Valiani, La Resistenza italiana, in *Rivista Storica Italiana*, 1973 N. 1, p. 66, pp. 83–84, p. 93; G. Quazza, *Resistenza e storia d'Italia. Problemi e ipotesi di ricerca*, Milano, 1976, pp. 239–240 に拠る。年齢構成で一九二〇—二五年生まれはファシスト政府による徴兵特別対象年代、二六—二七年生まれはドイツに送られる義務労働徴用対象の年代だった。

(26) たとえば共産党系の〈ガリバルディ〉隊をみても、部隊内の党活動のためには政治委員とは別の細胞責任者がいて、政治委員は党活動の任務から切り離されていた。P. Spriano, *Storia del Partito comunista italiano, Vol. V, La Resistenza*. Togliatti e il partito nuovo, Torino, 1975, pp. 190–191.

(27) Bianco, *op. cit.*, pp. 61–62.

(28) Quazza, *op. cit.*, pp. 241 sgg.

(29) R. Battaglia, *Storia della Resistenza italiana*, Torino, 1964(nuova ed.), pp. 182–183.

(30) *Ibid.*, pp. 391–400.

(31) Diena, *op. cit.*, p. 11, p. 38; N. Revelli, *La guerra dei poveri*, Torino, 1962(4^{a} ed.), p. 144, pp. 176–177, pp. 180–184. レヴェッリの『貧しい人々の戦争』は、パルチザンの内部生活を描いた記録として、先のビアンコのそれと並ぶ貴重なものである。レヴェッリは一九一九年クーネオ生まれ、モーデナの陸軍士官学校を出て中尉にまで進級したファシスト世代の職業軍人。ロシア戦線で負傷して帰国、クーネオで九月八日を迎え、ドイツ軍への抵抗を決意して数人の軍人仲間とその準備に入る。最初、平地での武器その他の物資の調達を中心とした活動だったが、次第に山に入って武装闘争に加わる気持に変っていく。初め、ガリンベルティらの市民パルチザンに対しては軍事より政治を優先させているとみなして、軍人パルチザン部隊に加わることを考えるのだが、ビアンコと会って議論を重ねるうちに市民パルチザンにひかれるものを感じ、四四年二月に〈自由イタリア〉隊への参加を決意するのである。

(32) G. Pansa, *L'esercito di Salò*, Milano, 1969, pp. 24–25.

(33) G. Bocca, *La Repubblica di Mussolini*, Bari, 1977, pp. 68–69.

(34) G. Pesce, *Senza tregua. La guerra dei GAP*, Milano, 1967; R. Romagnoli, *Gappista. Dodici mesi nella Settima GAP "Gianni"*, Milano, 1975. 両書ともGAPメンバー自身による闘争の記録である。

(35) P. De Lazzari, *Storia del Fronte della Gioventù*, Roma, 1974.

(36) *La Resistenza taciuta. Dodici vite di partigiane piemontesi*, a cura di A. M. Bruzzone e R. Farina, Milano, 1976.

(37) *Operai e contadini cit.*, pp. 211–212.（この書については注(4)をみよ）

(38) R. Luraghi, *Il movimento operaio torinese durante la Resistenza*, Torino, 1958, pp. 142–143.

(39) トリーノでのストライキの経過については、*Operai e contadini cit.*, pp. 212–222; Luraghi, *op. cit.*, pp. 146–156. ただし、前者は労働者闘争の自立性を強調し、後者は共産党の指導性を重視するため、経過を扱う観点は違っている。

(40) ミラーノのストライキの経過については *Operai e contadini cit.*, pp. 164–170; E. Gencarelli, Partito e classe a Milano negli scioperi del 1943–44, in *Italia Contemporanea*, N. 114, 1974, pp. 49–54.

(41) R. Battaglia, Un aspetto inedito della crisi del' 43: l'atteggiamento di alcuni gruppi del capitale finanziario, in *Risorgimento e Resistenza*, Roma, 1964, pp. 163–173.

(42) たとえばフィーアトの経営幹部と連合国側との接触について、V. Castronovo, *Giovanni Agnelli*, Torino, 1971, pp. 637–646.

(43) *Operai e contadini cit.*, pp. 219–220, pp. 225–226.

(44) Castronovo, *op. cit.*, pp. 641–642.

(45) Quazza, *op. cit.*, p. 235; Battaglia, *Storia della Resistenza cit.*, pp. 163–164.

(46) 初め工場委員会、組合委員会などさまざまに呼ばれたが、のちに闘争委員会 Comitato di agitazione の名に統一される。Luraghi, *op. cit.*, pp. 132–139; Gencarelli, *art. cit.*, pp. 37–38.

(47) 四三年一二月のビエッラ地方におけるストライキに関する、同地方共産党員の報告書の一節、P. Secchia, *Il Partito*

comunista italiano e la guerra di Liberazione 1943–1945: Ricordi, documenti inediti e testimonianze, Milano, 1973, pp. 233–236 に収録。引用箇所は p. 234.

(48) Gencarelli, *art. cit.*, p. 46.

(49) 四三年一二月二五日付報告書。*Operai e contadini cit.*, p. 230.

(50) *Ibid.*, p. 219; Gencarell, *art. cit.*, p. 54; E. Soave, Azione antifascista e iniziativa rivendicativa nel Nord, in AA. VV., *Problemi del movimento sindacale in Italia 1943–1973*, Milano, 1976, pp. 147–148.

(51) *Operai e contadini cit.*, pp. 227–228.

(52) 数字は M. Salvadori, *Breve storia della Resistenza italiana*, Firenze, 1974, p. 145 に拠る。サルヴァドーリは亡命先のカナダでイギリス軍隊に入隊し、レジスタンス期には特殊作戦部ＳＯＥに所属して連合軍とＣＬＮ間の連絡将校の地位にあった。

(53) Catalano, *op. cit.*, p. 61.

(54) *Ibid.*, p. 64.

(55) ピエモンテＣＬＮに関しては、議長グレーコによる日誌風の記録がある。P. Greco, Cronaca del Comitato Piemontese di Liberazione Nazionale (8 settembre 1943–9 maggio 1945), in AA. VV., *Aspetti della Resistenza in Piemonte*, Torino, 1977 (nuova ed.), pp. 183–254. 以下の記述はこれに拠っている。なお M. Giovana, *La Resistenza in Piemonte. Storia del CLN regionale*, Milano, 1962, pp. 28 sgg. も参照。

(56) G. Rochat, Nota storica: Le vicende del Comando Generale del Corpo Volontari della Libertà, in *Atti del Comando Generale del CVL*, a cura di G. Rochat, Milano, 1972, pp. 2–9. 共産党の態度については、同書 pp. 511–545 に収録されている諸文書をみよ。

(57) F. Parri, Il movimento di liberazione e gli alleati, in *Il Movimento di Liberazione in Italia*, N. 1, 1949, pp. 9–10; Valiani, La Resistenza italiana cit., pp. 82–83, p. 91. ほかに、P. Secchia-F. Frassati, *La Resistenza e gli alleati*, Milano, 1962, pp. 33–34.

(58) ＣＬＮルガーノ代表部ダミアーニの四三年一二月三〇日付書簡。*Ibid.*, pp. 53–60 に収録。引用部分は pp. 53–54.

(59)　ローマＣＬＮからミラーノＣＬＮ宛、四四年一月三一日付書簡。Catalano, *op. cit.*, p. 114.

(60)　ＣＬＮＡＩの活動に関しては史料集が刊行されている。*“Verso il governo del popolo”. Atti e documenti del CLNAI 1943–1946*, Introduzione e cura di G. Grassi, Milano, 1977.

(61)　ナーポリの四日間については、*Quelle giornate. La Resistenza a Napoli*, Testimonianze raccolte da M. Schettini, Napoli, 1973; G. De Antonellis, *Le quattro giornate di Napoli*, Milano, 1973.

(62)　ローマにおけるレジスタンスの状況については、E. Piscitelli, *Storia della Resistenza romana*, Bari, 1965.

(63)　ローマ指導部はスコッチマッロ、アメンドラ、ノヴェッラ、ネガルヴィッレ、ロヴェーダ、ミラーノ指導部はロンゴ、セッキア、マッソーラ、ロアージオ、リ・カウジの各五人で構成されていた。近年、この時期の共産党の内部資料が公刊されて、両指導部間に激しい論争のあったことが明らかにされた。当時の指導者たちが資料・記録を整理したものとして、P. Secchia, *Il Partito comunista italiano e la guerra di Liberazione cit.*; L. Longo, *I centri dirigenti del PCI nella Resistenza*, Roma, 1973; G. Amendola, *Lettere a Milano*, Roma, 1973があり、研究者による分析として、E. Ragionieri, Il partito comunista, in Valiani-Bianchi-Ragionieri, *Azionisti Cattolici e Comunisti cit.*; Spriano, *Storia del Partito comunista italiano*, Vol. V cit. がある。

(64)　ローマ指導部宛、四三年一二月一〇日付書簡。Longo, *op. cit.*, pp. 183–214. 引用部分は p. 211.

(65)　南イタリアの状況については、A. Degli Espinosa, *Il Regno del Sud*, Firenze, 1955; N. Gallerano, La lotta politica nell'Italia del Sud dall'armistizio al Congresso di Bari, in *Rivista Storica del Socialismo*, N. 28, 1966, pp. 3–70; N. Gallerano, La disgregazione delle basi di massa del fascismo nel Mezzogiorno e il ruolo delle masse contadine, in *Operai e contadini cit.*, pp. 435–496.

(66)　Pieri-Rochat, *Pietro Badoglio cit.*, pp. 842–846.

(67)　トリアッティは二月二六日にモスクワを出発して、途中バクー、テヘラン、カイロ、アルジェを経てナーポリに着く。帰路途中および帰国直後の記者会見の記事は、L. Cortesi, Palmiro Togliatti, la “svolta di Salerno” e l'eredità gramsciana, in *Belfagor*, 1975 N. 1, pp. 17–28 に再録されている。演説のなかではナーポリにおける四月一一日のそれが、とくに重要である。P. Togliatti, *La politica di Salerno: aprile-dicembre 1944*, Roma, 1969, pp. 3–41. なお、党協議会での発言については注(116)をみよ。

(68) 施政権の返還に伴って、政府所在地は四四年二月にブリンディジからサレルノに移されていた。

(69) サレルノ転回を肯定的に評価するか、否定的にみるかでレジスタンスの理解の仕方が違ってくる。前者の場合は概して、反ファシズムの課題のうちレジスタンスが達成した側面を強調するのに対し、後者の場合は実現しえなかった面を強調することになる。

(70) Spriano, *op. cit.*, pp. 315–318.

(71) 四月一二—一三日の会議でのロンゴの発言。P. Secchia, *Il Partito comunista cit.*, pp. 400–421 に議事録の一部が収録されている。引用部分は p. 407.

(72) 四四年四月末の文書の一節。C. L. Ragghianti, *Disegno della liberazione italiana*, Pisa, 1962 (2ª ed.), p. 147.

(73) 四四年五月の文書の一節。Il Partito d'Azione e la svolta di Salerno, a cura di G. De Luna, in *Annali della Fondazione Luigi Einaudi*, Vol. V, 1971, p. 499.

(74) *Operai e contadini cit.*, pp. 171–172, pp. 243–246; Luraghi, *op. cit.*, pp. 166 sgg.; Gencarelli, *art. cit.*, pp. 61–65; Soave, *art. cit.*, pp. 151–152.

(75) G. De Luna, Il partito d'azione e la svolta di Salerno, in *Il Movimento di Liberazione in Italia*, N. 104, 1971, pp. 101–135.

(76) L. Valiani, Il partito d'azione, in *Azionisti Cattolici e Comunisti cit.*, p. 62.

(77) *Ibid.*, p. 63; Luraghi, *op. cit.*, pp. 129–131, p. 138.

(78) Valiani, *op. cit.*, p. 48, p. 80.

(79) G. De Luna, Operai e Consigli nella politica del Partito d'Azione a Torino (1943–1945), in *Mezzosecolo – Materiali di ricerca storica*, I, 1976, pp. 216–222.

(80) I Comitati d'agitazione a Torino: Intervista di Battista Santhià, a cura di A. Poma, in *Mezzosecolo cit.*, I, 1976, pp. 283–284.

(81) G. De Luna, Lotte operaie e Resistenza, in *Rivista di Storia Contemporanea*, 1974 N. 4, p. 507; C. Dellavalle, La

classe operaia del Nord tra Resistenza e ricostruzione, in *Ibid.*, 1977 N. 1, p. 93.

(82) De Luna, Operai e Consigli cit., pp. 214 sgg.

(83) 三月ストライキの経過については、*Operai e contadini cit.*, pp. 182–186, pp. 246–249; Soave, *art. cit.*, pp. 153–154.

(84) *Operai e contadini cit.*, pp. 187–189, pp. 252–253; Gencarelli, *art. cit.*, pp. 67–68.

(85) 四四年六月一四日の党会議での発言。Secchia, *Il Partito comunista italiano cit.*, p. 459.

(86) ミラーノの具体的状況について L. Ganapini, Milano, autunno 1944: la svolta delle lotte operaie, in *Italia Contemporanea*, N. 119, 1975, pp. 9–50. 全般的には C. Dellavalle, *art. cit.*, pp. 76–104.

(87) G. Salvemini, La guerra per bande, in AA. VV., *Aspetti della Resistenza in Piemonte cit.*, p. 10.(この書の初版は一九五〇年刊)

(88) Battaglia, *Storia della Resistenza cit.*, p. 181.

(89) Revelli, *La guerra dei poveri cit.*, p. 164; N. Revelli, Guerra partigiana e popolazioni contadine nel Cuneese, in AA. VV., *Società rurale e Resistenza nelle Venezie*, Milano, 1978, p. 177.

(90) *Operai e contadini cit.*, pp. 177–179, p. 267; Quazza, *op. cit.*, pp. 138–140.

(91) 穀物闘争 battaglia del grano とよばれたこの闘争については、L. Arbizzani, *Azione operaia, contadina, di massa*, Bari, 1976, pp. 234 sgg.

(92) *Ibid.*, pp. 258–259; Ragionieri, Il partito comunista, in *Azionisti Cattolici e Comunisti cit.*, pp. 376–378.

(93) M. Legnani, La société italienne et la Résistance, in *Revue d'Histoire de la Deuxième Guerre Mondiale*, N. 92, 1973, p. 49.

(94) CGCVLについては史料集が公刊されている。*Atti del Comando Generale del Corpo Volontario della Libertà (giugno 1944–aprile 1945)*, a cura di G. Rochat, Milano, 1972.

(95) 解放区についてはとりあえず、M. Legnani, *Politica e amministrazione nelle repubbliche partigiane*, Milano, 1967.

(96) Dopo lo sciopero generale (Dichiarazione del Partito Comunista), in *La Nostra Lotta*, Anno II–N. 5–6, marzo 1944, pp. 7–8 (reprint).

(97) Dichiarazione Politica (Torino, maggio 1944), in *Annali della Fondazione Luigi Einaudi*, Vol. V, 1971, p. 499, p. 500.

(98) La segreteria dell'esecutivo dell'Alta Italia all'esecutivo nazionale del Partito d'Azione (Milano, 24 maggio 1944), in *Ibid.*, p. 507. ミラーノ書記局を構成したのは、ヴァリアーニ、フォア、ロンバルディ、アルバジーニ、アンドレイスの五人。

(99) ローマＣＬＮ側の各政党の代表者は、スコッチマッロ(共産党)、ネンニ(社会党)、ラ・マルファ(行動党)、デ・ガスペリ(キリスト教民主党)、カサーティ(自由党)、ルイーニ(労働民主党)。Bonomi, *Diario cit.*, pp. 195–196.

(100) *Ibid.*, pp. 196–197. トリアッティの立場については、とくにE. Aga-Rossi Sitzia, La situazione politica ed economica nell'Italia nel periodo 1944–1945: i governi Bonomi, in *Quaderni dell'Istituto Romano per la Storia d'Italia dal Fascismo alla Resistenza*, 2, 1971, Roma, p. 7, n. 5.

(101) 連合国管理委員会委員長マクファーレンは、休戦協定を遵守することと政体問題に手をつけないことを条件として、新政府の成立に異議をとなえなかった(Bonomi, *op. cit.*, pp. 194–195)。しかし、チャーチルとスターリンの間では次のようなやりとりが交わされている。チャーチルからスターリン宛「バドリオ元帥の一件にはびっくりしました。われわれが相手にしてきた唯一の適任者、またわれわれに最もよく役だつはずだった人物を失ったという感があります。」スターリンからチャーチル宛(六月一一日付)「私にとってもバドリオの辞任は意外でした。……あなたの書簡によると連合国の意志に反してこれが行なわれたようです。一部のイタリア人筋が、自分に有利に休戦条件を変更しようと試みるつもりだと考えなければなりません。いずれにせよ、情勢によってあなたとアメリカ側が、イタリアにボノーミ政府以外の政府をもつ必要があると考えるならば、ソ連側はそれを妨げないということを期待されてよろしいです。」Ministry of Foreign Affairs of the USSR, *Correspondence between the Chairman of the Council of Ministers of the USSR and the Presidents of the USA and the Prime Ministers of Great Britain during the Great Patriotic War of 1941–1945*, Moscow, 1957, Vol. 1, p. 227. 邦訳『米英ソ秘密外交書簡』英ソ篇、ソ同盟外務省編、川内唯彦・松本滋訳、大月書店、一九五八、二二〇—二二一頁。

(102) 三条件はとくに行動党のラ・マルファによって主張された。ラ・マルファ自身の証言参照。U. La Malfa, La battaglia istituzionale, in *Fascismo e antifascismo (1918–1948)*, Milano, 1962, Vol. 2, pp. 627–634.

(103) C. Pavone, La continuità dello Stato: Istituzioni e uomini, in AA. VV., *Italia 1945–48: Le origini della Repubblica*, Torino, 1974, pp. 171–174.

(104) この問題については E. Rotelli, La restaurazione post-fascista degli ordinamenti locali, in *Italia Contemporanea*, N. 134, 1979, pp. 45–72.

(105) 追放問題に関しては，M. Flores, L'epurazione, in AA. VV., *L'Italia dalla liberazione alla Repubblica*, Milano, 1977, pp. 413–467.

(106) フィレンツェ解放に関しては，C. Francovich, *La Resistenza a Firenze*, Firenze, 1962. 以下の記述は主として pp. 285–288 に拠る。

(107) フィレンツェ以後のケースについては，Rotelli, *art. cit.*, pp. 51 sgg.; Ellwood, *L'alleato nemico cit.*, pp. 287 sgg.; Ellwood, L'occupazione alleata e la restaurazione istituzionale, in *Italia Contemporanea*, N. 115, 1974, pp. 28–30.

(108) Pavone, *art. cit.*, pp. 275–276.

(109) Ellwood, *art. cit.*, pp. 30–31 に掲載。

(110) Coles-Weinberg, *Civil Affairs cit.*, p. 543.

(111) M. Delle Piane, Relazione conclusiva, in AA. VV., *La Resistenza e gli Alleati in Toscana*, Firenze, 1964, p. 286.

(112) G. Grassi-M. Legnani, Il governo dei CLN, in *Italia Contemporanea*, N. 115, 1974, pp. 43–44.

(113) Lettera aperta del Partito d'Azione a tutti i partiti aderenti al CLN, in *Critica Marxista*, 1965 N. 2, pp. 48–58.

(114) Lettera aperta del Partito comunista italiano ai partiti e alle organizzazioni di massa aderenti al CLNAI, in *Ibid.*, pp. 59–69.

(115) Pavone, *art. cit.*, p. 162; Rotelli, *art. cit.*, pp. 61 sgg.

(116) Verbale del Primo Consiglio Nazionale del PCI, a cura di M. Valenzi, in *Studi Storici*, 1976 N. 1, pp. 194–205. ムリアッティ発言の引用箇所は p. 196, p. 198.

(117) E. Curiel, Due tappe della storia del proletariato, in *Scritti 1935–1945*, II, Roma, 1973, pp. 65–76.

(118) P. Togliatti, Avanti, verso la democrazia, in *La politica di Salerno cit.*, p. 117.

(119) トリアッティがキリスト教民主党を重視したのは、同党がカトリック大衆と農民大衆の党だという判断にもとづいていた。ただしトリアッティは、キリスト教民主党をその前身の人民党の性格と同一視しすぎたきらいがあって、農民党的性格を過度に強調する結果を招いたといえる。本稿では、教会の問題は全くふれることはできなかったが、四三年九月八日以降、イタリア社会のなかで、ただひとつ伝統的な権威と機能を維持できた制度は教会であった。とりわけ北イタリアでは、行政機構が解体した状況のもとで、住民に最も身近な権威として残ったのは教会で、教区司祭が行政上の代役として果した役割は大きかった。レジスタンス期の教区司祭、教会上層部、キリスト教民主党の諸関係を明らかにすることは、今後の重要なテーマのひとつといえよう。とくにキリスト教民主党が、単にカトリック大衆を組織しただけでなく、また単なる農民党にとどまったのでもなく、きわめて急速に支配諸層を結集する党に成長した経過を検討することは重要であろう。トリアッティの認識には、この支配諸層を結集した党としてのキリスト教民主党観が欠けていたといえるのである。

(120) Decreto sui poteri giurisdizionali del CLNAI, in *"Verso il govero del popolo" cit.*, pp. 324–328.

(121) Decreto sui consigli di gestione, in *Ibid.*, pp. 329–330.

〔後　記〕

(初出)「イタリアのレジスタンス」東京大学社会科学研究所編『ファシズム期の国家と社会　八、運動と抵抗(下)』東京大学出版会、一九八〇年。

イタリアでは九〇年代に入って、レジスタンス研究が一段と進んだ。第一共和制の崩壊など政治および社会状況の変化がレジスタンスの問い直しを迫ったという事情もあるが、新たな問題意識による歴史認識の深化がレジスタンス研究を豊かにしたと言うことができる。クラウディオ・パヴォーネの大著『内戦――レジスタンスにおける道徳性の史的考察』(一九九一)は、レジスタンス参加者の動機、感情、目的などを丹念に分析して、レジスタンスがファシストに対する内戦、ドイツ軍に対する解放戦争、資本主義に対する社会革命という三種の複合的闘争であることを明らかにし、なかでも内戦としての性格の重要性を強調した。

内戦 guerra civile はまた市民戦争であり、レジスタンスにおける市民ということがあらためて議論されるところとなり、この問題は新たなテーマとして市民レジスタンスの概念を浮上させた。つまり、従来はレジスタンスを主として政治的、軍事的な面でとらえて、武装レジスタンスと同一視していたが、レジスタンスはそれに限定されるわけでなく、武器を持たずに日常的生活の場でさまざまなレジスタンスが戦われたことの見直しが進められ、市民レジスタンスとして意味づけられた。市民レジスタンスの領域の設定は、ファシズムと反ファシズムの間のグレーゾーンと呼ばれるあいまいな領域との混同を避けるばかりでなく、たとえばレジスタンスに女性の「参加」があり、「寄与」があったとする、これまでのような言説とは違った視点で、女性とレジスタンスの関係を考える手がかりを与えたのでもある。この問題については、アンナ・ブラーヴォ－アンナ・マリーア・ブルッツォーネ『武器をもたない戦いで――女性たちのさまざまな歴史。一九四〇－一九四五年』A. Bravo-A. M. Bruzzone, *In guerra senza armi. Storie di donne. 1940–1945*, Roma-Bari, 1995 が具体的な分析を試みている。

九〇年代のレジスタンス研究は、ほかにも南イタリアの状況の新たな捉え直しなど多様な成果がみられるが、ここでは研究動向に参考になる文献を数点だけあげておこう。まず、付論三八一頁で紹介した「イタリア解放運動史叢書」が重要だが、イタリア解放五〇周年に当たる九五年にだされた二つの雑誌の特集号、『イン／フォルマツィオーネ』*In/Formazione*, N. 25–26 と『イル・ポンテ』*Il Ponte*, 1995 N. 1 が有益である。前者には、五人の執筆者による一九四五年から九五年までの詳細な研究動向が掲載されており、後者には、最新の研究動向にたつ論文が九点掲載されている。ほかに、フランコ・デ・フェリーチェ編集の論文集『さまざまな反ファシズムとさまざまなレジスタンス』*Antifascismi e Resistenze*, a cura di Franco De Felice, Roma, 1997 と『レジスタンス事典。第一巻、解放の歴史と地誌』*Dizionario della Resistenza. Vol. 1, Storia e geografia della Liberazione*, a cura di E. Collotti, R. Sandri e F. Sessi, Torino, 2000 に収められた諸論文が現段階の問題点を示している。

第一〇章　レジスタンスと労働者闘争

一　レジスタンス像の見直し

イタリアのレジスタンスという場合、それは一九四三年九月八日から四五年四月二五日までの抵抗運動のことになる。反ファシズム運動は、ファシズムの成立とともに始まり、とりわけ一九二二年一〇月にムッソリーニ政権ができてから明確なものとなって、二〇年以上にわたってつづけられるが、その反ファシズム運動は四三年九月八日を境に質的に性格が変化する。同年七月二五日、支配層内部のクーデターでムッソリーニ政権が崩壊し、バドリオ軍事政権がつくられる。バドリオ軍事政権と連合軍の間で休戦協定が発表されるのが九月八日で、この日からナーポリ以北のイタリアはドイツ軍が占領することになる。数日後、ドイツ軍は、逮捕されていたムッソリーニを救出して、北イタリアに傀儡政権である新ファシスト政府(サロ共和国)を樹立する。このようにして、九月八日以降、イタリアは、連合軍の占領のもとに国王＝バドリオ政府の存在する南イタリアと、ドイツ軍の占領のもとにファシスト新政府の存在する北・中部イタリアの二つに分かれるのである。

ファシズム体制に対して、二〇年にわたってつづいた反ファシズム運動は、主として政党を中心とする政治的活動家による運動で、大衆的性格の運動ではなかった。九月八日の全般的な情況の変化は、それまでの反ファシズム運動の性格に質的な変化をもたらした。変化した情況のなかで、闘争の対象は自国のファシズムだけではなくなり、あらたにドイツ占領軍とのたたかいが重要な課題となってきたのである。この情況に対して、自発的にあるいは政党の指導のもとにパルチザン部隊が形成されて、武装抵抗闘争が開始される。反ファシズム運動は、この時点から、政治的活動家の運動にとどまらない、大衆的な武装闘争の性格をもち始め、レジスタンスとしてよばれるものとなる。パルチザンによる武装抵抗闘争の開始という点が、九月八日を境に生じた決定的な変化であるが、一方、政党レベルにおいても、反ファシズム諸政党(共産党、社会党、行動党、キリスト教民主党、自由党)が国民解放委員会を結成して、あらたな闘争の態勢にはいる。

この国民解放委員会は、各党が同等の資格で参加し、満場一致を原則とする運営法がとられ、レジスタンスの政治指導機関として機能することになる。国民解放委員会の内部では、穏健派のキリスト教民主党と自由党が連合軍の手によるイタリアの解放を期待して、待機主義の立場をとったのに対し、共産党、社会党、行動党の左翼三政党は待機主義を批判し、パルチザンの武装闘争をつうじての自力解放を主張した。この点で、左派三党の間に立場の違いはないのだが、レジスタンスの課題あるいはレジスタンスの目標という問題になると、かなり重大な意見の違いがみられた。もちろん三党とも、ドイツ占領軍と新ファシスト政権に対する武装闘争を推進する点に変わりはないのだが、この闘争の社会的拡がりという問題で意見の対立が存在した。対立はとくに行動党と共産党との間で顕著にみられたのだが、簡単にいえば、行動党はレジスタンスをたんにドイツ軍と新ファシスト政権に対する闘争にとどまらずに、この闘争が社会的諸改革をも実現して、社会生活の深い領域で反ファシズムの課題が果たされることを望んだ。これに対して共産党は、レジスタンスの目標をドイツ軍の追放と新ファシスト政府の解体という二点にしぼって、政治的および社会的諸改革はそれと切り離して考えることを主張し、レジスタンスの国民的性格を強調した。このような意見の対立をふくみながらも、ともかくレジスタンスは二〇カ月にわたる闘争をくりひろげ、四五年四月の総蜂起によってドイツ軍の追放とファシズム政権の解体、つまりイタリアの解放に成功する。この解放の成功ということと、行動党の主張したような社会生活の諸領域での反ファシズムの課題がどの程度まで達成されたかということとは別問題であり、慎重に検討しなければならないテーマである。ここでは、この点に直接ふれることはないが、以下であつかうレジスタンス期のストライキの問題も、おのずからこの点に関係することがらである。

北イタリアの労働者は、ドイツ軍の占領が始まり、レジスタンスが開始されてからだけでも、四三年一一—一二月、四四年三月、四四年一一月、四五年三月とストライキをくりかえし、四五年四月の蜂起ゼネストに合流して解放をむかえる。ここでのテーマは、この労働者のストライキについてなのだが、従来、レジスタンス期の労働者のストライキを反ドイツ・反ファシズム的性格として理解し、意味づける考え方が支配的だった。この考え方は、レジスタンスを国民的性格のものとして、レジスタンスの課題はドイツ軍の追放とファシズム政権の解体にあると理解する立場と結びついており、事実、当時から現在にいたるまでイタリア共産党に近い文書や出版物のほとんどがこの考え方に立っている。この考え方は、労働者の闘争を労使間の対立の枠組でなしに、国民解放委員会を中心とするレジスタンス闘争の枠組にひきつけて意味づけ、そして、国民の先頭に立ってレジスタンスをたたかった労働者階級というイメージをつくりあげてきた。労働者の闘争の反ドイツ・反ファシズム的性格を強調するのは、ストライキをその政治的性格の側面でとらえ、また労働者をその政治意識において評価する立場につうじている。こうした考え方の背後には、さらにもうひとつストライキの組織と指導の問題が結びついていて、レジスタンス期のストライキを組織し指導したのは共産党であった、とする見解がひそんでいる。

レジスタンス期の労働者のストライキについて、長い間このような考え方が支配的だったが、しかし、近年、違った角度からの研究がすすむにつれ、根本的な疑問が提出されるようになった。それによれば、ストライキの原因、発生、経過、目的を事実に即してたどってみると、労働者の経済要求に発する独自の動機が、この時期の一連のストライキを特徴づけており、あえて政治と経済という分類にしたがえば、政治的性格より経済的性格のほうがはるかに強かった。また、労働者のストライキは特定の集団が組織し指導したというよりも、労働者自身の自発性にもとづいており、労働者の闘争には、反ドイツ・反ファシズムという意味での政党のレジスタンス闘争とは別個の、自律的な性格がみてとれる、というのである。これらの指摘は、労働者の闘争について新しい見方を示すだけでなく、レジスタンスに関する従来の理解自体にも修正を迫るものだといえるが、ここでは労働者の闘争に問題を限定してみていくことにしたい。その際、地域的には北イタリアの大工業都市トリーノに例をとり、時間的にはドイツ軍占領以前の、ということはレジスタンス開始以前の四三年三月のストライキから出発させることにする。なぜなら、四三年三月のストライキは、労働者の闘争がレジスタンス闘争とは別個のサイクルをもっていることを端的に示しており、また、のちのたび重なるストライキの原型ともなっているからである。

二 四三年三月のストライキ

一九四〇年の統計でトリーノ市の総人口は約六三万人、工業人口は一九万人で、このうち労働者数は一六万(うち女性労働者数四万)である。労働者の半数をこす八万五〇〇〇人が金属機械産業に集中しており、そのまた半数前後がフィーアト社に属している。トリーノの労働運動は、フィーアト労働者の動静にかかっているということができる。フィーアト社は今世紀初頭に自動車生産で成功をおさめ、その後、船舶・航空部門にも進出して陸海空にまたがるイタリア有数の独占企業となった会社である。戦時中に労働者数の増減はあるが、製造部門別におおよその数字を示すと、自動車部門約二万人、航空機部門五〇〇〇人、エンジン部門四〇〇〇人、鉄道車輌部門四〇〇〇人、トラクター部門四五〇〇人、製鉄部門一二〇〇人、製鋼部門三〇〇〇人、交換部品部門一〇〇〇人、その他ということになる。これら各部門はそれぞれ独立した工場に分かれていて、その一つひとつが単独で十分に大企業としての規模を有していたが、なかでも自動車の量産を目的として一九三七年に建設されたミラフィオーリ工場は、二〇の作業所に一万四〇〇〇人の労働者を擁して、イタリア最大の工場となっていた。ことわるまでもなく、この時期は各工場とも軍需生産の態勢にはいっていて、イタリアのもつ戦車、戦闘機、各種エンジン、軍事輸送車などの大半がフィーアトからうみだされていた。トリーノでは、ほかに自動車製造のランチャ(労働者数四〇〇〇人)や、ころがり軸受の製造で知られるリヴ(六〇〇〇人)などの大企業があり、ストライキはほとんどいつもこれら大企業から出発した。

トリーノでは、四二年末からストライキの数が徐々にふえてきて四三年三月の大規模なストライキに連なっていくのだが、ストライキの増加は労働者の経済状態の変化と密接に関係している。ひとつの問題としては労働強化の事態がある。戦争の進行につれ徴兵による労働者の引き抜きが強まったところに、さらに同盟国ドイツからのイタリア人労働者、とくに熟練労働者の借り入れ要請が加わって、工場における労働力不足が問題化してくる。金属機械、電機、鉄道、造船といった直接軍需生産にかかわる産業では、労働者の数は、実際には戦時中に増加しているのだが、それでもなお必要な労働力を十分に確保するまでには至らなかった。とりわけ深刻だったのは、専門および熟練労働者の不足だった。繊維労働者や建築労働者を重工業部門へ移動させたり、急遽、職業教育を強化したりの措置でこれらの不足を補おうとする試みも、付け焼き刃にすぎなかった。重工業部門における労働力の欠乏、なかんずく専門技術、熟練技術を備えた労働者の不足は、工場にとどまっている労働者の労働強化を招いて、ところによっては一日、一二時間労働を強制するまでになった。こうした労働力不足の事態は、別の面では、ファシスト体制で奪われていた労働者の交渉能力の回復をもたらすことになり、労働者の闘争力を強める客観的な条件を形づくった。

ところで、この時期、労働者をもっとも苦しめたのは、賃金と物価の差であった。四二年の金属機械労働者の時間当たり平均賃金は、専門工四・六〇リラ、技術工三・六五リラ、普通工(不熟練工)二・九五リラだった。生活必需品はほとんどが配給制で、主要食品の配給価格、闇価格、一日当たり配給量をあげると表のようになる。石けん、靴、衣類などは、もはや配給では入手できない高級品として、高い闇値がついていた。食品配給量は、労働者に認められている割増分を加えても一日に必要とするカロリーをとても満たすことはできず、フィーアト労働者を対象とした調査によれば、身長一七〇センチ以上で通常の体重は六六―七〇キロの者が、五三―五五キロに落ちこんでいたといわれる。賃金がほとんど固定されていたのに比べて、物価は高いカーブを描いて上昇し、四一年を一〇〇とすると四三年一月は一三五・四二となり、食料品価格だけをとると一五二にまで達していた。人びとは配給物資だけでは生活できずに、闇市に頼らざるをえなかったが、闇価格の上昇率は公定価格のそれをはるかに上まわっており、生活の苦しさは統計にあらわれた以上のものがあった。こうして、拡がる一方の賃金と物価の差が次第に耐えがたいまでになってくるが、労働者の生活状態の悪化はさらに空襲によって強められた。

食料品目	分量	1942年		1943年上半期		1日分配給量
		配給価格（リラ）	闇価格（リラ）	配給価格（リラ）	闇価格（リラ）	
パ　ン	1 kg	2.35	5.42	2.60	8.50	150 g
牛　肉	〃	25.68	91.25	32.15	136.67	20 g
じゃがいも	〃	1.58	2.34	2.15	6.17	33 g
バター	〃	27.00	76.25	30.87	121.67	12 g
チーズ	〃	22.23	95.84	—	128.00	5 g
牛　乳	1 l	1.79	2.75	2.78	6.00	200 cc
砂　糖	1 kg	7.80	20.92	8.66	50.00	16 g
たまご	12個	20.00	60.48	38.40	96.00	週1個

連合軍の爆撃は、労働者の生活に直接の脅威をあたえた。トリーノ市は四二年末に八回の空襲にみまわれ、四万二〇〇〇世帯のうち五六〇〇世帯（一三％）が全壊、一万七〇〇〇世帯（四〇％）が半壊の被害をうけ、死者も五〇〇を越えた。大半の建物の窓ガラスはなくなり、真冬をむかえて住宅問題、暖房問題があらたな困難をひきおこした。

四二年末から四三年はじめにかけて、このように飢え、寒さ、労働強化、体力の衰え、空襲の恐怖といった状態が深まり、労働者の間に意識的欠勤（アブセンティズム）がふえ始める。またいくつかの工場では、配給クーポン券の配り忘れや労働時間延長への抗議、あるいは給料の遅配などを理由とした部分的なストライキがみられるようになる。こうした時期の四三年一月一三日、政府は、空襲による損壊のため引越しを余儀なくされた労働者のうち、本人が世帯主である者にかぎって、一九二時間ぶんの手当（一カ月の労働時間相当額）を特別支給する通達をだした。三月のストライキはこの問題が直接の原因となる。各企業の経営者たちは、一九二時間手当の支給をなかなか実施しようとせず、できるかぎりの引き延ばしをはかった。これに対して労働者は早期支給を要求するが、要求の重点は早期ということより、実はもっと別のところにおかれた。一九二時間手当は、引越しをした世帯主を対象としていたが、労働者の要求は、世帯主にかぎらず、また引越しをした者にかぎらず、全員に同じように支給せよということだった。この時期の引越しとは、大体において、郊外への疎開であって、一九二時間手当は、引越し費用というほかに郊外から市内の工場へかよう通勤手当の意味もふくまれていた。戦時下での通勤のための交通事情ははなはだしく悪化しており、このことがまた意識的欠勤をさそう大きな原因ともなっていたのである。しかし、引越しをした者より引越しをしない者のほうが生活の苦労は少なかったというわけではなく、引越し先がなくて引越しすらできない場合が多くあったのであり、労働者は手当の対象を限定することに強い反発を示した。

労働者の間に深まっていた、日々悪化する生活状態への不安感は、この問題をきっかけに経営者に対する具体的要求として形をとり始め、全員への一九二時間手当の支給、一二時間労働の拒否、物価手当の支給などをもとめる声がおこってくる。そしてストライキが語られ始める。これらの要求やストライキが、公然と討議され、決議されたというのではない。ファシスト組合以外の労働組合は禁止されており、集会、ビラ、掲示も許されていない状態で、討議し決議するといった行為は不可能だった。これらの要求やストライキは、職場の活動家たちの口から口へ伝えられ、広められていった。

共産党は工場内のそうした気運を支持し、さらに強める役割を果した。この時期、工業労働者の間にある程度の足がかりをもっていたのは、政党としては共産党だけで、社会党と行動党の浸透力はごくかぎられたものだった。たとえば、フィーアトの労働者約四万五〇〇〇人のうち、共産党員はおよそ三五〇人ほどだったとされている。共産党は、二月二〇日、国内指導部の最高幹部マッソーラらとフィーアト・ミラフィオーリ工場の党員労働者ランフランコらの間で会合をもち、ストライキについての意見を交換している。この会合は、ストライキの目標として一九二時間手当と物価手当の要求を確認したあと、ストライキの形態として、工場内で始めるか、それとも工場にはいらない形をとるかで若干の議論をしたのち、弾圧の危険を避けることと労働者をできるだけストライキに引きいれることを考慮して工場内から始める方針を決めている。そしてストライキの時期について、マッソーラが三月一日を提案したのに対し、ランフランコが、月のはじめは給料の支給や清算がなされるので三月五日以前のストライキは無理だと答えている。共産党がストライキの準備に熱心に取り組み、ストライキの気運を強めるために重要な役割を演じた事実ははっきりしており、それを否定することはできない。しかし、それが直ちに、三月のストライキを組織し指導したのは共産党だったという評価に結びつくかどうかは疑問である。

三月ストに関しては、マッソーラ自身の書いた『一九四三年三月、午前一〇時』(一九五〇年刊)という本がある(一九七三年に『一九四三年のストライキ』と題して増補改訂された)。この本は三月ストの経過を説明しながら、ストライキを組織し指導したのは共産党だったという見解をとっている。これ以後、三月ストに言及するときは、わずかの例外を除くと、ほとんどがマッソーラの書を典拠としてこの見解を踏襲してきた。しかし、この見解には大いに検討の余地が残っており、ここではとくに、ストライキの発端について考えてみる。

ストライキは三月五日(金)午前一〇時に、フィーアトのミラフィオーリ工場から始まった。ミラフィオーリ工場はさきにのべたように、建設されたばかりの大工場で、二〇の作業所に分かれ、労働者は不熟練の普通工が多数を占め、専門工・技術工は主として第一七から第二〇までの四作業所に配置されていた。一万四〇〇〇の労働者のうち、共産党員は約七〇人いたとされている。ストライキの声はすでに口伝えで労働者の間に広まっており、午前一〇時のサイレンが合図と考えられていた。当時、主要工場では、緊急時の空襲警報に備えて、毎朝一〇時に試験用のサイレンが鳴らされていた。だが、三月五日はサイレンが鳴らなかった。会社側がストライキの気配を感じとって、この日のサイレンをとりやめたのである。一〇時をすぎてもサイレンの鳴らないことがわかると、ミラフィオーリ工場の労働者は一人また一人と作業の手をとめて腕組みを始めた。こうして、この日のストライキが始まったのである。

これまでの多くの書は、ストライキの発端について、三月五日午前一〇時にストライキが予定されていて、それを察知した会社側がサイレンを鳴らさなかったが、ストライキは予定どおり始まったと説明している。そしてほとんどの場合、五日にストライキが予定されていたということと、共産党がそれを組織したということを同一視している。しかし、この結びつけ方は疑問のあるところで、マッソーラの書すらこの点については、五日以前のストライキは無理だったとあいまいに書くにとどまり、五日にストライキを予定していたとは証言していない。ストライキが五日に予定されていたとすれば、それは共産党の指導によるものでなく、工場内の活動家たちのイニシャティブによるものとみるのが自然である。この活動家のなかには、当然、党員労働者もふくまれるが、マッソーラの書をみるかぎり、二月二〇日の会合以降に党員労働者と党幹部があらためて接触した記録はでてこない。さらにいえば、たしかにストライキは予定されていたが、それは五日に確定していたというより、五日頃からストライキにはいるという気運が労働者の間に広まっていた状態とみるべきだろう。

ではなぜ五日にストライキがおこなわれたかということになるが、それは二つの小さな事件の介在によると考えられる。一つは、この日の朝、会社側が、一九二時間手当のなかから別の名目で支給ずみの手当分を控除するという掲示をだしたことである。一九二時間手当の問題で、早期、全員への支給をもとめていた労働者は、経営者側が要求に応えるどころか、別口の手当を差し引いて支給するという回答をだしたことに、特別の怒りを感じた。第二の事件は、毎日鳴らされるサイレンが、この日は鳴らなかったことである。会社側がストライキを警戒してわざわざ鳴らさなかったのだが、これがかえって異常性をあたえて、労働者の間に特別の感情をよびおこした。したがって、ストライキは合図のサイレンが鳴らなかったにもかかわらず始められたというより、むしろ、サイレンの鳴らない異常性がストライキをよびおこしたとみるべきなのである。

ミラフィオーリ工場で始まったストライキは、その日のうちに他の二企業に波及し、フィーアト会社は一九二時間手当のうち五〇リラの先払いを提示したが、事態を収拾できなかった。ストライキは週明け八日の月曜日からさらに拡がり、トリーノの主要企業全体をまきこみながら、連日一〇前後の工場がかならずストライキの状態にある日がつづいた。ストライキの形態はしゃっくりストとよばれるもので、それぞれの工場が一日に数十分ないし数時間ずつ何回かストを反復したり、あるいは数日おいてストをくりかえすやり方がとられた。警察の報告は、一二日(金)までで一六四人の逮捕者を記録しており、うち七二人が特別裁判所に送られている。ストライキのさなかにだされたビラによると、労働者の要求は五項目で示されている。①全員への一九二時間手当の支給、②物価手当、③パン、バター、肉の増配、④逮捕された労働者仲間の釈放と作業場からの警備員の追放、⑤労働者の真の代表者を選ぶ権利。

新しい週にはいった一五日(月)も一二の工場がストライキをおこなったが、この日、各企業の経営者は、一九二時間手当の内払いとして全労働者に三〇〇リラを支給する決定をした。同時に弾圧の態勢もきびしくなり、ファシスト機動部隊の工場内への導入がなされた。翌一六日も八工場でストライキがおこなわれたが、前日の三〇〇リラ支給決定によって闘争のやまはすぎ、一七日の二工場を最後に二週間におよんだしゃっくりストは終息した。この間、トリーノ市内だけで、ストライキにはいった延べ工場数は七六、参加者数は一〇万人をこえたと数えられ、市の近郊もあわせるとその数はもっとふえる。トリーノのストライキは三月中旬に終わるが、労働者の闘争はミラーノに移って、三月下旬からは同様のストライキがミラーノ市でくりかえされた。政府は、二〇年間の支配のうちで最大規模といえるストライキに直面して、対処するすべをもたなかったが、ようやく四月二日に声明を発して、四月二一日(ローマ建国記念日の言い伝えがあり、ファシスト政府はメーデーに代わってこの日を労働祝祭日としていた)からつぎの措置をとることを明らかにした。それは、物価手当の要求を出勤手当という名目に変更して、軍事攻撃の対象区域内に住む者の場合、一日当たり、事務職員一五リラ(女性八リラ)、労働者一〇リラ(女性六リラ)、軍事攻撃の対象区域外に住む者の場合、事務職員八リラ(女性四リラ)、労働者六リラ(女性三リラ)を支給するというものである。この措置で注目されるのは、名目を物価手当でなく出勤手当としていることで、この措置には、労働者の意識的欠勤を防ぎ、労働と生産の確保をはかる意図がこめられている。

以上が四三年三月のストライキのあらましであるが、その発端にしろ、しゃっくりストの反復にしろ、あらかじめ組織され指導されたものでなく、労働者の自発性にもとづく大衆的ストライキとして展開された。ストライキの性格を政治的か経済的かと問うことは、この場合、意味のないことである。ファシズム体制がもたらした事態と戦争が日々うみだす悲惨が労働者の闘争の背景となっており、平和と自由の声がビラの文面にあらわれるのは自然なことである。それをもって直ちに、ストライキが反戦的・反ファシズム的性格を帯びていたと説明することは飛躍である。労働者の闘争は、日々悪化する生活への不安感に発して、これに密着した要求をもってすすめられた。こうした闘争の性格は、のちのドイツ軍占領下でのストライキの場合も変わりはない。三月ストは、ファシズム体制がすでに安定を欠いており、その基盤がゆらいでいることを明るみにだした。このストライキは、支配諸階層にいい知れぬ動揺をあたえて、ついには七月二五日のムッソリーニの失脚に導くことになる。しかし、ストライキがもたらした諸結果とストライキそのものの性格を混同することはできないのである。

三　四三年一一月のストライキ

さきにのべたように四三年九月八日、連合軍とバドリオ政府の間の休戦協定が発表され、北イタリアはドイツ軍の占領下にはいる。イタリア正規軍は解体し、最初のパルチザンが山にはいって武装抵抗闘争、すなわちレジスタンスが開始される。トリーノ市は九月一〇日午後にドイツ軍に占領された。反ファシズム諸政党、とくに共産党は、抗戦をよびかけたが、トリーノの市民、労働者はこれに応えず、占領はさしたる抵抗なしに完了した。政治的活動家たちの期待に反して、労働者は〝祖国〟を守るための〝英雄的〟行動にたちあがらなかった。ドイツ軍の占領に対して、トリーノの労働者が示した最初の反応は、事態の様子をうかがうことだった。九月一一日から労働者の集団欠勤の現象が生じる。労働者は、闘争や仕事よりも、まずみずからの安全をはかることを選んだのである。占領軍当局がどのような方針をもっているのか、収容、移送、抑圧の方針をもっていないか、労働者の身分は保障されるのか、彼らはこれらのことを家にとどまって見守った。ドイツ軍と経営者は、集団欠勤の現象に対して、新聞紙上あるいは声明において、工場は以前と同様に正常な状態で生産をつづけ、労働者の身分と賃金は保障されるので直ちに出勤するようよびかけ、もし労働を再開しない場合には処罰することもありうると脅かした。だが、労働者の不安感はなかなかぬぐえず、ほぼ九月いっぱい、こうした状態がつづいた。ドイツ軍は、くりかえし賃金と食料の支給を約束し、生産の再開を訴えつづけ、労働者も占領下で急激な事態の変化がないことを見届けて、次第に出勤を始め、一〇月はじめにようやくもとの状態にもどった。九月三〇日付の共産党の一報告書は、労働者による占領軍への最初の対応が集団欠勤であったことに、失望と不信をまじえてのべている。「これら大衆は消極的である。

ドイツ人とファシストに対する戦争の雰囲気、闘争の雰囲気が欠けている。闘争の雰囲気をつくりだすには、行動例が必要だ。」

生産は再開されたが、日常の生活は悪化する一方だった。ドイツ軍当局と新ファシスト政権も事態の深刻さに頭を痛め、食料補給、交通機関、ガス・電気の供給、配給用衣類・靴の確保などの対策に追われ、また経営者からは鉄鋼と石炭の不足が訴えられた。物価は一九四一年を一〇〇として、四三年はじめに一三五・四二だったのが、九月一六七・七三、一〇月一八三・三五、一一月一九八・七三、一二月三二一・〇四と急上昇を示し、食料品価格だけをとると上昇率はさらに激しく、九月一九七・二四、一〇月二二五・四六、一一月二四九・一九、そして一二月にはほぼ三〇〇に達した。これに比べると賃金の上昇率はごくわずかで、金属機械部門の労働者の四三年一〇―一一月の一時間当たり平均賃金は、専門工が六リラ前後、技術工が五・〇―五・五リラ、普通工が四・五―五・〇リラ程度であった。週労働時間を四八時間として、これに出勤手当一日一〇リラを加えても、普通工の週給は最高三〇〇リラをこえることはなく、たとえば配給から姿を消しているバターを五〇〇グラムと卵を一二個、闇価格で購入すると、それだけで週給の半分がなくなった。

トリーノの労働者は一一月にストライキを敢行するが、三月の場合と同じく、経済的要求を目標とした労働者自身の自発性にもとづくストライキだった。今回も最初にストライキにはいったのは、フィーアトのミラフィオーリ工場だった。フィーアト社では、一一月一五日支給予定の一〇月分未払い給料を一一月二七日までもう一二日間延期し、一一月分給料は全労働者に等しく五〇〇リラ(女性二〇〇リラ)だけ一一月中に支払うことを告げる会社側の掲示がだされていた。これに対して、一一月一五日(月)当日、ミラフィオーリ工場の一部作業所の労働者がストライキで抗議し、翌一六日にはミラフィオーリ全体に拡がった。三月と違って、今回は交渉委員会が形成されて、要求項目が明文化された。イタリアの労働運動のなかで重要な役割を果たしていた、職場代表から成る内部委員会は、ファシズム体制のもとで一九二五年に廃止されたままだったが、四三年九月はじめにバドリオ軍事政府によって復活され、九月八日以降も制度的には存続した形になっていた。復活した内部委員会は、ファシストたちが活用をはかり、共産党はむしろこれを否定して、秘密労働者委員会の結成をよびかけていた。職場の労働者は、そのどちらにも無関心でいたが、ストライキにはいるとすぐに内部委員会を利用する形で、労働者一七人と事務職員六人から成る交渉委員会を結成した。事務職員は企業内で労働者と違ったカテゴリーに属し、平均月給一四〇〇リラを得ていたが、この二者が共同して合同交渉委員会を結成したことは、このときのストライキのひとつの特徴だった。交渉委員会は一六日中につぎの八項目の要求を提出した。①賃金の即時一〇〇%引き上げ、②生活必需品の配給量をしかるべくふやしたときには、賃金引き上げ率を五〇%に減ずる、③四八時間以内の回答、④交渉委員会は他の諸問題の検討の用意もある、⑤賃金を生活費の高騰に応じて自動的に上昇させる、⑥予告された五〇〇リラの支給は給料からの差し引きでなく一時金とする、⑦女性労働者は二〇〇リラでなく三五〇リラとする、⑧ボーナス一八〇時間分の支給(ボーナスは、事務職員には第一三カ月目給与としてあたえられていたが、労働者には認められていなかった)。

ミラフィオーリの労働者はこの八項目の要求をもって、一六日午後と一七日午前に全作業所での完全なストライキをおこなったが、会社側はさきにだした掲示と同じ内容の回答を示しただけだった。第一次交渉が不調に終わったため、一八日に新交渉委員会が選出し直される。会社側はこれに対して、要求項目への回答は自分たちの決定能力をこえるので、ドイツ軍当局と直接に交渉せよという態度をとった。この間、一八日にはフィーアトの他の諸部門と市内の主要企業にストライキは波及し、一九日にはその他の中小工場もストライキにはいった。各企業の経営者は、みずからの決定を回避して、労働者にドイツ軍との直接交渉をすすめる態度をとったが、いうまでもなくドイツ占領軍の存在は、三月ストのときにはなかった条件である。

共産党はかねてより、ドイツ軍とファシスト政権に対する武装闘争をレジスタンスの中心課題にすえており、労働者の闘争に反ドイツ・反ファシズムの性格がみられないことを不満としていた。一五日のストライキの発生を共産党は予測しえなかったが、ストライキが始まってからはその維持と拡大に努力を傾けた。共産党が望んだのは、ストライキが反ドイツ的性格に発展して、パルチザンの武装闘争と結びつくようになることだった。こうした見地から、共産党は、労働者代表がドイツ軍当局と直接交渉することは誤りだとして、強い反対の態度を表明した。他方、このストの情況にはファシスト活動家も積極的に介入しており、二つの交渉委員会の結成に際しての彼らの働きは大きかった。二〇日(土)午後には、ファシスト組合のイニシャティブで市内主要工場の内部委員会代表会議が開かれ、ファシスト行政当局と交渉する方針がだされた。この会議にもとづく労働者代表と市行政当局との交渉は非公開でおこなわれ、両者の合意事項は二二日(月)の新聞紙上に発表された。週明けのこの日、労働者は出勤後に配られた新聞ではじめて合意事項の内容を知ったが、それは、①賃金の即時三〇%引き上げ、②週最低賃金の保障、③世帯主労働者に五〇〇リラ、非世帯主労働者に三五〇リラの一時金支給、という内容だった。

労働者はこの内容を不満として、二二日午後から市内のほとんどすべての主要工場でストライキにはいった。翌二三日も同様の状態がつづいたが、この日まで直接介入を避けていたドイツ軍が事態の打開にのりだし、労使双方の代表者と接触をもったほか、ミラフィオーリ工場に将校が姿をあらわして、作業場でじかに労働者に語りかけた。ドイツ軍当局は労働者交渉団に、ファシスト行政当局の発表事項とは別に、一一月中にあらたな具体的措置を示すことを約束して、ストライキの中止をもとめた。労働者はドイツ軍の介入の成り行きを見守ることにして、二四日に労働を再開した。ドイツ軍は、回答期限の三〇日に、労働者代表、経営者代表、市行政当局との会談を経て公式声明を発表した。それは、二三日発表のファシスト行政当局による合意事項を有効なものと確認したうえで、食料品配給量の増加をこまかにのべたものだった。①パンの配給量を一日当たり七五グラム増量、②一二月中にじゃがいも五キロを分配、③米、小麦粉、砂糖の正常配給の回復、④一週間当たりたばこ四〇本の配給、⑤その他、オリーブ油一〇〇〇クィンタール、塩五〇〇トン、ぶどう酒六〇万リットル、靴、仕事着、暖房燃料などをドイツ本国から補給。

声明は、食料品割り当ての具体的措置をのべたあと、労働者に生産への協力を要求し、それに反する行動をとった場合はきびしく処罰する方針であることを宣言している。この声明が発表されると共産党は直ちに、抑圧者ドイツ軍に対する政治闘争をよびかけ、労働者がふたたびストライキに突入することを訴えた。一二月一日午前、フィアトのモーター部門、製鋼部門、鉄道車輌部門などでストライキが試みられたが、大衆的闘争にすすまず、午後には仕事が始められた。スト再突入の試みは、これまでつねに闘争の主動力となっていたミラフィオーリ工場が動きをみせないままに失敗に終わった。共産党市委員会最高幹部のコロンビはこの失敗の原因を、「長年の非組織性と政治的受動性に慣れた大衆の政治的未成熟」に帰したけれども、ドイツ軍声明に対して労働者が闘争を再開しなかったことは、ストライキの目標がどこにあったかを示すものである。ドイツ軍による処罰の脅迫はなされていたものの、一二月一日のストライキの試みにはまだ弾圧の動きはとられていなかった。この時点での情況は、労働者がドイツ軍声明に関心を示して、その内容の実行を見きわめる態度を選んだことをあらわしている。

以上のような経過をたどった一一月ストは、関係する諸勢力のさまざまな立場を明らかにした。労働者の闘争は、政治的立場からというより、生活的諸条件の要求から発していることを明瞭に示した。たとえば、ファシストが活用し、共産党が否定していた内部委員会をめぐる態度をみても、それの制度的存在や政治党派の主張にはほとんど関心を示さずに、必要なときに利用するという態度に徹していた。ファシスト活動家のイニシャティブによる交渉も、それがファシストだから反発したというのでなく、交渉の結果が要求をみたしているかどうかを判断したのちに、ファシスト活動家の方針を否定したのだった。とりわけ注目すべきなのは、ドイツ軍との直接交渉の問題だった。たびたび指摘するように、共産党の立場からすれば、レジスタンスの闘争相手たるドイツ軍との直接交渉は、もっともしりぞけなければならない考え方だった。しかし、労働者は直接交渉を選んだ。これは、労働者の政治的無感覚や政治的未成熟をあらわすというより、労働者の要求に答えをだせる唯一の相手と交渉する必要および交渉する力を示したということにほかならない。共産党の主張する闘争と労働者の必要とする闘争は、レジスタンス期にかならずしも一致していないのであり、この二つが調和していたように説明するのは、のちの創作である。

ここで資本家・経営者層の態度にもふれておかねばならない。資本家層は賭札をいくつか用意して、みずからの階級的利害にしたがって行動していた。彼らはすでに戦争の結末を見通して、連合軍との接触ルートを開き、また反ファシズム諸政党からなる国民解放委員会にもひそかに資金提供をつづけていた。資本家にとっての主要な関心事は、生産施設、財産、労働力に損害をもたらさずに戦後を準備することだった。そしてこの観点から、労働者のストライキを巧みに利用した。資本家層は、ドイツ軍の占領体制に協力することによって必要な原料資材の入手に努め、生産活動の維持をはかった。しかし、一方では、連合軍との接触を保ってドイツ軍の生産計画の情報を流し、連合軍にとって許容しうる軍需生産の範囲を定めていた。このようにして、主要工場の爆撃が回避されたのである。こうした情勢のなかで、生産活動のときおりの停滞は賭札の一つとして作用し、労働者のストライキはそのようなものとして利用された。労働者に対しては、決定能力を有しているのはドイツ軍当局であることを納得させ、ドイツ軍に対しては、生産と労働の実情を知らせて資材や物資の補給をもとめ、連合軍に対しては、生産活動の停滞を報告し、全体として生産施設と労働力の維持、確保をはかったのである。

また、ドイツ占領軍の方針も決して一つにまとまっていたのではなかった。連合軍との戦争にすこしでもイタリアを役立たせるためには北部工業地帯の軍需生産をできるかぎり保障しなければならない。労働者の闘争に全面的な抑圧をもってのぞむには、それに相当する軍事力を配備しなければならず、そうかといってそのための兵力を前線から引き抜いてくるほどにドイツの軍事力も豊かではなかった。こうして占領軍当局は、内部の強硬派と穏健派の間をゆれながら、労働者の要求に弾圧の脅しをかけつつ、可能な範囲での譲歩を認める方針をとらざるをえなかった。それによって、占領下の社会的静穏と生産活動の維持をなんとかはかろうと試みたのである。

ファシスト政権は、これら諸勢力のなかで二次的地位しか保っていないことがますますはっきりしたが、一二月五日に一種の労働協約ともいうべき文書を発表した。これは、三月スト後に定められ、四月二一日から実施されていた措置を一部改訂した形をとっていた。新文書によると、一日当たりの出勤手当として、疎開地から勤務する男子従業員は一八リラ、女子従業員は一〇リラ、非疎開地の場合は、男子一〇リラ、女子六リラが支給されることになった。これまでの措置との相違点は、事務職員と労働者の区別が廃されて同額支給となったことと、労働者にとっては六〇—八〇%の引き上げとなったことである。この高率アップは、労働者の欠勤を防ぐ意図が強く働いていることを示している。新措置のもう一つの特徴は、あらたに週最低賃金の保障を定めたことである。会社の定めた労働時間が、なんらかのつごうで短縮された場合にも、週当たり一定の労働時間分の最低賃金を保障するという措置で、専門工や技術工など相対的に賃金の高いカテゴリーはあまり関係なかったが、普通工の場合、そのなかでもとくに出来高払いの作業の場合には重要なものとなった。出勤手当の引き上げと週最低賃金の保障の二措置は、労働者をなんとしても工場に出勤させようとする意図の表明であり、そこには、生産の維持、労働力の確保、地下活動への移行の防止などのさまざまな要請がふくまれていた。なお、一二月には、ミラーノとジェーノヴァの労働者が、トリーノの場合とほぼ同じ要求をかかげてストライキにはいり、三角工業地帯の労働者は短期間のうちに同一性格のストライキを経験することになった。

四　四四年三月のストライキ

これまで低落をつづけていた工業生産は、四四年にはいって上昇に転じ、この年上半期の生産高はドイツ軍占領期間中でもっとも高い水準を示した。この事実は、占領軍当局が威信を確立するうえできわめて有利な条件となった。しかし、ドイツ軍の補給措置にもかかわらず食料事情はあいかわらず悪化する一方で、日常生活の不安は消えることがなかった。労働者は一一月のストライキで賃金の三〇％引き上げと一時金五〇〇リラの支給をかちとっていたが、しばしばこれらの約束が履行されない場合が生じて、労働者のあらたな不満をさそっていた。とくに、一九二時間分相当のクリスマス手当から一時金五〇〇リラが控除されて支給されたことは、労働者に強い不信感を植えつけた。また、毎月一五日は、前月分の未払い給料の清算日となっていたが、予定していなかった種類の控除額のために手取りの減っていることが多く、いくつかの工場ではこの日に小さな部分ストライキがおこった。国民解放委員会は、こうした労働者の状態に介入して、年明け早々からストライキの準備にのりだした。国民解放委員会は反ファシズム五政党から構成されているが、労働者の間に足がかりのあるのは共産党だけといってよい状態だったので、ストライキの準備は実際には共産党の努力によるものだった。共産党は各工場に労働者の秘密闘争委員会を組織して、精力的にストライキの宣伝をおこなった。共産党は、ドイツ軍とファシスト政権に対する春季大攻勢を計画して、労働者階級をその闘争の中心にすえる方針をたてており、当初は蜂起ストライキを予定していた。この蜂起ストライキの見通しは次第に困難となって、戦術のレベル・ダウンを余儀なくされたが、ストライキを反ドイツ・反ファシズム的な政治ストライキとして準備した点に変わりはなかった。ただし、政治的目標の浸透が思うようにはかどらず、戦術がレベル・ダウンされるに応じて、食料の増配、時間当たり最低賃金一〇リラの保障、一時金五〇〇リラの再支給といった経済的要求の宣伝が強まってきた経緯もみられる。

ストライキ突入は三月一日(水)に予定されていたが、前日の二月二九日、ファシスト行政当局は、ドイツ軍の同意を得たうえで、電力エネルギーの不足を理由に、むこう一週間すべての工場を休みにする通達をだした。このため、三月一日の情況は複雑なものとなった。この日、労働者は工場にきたが、作業はおこなわれなかった。この評価をめぐって、共産党はストライキの成功を宣伝し、一方、会社側は休日だから作業のおこなわれなかったのは当然であるとする見解をとった。労働者代表は経営者との交渉を要求したが、経営者側は代表団が正規のものでないという口実をもうけて交渉を拒否した。経営者にとって労働者のストライキは、ドイツ軍と連合軍の双方に対する取り引き材料で、ドイツ軍からは、窮状を訴えてできるだけのものを引きだそうとし、連合軍には生産の停滞を示して、爆撃の回避とともに戦後における地位の保障をはかろうとしていた。ドイツ軍の態度は、一一月のときと違って、今回は強硬だった。一週間の休業がすぎたらかならず労働を再開することを命じ、もしこれに背く場合には工場の無期限閉鎖、食料配給の停止、解雇、ドイツへの強制移送がありうることを通告した。そして、休業期間内でも不法行為がみられるときには、同様の処置をとることを警告した。

三月二日の労働者の出勤は六割程度に減り、三日はさらにその数を減じた。労働者にとって致命的だったのは、会社側との交渉の道が開けなかったことでなく、今回のストには、労働者の統一的な要求と具体的な目標が欠けていたことだった。三日に出勤してきた労働者は、少ない人数で工場内にとどまることの危険を考慮して集団で外にでた。このときの行動が、街頭集団行動の形をとった唯一の例となった。各企業は、三日午後、からになった工場をロックアウトしたため、四日以降、労働者は工場内に立ちいることができなくなった。共産党は、同党の都市ゲリラ組織ＧＡＰ(愛国行動隊)による市内主要施設の襲撃を企てたり、またパルチザンによる通信網・交通網の切断などの陽動作戦を企てて、労働者がこれに呼応して街頭闘争を展開することをもとめたが、労働者の多くは家にとどまっていた。一週間の休業が終わり、ロックアウトの解かれた八日(水)から、労働者は平常どおり出勤して、さしたる混乱もなしに仕事が再開された。

四四年三月のストライキは、以上の経過にみられるように、四三年三月および一一月とは様相を違えていた。これは政治的ストライキと評価され、たしかにそのとおりの様相を呈していた。このストライキを経て、ストライキのイニシャティブをとった共産党の国民解放委員会内部における発言力は、他の諸党に比べて非常に強いものとなった。レジスタンスの推進勢力にとって、一週間にわたり生産を麻痺させ、敵に甚大な被害をあたえたことは大きな成果だった。それだけでなく、このストライキを組織しえた共産党の力は、レジスタンスを支援する国民諸階層の間でも高い評価をえた。そのような意味で、共産党にとってこの政治ストライキは成功だった。だが、労働者の闘争という観点からみると、別の問題が生じてくる。労働者は今回のストライキで、統一的で具体的な要求を形成することができず、また具体的な成果を得ることもなかった。それに今回は、前二回と違って、ストライキ期間中とみなされた一週間分の賃金が支払われずに終わった。そのうえ、労働者に対するドイツ軍の組織的な弾圧がはじめて実行された。逮捕者はかなりの数にのぼり、そのうち約四〇〇人がドイツに強制移送された。今回のストライキは労働者の間に敗北感を残し、それは、四三年三月以来、最初に味わう敗北感だった。ストライキ直後の共産党指導者コロンビの報告書は、党員労働者の間から「われわれはだれのためにたたかったのか？　イギリス人のためか、資本家のためか？　経済的諸要求を満たせなかったことは、われわれがストライキに失敗したということではないのか？」という疑問がだされていることをあげながら、党は「ストライキがそれ自体として大勝利だったこと、そして何よりも解放のための蜂起にむかって巨大な前進をしたこと」をもっと宣伝しなければならないと記している。この報告書は、はからずも、祖国解放の国民的課題をめざす共産党のレジスタンス闘争と、独自のサイクルをもってストライキを敢行してきた労働者の闘争とのずれを映しだしている。このずれは、これ以後の情況のなかで、レジスタンスが社会的諸領域の深いところでの反ファシズムの課題をどう実現したか、あるいは実現しなかったか、という問題ともかかわってくるのである。

［後　記］

（初出）「イタリアのレジスタンスと労働者闘争」労働運動研究者集団編『月刊労働問題　増刊七　資本主義の危機と労働者闘争』(日本評論社)、一九七九年三月。

本章の執筆で主として参考にしたのは、論文集『一九四三―四四年のイタリアの危機における労働者と農民』A.A. VV., *Operai e contadini nella crisi italiana del 1943–1944*, Milano, 1974 である。この書は〈イタリア解放運動史全国研究所〉の共同研究によるもので、レジスタンスの時期における労働者と農民の闘争が自律的であったとする視点にたっている。七〇年代の民衆運動の研究は、日本でもイタリアでも概して自律性の強調に特徴があるが、この小論もそうした視点を共有している。労働運動の自律性を考える場合には、工場外の生活における文化や慣習の問題もふくめて検討する必要があるが、小論はストライキを対象にしたこともあって経済生活に直結した問題が説明の中心を占めている。

第一一章　レジスタンスと新しい文化
――文化雑誌『ポリテークニコ』をめぐって――

一

レジスタンスの闘争とファシズムの崩壊は、単に政治のうえだけではなく、文化思想の面でも新しい時代の開幕を告げるものと思われた。レジスタンス直後の希望に満ちあふれた雰囲気のなかで、レジスタンスにもとづく新しい文化の創造が始められたが、しかしこの文化の創造の過程は、最初の希望に満ちた明るさとは逆に、次第に暗さをただよわせた幻滅へと導き、レジスタンス文化の形成は失敗したといえる事態を迎えることになった。この間の事情を知るためには、レジスタンス直後の文化思想を代表した『ポリテークニコ』*Politecnico* 誌の動向を検討することが必要であろう。

『ポリテークニコ』誌は一九四五年九月二九日に第一号が発刊され、四六年四月六日の第二八号までは週刊、四六年五月一日の第二九号から四七年一二月の最終第三九号まで月刊で発行された。週刊の時期は、エーリオ・ヴィットリーニを中心に、カラマンドレーイ、フォルティーニ、パンドルフィ、スティネル、テッラなどが共同編集にあたり、月刊になってからはヴィットリーニの単独編集という形をとった。編集者のほかに、ヴァスコ・プラトリーニ、カルロ・ボ、フェリーチェ・バルボ、ファブリツィオ・オノーフリ、ジャンシーロ・フェッラータといった人びとが主要な寄稿者であった。これらの名前から直ちに理解できるように、『ポリテークニコ』の担い手は、一九三〇年代後半から四〇年代前半に、いわゆるファシスト左派のグループのなかでみずからの文化思想を形成していった人びとであった。

ファシスト左派というのは、ファシズム体制下のさまざまな文化活動に参加していた青年知識人を中心に一九三〇年代半ばに形成された潮流で、ファシズム運動の本来の思想とファシズム体制の現実の姿との分裂を指摘し、ファシズム運動の本来の思想にたちもどってファシスト革命の完成を主張するファシズム体制内部の反対派を意味した。ファシズム運動の本来の思想とは、彼らによれば、ブルジョア社会の頽廃に対して勤労人民を中心とする社会正義の実現という思想であった。ファシスト左派グループにとって、ファシスト革命の継続と完成とは、別の言葉でいえば、人民革命の遂行を意味するものであった。ファシスト左派グループの形成に直接のきっかけを与えたのはスペイン戦争であったが、その後の国際情勢の進展のなかで、イタリア・ファシズムがますます本来の思想から離脱していったために、ファシスト左派は体制内反対派からファシズム体制そのものへの批判に移行していくことになった。つまりファシスト左派グループは、ファシズム運動から人民革命による社会正義の実現という観念をひきだして、保守化した現実のファシズム体制を否定する論拠に転化させたのである。

体制内反対派から反ファシズムへの移行の過程は、青年知識人たちにとって、新しい文化概念の創造をめざす知的活動を伴う場合が多かった。レジスタンス直後に『ポリテークニコ』に結集した知識人の多くも、一九三〇年代後半から四〇年代前半にかけて、ファシスト文化雑誌の活動に積極的に参加して、その誌上で新たな文化の創造を試みていた。彼らの参加した主要な文化雑誌は、ファシスト党フィレンツェ支部週刊誌『イル・バルジェッロ』*Il Bargello*（一九二九—四三）や現代文学の季刊雑誌（後に隔月刊）の『レッテラトゥーラ』*Letteratura*（一九三七—四三）、あるいは、時の国民教育相ジュゼッペ・ボッターイがイタリア知識人の精鋭を結集する目的で創刊した総合文化誌『プリマート』*Primato*（一九四〇—四三）などであった。このうち『プリマート』は特に重要な雑誌で、ファシズム文化に再生力を与えようとするボッターイの文化政策にしたがって、多面的な理論闘争が展開され、少なからざる論文が反ファシズム思想に転化する理論を提起していた。ある意味では、戦後のイタリア文化の担い手となった人びとは、『プリマート』における文化活動を基礎として登場してきたといっても過言ではない。

一九四三年九月から四五年四月までのレジスタンス闘争の過程で、ファシスト左派グループから出発した若き知識人たちは、多かれ少なかれ共産党に接近していった。この接近の仕方はいうまでもなく画一的ではありえず、マルクス主義の世界観を思想的に獲得した者から、人民の社会正義を代表するものはファシスト党でなく共産党であるという政党の選択にすぎない場合まで多種多様であった。しかしいずれにしても、ファシズムの崩壊とレジスタンスの勝利で迎えた新しい時代の幕あけは、希望と明るさに満ちあふれたものであった。この希望にあふれた雰囲気の中でいちはやく『ポリテークニコ』に結集した人びとは、レジスタンスにもとづく新しい文化の創造活動にとりくみはじめたのである。

二

創刊号に発表されたヴィットリーニの「新しい文化」と題する一文は、『ポリテークニコ』の基本的立場を表明したものであり、それは同時にレジスタンス直後の文化思想を最も特徴的に表明する文書でもあった。要約するとほぼ次のごとくである。

破壊と荒廃が全世界をおおい、聖なる生命、聖なる精神、すべての聖なる価値を否定しつくした。このことは、聖なる精神を説きつづけた一つの文化の敗北をも意味するのである。その文化はトマス・マン、ベネデット・クローチェ、バンダ、ホイジンガ、デューイ、マリタン、ベルナノス、ウナムーノ、林語堂、サンタヤナ、ヴァレリー、ジッド、ベルジャーエフの名に結びついた文化であった。その文化は、高貴な精神を説き、聖なる価値を提示したが、社会と何の結びつきももたなかった。この文化は、社会における人間の苦悩から題材をとり、そのうえに原理と価値をきずいた。しかし、人間の苦悩そのものをとり除くことに関心をはらわず、苦悩を慰めることだけを求めた。これまでの文化の原理は、慰めの性格であり、慰めの性格そのもののゆえにファシズムの残虐を防ぐことができなかった。敗北したのは、社会から孤立した慰めの文化である。新しい文化は、人間の苦しみを慰めるのでなく、苦悩から人間を守ることのできる文化でなければならない。社会とともに生き、革新的で現実的でなければならない。人間から苦悩と隷属の状態をとり除くのに役立つ文化、この新しい文化にすべての古い文化を変質させることがわれわれの課題である。われわれは、今日なおトマス・マンやベネデット・クローチェがわれわれに指し示してくれる道を歩むことはできない。慰めの文化でない新しい文化をきずきあげるために、ファシズムを経験したすべての知識人、マルクス主義者だけでなく、観念論者にもカトリックにも、そして神秘主義者にも、私はよびかけをおこなう。パンと労働に関心をもつことは、同時に魂に関心をもつことなのであるから。

『ポリテークニコ』には、ヴィットリーニをはじめ共産党と関係をもつ人が多く、出版社のエイナウディをとおして共産党から資金援助もなされていたが、雑誌の性質は決して党の機関誌ではなく、またそうあってはならないと考えられた。レジスタンスは党派をこえた共通の実践であり、レジスタンスを基礎とする新しい文化の創造もまた共同の作業によるべきであると考えられた。そこから、マルクス主義者だけでなく、観念論者にもカトリックにも、この創造活動に参与するよびかけがなされた。

批判の方向は主としてレジスタンス以前の古い伝統的文化に対して向けられた。ヴィットリーニは、ファシズムの否定とともに、ファシズムに敗北した文化の否定をも宣言した。ヴィットリーニにとって、敗北した文化とは慰めの文化、社会と結びつきをもたない文化、つまりインペーニョ（社会的責務）の自覚をもたない文化であった。新しい文化とは人間の苦悩をとり除く文化、社会と結びついた文化、すなわちインペーニョを自覚した文化でなければならなかった。古い文化と新しい文化の区別は、インペーニョをもつ文化ともたない文化の区別に求められたのである。

しかし、ヴィットリーニはここで問題の設定を単純化しすぎた。文化のあり方について一般的な規定を与える意味では、ヴィットリーニの指摘に何の誤りもないが、レジスタンス直後の『ポリテークニコ』の文化運動としては、問題の設定を単純化しすぎたことは否めない。

敗北の文化と批判されたクローチェの文化は、ファシズム体制のもとで反ファシズムの象徴として存在しつづけ、イタリアにおける反ファシズム思想の導きの星であった。クローチェの文化は、ファシズムとの闘争で勝利をおさめたのはまさに自己の精神の哲学に他ならないという深い確信をいだいて、やはりレジスタンス後の社会にのぞんでいたのである。ヴィットリーニは、ファシズムの登場に対して無力であった文化を、すべて一様に敗北の文化と否定することによって、敗北の文化がもっていた反ファシズムの思想とは何であったかを検討する可能性を閉ざしてしまった。古い文化が敗北した原因を、歴史的社会的な条件のなかで具体的に明らかにすることに関心を示さず、ただ慰めの性格と社会的責務のなさにその原因を求めるにとどまった。レジスタンス直後の社会的歴史的条件のなかで必要としたことは、インペーニョのあるなしで区分を設定することだけでなく、いくつか存在した反ファシズム文化のそれぞれの歴史的性格を明らかにすることであったはずである。

伝統的文化を敗北の文化と否定しさったこと、文化の性格を歴史的社会的条件との関連で具体的に明らかにせずに、インペーニョのあるなしで区別したこと、この二つの方法は、新しい文化の探求にあたって大きな錯誤をもたらすことになる。新しい文化の探求は、主として、これまでイタリアに知られていなかったアメリカ文化の紹介と普及を意味することになった。過去の文化との訣別は明確に宣言したものの、形成さるべき新しい文化の内容は未だ混沌としていた時期に、ファシズムに敗北していない文化としてアメリカ文化の価値がきわめて新鮮に感じられた事情は理解できるとしても、それが新しい文化と未知の文化の混同であることに変りはない。イタリアの歴史的社会的状況のもとで発生する諸問題の表現手段を、アメリカの社会的状況のもとで形成された文化思想の中に求めることは、いうまでもなく問題の本質的解決を示すものではない。それは、イタリアの伝統的文化の構造とそれがファシズムに敗北した原因の検討、またレジスタンス闘争にもとづく新しい文化の創造という一連の課題から、ますます遠ざかることにほかならない。

三

ところで『ポリテークニコ』が表明した伝統的文化の否定、社会的責務を自覚した新しい文化の概念、アメリカ文化の新鮮な価値といった内容は、実はレジスタンスの闘争をへて新しく生れてきた思想ではなかった。一九四三年以前に彼らがファシスト文化雑誌のうえで、すでに表明していたことの確認にすぎなかった。例えば『ポリテークニコ』のイニシャティブをとったヴィットリーニについてみれば、一九三六年に『イル・バルジェッロ』に発表した二つの論文「肉体労働と精神労働」*Lavoro manuale e lavoro intellettuale* と「文化の統一」*Unificazione della cultura* において、「文化はある特定の階級に属するものではなく、すべての人間に共通の基礎をもっていなければならない。人間の具体的存在は人民であり、人民の文化であることがあらゆる文化の不可欠の条件である」と表明していた。伝統的文化の批判とインペーニョの文化の思想は、ここですでに十分に自覚されているのである。

ファシスト左派のグループが、ファシズム体制の現実を批判してファシズム運動の本来の思想にもどることを要求したとき、それは国家的要因から人間的要因に価値の基準を移しかえることを意味した。人間の再発見と人間は勤労人民であるという観念が、ファシスト左派グループの文化思想に新しい概念を与えたのである。ヴィットリーニは、人間＝勤労人民と結びついた文化の概念を最も深く自覚した文学者であった。一九三八—三九年に『レッテラトゥーラ』誌に発表した『シチリアでの会話』*Conversazione in Sicilia* は、この自覚を文学作品に結晶させた成果といえるのであって、文学史の新しい時代の到来を告げるものであった。彼はこれと前後してアメリカ文学のアンソロジーを編んだが、それは自分が思想的にいだいた人間社会と文化の結合という観念を、アメリカ文学の表現をとおしてさらに確かめてみようとする試みであったといえるだろう。

『ポリテークニコ』の文化思想が、一九四三年以前にすでに獲得されていた思想の確認にすぎないとするならば、レジスタンスとは何であったのか？　そしてレジスタンスに基礎をおく新しい文化とは何を意味するのか？

レジスタンスの過程で、旧来の国家機関と反ファシズム諸勢力の国民解放委員会との間に一種の二重権力の状態が発生したことは、周知の事実である。国民解放委員会に権力の基礎をおく立場は、直接民主政治の理念にしたがって新しい社会秩序の形成を展望するものであった。しかし共産党は、レジスタンスにこの展望を与えることを頑強に拒絶して、レジスタンスの課題を対独国民解放戦争の一点にしぼることを主張した。結局この主張がレジスタンスの性格を決定したわけで、レジスタンスの闘争を通じて新しい政治思想、新しい文化思想を生みだす可能性を極端にせばめてしまった。レジスタンスが民衆運動の規模の大きさと形態の多様性において、従来の社会運動とは比較にならない豊かな内容をもちながら、思想的にはきわめて貧弱な成果しか生みださなかった一因はこの点にある。

『ポリテークニコ』に結集した人びとの文化思想を調べてみても、レジスタンスの前後をくらべてみて、ほとんど変化をうけていないといってよいだろう。彼らにとってレジスタンスとは、自己の文化思想の正しさを人民闘争の事実によって確証する一つの機会であったということにすぎない。そしてそれまで知識人の狭いサークルの思想であったものが、社会全体の支配的な傾向としてひろまる条件を作るものとして意味をもったにすぎない。それゆえ、レジスタンスに基礎をおく新しい文化とは、文化思想の新しさを意味するより、もっぱら題材の新しさを意味することになる。レジスタンス文化とは、つまるところレジスタンスに題材を求める文化ということにすぎない。

ここで、レジスタンス直後のイタリアの文化動向、それを代表した『ポリテークニコ』の特徴がほぼうかびあがってくる。それは、題材としてレジスタンスの経験、題材を扱う視点はインペーニョの立場、その視点を表現する手法はアメリカ文化の表現法ということになる。例えばこの時期の代表的な文学作品の一つであるヴィットリーニの『人間と人間にあらざるもの』*Uomini e no* をとってみてさえ、『シチリアでの会話』から決定的な発展をとげているといいきることは、おそらくむずかしいだろう。

レジスタンスは、一九四三年以前にすでに形成されていた文化概念に英雄的闘争の題材を与える役割を果したにすぎなかった。しかも、視点と手法をこえて、題材によって文化の良い悪いが判断される題材主義を生みだすことにもなった。この欠陥を助長したのは、ファシズムの歴史化という視点だけでなしに、反ファシズム文化の歴史的把握という視点をも欠いた文化思想そのものであった。

四

レジスタンスにもとづく新しい文化の創造という意図は、その出発点で大きな錯誤に支配されていた。レジスタンス直後の熱気の一時期が過ぎさるにつれ、この錯誤がようやく錯誤として意識されはじめるのであるが、そのときはすでに新しい政治的状況が文化に別の任務を要求する困難な時期を迎えていた。

『ポリテークニコ』の一九四七年一二月第三九号にバルボは「反ファシズム文化」と題する一文を発表した。「今日、イタリア文化はベネデット・クローチェに満ち満ちている。また見かけに反して、ジェンティーレにも満ち満ちている。……イタリアはグラムシなしに、またゴベッティもドルソもなしにとどまっている。つまり、解放後のわれわれの歴史意識の獲得は、まだなされていないのである。〈中世主義〉、観念論一般、ジェンティーレ主義、ファシズムを論理的に正当化したこれらすべてのメンタリティからわれわれはまだ抜けだしていない。」バルボはこう述べたあと、ファシズムが擡頭した時期の真に比類ない歴史意識との接触が欠けていることに問題があるとして、いま必要なのは、この歴史意識をさまざまな文化局面において跡づけることであると訴えた。そしてこの作業の指針を求めるとするなら、何よりもまずゴベッティ、ドルソ、グラムシに立ち戻ることであると指摘し、三人それぞれの思想に言及したあと、次のように文章を結んだ。「文化における反ファシズムとは、種々の文化的価値の否定や制限にとどまることを意味しない。われわれの文化を具体的に〈歴史化〉して、それに責任をもたせ、活性的で〈帰納的〉なものとし、〈神秘化〉しないことを意味する。つまり〈歴史化する〉ということは、生あるものと真なるものを何ら除外することなく、ひとつひとつの価値および過去全体を精力的に再発見し、現在の観点で意義づけるにあたって、観念論的な〈跳躍〉から最終的に決別することを意味するのである。」

バルボは、ヴィットリーニに欠けていた反ファシズムの歴史化という視点をとくに強調した。イタリアは一九二〇年代初頭に一つの政治的選択をおこなったが、それはまた文化的な選択でもあった。その文化的選択にあたって一つの潮流を形成したグラムシ、ゴベッティ、ドルソの名前は、一九二五年以降文化思想の領域から消えていた。伝統的文化を敗北の文化と否定しさったあとで、新しい文化の創造は、イタリア文化の歴史的脈絡から切りはなされて考察されてきた。こうした状況に対して、バルボは、今日必要なことはその歴史的脈絡をとりもどすことであり、新しい文化の歴史的性格を明らかにすることであると提唱したのである。

ヴィットリーニが主張したインペーニョの問題に、バルボが歴史的把握の問題を加えることにより、新しい文化の創造は遅まきながらその問題の設定に達したかにみえた。しかし、政治状況の変化は、文化の創造活動を政党の文化政策に従属させることを要求して、この問題の設定を別の脈絡のなかにおきかえてしまった。

一九四六年九—一二月号の『ポリテークニコ』に共産党書記長のトリアッティは一文を寄せて、文化活動は党の文化政策に従うべきことを要求した。ひきつづく号でヴィットリーニは長文の反論を発表して、文化は政治から独立したものであることを主張した。この論争は両者の主張の内容に意味があるというより、二つの主張の間の相互理解がまったく不可能であるところに意味があった。同じ〝インペーニョ〟の言葉を語りながら、二人のインペーニョの考えには途方もないへだたりが存在していた。ヴィットリーニにとって、インペーニョの文化とは、人間の社会生活に具体的に結びついた文化であり、人間社会における文化の任務と政治の任務はたがいに独立した別のものでなければならなかった。トリアッティにとって、インペーニョの文化とは、政治をとおして社会と結びつく文化のことで、文化と社会の間に政治が介入することが必要であった。文化の側からみたインペーニョと政治の側からみたインペーニョとの埋めようのないずれを解決するためには、ただ組織的手段が残されているだけである。トリアッティの介入と前後して、『ポリテークニコ』に対する共産党の財政援助はうちきられることになった。

だが、インペーニョをめぐる不毛な論争の背後には、一層重大な共産党の文化政策の問題があった。東西の冷戦がはじまりつつある国際情勢のなかで、東陣営の社会主義リアリズムに対して、西陣営の文化は一律にブルジョア文化と規定されて、そのなかでもアメリカ文化は最も危険な文化と批判された。資本主義国の共産党の文化政策は、一切のブルジョア文化を否定して、自国の民族文化の伝統を再発見することを方針としてかかげることになった。

イタリアではちょうどこの頃に、グラムシの獄中ノートが公刊されはじめる。バルボの提案をまつまでもなく、新しい文化の創造にとってグラムシのノートが、はかりしれない意味をもつことは疑いなかった。しかし共産党の文化政策は、バルボの提唱とは違った脈絡でグラムシの思想を位置づけることを要請した。レジスタンス後の歴史的社会的状況のなかで新しい政治思想、新しい文化思想を形成する課題ときりはなして、グラムシの思想を民族文化の伝統に結びつけてその枠組で解釈することを求めたのである。文化の歴史的性格を明らかにすることと民族文化の伝統を評価することとは、いうまでもなく違ったことがらである。『ポリテークニコ』がようやく問題の設定に成功したかにみえたとき、この問題の設定が別の脈絡におきかえられたというのは、以上の事情を意味するのである。『ポリテークニコ』は、バルボの論文を掲載した号を最終号として、もはや刊行されなかった。

『ポリテークニコ』の廃刊がレジスタンスにもとづく新しい文化の創造の失敗を象徴するとすれば、一九四八年四月一八日の総選挙における社共連合戦線の敗北が、レジスタンスにもとづく新しい社会の建設の政治的な失敗を象徴する。一九四八年以降の事態は、政治的にも文化的にも、ファシズムは単なる挿話であると説きつづけたクローチェのテーゼが勝利をおさめたかのごとく進行していった。レジスタンスの問題は、その具体的様相を問われることなしに題材主義にひきつがれながら、次第に神話と伝説が形成されていった。

〔後　記〕

（初出）「レジスタンスと新しい文化——文化雑誌『ポリテークニコ』をめぐって——」『イタリア図書』（イタリア書房）、四〇号（一九六八年二月）。

このペーパーは、イタリア留学から帰国して間もないころのもので、戦後イタリアの文化思想が、レジスタンス以前に死亡したグラムシの獄中ノートに依拠している現象があり、ではイタリア文化にとってレジスタンスとは何だったのかという問いが、執筆の動機である。留学先の〈イタリア歴史研究所〉、通称〈クローチェ研究所〉の奨学生仲間だったルイーザ・マンゴーニの「『ポリテークニコ』（一九四五—四七）の典型となる事例」Luisa Mangoni, L'esemplare vicenda di 〈Politecnico〉 1945–1947, in *Filologia e letteratura*, N. 40, 1964 という論文と、留学当時に出版されたばかりの、現代イタリア文学のポピュリズム的性格を痛烈に批判したアルベルト・アーゾル・ローザの『作家と民衆』Alberto Asor Rosa, *Scrittori e popolo*, Roma, 1965 の二つの作品から刺激を受け、『ポリテークニコ』のアンソロジー *Politecnico. Antologia critica*, a cura di M. Forti e S. Pautasso, Milano, 1960 を使用して書いたものである。相当強引な解釈だが、良くも悪くもそのときの関心を反映した記録である。その後、イタリアでは『ポリテークニコ』の復刻版がだされ、またヴィットリーニの論文「新しい文化」（河島英昭訳）は日本に紹介された（『現代世界文学の発見　六、実存と状況』学藝書林、一九七〇、所収）。

付論 イタリアにおける近現代史研究の過去と現在

はじめに

私がイタリア近現代史の研究を始めたのは一九五九年、大学三年生の時である。イタリア史に関して日本では森田鉄郎、星野秀利、清水廣一郎氏らが中世史の研究を進めていたが、近現代史の分野の研究はほとんどないといってもいい状態だった。その頃の日本における西洋史研究は、歴史の発展段階を一国ごとに類型的に考察する方法がまだ盛んな時期で、二宮宏之氏が「戦後歴史学」を振り返って批判的に言及したように「比較史の視点から……段階論と類型論が接合され……封建制から資本制への移行の過程におけるイギリス型、フランス型、プロイセン型、特殊日本型など[(1)]」に関心が向けられ、それぞれの型の解明に力が注がれていた。しかしまたこの頃には、一七世紀のイギリス革命、一八世紀のフランス革命、一九世紀の明治維新をそれが起こった時代を無視して比較する方法への反省も生じており、フランス革命や明治維新を同時代の国際的環境のもとで検討する世界史の同時代的考察の必要が主張され始めていた。

私のイタリア近現代史の研究は、西洋史研究のこのような動向の中で、ではイタリアの場合はどうなのかという素朴な問いから発しており、研究テーマはごく自然に、明治維新とほぼ同時期にイタリアの統一をもたらしたリソルジメントに向けられた。これ以前から個人的には、イタリアのネオレアリズモ映画やレジスタンス文学に関心があって、リソルジメントの研究とあわせてレジスタンスの研究も始めた。レジスタンスについては、レジスタンスの歴史そのものと同時に、レジスタンスを経験することから生まれた戦後イタリアの思想と文化の動向への関心が含まれていた。

私のイタリア近現代史研究の出発点はこうしたところにあるが、実際に研究を始めると、今度はイタリアにおける歴史学のあり方という問題に直面せざるを得なくなる。第二次大戦後の日本の歴史研究が「戦後歴史学」という特有のあり方をとったのに対して、イタリアではファシズムの支配とそれからの解放がこの国の歴史学に固有の問題を課しており、当然のことながらイタリア史研究を進めるに当たってイタリアにおける歴史学のあり方を理解することが不可欠であった。この小文の意図は、当時から現在に至るまでの研究過程で私の感じとったイタリアの歴史家たちの歴史意識と研究方法を紹介しながら、イタリアの歴史学の特徴について考えることにある。

私がイタリア史研究を始めた一九六〇年前後は、リソルジメントもレジスタンスもイタリアでは活発な論議の対象となっていた。リソルジメントに関しては、アントーニオ・グラムシ(一八九一―一九三七)の『獄中ノート』に触発された解釈にたつ研究者とそれを批判する研究者の間で論争が交わされており、リソルジメント研究への新しい息吹が感じられる状況だった。レジスタンスに関しても、ちょうどこの頃、レジスタンスを担った活動家・政治家・研究者たちによる公開講座がイタリア各地で開かれ、その記録が出版されたり(2)、またレジスタンスを第二のリソルジメントとみて両者の関係を論ずる議論も多かった(3)。レジスタンスがその打倒を目指したファシズムについては、否定すべき対象としての論議が先行して研究といえるものは少なく、むしろリソルジメントから生じた自由主義国家が、なぜファシズムを生み出したかという問いから、ファシズムの起源をめぐる研究が行なわれていた。

それから四〇年を経た現在の研究状況は、当然のことに大きく変わった。リソルジメントに関しては、研究者が課題意識を喪失したかのごとく、かつてのイタリア近現代史研究の中心テーマとしての位置を失い、研究はめっきり減ってしまった。しかし他方で、リソルジメントを統一国家の形成という脈絡でなしに、ソシアビリテ論を取り入れてのアソシエーションや政治化の過程をそこにみる研究など、一九世紀イタリア史の新しい捉え方の試みがでてきた(4)。

この間に、リソルジメントに代わって中心テーマとなったのはファシズムである。一九七〇年代以降、ファシズム研究は急速に深まりを見せたが、同時に論争が生じた。論争の焦点となったのは、後述するレンツォ・デ・フェリーチェの研究方法をめぐる問題だった。彼は公文書と私文書双方の史料収集を熱心に行なって、長大なムッソリーニ伝の執筆をはじめファシズム研究を精力的に進め、ファシズムの抑圧の面だけでなしに合意の契機を重視するなどさまざまな問題を提起した。しかし、その史料操作の方法と、研究の客観性を強調する一方で政治性を伴ったファシズム解釈に疑問が出され、種々の批判を招いた。

ファシズムに関するもうひとつの論争はファシズム文化をめぐってなされた。ファシズムに文化は無かったとするベネデット・クローチェ(一八六六―一九五二)のテーゼが思想界で長く支配的だったが、ファシズムによる合意の組織化に関連して、知識人を動員しての大百科事典の刊行や民衆の労働余暇活動(ドーポラヴォーロ)あるいはファシズム期の建築、映画、スポーツなど諸分野の研究が進められ、それらをファシズム文化と呼ぶかどうかをふくめて、ファシズム文化の性格と特徴をめぐる議論が活発になされた。

ファシズム研究と並んでレジスタンスの研究も、この四〇年間に深まり、取り上げる題材や方法が多様化した。ここ数年は、レジスタンスが最も論争的なテーマをなした感があるが、それには複数の論争がからんでいる。一つは、レジスタンスをドイツ占領軍および復活したファシズム政権に対する抵抗運動としてよりも、イタリア国民の内戦としての性格を強調するパヴォーネの大著『内戦――レジスタンスにおける道徳性の史的考察』(5)をめぐる論争である。もう一つは、レジスタンスから生まれたとされてきた戦後の共和制(第一共和制)が九〇年代に崩壊する事件があり、この衝撃のもとに共和制を生み出した原点に戻ってレジスタンスの意味を問い直そうとする論争である。この二つの問題は、折からのヨーロッパ統合の進展と地域主義の台頭の間に挟まったネーションの危機意識と重なり合って、レジスタンスはファシズムを否定した後にどのようなネーションのアイデンティティを創出したのか、あるいはむしろネーションの解体ではなかったのかとする激しい議論を呼んだ。(6)

リソルジメント、ファシズム、レジスタンスという大きなテーマへの関心の移り変わりとともに、研究方法においても新たな探究があり、七〇年代には国際的な研究動向と軌を一にして社会史的方法への関心が強められて、その中からミクロストーリアのようなイタリア歴史学に特有の方法も提起された。これらの個別的な検討は第二部で行ない、その前に第一部として、この四〇年間にいくつかの歴史雑誌が創刊され、それぞれが一定の性格をもって研究動向を作り出しているので、まずその紹介から始める。

第一部　歴史研究誌にみるイタリア歴史学

1　『イタリア史学雑誌』とヴェントゥーリ

イタリアの歴史研究の代表的な学術雑誌には『イタリア史学雑誌』*Rivista Storica Italiana*（一八八四年創刊）、『新史学雑誌』*Nuova Rivista Storica*（一九一七年創刊）、『リソルジメント史評論』*Rassegna Storica del Risorgimento*（一九〇八年創刊の*Risorgimento italiano*が一九一四年に改題）などがあった。『イタリア史学雑誌』は最も伝統的な雑誌で、政治史・思想史を中心とした実証的な手堅い内容であり、『新史学雑誌』はもともとは経済＝法制史学派を継承して社会経済史的な論文を盛り込んでいたが、次第に独自の特徴は消えさり、『リソルジメント史評論』は表題どおりリソルジメントの専門誌ということで、一九六〇年頃はそれぞれあまり問題提起的とはいえなかった。『イタリア史学雑誌』は一九五九年に、病気の悪化したフェデリーコ・シャボー（一九〇一—六〇）からフランコ・ヴェントゥーリ（一九一四—九四）に編集長が交代して、誌面に新企画が導入されていた[7]。当時そのことには気づかなかったが、雑誌の伝統的な性格はヴェントゥーリのもとでも維持されていた。

シャボーはクローチェと親密なリベラルな歴史家で、クローチェが自分の蔵書を開放して創設した〈イタリア歴史研究所〉の所長も務め、一九五二年、クローチェが没したとき、「歴史家クローチェ」と題する秀逸なクローチェ論を発表した[8]。近世史を専門としていたが、近現代史の分野でも『一八七〇—一八九六年のイタリア外交政策史』と『現代イタリア——一九一八—一九四八』の二著を残している[9]。前者は外交政策史というタイトルが付けられているが、統一後のイタリアの政治と思想を独自の手法で考察した内容で、この時期のイタリア史を理解する上で現在でも必読の名著である。後者は、一九五〇年のパリ大学政治研究所における集中講義のイタリア語版で、ファシズムからレジスタンスを経て共和制の成立に至る歴史をバランスよく語っており、これも研究の手引きとしての価値をなお保っている。

ヴェントゥーリは、トリーノ大学の美術史教授だった父リオネッロがファシズムへの宣誓を拒否して大学を辞めた直後の一九三二年に、一家でパリに亡命した。ソルボンヌ大学で一八世紀フランスの啓蒙思想を学びながら、カルロ・ロッセッリを中心とする反ファシズム運動の〈正義と自由〉に参加し、この組織の機関誌『正義と自由』に政治論文や歴史論文を寄稿した。(10)レジスタンスの時期には、出身地のピエモンテ地方で行動党の中心メンバーの一人としてレーオ・ヴァリアーニ、ヴィットーリオ・フォア、アレッサンドロ・ガランテ・ガッローネ、ノルベルト・ボッビオらと活動を共にした。共産党がレジスタンスを国民解放闘争として国民統一の政策を重視したのに対して、行動党はレジスタンスを内戦として意味づけ、社会の根底からの改革を主張した。(11)これらの人物は皆、戦後の思想界で活発な発言を続けてイタリアの民主的改革に努めるが、とくに九〇年代に、レジスタンスは国民の分裂と解体をもたらしたとする議論が一部で強まったとき、それぞれ論陣を張って、レジスタンスがファシズムに代わる新たなアイデンティティ創出の運動であったことを主張した。(12)

ヴェントゥーリは四〇年代末にイタリア大使館付き文化アタッシュとしてモスクワに滞在し、このときの調査に基づく著書『ロシアのナロードニキ』(一九五二)は国際的な注目を浴びた。その後、カリアリ大学、ジェーノヴァ大学を経て一九五八年からトリーノ大学教授となり、一八世紀啓蒙改革思想に関する多くの著作を発表した。(13)ヴェントゥーリの研究方法の特徴は、思想の広がりを「影響」でなく「循環」として考察するところにあった。つまり、誰々から影響を受けたとか、どこそこに影響を与えたという言い方でなしに、さまざまな回路を通しての思想の循環ということを考えようとした。この回路は、個人的接触、手紙の交換、読書、出版事情、同一書の異本、私的議論、公開の討論、旅行など多様な形で検討され、そうした形での思想の循環と受容のされ方を問題にした。この方法は、必然的に一個人を広い人間関係の中に導き入れ、また一地域をヨーロッパ規模の空間に結びつけることになる。したがってまた、彼の考察する啓蒙思想は、常に一国史的規模を越えた広がりをもつことになる。ヴェントゥーリが、一九五三年のリソルジメント史研究第三二回大会で「思想の循環」と題する報告を行なった中に、この方法の原型がすでに見られた。

ヴェントゥーリはまた、啓蒙思想の中にユートピアと改革の二つの要素を見て、この二つは密接に絡んでいて切り離すことができないことを強調した。そしてここから、思想が現実の改革に結実するに当たっての政治のイニシャティブを重視した。彼の方法は、政治思想史というより思想の政治史といえるもので、この方法は一八世紀イタリア史の研究を強く方向付け、次の世代のジュゼッペ・リクペラーティやルチャーノ・グェルチに受け継がれるのである。(14)

『イタリア史学雑誌』編集長としてのヴェントゥーリについて一つだけ触れておくと、七四年秋に来日したとき日本の歴史家とさまざまな機会に懇談し、日本における歴史研究に強い関心を示した。そこで彼は家永三郎、隅谷三喜男、和田春樹、北原らに原稿を依頼し、それは一九七七年第二号「日本歴史家特集」として刊行された。また、ヴェントゥーリはこの折の日本旅行の印象について、一〇月一〇日付けで、パリ亡命時以来の反ファシズム運動の友人で歴史家のレーオ・ヴァリアーニに手紙を書いている。日本についての好印象を述べたあと、こう記している。「日本人のこの明敏とエネルギーは、彼らがキリスト教徒ではないという事実によるのではないかと思えてくる。今回の旅行の最大の喜びの一つは、非キリスト教の国にいることだ。ここにはカトリック道徳のうっとうしさ、煩わしさがない。今日は古代ギリシャにおけるような、体育の祝日だ。彼らに幸多かれ。(15)」ヴェントゥーリの徹底した啓蒙理性の姿勢と同時に、戦後イタリアでキリスト教民主党と共産党に二分された政治文化の狭間での laico（非カトリック市民）の位置という問題を感じさせる一文である。

2 『歴史研究』誌とグラムシ的歴史観

一九五九年末に『歴史研究』*Studi Storici* が創刊された。編集長はガエターノ・マナコルダで、出版元はグラムシ研究所である。マナコルダは一九世紀末イタリア史の研究者で、ブォナッローティ『バブーフの平等のための陰謀』のイタリア語訳（一九四六）や『諸会議を通して見たイタリア労働運動——起源から社会党形成まで（一八五三—一八九二）』（一九五三）などの著書があり、イタリア共産党に近い理論総合誌『社会』*Società* の編集長を経験していた。(16)

『歴史研究』は二つの性格をもって創刊された。一つは、伝統的なアカデミズムの歴史学とは違った、マルクス主義に立つ歴史研究誌という性格である。もう一つは、共産党の文化政策に従属しない、自立した学術雑誌という性格である。

戦後イタリアの思想界における最大の出来事は、グラムシの獄中ノートの公刊であったといえる。獄中ノートの公刊は、イタリア思想界に占めていたクローチェの座への挑戦を意味していた。ファシズム以前からファシズム時代を通じて二〇世紀前半のほぼ半世紀間、クローチェはみずからが編み出した精神の学としての哲学体系によって大きな役割を演じてきた。とくにファシズム時代に、自由の理念を唱えてファシズムを批判し、体制下の知識人の希望の灯火となり、また青年たちへの導きの星となった。しかし他方で、精神の学に発するクローチェに特有のファシズム観に批判を抱く者も少なくなかった。ファシズムからファシズム崩壊の過程での、イタリア知識人たちのクローチェ思想の受容あるいはそれからの離脱の問題は、この国の文化動向の核心部分であった。(17)

ファシズム後のイタリアの新しい出発に当たって、イタリア共産党は思想界におけるクローチェのヘゲモニーを切り崩し、それに取って代わるものとして、ファシズムの弾圧を受けて死亡したグラムシの獄中ノートを前面に押し出した。こうして思想界の諸領域でのグラムシ思想とクローチェ思想の対抗が始まるが、歴史研究の分野でもグラムシのノートに触発された新たな動向が生じることになる。問題はグラムシに触発された歴史研究とは何かということだが、グラムシをどう読むかも含めて、五〇年代に歴史研究者の間での論争が続いた。しかし、この論争には共産党の文化政策が絡んでいて、歴史研究外の要因が混じっており、そうしたものから自立した研究雑誌の必要が求められていた。クローチェとグラムシをめぐる諸問題については第二部であらためて立ち戻ることにするが、『歴史研究』は以上のような背景のもとに創刊された。(18)

一九五九―六〇年度の創刊の年に五号発行された以外は年四回の季刊雑誌で、表紙は第一号から現在まで一貫して薄い黄土色の単色のままである。私がイタリア史研究を始めた年の創刊という因縁もあって、この雑誌は毎号目を通してきたが、最初の数年は研究の良き手引きの役割を果たしてくれた。例えば創刊年の第三号は、「イタリア統一の諸問題」というテーマでグラムシ研究所が主催した研究集会の報告を特集して、ジョルジョ・カンデローロ「統一国家の生成」、エルネスト・ラジョニエーリ「統一国家の政治と行政」、エミーリオ・セレーニ「イタリア統一における全国市場の資本蓄積」などの論文が掲載され、リソルジメント研究に手をそめたばかりの私にとって有益な内容であった。また六一年には三―四合併号で産業革命を特集したが、イタリアではこの時期まで歴史と経済史は異なった学問領域であり、産業革命を歴史研究の対象とすること自体が画期的なことだった。

初めはマナコルダの単独編集の形を取ったが、まもなく編集協力をしていたジュリアーノ・プロカッチ(労働運動史・フランス近世史)、エルネスト・ラジョニエーリ(イタリア近代史・コミンテルン史)、ロザーリオ・ヴィッラリ(南部社会史)、レナート・ヴァンゲリ(農業史)を加えた編集委員会が設置された。やや年長のマナコルダ(一九一六―二〇〇〇)を除けば、四人とも一九二〇年代半ば生まれの気鋭のマルクス主義歴史家であった。先のような創刊をめぐる背景を受けて、学術雑誌としての質を保ちながら、グラムシに触発されたイタリア史の解釈を打ち出す試みは、イタリアの歴史学に新風を吹き込んだ。近現代史の論文が圧倒的に多かったが、古代史・中世史の論文も掲載し、また外国の歴史研究の動向にも誌面をさいて、学術的な歴史研究誌としての評価を早い段階に確立した。七〇年代以降、次々と創刊される歴史雑誌のパイオニアとして、『歴史研究』はイタリア史学史の中できわめて重要な役割を果たしたと言うことができる。

伝統的な自由主義史観は、主として指導階級の歴史を扱いながら、リソルジメントとそこから生まれた自由主義国家に肯定的な評価を下し、ファシズムについては自由主義国家でなしに第一次大戦後の状況に原因があると解釈していた。これに対して『歴史研究』の諸論文は、指導階級だけでなく従属階層に対象の視野を広げ、リソルジメントから自由主義国家に至る歴史過程において民衆の参加が排除されていたことを重視するとともに、ファシズムの起源をイタリア近代史の流れそのものの中に見ようとした。イタリア近代史に関する解釈の違いははっきりしていたが、『歴史研究』が依って立つ歴史認識は、クローチェの観念論的歴史主義に対して唯物論的歴史主義といえるもので、従属階層に対象を広げはしたものの、思想、制度、組織の分析を中心とする政治史的傾向が濃厚であった(19)。

イタリア歴史学に新風を吹き込んだこの雑誌の役割は重要であったが、しかし七〇年代以降に国際的に広まる歴史研究の新たな動向に対して、その総合誌的な性格と方法上の制約がいわば足かせとなって、必ずしも十分に対応することにはならなかった。一九八三年にフランチェスコ・バルバガッロが編集長となり、編集委員会のメンバーが一新された以後も、雑誌の基本的性格は維持され、大きな変化は生じていない。もちろん個々の論文や時折の特集には刺激に富んだ内容があり、さまざまな問題提起も行なって、主要な研究誌の一つであることに変わりないが、グラムシ研究所の公式雑誌として早くに定着してしまった感がないでもない。(20)一九七〇年前後に、『歴史研究』のかたわらに次々と新しい歴史雑誌が生まれてくる。

3　現代史研究の四雑誌

まず新雑誌の創刊、あるいは新シリーズとしての再出発を年代順に列挙しておこう。

『マルケ歴史ノート』*Quaderni Storici delle Marche*　一九六六年創刊。一九七〇年から『歴史ノート』*Quaderni Storici* と改題、年三回刊。

『現代史』*Storia Contemporanea*　一九七〇年創刊、隔月刊。

『現代史雑誌』*Rivista di Storia Contemporanea*　一九七二年創刊、季刊。

『現代イタリア』*Italia Contemporanea*　一九七四年に『イタリア解放運動』*Il Movimento di Liberazione in Italia*（一九四九年創刊）を改題、季刊。

『社会と歴史』*Società e Storia*　一九七八年創刊、年三回刊。

『労働・社会主義運動』*Movimento Operaio e Socialista*　一九七八年から同名誌の新シリーズ、年三回刊。一九九一年から『二〇世紀』*Ventesimo Secolo* と改題。

『過去と現在』*Pessato e Presente*　一九八二年創刊、年三回刊。

『メリディアーナ』*Meridiana*　一九八七年創刊、年三回刊。

『記憶と探究』*Memoria e Ricerca*　一九九三年創刊、年二回刊。

これらの歴史研究誌の創刊は、多かれ少なかれ、経済の奇蹟と呼ばれる経済成長を経過し、政治的には中道左派政権の誕生を迎えた一九六〇年代のイタリア社会の変化を目の当たりにしての、新たな社会認識による歴史研究の取り組みを示しており、またいくつかは一九六八―六九年の学生・労働者の闘争、それに続く新左翼運動の高揚とネオ・ファシズムの台頭という社会状況を背にして、現代という時代の歴史研究の重要性の意識を表わしていた。ここにあげた九つの雑誌のうち『現代史』、『現代史雑誌』、『現代イタリア』、『記憶と探究』は現代史の専門誌、他の五つは社会史的傾向をもった研究誌といえるが、現代史専門誌の中にも社会史的関心を強く示しているものがある。二つに分けるのは便宜的な措置だが、この節ではまず現代史の四雑誌の特徴を述べておく。

ほぼ同時期に創刊された『現代史』と『現代史雑誌』はあらゆる面で対照的だった。(21) 前者はファシズム研究の専門家でローマ大学教授のレンツォ・デ・フェリーチェ(一九二九―九六)が編集長だが、創刊の辞なしに刊行が始まった。つまりどのような歴史認識で現代史研究を行なうのか、そのための方法はどうあったらいいのかに触れることなしに始められ、このことは以後の編集にも影を落とした。ファシズムや第二次大戦の研究論文に多くの誌面が当てられたが、研究の方法や解釈をめぐる議論あるいは研究動向の紹介はほとんどなされなかった。例えば、デ・フェリーチェ自身のムッソリーニ伝(全四巻八分冊)が公刊されるたびに、『歴史研究』や『現代イタリア』などは、その史料の扱いや解釈に関して厳しい批判を加える論考を掲載したが、『現代史』はそれらの批判に応えて議論を展開することはせず、他誌との対話をかたくなに拒絶した。この雑誌は歴史理解の政治性を排して、実証的で客観的であることを主張したのだが、その実証性と客観性はしばしば、過去の出来事を追認するわなに陥っているようにみえる。『現代史』はデ・フェリーチェの没した一九九六年に終刊となった。[22]

『現代史雑誌』の前に『現代イタリア』誌について説明しておくが、これは〈イタリア解放運動史全国研究所〉の研究誌で、『イタリア解放運動』の題名で一九四九年に創刊され、七四年(通算一一四号)から『現代イタリア』に改名されたものである。七八年にボローニャ大学教授のマッシモ・レニャーニ(一九三三―九八)が編集長となるが、彼は六一年から編集業務に携わっており、次に述べるクァッツァと並んで第二次大戦史とレジスタンス史研究の中心的な推進者で、雑誌編集とともに多くの研究会議の企画者・報告者として貢献した。[23] 雑誌は、二〇〇〇年で通算二二一号に達したが、現代史全般の中にレジスタンスを意味づけるというきわめて明確な意図をもち、個別論文はもとより、ファシズム、反ファシズム、レジスタンスをテーマにしたセミナーや共同研究の成果を掲載して、高い質の研究水準を維持している。とくにファシズムに関してここに掲載される論考には刺激的なものがあり、さらには個別テーマをめぐる討論や研究動向の紹介、それに辛口の書評など編集内容の充実した研究誌で、イタリア現代史研究にとって不可欠の雑誌といえよう。

〈イタリア解放運動史全国研究所〉は『現代イタリア』誌の他、「イタリア解放運動史叢書」を刊行しており、また全国レベルのこの研究所と提携した形で〈イタリア解放運動史研究所〉あるいは〈レジスタンス史研究所〉が州レベル、県レベルで組織されていて、都合五八機関に達し、その多くが独自の定期刊行誌を有して、研究論文や資料・記録を発表している。[24]

さて『現代史雑誌』についてだが、この雑誌は六八―六九年闘争と新左翼の登場という社会状況を経験し、それを歴史研究の場で受けとめようとした歴史家たちによって始められたといえるだろう。編集長でトリーノ大学教授のグイード・クァッツァ(一九二二―一九六)を始め、トリーノ在住の研究者が中心となった雑誌であり、またクァッツァ本人が〈イタリア解放運動史全国研究所〉の会長でもあったことから、『現代イタリア』誌との交流が活発であった。クァッツァはレジスタンス研究の第一人者で、従来のレジスタンス史研究が反ファシズム諸政党およびこれら諸政党からなる国民解放委員会を主体として語ってきたのに対して、政治的、イデオロギー的動機からのレジスタンスへの参加と並んで、日常の生存的選択としてレジスタンスに参加した人たちが多くいることに注目し、この人びとの選択の契機を重視する新たな見解を打ち出した。また、レジスタンスが社会の根底からの改革を目指した闘争であったにもかかわらず、戦後イタリアのさまざまな分野でファシズム期の制度や慣行が継承され、ファシズム体制から戦後共和制への移行において連続性が見られることに注意を喚起した。(25)

『現代史雑誌』には、とくに最初の頃は、『歴史研究』との視点の違いを意識した面があり、例えば労働運動や社会主義運動の研究において、組合や政党など組織や指導者レベルの分析でなく、運動の担い手の自律性や自発性を重視した「下から」の視点の強調を特徴とした。グラムシに関する研究も盛んに取り上げ、グラムシの読み直しの試みを続けたのも特徴である。この雑誌は、その後次第に一九世紀にも対象を広げて、社会史の研究動向に誌面を提供することも多くなり、国際的に注目を集めたカルロ・ギンズブルグの論文「徴候——推論的パラダイムの根源」の第一稿である「徴候——科学的パラダイムの根源」(七八年一号、副題の違いに注意)を掲載し、またジュリアーナ・ジェメッリ－マリーア・マラテスタ「フランス現代歴史学におけるソシアビリテと歴史」(八〇年四号)といった論考を発表した。良質の研究誌であったが、クァッツァの死去と前後して、一九九四－九五年度で終刊となった。(26)

イタリアの歴史雑誌には、地方史・郷土史研究とは別に、在住地域を同じくする研究者グループが中心となって刊行している場合がよくみられるが、比較的最近に創刊された『記憶と探究』誌もそうしたケースの一つである。これはロマーニャ地方在住の研究者による現代史研究誌で、ソシアビリテとアソシエーションの議論を導入して一九世紀イタリアの政治過程の分析を試みているマウリツィオ・リドルフィ(一九五七―　)が編集コーディネーターを担当している。(27) 誌面にもそのような問題関心が反映されて、「ロマーニャ地方におけるファシズム」などの特集と並んで、「近代化のネットワーク」とか「祭りの変容」といった特集を組んでいる。創刊からまだあまり時間がたっていないが、現代史の普遍的テーマとロマーニャの地域史研究を組み合わせた独自の編集方針が注目される雑誌である。

4　社会史研究の五つの道(一)

前節で取り上げた現代史関係の四誌の中にも、多かれ少なかれ社会史的関心はあるのだが、残り五誌について一言でいえば、イタリアにおける社会史研究の五つの道を表わしているということになる。

戦後イタリアの自由主義史学はクローチェの倫理=政治史の大枠の中にあった。それに対置されたグラムシも、六〇年代まではイタリア歴史学に伝統的な歴史主義の枠組みの中で理解され、どちらにしても歴史主義的な社会認識の方法が支配的であった。ここでいう歴史主義的認識とは、あらゆる物事を歴史過程の諸関係のなかで読みとるということで、歴史は進歩と発展の経過を表わしていて、歴史を知るということは、そこに作用している人間の精神と行為を理解することであり、そして歴史を知り、歴史的な理解を持つことこそ現代を理解する最良の方法である、という考えを意味している。イタリアにおける歴史研究がクローチェ史学からグラムシ的歴史観へ移行した状況があったにしても、実際には両者とも歴史主義的な認識と方法において共通しており、その違いは前者が指導階級、後者が従属階層を主たるテーマにしたという、取り上げる対象の問題であって、認識上の根本的な変化が生じていたのではなかった。イタリアでは、このクローチェ=グラムシ的な歴史主義から身を解き放つ課題が、社会史研究への関心と結びついたといえるのである。[28]

イタリアでの社会史研究はこうした事情を背景に、人間の精神と行為を倫理＝政治史的方法でなしに、社会構造、経済関係、文化環境などに関連させ、そうしたコンテクストを含めた社会史として考察することの必要と、そのためには社会諸科学の方法を導入することが重要だとする議論から出発した。一九七〇年前後、社会史研究はイタリアのみならず、他の諸国の歴史研究においても議論が進められたところで、イタリアの歴史学固有の課題に国際的な研究動向が重なって、社会史への関心は急速に強まった。

これらのことに最も早く自覚的に取り組み、また『歴史研究』への対抗意識も絡んで、新雑誌の刊行に及んだのが『歴史ノート』誌（一九六六年創刊）である。この雑誌は、マルケ地方のアンコーナ大学の研究環境のもとで生まれたので、『マルケ歴史ノート』の誌名で始まったが、すぐに全国誌の性格を帯びてマルケの地名が除かれた。『歴史ノート』誌は創刊号にブローデルの「長期持続――歴史と社会科学」（五八年）、また二二号（七三年）にホブスボームの「社会史から社会の歴史へ」（七一年）など国際的に話題になった論文を掲載して、社会史をめぐる議論を積極的に展開した。この雑誌は、諸研究誌の中でいちばん方法的議論に力を注いでおり、編集部内では、社会史とは何なのか、それは全体的概念なのか、それとも個別領域なのか、あるいは学際的研究なのか、といった根本的議論が続けられた。現在までに編集委員会の構成に何度か入れ替えがあるが、創刊メンバーであり、一貫して編集責任のポストにあるローマ大学教授アルベルト・カラッチョロ（一九二六―　）が、創刊の経緯から編集委員会内部の議論にわたる諸問題について、一〇〇号記念に寄せた文章で解説している。[29]

誌面の編集は、七〇年代初めから毎号テーマ別特集の形式をとり、通算一〇五号（二〇〇〇年末）に達した最新号まで、およそ八〇に及ぶテーマが彩りのある背表紙に並んでいる。各号のテーマすべての紹介は不可能だが、いくつかの例をあげれば、「定住移住の考古学と地理学」(二四号)、「穀物、価格、市場」(二八号)、「生者と死者」(五〇号)、「災難、恐怖、対応」(五五号)、「地域紛争と政治的イディオム」(六三号)、「犯罪資料と社会史」(六六号)、「一九世紀イタリアのエリートとアソシエーション」(七七号)、「財産管理と女性の権利」(九八号)等々である。

この雑誌の社会史とは何かをめぐる絶えざる議論の中から、七〇年代後半にミクロストーリア(微視の歴史学)の提唱がなされた。ミクロストーリアの中心的な提唱者は、編集委員のエドアルド・グレンディとジョヴァンニ・レーヴィで、その最初の具体的な表現がグレンディの論文「ミクロ分析と社会史」(三五号、七七年)だった。この直後に、カルロ・ギンズブルグが編集委員に加わり、その後まもなくギンズブルグとレーヴィの肝いりでエイナウディ出版社から「ミクロストーリエ叢書」の刊行が始まって、ミクロストーリアへの注目が集まり、各所での論議が盛んとなる。『歴史ノート』誌が発信元であり、それにこの雑誌のテーマ別特集の形式自体が歴史のミクロ分析的傾向と見なされたこともあって、『歴史ノート』をミクロストーリアの研究誌と特徴づける風評が広まるが、カラッチョロやレーヴィが証言するように、編集委員会が一致してミクロストーリアを支持していたわけでも、またそうした編集方針を打ち出したのでもなかった[30]。

編集委員会での見解が分かれたのみならず、ミクロストーリアの推進者の間でも、これは社会史の一分野であるのか、あるいは社会史を越える歴史の方法であるのかをめぐって理解はさまざまであった。またアルベルト・M・バンティのように、ミクロストーリアはもともとは、個々の行為主体が追求する諸戦略の織りなす社会諸関係の研究を課題としていたのが、ギンズブルグによって諸個人の行為の細部に文化的意味を見出す方法に転換され、一般にはミクロストーリアといえば後者の意味で理解されるようになったとして、「社会諸関係」派と「文化主義」派に分類する見方もでてきた[31]。さらには、主唱者の一人であるレーヴィは、この二つともややニュアンスを異にして、社会的諸規範の戦略的利用ということを重視し、社会の規範的秩序の間隙を縫って集団や個人が日常生活の戦略を編み出すことを解明しようとした(32)。

ミクロストーリアをめぐっては、フランスのロジェ・シャルチエやジャック・ルヴェルが積極的に論じたりして、国際的な流れを生み出した感があるが、『歴史ノート』誌上では必ずしも活発に論議されたわけではない。同誌がまとめてこれを取り上げたのは、レーヴィがすでに編集委員会を去ったあとの八六号(九四年)においてで、この号のテーマ特集は「親族の構築」だったが、特集とは別のディスカッション欄に、ギンズブルグ「ミクロストーリア――私の知っている二、三のこと」、グレンディ「ミクロストーリア再考」、ルヴェル「ミクロ分析と社会の構築」の三論文が掲載された(33)。

さて『歴史ノート』は、イタリア歴史学が、クローチェ=グラムシ的歴史主義から社会史的認識に移行するに当たってきわめて重要な役割を果たしたのだが、七〇年代後半に、この研究誌が示すミクロ分析的傾向に異論を唱える形で、他の社会史研究誌が生まれてくる。

5　社会史研究の五つの道(二)

歴史のミクロ分析を批判して、七八年に創刊されたのが『社会と歴史』である。『社会と歴史』は、倫理=政治史のクローチェ史学とイタリアの特殊な型のマルクス主義史学(グラムシ的歴史主義)の双方を克服する課題を掲げる点で『歴史ノート』と共通していたが、『歴史ノート』による課題の追究がミクロ分析的な傾向に陥っていることに批判を示し、歴史のマクロな観察を唱えて誕生した。「創刊の言葉」でこのことを明快に表明し、この雑誌の課題は、中世から現代に至るまでのイタリア社会の諸起源と形成過程をグローバルに考察することであると宣言している。そしてまた、「社会史」というより「社会の歴史」が目標であって、そこではマルクスが言うところの「資本主義的生産諸関係」の出現と支配が重要なテーマになるだろうと述べている。(34)

この「創刊の言葉」から理解できるように、『社会と歴史』は生産関係、所有形態、企業経営、経済制度など広い意味での社会構造に関心を注いで、グラムシ的マルクス主義でなしに、マルクスに立ち戻ってのマルクス主義を参照枠に設けようとした。日本のマルクス主義の立場からすれば、こうした理論がこの時期になってなぜという疑問が発せられるだろうが、戦後イタリアにおけるマルクス主義の受容がクローチェからグラムシへの系譜でなされたことを考えると、マルクスに戻ってのマルクス主義の導入は早晩起こるべくして起こった問題といえよう。この雑誌は二〇〇〇年末で通算九〇号に達している。

『社会と歴史』の創刊と同じ年に、五〇年代から刊行されていた『労働・社会主義運動』が新シリーズに衣替えして登場した。新装第一号（一九七八年一―二合併号）は、「エドワード・トムスンにインタビュー――労働運動の社会史をめぐる討論のために」と題して、七六年に『ラディカル・ヒストリ・リヴュー』に掲載されたトムスンのインタビューを転載した。(35) このインタビューを転載する理由を述べた紹介文で、トムスンの研究がイタリアでほとんど注目されない状況自体がイタリア歴史学の現状を物語っていると指摘して、この雑誌が『歴史ノート』とも『社会と歴史』とも違う内容の社会史を目指していることを明らかにした。

『労働・社会主義運動』誌が取り上げた特集テーマは労働者文化、移民の世界、周縁と逸脱、犯罪と狂気、裁きの諸相、出征兵士、居酒屋のプロレタリアート、ファシズムの言語とファシズムの言語政策など多様であるが、それらを通じての一貫した関心は民衆の日常世界とその文化にあることがみてとれる。労働運動・社会主義運動を取り上げる場合でも、階級闘争や組合・政党組織といった伝統的なテーマよりは、労働の場、生活の場における人びとの結びつきのありようを解明することに関心が向けられていた。この雑誌は、「日常性の社会史」にいちばん近い性格を有しているといえるが、九一年からは『二〇世紀』と誌名を改め、労働・社会主義運動という限定をはずして、より広いテーマで誌面を編集する方針に移った。

八二年に新雑誌『過去と現在』が生まれた。編集長のフィレンツェ大学教授ガブリエーレ・トゥーリをはじめフィレンツェの研究者グループが中心だが、この雑誌の編集メンバーには『歴史研究』の協力者が多い。創刊号の巻頭言は、この雑誌が概してマルクス主義的傾向の研究者、とりわけグラムシに触発された研究者のイニシャティブによっていると述べており、新雑誌の発行は、グラムシ研究所の機関誌としての『歴史研究』の編集がいささか定型化していることに対して、六〇年代以降の歴史研究のさまざまな動向に開かれた誌面づくりをすることで研究の活性化を図ろうとするものであった。したがって『過去と現在』の性格は、社会史研究を志向する研究誌ということではないけれども、いきおい社会史研究の諸動向をテーマとして取り上げる傾向をもった(36)。

この雑誌の特徴は、毎号巻頭にディスカッションとして、歴史研究の重要な学術書やテーマをめぐって三、四人の研究者が討論するページをおいていることで、デ・フェーリチェ『ムッソリーニ――全体主義国家』(創刊号)、ヴェントゥーリ『一八世紀啓蒙改革者』(八号)、ホブスボーム『極端の時代――短い二〇世紀』(三七号)などの話題を呼んだ書物から「六八年――困難な歴史」(一九号)、「問われるリソルジメント」(四一号)、「ライフ・イズ・ビューティフル？　ロベルト・ベニーニとアウシュヴィッツ」(四八号)といった広範囲にわたるテーマを対象に議論を展開している。さらにこの他、誌面には同時代の歴史家を論ずる「現代の歴史家」の欄が設けられ、例えばアルベール・ソブール(四号)、エドワード・トムスン(五号)、エルネスト・ラジョニエーリ(八号)、フェルナン・ブローデル(一二号)、ティム・メースン(二七号)、グイード・クァッツァ(四一号)らの仕事を紹介している。『過去と現在』

誌には刺激的な個別研究論文の発表もあり、二〇〇〇年で通算五一号に達するが、有意の研究誌といえるだろう。

社会史への五つの道として最後に検討するのが、八七年創刊の『メリディアーナ』である。編集長はローマ大学教授ピエーロ・ベヴィラックァ（一九四四―　）で、「歴史と社会科学研究誌」の副題がついている。この雑誌の最大の特徴は、シチリア島とサルデーニャ島を含めた南イタリア社会の歴史と現状を解明するという明確な目的で創刊されたことである。

イタリアでは国家統一直後から、南部問題の存在が研究者や政治家によって議論され、南部主義の系譜を生み出した。この系譜は、南イタリアが遅れて停滞した社会であるという共通の認識から出発して、その原因をさまざまに分析し、それぞれの解決策を提示してきた。南部問題をめぐる議論は、第二部の個別テーマの研究史の場で扱うことになるが、『メリディアーナ』誌は、南部主義の系譜が共通の認識としていた南イタリア社会の遅れと停滞という前提そのものを問い直して、南部主義の言説が内なるオリエンタリズムであることを指摘し、南イタリアにおける社会と文化の固有のあり方の解明に取り組もうとするのである。

ベヴィラックァは、以前の著書『ファシズムと戦後期の南部農村――カラーブリアのケース』（一九八〇）で、ファシズムは静態的というより動態的であるとして、ファシズム体制下の三〇年代の南部社会に構造的な変容が生じていることを明らかにし、そのうえでファシズム期とファシズム以後という政治的事件による時期区分のみに目を奪われると、社会変容の実際の過程を見落とす恐れがあることに注意を促した。(37) しかしこのことは、政治の契機をなおざりにすることを意味しているのではない。むしろ、『メリディアーナ』は社会史の中に政治の契機を取り戻し、南イタリアの現実が国家の政策と密接にかかわっている事実を重視して、南部社会を国家と地域権力の政治回路・文化回路の中に置き、その関係のもとでの歴史と現状の分析を心がけようとするのである。(38) こうした見地から、この雑誌は「政治の諸回路」(二号)、「地域諸権力」(四号)、「北部問題」(一六号)、「文化の諸回路」(二二―二三号)などの特集を組み、さらには「マフィア」(七―八号)、「反マフィア」(二五号)の特集によってマフィアに関する俗説を斥けつつ、新たなマフィア分析とマフィアとの闘いの姿勢を打ち出している。『メリディアーナ』誌は、現在最も活気に富んだ研究誌の一つであるといって良いだろう。

以上、第一部では諸種の歴史研究誌を通してイタリア歴史学のあり方を概観したが、第二部では別の角度からの考察によって、イタリアにおける近現代史研究の過去と現在を考えることにする。

第二部　戦後イタリア歴史学の展開

1　ヴォルペ、クローチェ、ゴベッティ

二〇年間のファシズム支配と二〇カ月のレジスタンス闘争、戦後のイタリアの歴史学はこの二重の経験の中から出発した。ファシズム後の社会と文化はどうあったらいいのか、新しい社会と文化をどのように建設するのか、歴史家各自がこの問いを背負いながらの出発だった。戦後の歴史学は実践的関心と深く結びついて始まるが、歴史研究のテーマとしては、経験したばかりのファシズムよりも、ファシズムに至ったイタリア近代史の展開を検討することが課題となった。なかでも、国家統一をもたらし、自由主義国家を成立させたリソルジメントをどう評価するかということに強い関心が向けられた。イタリアの人びとにとって、リソルジメントは歴史研究のテーマである以上に、そこにアイデンティティを求めることで、政治的あるいは思想的な自らの正当性の証明を図る記憶の場であった。注(3)にあげたパヴォーネの論文が詳細に分析しているように、ファシズムにとっても反ファシズムにとっ

ても、その思想と行動の動機づけには、リソルジメントの記憶を呼び起こすことが重要だった。

すでに一九二〇年代の後半、ファシズムと関連させてのイタリア近代史の叙述が、二人の著名な歴史家によってなされていた。ジョアッキーノ・ヴォルペ『歩み続けるイタリア』(G. Volpe, *L'Italia in cammino*, Milano, 1927)とクローチェ『一八七一―一九一五年のイタリア史』(B. Croce, *Storia d'Italia dal 1871 al 1915*, Bari, 1928)である。二書とも、直接の対象はリソルジメント以後の自由主義国家の時代であるが、ヴォルペはファシズム支持の立場からリソルジメント、自由主義国家、ファシズムの流れをイタリア・ネーションの連続した発展として肯定的にとらえた。これに対して、反ファシズムの立場をとるクローチェは、リソルジメントと自由主義国家の時代を通しての自由主義的発展がファシズムによって中断されたとして、ファシズム成立以前とそれ以後のイタリア史の断絶を強調した。この二書は、ファシズムをイタリア近代史の連続性でとらえる見地(連続説)と断絶とする見地(断絶説)のそれぞれを代表するものとなったが、リソルジメントに関しては、視点の違いはあるにせよ、ともにイタリア史の発展の一局面として積極的な意味づけを行なった。ファシズム期の若い研究者は、ファシズム体制のもとで研究所の要職にあるヴォルペから研究指導を受けると同時に、自由の理念を唱えてファシズム批判を続けるクローチェから倫理＝政治史の方法を摂取して育った。[39]

連続説とも断続説とも違うもうひとつの歴史観に、ファシズムの弾圧を逃れてパリに亡命した直後の二六年、二四歳の若さで没したゴベッティのイタリア近代史論がある。ゴベッティには『自由主義革命』(P. Gobetti, *La rivoluzione liberale*, Bologna, 1924)と『主役なきリソルジメント』(P. Gobetti, *Risorgimento senza eroi*, Torino, 1926)の著作があるが、ファシズムに対する批判とイタリアの政治的思想的な変革を論ずる彼の主張は、自らが編集する思想週刊誌『自由主義革命』で主に表明された。ゴベッティによれば、ファシズムは宗教改革の欠如、リソルジメントの不徹底な改革、適切な政治指導を欠く自由主義国家体制と続くイタリア史の積年の矛盾の表われにほかならず、いわば「ネーションの自伝」であった。イタリア近代史の展開を批判的に分析し、文化と社会の根底における変革を説く彼の議論は、三〇年代、四〇年代の反ファシズム運動に引き継がれただけでなく、現在に至るまで世代を越えた継承者を見出している。

二〇年代半ばから、精神哲学の独自の体系によってファシズム批判を続けたクローチェは、反ファシズムの思想家として際立った存在だったが、そのことがファシズム後の思想界におけるクローチェのヘゲモニーを保障したわけではなかった。むしろ、ファシズムの崩壊とともにクローチェが占めていた際立った立場は揺らぎ始め、政治的、思想的、学問的な動機が絡まりあいながら、かつてクローチェを拠りどころとしていた人たちの間でクローチェ離れが起こる。ファシズムと知識人の関係を長年研究してきたルイーザ・マンゴーニは、彼らのクローチェへの感情を「感謝と別離の入り交じったもの」と説明したが、(40)クローチェ離れの一方で、新たにグラムシの思想に注目が集まった。グラムシの獄中ノートの公刊は、戦後のイタリア思想界の最大ともいえる出来事で、歴史論においても連続説と断続説を越える独自の方法を示して、歴史研究に大きな影響を及ぼすのであるが、グラムシ思想の読みとり方についてはいささか複雑な経緯があり、その間の事情をあらかじめ説明しておかねばならない。

2　グラムシ

グラムシの獄中ノートは四八年から五一年にかけて、テーマ別の六巻に分けて出版されるが、グラムシの三十数冊の獄中ノート全体に最初に目を通したのはトリアッティで、獄中ノートの内容はまずトリアッティの読みとり方を通して紹介された。(41)共産党最高指導者のトリアッティは、ファシズム後のイタリア社会に関して「進歩的民主主義」という構想を描き、この構想の正統性をイタリアの国民的伝統に求めようとした。つまり、リソルジメント以来の支配思想である自由主義に対して民主主義・社会主義思想の系譜を対置し、そこにイタリアのもうひとつの、そして正統な伝統があることを訴えようとした。そこでトリアッティはまず、このイタリア史の伝統をフランチェスコ・デ・サンクティスからアントーニオ・ラブリオーラを経て初期クローチェに連なる思想史の系譜に置いて、グラムシをこの系譜に位置づけ、その脈絡で獄中ノートを読みとった。この系譜はイタリアにおける反実証主義思想の系譜であり、歴史主義的方法の系譜であり、南イタリアの知の系譜でもあった。ところがクローチェの場合は、ここから出発して民主主義とマルクス主義を否定する精神の学としての哲学体系を構想するに至り、その精神哲学の体系によって思想界に重きをなすことになった。

グラムシに連なる伝統的な思想史の系譜をよみがえらせる上で、クローチェの哲学体系と彼の行使する文化的権威は大きな壁であり、トリアッティにとって、その克服が重要な文化的課題となった。のちにトリアッティ自身が反省することになるが、この状況のもとで、グラムシの思想は主としてクローチェ批判の文脈で解釈され、獄中ノートに関してはクローチェ批判と知識人論の部分がクローズアップされることになった。さらに、グラムシのクローチェ批判と知識人問題は、彼が二六年に逮捕される直前に書き残した「南部問題に関する覚え書き」(Alcuni temi della quistione meridionale, 1926) のテーマであったことから、この論文が獄中でのグラムシの思索の原点となっていることを重視し、それ以前のグラムシについて、例えば工場評議会運動などの問題は考察の外に置かれた。こうしてトリアッティによって、クローチェ批判者としてのグラムシの姿がまずもって紹介され、クローチェの観念論的歴史主義をマルクス主義的歴史主義に練り直した営みがグラムシ思想の核心として強調されるようになる。このことはまた、イタリアのマルクス主義がデ・サンクティス＝ラブリオーラ＝［初期クローチェ］＝グラムシの思想史的な系譜に立っていること、つまりナショナルな伝統に基づいていることの強調でもあった。このようにイタリアのマルクス主義のナショナルな性格を強調することは、当時支配的だったスターリン主義とのかかわりという問題があったが、他方で、それによって同時代のヨーロッパ諸思想との対話の道を閉ざすことになった。(42)

こうしたグラムシ思想の解釈の仕方は、テーマ別の六巻本『獄中ノート』の編集の仕方、タイトルのつけ方、さらに刊行順にも表われており、それを並べると次のようになる(発行元はトリーノのエイナウディ社)。『史的唯物論とベネデット・クローチェの哲学』(*Il materialismo storico e la filosofia di Benedetto Croce*, 1948)、『知識人と文化の組織』(*Gli intellettuali e l'organizzazione della cultura*, 1949)、『リソルジメント』(*Il Risorgimento*, 1949)、『マキアヴェッリ、政治、近代国家に関する覚え書き』(*Note sul Machiavelli, sulla politica e sullo Stato moderno*, 1949)、『文学と国民生活』(*Letteratura e vita nazionale*, 1950)、『過去と現在』(*Passato e presente*, 1951)。のちに、この編集の仕方への疑問がでてくるけれども、六巻本の刊行によってグラムシの獄中での思索の内容が初めて明らかになり、広範な人びとの間に反響を呼んだ。ただし初期の段階では、トリアッティの示した方向づけが強く働いて、『獄中ノート』は主としてイタリア史、つまりナショナルな歴史の枠組みで読まれることが多く、とくにリソルジメント論をめぐっての議論が盛んとなった。

こうしたグラムシの読みとり方に転換が生じるのは五六年で、再びトリアッティがイニシャティブをとった。スターリン批判、社会主義への多様な道、構造改革路線などの問題を背景に、トリアッティはグラムシをイタリア史の枠から解放して、広く現代ヨーロッパの思想家としての姿を強調し始める。レーニンによるロシア革命後、西ヨーロッパ諸国の革命は成功せずに終わるが、トリアッティは、この問題に立ち返ってグラムシを国際共産主義運動の場に連れ戻し、グラムシの最大の貢献は西ヨーロッパ革命の課題を独自の方法で分析したことにあると指摘した。

そして、グラムシをレーニン以後の二〇世紀最大のマルクス主義者と呼んで、イタリア思想史の系譜から解き放ち、新たにマルクス＝[ラブリオーラ]＝レーニン＝グラムシの系譜に論点を移し替えた。このようにして、従来とは違う文脈でのグラムシの読みとりが提起され、獄中ノートにおける陣地戦と機動戦、政治社会と市民社会、ヘゲモニー論、国家論などのテーマが新たな関心の対象となった。これと並んで、グラムシ理論の核心を歴史主義とする見方を批判する議論が起こり、グラムシにおけるマルクス主義という問題があらためて活発に論じられた[43]。

こうした流れの延長で、六〇年代半ば以降、研究者によって重視されるようになるのが「アメリカ主義とフォード主義」(Americanismo e fordismo)のタイトルのつけられたノートである。このノートが重視されるのは、獄中ノート全体の構成から見れば、グラムシが二〇世紀社会の性格を把握しようとしていることは明らかで、その考察は「アメリカ主義とフォード主義」のノートに集約されている、とする読みとり方にもとづいている。このように獄中ノートの構成が二〇世紀社会の分析を意図しているととらえることによって、グラムシの諸概念を新たな視点で読み直す道が開けてきた。例えば、「受動革命」について、最初はリソルジメントに適用された概念として研究者に受け取られたが、グラムシはリソルジメントだけでなく、ファシズムを二〇世紀の受動革命と考えていることが理解され、この概念がファシズム分析の方法として重要な意味を与えられていることへの認識が生まれた[44]。

獄中ノートに関して画期的だったのは、七五年に、翻訳ノートを除いたノート全体がグラムシの使用した順番に従って編集されて公刊されたことである(A. Gramsci, *Quaderni del carcere*, 4 voll., Torino, 1975)。これによって、獄中でのグラムシの思索の過程が具体的にたどれることになり、テーマ別に編集された六巻本に比べて、グラムシ思想の理解を多角的に深めることが可能となった。ただし、ノートの使用順と執筆順とは必ずしも一致しているのではなく、新版の刊行によってグラムシの個々の文章の執筆順がすべて判明したわけではない。監房に一度に持ち込める本およびノートの冊数はきびしく制限され、その制約のもとでグラムシは一冊ずつのノートの編集に苦心しつつ、ある時点からテーマを特定した「専門ノート」の作成を始めている。このため三〇冊余のノートの編成は、執筆順配列と専門ノートとされたテーマ別配列の二重の構成から成っており、獄中ノートの理解にはこの二重の構成を読みとることが大切となるのである。[45]

グラムシはノートの他に、獄中から多くの書簡を送っており、この書簡も彼の思想を知る上で重要であるが、書簡の読まれ方にもまた移り変わりがあるので、その点に一言だけ触れておきたい。獄中書簡はノートに先立って四七年に公刊され(二一八通)、さらに六五年に増補版(四二八通)が編集された(A. Gramsci, *Lettere dal carcere*, Torino, 1947 e 1965)。手紙は家族と義姉タチャーナ・シュフトに宛てたものが大半で、苦難に耐えながら家族を思いやる人間性のあふれた文章として、読者に感動をもって受け取られた。この受け取られ方は持続するが、その一方で、三〇年代初めに、政策上の路線転換をした共産党指導部と獄中でそれに不同意を表明したグラムシの関係が悪化して、グラムシの書簡に時折、党指導部への疑念を表わす文面がでてくることの指摘がなされ、獄中書簡における政治的含意が注目されるようになった。[46] グラムシの書簡の半分以上は義姉タチャーナ宛てで、彼女は獄中のグラムシに献身的に尽くし、最良の理解者であった。グラムシ自身も承知していたことだが、タチャーナは受け取った書簡の内容をそのつど、グラムシの友人で経済学者のピエーロ・ズラッファに知らせ、ズラッファはそれをトリアッティに伝えるとともに彼女に助言を与えていた。このことから近年、グラムシの書簡を単独にでなく、タチャーナとの往復書簡の文脈において読みとる必要が指摘されており、そのやりとりから、自分はファシズム当局よりはるかに広大な有機体に断罪されたのではないかと苦悩するグラムシの精神的葛藤の姿が浮かび上がってくる。[47]

グラムシ解釈の変遷あるいはグラムシの受容のされ方をごく大まかにたどったけれども、戦後のイタリアにおける近現代史研究はグラムシの獄中ノートに触発された部分が多くあり、その研究動向はグラムシ思想の読みとりの流れと深く関連している。

3 リソルジメント

戦後のリソルジメントを中心とする近代史研究は、ファシズムのナショナリスト史観によっても、クローチェの自由主義史観によっても、低い評価しか与えられなかった民主主義思想・社会主義思想および労働運動・社会主義運動への関心から始まった。この研究はいくつかの流れが重なり合いながら進んだ。一つは、これまで忘れられ、無視されていた改革思想家に注目する研究で、カンティモーリの先駆的研究『イタリアのユートピアンと改革者たち——一七九四—一八四七』(D. Cantimori, *Utopisti e riformatori italiani 1794–1847*, Firenze, 1943) に発する動向である。第二は、フランスの啓蒙主義とフランス革命への新たな関心で、パリに亡命していたヴェントゥーリの研究『百科全書の起源』(F. Venturi, *Le origini dell'Enciclopedia*, Roma-Firenze-Milano, 1946) や『ジャン・ジョーレスとフランス革命の歴史家たち』(F. Venturi, *Jean Jaurès e altri storici della Rivoluzione francese*, Torino, 1948) が刺激を与えた。第三は、従来の歴史から排除されていた労働運動、農民運動それにカトリック運動をめぐる研究である。

カンティモーリとヴェントゥーリの研究の交差点上で、バブーフの陰謀のメンバーとして知られるブォナッローティに関する研究が深められ、アルマンド・サイッタ『フィリッポ・ブォナッローティ——生涯と思想の研究』(A. Saitta, *Filippo Buonarroti. Contributo alla storia della sua vita e del suo pensiero*, 2 voll., Roma, 1950–51) とアレッサンドロ・ガランテ・ガッローネ『フィリッポ・ブォナッローティと一九世紀の革命家たち——一八二八一八三七』(A. Galante Garrone, *Filippo Buonarroti e i rivoluzionari dell'Ottocento 1828–1837*, Torino, 1951)の二書がほぼ同時にでた。ブォナッローティ研究はイタリア近代史に関して種々の新しい理解を加えた。すなわち、ブォナッローティ本人を介してフランス革命とイタリアの三年革命＝ジャコビーノ革命(一七九六―九九)が密接な結びつきを有していたこと。ナショナリスト史観で否定的に扱われた三年革命期が、リソルジメントにとって重要な時期として見直されたこと。一九世紀前半の秘密結社運動が国際的な広がりで結びついていたこと。ブォナッローティとマッツィーニの関係を通して民主派の運動の諸相が浮かび上がったこと。ブォナッローティ研究はこうした問題提起によってリソルジメント研究に新しい光をあて、ジャコビーノ革命や民主派運動の諸研究に道を開いたが、これらの問題は、同時期に明らかになったグラムシのリソルジメント論の、より大きな枠組みの中で議論されることになった。

グラムシが獄中ノートに記したイタリア史に関わる部分は、『リソルジメント』の巻に編集されて四九年に刊行された。ここでグラムシは、リソルジメントをネーションの形成過程の観点から取り上げ、この過程の政治勢力である穏健派(自由主義派)と「行動党」(民主主義派)の関係を考察しつつ、リソルジメントの性格について論じた。グラムシはまず、比較的に同質の社会グループから成る穏健派が、「知的、道徳的、政治的なヘゲモニー装置」を通じて民主派も含めた他勢力を吸収し、この穏健派の政治指導が確立することによって、リソルジメントは「革命のない革命あるいは受動革命」として終わったと考察した。その上でグラムシは、穏健派に対抗して「行動党」が主導権を握るためには、農村民衆、とりわけ南部農民の社会的経済的関心である土地改革に取り組むことが必要だったと述べ、そうした選択がなされれば、リソルジメントはより民主的で民衆的な性格となりえたであろうと分析した。さらにグラムシは、フランス革命のジャコバン主義を比較の対象にあげて、イタリアの民主派にはジャコバン主義が欠けていたと指摘したのである。

グラムシのリソルジメント論はさまざまな論点を含んでいて、研究諸分野に波紋を投げかけた。グラムシの基本的論点である、ネーションの形成にとっての「知的、道徳的、政治的なヘゲモニー装置」という問題は多くの研究者の注目を引き、知識人論と合わせて種々の議論に取り入れられた。その意味で、この論点への言及は数多くなされたけれども、これの方法的自覚にたつ歴史研究の具体的な成果はすぐには生まれなかった。歴史研究の場では、むしろグラムシのリソルジメント論を「未完の革命」論として受けとる傾向が強く出て、これは相反する二つの方向の研究を生んだ。ひとつの方向は、グラムシが「行動党」のとりうる選択肢として論じた点に着目して、彼の言うところの民衆的で民主主義的な要素の解明に向かった研究である。すなわち、リソルジメントから自由主義国家の時代にかけての民主派の思想と運動、労働運動、農民運動、社会主義運動をテーマとする研究動向で、この方向の研究を代表したのは、五二年から五六年までフェルトリネッリ文庫(のちに研究所)から刊行された『労働運動』*Movimento Operaio* 誌の編集に携わったフランコ・デッラ・ペルータである。[48] 歴史を指導階級の歴史とみる自由主義史観に対して、従属諸階層を「歴史に登場させる」意味も込めて、この分野の個別的な実証研究は五〇年代に著しく進展した。だがこの動向は、デッラ・ペルータの優れた一連の研究を生む一方で、従属諸階層を研究対象とすること自体に意味をおくテーマ主義に陥った面もあって、のちに『労働運動』誌上でも、歴史研究の個別化に対して総合的な歴史叙述の必要が唱えられるようになる。[49]

「未完の革命」論として受けとめるもうひとつの方向は、グラムシ批判に立つ自由主義史観の研究者によるもので、その代表がロザーリオ・ロメーオだった。自由主義史観の研究者はグラムシのリソルジメント論を歴史と政治の混同とかねてより批判していたが、ロメーオはそこにとどまらず、グラムシが土地改革の欠如、ジャコバン主義の欠如とした問題を取り上げ、リソルジメントでもしジャコバン主義が成立し、土地改革が実施されていたら、かえってその後のイタリアの工業化と経済発展に障害を招いただろうと、グラムシの論理そのものを批判したのである。[50] ロメーオのグラムシ批判は、リソルジメントにおける政治指導と社会変革の関係という問題と資本主義発展と工業化の条件という問題の二つが入り交じって、一時混乱した論争を呼んだが、この論争を経過して、イタリアの歴史研究は新たな局面を迎えることになる。

六〇年前後に、「国家統一」一〇〇周年の研究集会や史料刊行がさまざまになされるが、ここからは新たなリソルジメント像を描くような研究は生まれず、かえってこの時期を境にリソルジメントは記憶の場から後退し、論争的な主題でなくなってくる。[51] このことは、折からの経済成長、社会変容、社会的な諸闘争など現実の諸変化を背景にした新しい歴史意識の芽生えと関連しており、第一部で検討した諸種の歴史研究誌の誕生はその表われであったが、具体的な歴史研究としては、七二年にエイナウディ出版社から刊行された『イタリア史』第一巻「基本的特徴」が新局面の幕開けとなった。

4　エイナウディ版『イタリア史』

この『イタリア史』は各巻一〇〇〇頁を越す全六巻の大部なシリーズで、「基本的特徴」を扱った第一巻は一二のテーマを一三人の執筆者が論じている。[52] この書が描き出したイタリア史の基本的特徴は、いくつかの意味で従来のイタリア史の理解をくつがえした。まず、長期的持続の観点をとることによって、事件史的理解をくつがえし、イタリア史における変化の局面よりも持続の事象が強調された。また、イタリア史を貫くテーマとして都市—農村関係を重視し、都市よりも農村世界にイタリア史の特徴を認めた。これは、通説となっていた、イタリア史の基本的原理は都市であるとするカルロ・カッターネオのテーゼをくつがえすものだった。これに関連して、イタリアの統一性あるいは一体性をめぐる伝統的な議論がくつがえされ、イタリア社会の多様性が強調された。多様性の重視は、編集者の一人のルッジェーロ・ロマーノが持論とする、ネーションの物語でなくパエーゼの世界としてイタリア史を見る方法に呼応していた。(53) パエーゼ paese は、ごく普通には地域世界と理解されるが、その意味するところは人それぞれがアイデンティティを感じる社会空間ということであり、本来の意味でのパトリを指すことになる。

この書のイタリア史の基本的特徴のとらえ方は、すぐ気がつくように、フェルナン・ブローデルの長期的持続の理論とグラムシの都市―農村関係論を取り入れたもので、研究者の間では、二つの異質の源流の融合をめぐって議論がなされた。(54) 例えば、グラムシの都市―農村関係はヘゲモニー論の一環をなしているにもかかわらず、そこから政治の契機を除外することで動態性が消えたとする指摘や、あるいはそもそもこの融合は折衷主義であって方法的厳密さを欠くという指摘などである。しかし一方では、これまでフランスの歴史学に背を向けていたイタリアの歴史学がアナール派との対話を始めたこと、それと同時に、注(28)で説明した意味でのクローチェ＝グラムシ的歴史主義から脱して、歴史学が人類学、地理学、民俗学、経済学などの成果を吸収する努力を始めたことに注目が寄せられた。

第二巻以降の時代別に区分されたイタリア史の叙述が、すべて「基本的特徴」を踏まえているわけではなく、また全体として大部なシリーズであったけれども、『イタリア史』は出版事業として成功を収め、これに続くシリーズとして『イタリア史――別巻』(*Storia d'Italia: Annali*)が七八年から刊行され始めた。別巻シリーズは各巻が主題別に編集された不定期刊行で、第一巻は「封建制から資本主義へ」がテーマとなり、そのあと「知識人と権力」、「景観」、「病気と医学」、「居住形態と環境」、「犯罪」、「食物」などが主題とされた。各巻とも、当該テーマに関する論文集の形を取っており、それぞれのテーマの研究動向を反映させつつ、高度な内容のモノグラフィーが集められている。

八〇年代に入ると、『イタリア史』のさらに新たなシリーズとして『統一から今日までの諸地域』(*Le regioni dall'Unità a oggi*)が加わり、「ピエモンテ」、「ヴェーネト」、「トスカーナ」、「プーリア」、「カラーブリア」、「シチリア」など、現在まで一六巻が出ている。この地域史シリーズは各巻ともそれぞれの地域における歴史、政治、経済、社会、文化の諸特徴を明らかにしようとする意欲的なもので、諸学問領域を横断する方法で編集され、重要な成果を生んでいる。とくに南イタリア諸地域の巻は注目すべきで、北イタリアとの対比で南イタリアをひとくくりにしてしまうことへの反省を促しながら、南イタリアにおける各地域の固有のあり方を考察している。これらの各巻は、南イタリア諸地域の理解を格段に深めるというだけでなく、南と北を二極化する伝統的なイタリア史研究への鋭い批判を示すものでもあった。ついでに触れておけば、歴史書出版でエイナウディ社と並ぶ有力なラテルッァ出版社が、八〇年代にイタリアの主要な都市を対象とした「イタリア都市史」(Storia delle città italiane)叢書を刊行しており、この時期にイタリアの歴史学が新たな視点で地域史・都市史の研究に臨んでいるのを知ることができる。

エイナウディ版『イタリア史』は、別巻シリーズも地域史シリーズも、各巻一〇〇〇頁前後の厚さで、表紙とケースはすべて緑色で統一されており、内容のみならず外観においても存在感を示す出版物となった。なお『イタリア史』シリーズとまったく同じ装丁で、その姉妹編ともいうべき『共和制イタリア史』(*Storia dell'Italia repubblicana*)全三巻五分冊が、九四年から九七年にかけて刊行されている。これは、グラムシ研究所の雑誌『歴史研究』の編集メンバーが中心となった、ファシズム以後の現代イタリア史の研究で、同時期に多く出された戦後イタリア史と比べて密度の濃い論文集を構成している。

話を大本の『イタリア史』に戻すと、全六巻のうち第二巻から第四巻までが時代別のイタリア史で、第三巻が「一八世紀初頭から統一まで」、第四巻が「統一から今日まで」を対象としていて、それぞれの巻は政治社会史、経済史、文化の三分野に分けて叙述されている。時代別区分の編集、さらには歴史を三分野に分ける編集は、第一巻の「基本的特徴」の考え方と合致せず、方法的な厳密さに欠けるわけだが、ここで触れておきたいのは政治社会史についてである。第三巻の政治社会史の執筆者はスチュアート・J・ウルフ、第四巻はエルネスト・ラジョニエーリで、概説としてともに優れた内容なのだが、叙述の中身は主として政治史であって、そこに社会問題が付け加えられた形になっている。(55) つまり、「基本的特徴」とは裏腹に、政治史的方法が優位に立ち、社会史の方法は問われないままに終わっているのである。これは必ずしも執筆者の責任だけとは言えないけれども、第四巻をめぐる研究集会がもたれたとき、『歴史ノート』誌編集委員のラッファエーレ・ロマネッリはこの点を取り上げて政治史と社会史の関係を問い、社会史の方法への自覚的な取り組みを呼びかけた。社会史への関心はイタリアでもすでに種々の機会に表明されていたが、ロマネッリの提言は社会史の領域とその方法の問題をあらためて喚起したのである。(56)

5　新たな動向――ミクロストーリア、アソシエーション、南イタリア

社会史の対象と方法について一義的な解釈があるわけではなく、研究者個々人の社会認識・歴史認識に結びついた問題であって、ひとまとめに扱うことはできないのだが、ここでは社会史への関心が近現代史研究にもたらしたいくつかの特徴に簡単に触れておきたい。長い間イタリアの歴史家たちは、リソルジメント、自由主義国家、ファシズムと経過するイタリア近現代史の流れを「連続」、「断絶」、「矛盾の積み重ね」、「未完の革命」等々の関係として、いわばイタリア史の「特殊な発展」の因果関係において論じてきた。つまり、自由主義国家の原因としてのリ

ソルジメントの性格、またリソルジメントの結果で、ファシズムに帰結する自由主義国家の性格といった問題観が支配的だった。しかし、社会史研究はリソルジメント、自由主義国家、ファシズムをこの因果関係から解放し、それとともにリソルジメントの歴史を統一国家の形成という枠組みから切り離すことになった。これまで、リソルジメントと国家統一運動はほとんど同義語であって、リソルジメントの諸問題は統一国家の形成に至る脈絡で検討されてきたのだが、社会史研究はリソルジメントをこの脈絡からも解放したのである。そうなると、ではリソルジメントとは何だったのかという原点の問いに戻るわけだが、新たな研究はリソルジメントや自由主義国家という大きなテーマを主題にすることをやめて、別の方法での考察を始めたのである[57]。

このことは、歴史を考える上で「国家」、「国民」、「民族」、「階級」といった枠組みが揺らいでしまい、これらの枠組みを所与の前提とすることができなくなった事態を表わすものでもあった。研究の視点は、むしろこれらの枠組が何を表象していて、どのように作られるものなのかという問いに移され、そのことはまた、これらの枠組みから除外されていたもろもろの事柄を見直して、そこに埋め込まれている意味を新たに読みとる作業を伴った。第一部で言及したミクロストーリアは、こうした方法論的転換のもっともラディカルな試みだった。些細な徴候からその事柄の文化的意味を読み解いていくギンズブルグの方法が、国際的な反響を呼んだことはまだ記憶に新しいところであり、またミクロストーリアのもうひとりの推進者レーヴィは、人びとが社会の規範的秩序を利用しつつ日常生活の戦略を編みだしていくことを解明しようとした。ミクロストーリアにも一義的理解ではすまない、多様な試みが含まれているわけだが、ここではこの方法による一九世紀研究として、フランコ・ラメッラ『土地と織機——一九世紀ビエッラ地方の親族システムとマニファクチュア』(F. Ramella, *Terra e telai. Sistemi di parentela e manifattura nel Biellese dell'Ottocento*, Torino, 1983) とマウリツィオ・ベルトロッティ『生の錯綜——リソルジメントのさまざまな歴史』(M. Bertolotti, *Le complicazioni della vita. Storie del Risorgimento*, Milano, 1998) の二つの興味深い作品があることを記しておく。

ミクロストーリアと無関係ではないのだが、一九世紀研究の新しい動向で重要なのは、ソシアビリテとアソシエーションの視点の導入である。ソシアビリテ論は、フランスの歴史家モーリス・アギュロンの提唱を取り入れたものだが、その受容に際しては、ソシアビリテを通しての政治の捉え直しという論点がとくに重視された。これは、リソルジメントも含めた一九世紀のイタリアで、政治的行為がどのようにして成り立つのか、あるいは政治的空間がどのように形成されるのかという問題として議論された。つまり、イタリアの歴史研究でのソシアビリテ論は、諸地域における各種の集会所、サークル、クラブ、読書室、職業団体などのアソシエーションの活動に関心を向け、それらのアソシエーションの日常的活動の中から次第に政治的空間が生まれ、政治的行為が成り立つことに注目したのである。(58) そして、リソルジメントに関しても、こうした政治的行為を統一運動の脈絡に直ちに結びつけるのでなく、地域社会における政治集団の形成と地域レベルでの政治活動の問題として考察するのである。

アソシエーションに関しては、「ぶどう酒の会」のような民衆の日常的生活の場での結びつきなども取り上げられたが、多くは上層社会のアソシエーションが考察の対象とされた。そして、研究者が関心を向けたのは、アソシエーション内部でのブルジョアと貴族の融合という問題である。従来の研究は、一九世紀におけるブルジョア的支配の確立を強調するとともに、その一方でブルジョアジーの未成熟によるイタリアの「後進性」を問題としており、そこでは保守的貴族との同盟ということがひとつの論点だった。しかし、アソシエーションの個別研究は、アソシエーションを通して生活スタイル、行動様式、価値観、資産の形態、さらには姻戚関係等々でのブルジョアと貴族の融合が進行する状況を明るみに出し、リソルジメントから自由主義国家にかけての諸地域のエリート層が、「同盟」ではなく「融合」によって形成されていることを明らかにした。このようにアソシエーションの視点の導入によって、イタリア各地におけるブルジョアと貴族の性格をめぐる研究が進展したが、注意が必要なのはそれらの研究において、四八年革命以後、自由主義政策を掲げてイタリア統一の中心地となったピエモンテ社会では、融合が進まずに両者の境界が遅くまで残っていたことが指摘されている点である(59)。

イタリア諸地域での新エリート層の形成と彼らによる地方行政の運営が解明されることによって、中央集権的とされてきた自由主義国家のイメージも見直されることになった。伝統史学は、統一国家成立の時点で「州」制度が否定され、内務省に属する県知事 prefetto に強い権限が与えられたことを重視して、自由主義国家を中央による地方支配の体制として描いてきたが、地域社会における新エリート層の行政運営、彼らが選出する地元国会議員に託す中央との媒介的機能、各種アソシエーションのネットワークの存在などさまざまな政治的文化的回路の研究が進むことで、従来の見解に大幅な修正が加えられた(60)。この修正は、中央集権論に代えて地方自治の側面を強調するということではなく、むしろ同時代人の政治論争を引きずった二極的な思考を捨てて、諸回路を通しての中央と地方の相互浸透の関係を重視するのである。そしてこの場合、首都ローマの統合力の弱さ、言いかえればイタリア社会が強力なセンターを欠く多中心的性格であることが指摘され、中央と地方の関係が多層化している現実に注意が向けられるのである。

社会史研究は地域的世界の理解を格段と豊かにしたが、諸地域の人びと、あるいは先に触れたパエーゼに生きる人びとが、どのようにして国民になるのか、つまり国民化ということがあわせて重要な問題であり、これをめぐっても新たな研究動向が生じた。国家形成が直ちに国民形成を意味しないのは言うまでもないことだが、イタリアの場合この問題は、統一の時期の有力な政治家マッシモ・ダゼリオの発言とされる「イタリアはできた、イタリア人を作らねばならない」というフレーズで表現されてきた。このフレーズは正確にはダゼリオ自身の発言ではなく、彼の言葉がのちの時代に変形された表現なのだが、統一の時点で国民形成の困難な課題を自覚した表現として受け入れられてきた。

国家と民衆の結びつきをどのように考えるかの問題は、視角が当然異なっているけれども、ファシズムの歴史家ヴォルペにしろ反ファシズムの思想家のゴベッティ、グラムシにしろ、考察の根本に据えたテーマであり、その後の歴史研究においてもつねに中心的テーマとなっていた。これは社会史研究に限らないのだけれども、近年の研究はこのテーマを、階級や制度の視点から政治文化の視点に移し替えて国民化あるいは国民統合の問題として検討し、教育や軍隊の役割の他に、象徴、儀式、神話、祭り、慰霊、記念建築、広場、巡礼等々さまざまな要因の働きに分析の対象を広げ、歴史認識の深化に著しい成果をあげている。(61) こうした方法はここからさらに展開して、フランスの歴史家ピエール・ノラの大事業『記憶の場』七巻(Pierre Nora (dir.), *Les lieux de mémoire*, 7 vols., Paris, 1984–92)に触発されながら、歴史と記憶の関係を問い直す「記憶の場」という問題を同じように設定し、イタリアの国民意識のあり方を検証するイタリア版『記憶の場』三巻(*I luoghi della memoria*, a cura di Mario Isnenghi, 3 voll., Roma-Bari, 1996–97)が編集された。

イタリア近現代史の見直し作業はいろいろな分野に及んでいるが、なかでも南イタリアの歴史と社会の再検討の動きにはめざましいものがある(シチリアと半島南部は本来なら別々に扱うべきだが、ここでは合わせて南イタリアとする)。イタリアに関して世界中に広がり、そして最も定着しているのは、北イタリアと南イタリアには違いがあり、南は停滞して遅れた社会だとするイメージであろう。このイメージは、旅行者などの印象で広まったというより、国家統一以来の度重なる調査・研究によって政治の場および学問の場で作られてきたイメージで、旅行者の印象はむしろ先入観によるところが大きいといえよう。調査・研究によって明らかとなった南イタリアの停滞と遅れは「南部問題」と呼ばれ、その原因の分析と解決策の提示が、一世紀近くにわたって政治および学問の課題とされてきた。この課題に取り組んでそれぞれに分析と解決策を示したパスクァーレ・ヴィッラリ、シドニイ・ソンニーノ、レオポルド・フランケッティ、ジュスティーノ・フォルトゥナート、フランチェスコ・サヴェーリオ・ニッティ、ガエターノ・サルヴェーミニ、ルイージ・ストゥルツォ、グイード・ドルソ、グラムシなどが「南部論者」と呼ばれ、彼らの議論の流れは「南部主義」の系譜とされた[62]。最近までの南イタリア史研究は、基本的には「南部主義」の議論の枠組みを継承するもので、おのずから南イタリアの歴史は「南部問題」としての歴史に集約され、南イタリアと「南部問題」は同一視された。また、南イタリアに関心を示す欧米の文化人類学者たちは、名誉、家族、パトロンークライアントなどをキーワードとして「南部問題」の文化的解釈を試み、やはり南イタリアと「南部問題」を一体化した[63]。

新たな研究への転換は、南イタリアと「南部問題」を分離することから始まった。「南部問題」は、政治にしろ学問にしろ、どちらにしても語られた言説であり、作られたイメージであって、南イタリアの現実そのものとは区別しなければならないとする認識である。「南部問題」の言説がどのように生じ、また維持されてきたかの検討が、イギリスやアメリカの研究者も加わって熱心に行なわれ、いわばその脱構築が進められた[64]。『南部主義なしの南部——シチリア、発展、権力』、これはシチリア史研究の第一人者で、新世代の研究者を多く育ててきたカターニア大学のジュゼッペ・ジャッリッツォが、自らの論文集に冠したタイトルである(G. Giarrizzo, *Mezzogiorno senza meridionalismo. La Sicilia, lo sviluppo, il potere*, Venezia, 1992)。新たな南イタリア研究の原動力となり推進力となっているのは第一部で紹介した『メリディアーナ』誌の研究グループである。この研究誌は八七年に創刊されて現在三九号に達しており、毎号特集形式の誌面では、南イタリアを「南部問題」から解き放ったうえで、あらためてイタリアの中の南部、北イタリアとの関係における南部、南イタリア内部の多様な南部、そして社会と文化の固有のあり方としての南部をめぐって刺激的な議論を重ねている。『メリディアーナ』と並んで、先にあげたエイナウディ版『イタリア史』の地域史シリーズ中、南イタリア関連の各巻が同じ問題意識にたって編集されており、ちなみに「シチリア」の巻はジャッリッツォが、「カラーブリア」の巻は『メリディアーナ』編集長のベヴィラックァがそれぞれ共同編集者となっている。これらの研究は、南イタリアの歴史と社会を従来とは違った視点で見直すことによって、同時にイタリアのネーションのあり方を再検討するという作業を表わしているのだが、ここではいくつかのモノグラフィーも加えて、新たな研究が提示している個別的な論点を二、三あげておこう。(65)

まず、今日の南イタリアがもはや農業社会でも伝統社会でもないことの確認があり、停滞論にかわって、一九世紀以来の近代化の進行に関心が注がれ、社会の変容の面に強調点が移った。ただし、どのような近代化であるのかをめぐっては、なお議論が続いているところである。近代化に関連してラティフォンド(大土地所有)の見直しが進められたのも新たな特徴である。ラティフォンドは、従来、「南部問題」の最大の元凶とされてきたが、最近の研究は、大土地所有者が内陸部の粗放農業のかたわら、沿岸部のレモン、オレンジ、ぶどう栽培などの集約農業に力を注いで、これら輸出作物から高い収益をあげていたことを明らかにして、ラティフォンドの維持と国際市場の結びつき、つまりラティフォンドの世界が閉鎖的で孤立しているのでなく、国際市場との開かれた関係で存続したことに注意を喚起している。ラティフォンドに関してはさらに、南イタリアのもつ自然と社会の制約のもとで合理的に経営されていたとする事例研究もだされた。地方行政と中央政治の関係についても、先にふれたようにそれを媒介するさまざまな回路の視点が導入された。媒介的機能という問題では、かねてよりマフィアの性格が議論されてきたが、このマフィアに関しても、フォークロア的意味づけや名誉、沈黙(オメルタ)といった観念から離れて、富と権益の確保を目的とする組織犯罪としての性格が多様な側面から分析されている。

この節の最後に一言だけ、一七九六―九九年の三年革命について触れておく。先に、戦後の近代史研究が始まったとき、三年革命＝ジャコビーノ革命とそこでのブォナッローティの役割が強調されたことを述べたが、三年革命をめぐっての研究も深められた。新たな研究は、これまでのブォナッローティおよびジャコビーノ(急進派)を中心とした三年革命像に修正を加え、この革命にはさまざまな思想とプログラムが交錯していて、ジャコビーノは急進的な位置を占めていたが主流ではなかったと分析しており、例えばヴェントゥーリとガランテ・ガッローネの流れを汲むトリーノ大学のルチャーノ・グェルチは「ジャコビーノ革命」でなしに「共和政の三年」と呼ぶのがふさわしいとしている。近年の研究の特徴は、三年革命期を単独に分析するのでなく、三年革命の活動家たちが、その後のナポレオン体制のもとで諸改革に取り組んでいることを重視して、革命期とナポレオン体制期をつなげた長期的な枠組みで検討していることである。これによって、ナポレオン体制期の改革の外圧的な側面だけでなく、内発的な動きにも多くの光が当てられるようになり、このことはまた、ナポレオン後に復活するイタリア諸国家のあり方の考察にも手がかりを与えているのである。(66)

6　ファシズム

六〇年代から七〇年代にかけてファシズム研究に転換が生じた。この時期までのファシズム研究は、大まかに言えば、ファシズムの起源とファシズム体制の成立の二点に集中していた。ファシズムの起源の研究は、自由主義国家をどう考えるか、とりわけジョリッティ時代の性格をどう評価するかという問題と密接に結びついていた。ファシズム体制の成立に関しては、ムッソリーニ政府が導入した諸法律、諸制度の研究が中心で、そこでは当然のことながらファシズムの抑圧的性格が強調された。またこの研究は、ファシズム体制を立法措置の角度から説明するために、ファシズムを制度として固定的に捉えることになり、関心はファシズム諸法が制定される二〇年代に集中して、三〇年代の研究にまで進まなかった。この研究動向の集大成といえるのが、アルベルト・アクァローネ『全体主義国家の機構』(A. Aquarone, *L'organizzazione dello Stato totalitario*, Torino, 1965)だった。ただし、この書は諸法律、諸制度の分析だけでなく、それらの導入過程での議論を丹念に跡づけて、ファシズム内部で多様な構想が語られていたことを明らかにしており、この後の研究へ向かっての萌芽でもあった。タイトルは「全体主義国家」となっているが、著者自身は、ファシズムは王室と教会を完全に包摂できなかったので、不完全な全体主義であるとしている。王室と教会が自立的領域を保っていることとファシスト党が国家に従属していることをあげて、ファシズムを不完全な全体主義とする見解は多くの研究者が採用するところだが、これも制度的なとらえ方といえる。この問題はあとであらためて検討することにする。

六〇年代末に、ファシズムに関するトリアッティの講義録が見つかって、『ファシズム講義録』(P. Togliatti, *Lezioni sul fascismo*, Roma, 1970)として公刊された。これは、トリアッティが三五年前半にモスクワで行なった連続講義の記録で、モスクワのマルクス・レーニン主義研究所に保管されていたものである。トリアッティはここで、ファシズムを金融資本の最も反動的なテロル独裁と規定するとともに、「大衆の反動体制」とも規定してファシズムの大衆組織の分析を行なった。ファシズムを金融資本の階級独裁とするのは当時のコミンテルンの定義で、マルクス主義者の間では六〇年代でもまだこの見解が支配的だった。一方、「大衆の反動体制」とする規定は、当時から六〇年代までマルクス主義者の分析にはなかった見解で、講義録の公刊は新鮮な衝撃をもって受け取られた。トリアッティは生前、この連続講義にも、またファシズムを大衆の反動体制とする見解にも言及することはなかったわけで、講義録の公刊をきっかけに、マルクス主義研究者の間で、ファシズムの大衆諸組織の分析が広まることになる。

六〇年代にはさらに、レンツォ・デ・フェリーチェの『ムッソリーニ』の刊行が始まる。第一巻『ムッソリーニ、革命家。一八八三—一九二〇』(Renzo De Felice, *Mussolini il rivoluzionario, 1893–1920*, Torino, 1965) の出版が六五年、最終冊『ムッソリーニ、同盟者。内戦、一九四三—一九四五』(R. De Felice, *Mussolini l'alleato. La guerra civile, 1943–1945*, Torino, 1997) が著者没後の九七年で、全四巻八分冊の長大な作品となった。デ・フェリーチェのムッソリーニ伝は第一巻の刊行以来、多くの議論を呼んで、この三〇年間、イタリアのファシズム研究はデ・フェリーチェ現象で揺れ動いた面がある。デ・フェリーチェのファシズム論はさまざまな場で表明され、三〇年の間に変化も生じているが、『ムッソリーニ』全巻を通した特徴として、とりあえず次のようなことが指摘できる。ひとつは、反ファシズムの立場からファシズムを考察するのは特定の観点に立つことだとして、自分自身をファシズムと反ファシズムの対立軸を超えた脱ファシズムの立場としていること。その一方で、ファシズム関係者からの資料の収集を熱心に進め、発掘した新資料をバランスを欠くまでに重視して叙述に利用していること。そして、ムッソリーニをほぼ一貫して、ファシズム内部の諸潮流を「正しく」調停して、「真の」ファシズムを追求する人物として描いていること。

このほか、デ・フェリーチェのファシズム論をもうひとつだけ説明しておくと、ファシズムにおける合意の問題がある。これは、七四年に出た四冊目の『ムッソリーニ、ドゥーチェ。合意の時代、一九二九—一九三六』(R. De Felice, *Mussolini il duce. Gli anni del consenso 1929–1936*, Torino, 1974) で提起された問題で、とりわけ議論を呼ぶものとなった。副題に示されるように、デ・フェリーチェはこの巻で、二〇年代のファシズム体制の成立期を経て、三〇年代のファシズムが大衆の合意を得た安定した体制であることを叙述した。強制に対して合意を強調したデ・フェリーチェの見解は、従来のファシズム観からの転換を示すもので、大きな波紋を投げかけた。警察の報告書の利用の仕方など、デ・フェリーチェが結論を導き出す方法にはいろいろ疑問がだされ、また自発的な合意と強制された合意の区分の必要というような図式的議論も生じたが、デ・フェリーチェが打ち出した見解は、これまで盲点だったファシズムにおける合意とは何かの問題に目を開かせることになり、以後のファシズム研究の重要な課題となった。

デ・フェリーチェ現象と述べたが、『ムッソリーニ』の各巻が出るごとに、『歴史研究』誌や『現代イタリア』誌に書評論文が掲載されたものの、デ・フェリーチェは一切の討論を拒否してそれらの批判に反論することをせず、また著作においても自分と見解の違う研究書・研究論文にふれることはなかった。むしろ、マスコミでの発言を選んで、マスコミもまたデ・フェリーチェのファシズム再検討論を好んで話題にした。晩年の書『赤と黒』(R. De Felice, *Rosso e nero*, Milano, 1995)では、第二次大戦でイタリアが休戦協定を受け入れた四三年九月八日をナショナル・アイデンティティの解体の日と規定し、その後のレジスタンスは少数の人たちの事件で、大多数の者はファシズムでも反ファシズムでもないグレーゾーンにとどまり、九〇年代イタリアの政治的混迷も四三年のナショナル・アイデンティティの崩壊に由来すると論じて、新たな論争を誘った。(67)

七〇年代以降、ファシズム研究は「大衆諸組織」あるいは「合意」という新たなテーマに取り組んで、多様な成果を生み出すことになる。このテーマはファシズムのもとでの文化のあり方ということでもあり、古くはクローチェによって、また新しくはノルベルト・ボッビオによって唱えられた、ファシズムに文化はないというテーゼは次第に消えていった。ファシズムは知識人の動員を図るための文化事業を組織するとともに、諸地域の民衆的な伝統文化をコンクールで競わせながら「国民文化」の創出を演出しており、これらを対象とする研究は少なくない。こうしたテーマとも関連するのだが、ファシズムを国家や中央政府のレベルで一元化して理解することはもはや不可能となり、ファシズム期の社会諸領域の研究と並んで、地域レベルの諸研究が著しく進展した。この間の具体的な研究動向と個別研究の成果を知るには、第一部で紹介した『現代イタリア』誌の各号をひもとくことが最良の方法といえるが、それと合わせてさまざまな形で組織された研究集会の報告集を参照することが有益である。(68)

ファシズムにおける合意の問題は七〇年代以降の新しいテーマであると述べたが、実はグラムシのヘゲモニー論はまさにファシズムにおける合意の問題の分析ではなかったのか。グラムシがファシズムを二〇世紀の受動革命と考えていることを、研究者が認識したことは前にふれたが、それをもう一歩進めれば、ヘゲモニー論がファシズム論であることの理解に到達するはずである。グラムシは、獄中ノートでファシズムに直接言及することは慎重に避けているけれども、グラムシの最も奥底にある感情は、自分を獄中に閉じこめているファシズムという、これまでに経験したことのない体制の性格を徹底的に考え抜いてみるということであったはずで、彼のヘゲモニー論はファシズムの分析から生まれ、それと切り離せない内容を示しているのである。『獄中ノート』における「西方では国家と市民社会の間に適正な関係があり、国家が揺らぐとすぐに市民社会の堅固な構造が姿を現した」という記述の「市民社会の堅固な構造」は、別の箇所の記述では、それが「ファシズムである」ことが明示されている。(69)グラムシは、ファシズムを単純に国家による一元化とか強制的同質化とは考えておらず、獄中ノートにおける、政治社会、市民社会、国家、政党、支配、強制、指導、合意、知的道徳的改革等々の概念を、あらためてファシズム分析の概念として読み直す作業が必要であろう。二重国家論などイタリア現代史の鋭い考察で知られるフランコ・デ・フェリーチェ（レンツォ・デ・フェリーチェとは別人）は、グラムシの諸概念をファシズム分析に結びつけて検討した数少ない一人だが、残念ながらヘゲモニー論はそこから除外してしまった(70)。

グラムシの獄中での思索は、ファシズムの分析には、一九世紀的状況でつくられた国民国家と市民社会の諸概念の適用ではすまないことを示しているのであり、このことに関連して、最後に全体主義の問題にふれておこう。先に、イタリアのファシズムが不完全な全体主義と見なされる理由のひとつとして、国家へのファシスト党の従属、そして党の非政治化ということがあると述べたが、ファシズム体制における「政党」は通常の政党の概念とは異なった性格であることの理解がまず必要となるであろう。従来、「国家への従属」、「非政治化」が額面通りに受け取られてファシスト党への関心は薄く、党を対象とした研究は多くなかった。しかし、党の非政治化ということは、党の性格だけが変わることを示しているのでなく、国家と社会のあり方の変化、そして政治の意味自体の変化の一端なのである(71)。この変化とは、ファシスト党が通常の政党とはありようを変えて、体制の「毛細管組織」としての性格を帯び、それに伴って国家と社会、政治と行政、公的と私的、強制と合意等々の関係が編成替えされ、もともと曖昧であるこれらの区分がますます意味をもたなくなる状態をさしている。そして、国家と党の間には、官庁行政のかたわらの並行行政として諸種の公社、公団、事業団が設置され(72)、また種々の研究所、団体、協会、サークル、福祉施設、娯楽施設が設立され、このように配置されたさまざまな中間組織に「毛細管組織」としての党が浸透することになる。ファシズムはこれら中間組織を、ある場合は専門知、またある場合は神話、象徴に基づいてそれぞれ個別的に管理、動員し、そうした個別化を通して国民全体の統合を図ろうとするのである。ファシズム体制は、政治社会と市民社会の双方の変容と新たな融合を生み出しているのであり、そこにおける全体主義の問題は、制度的な考察でなく、個別化と全体化の相互作用を通した国民統合の方法として分析することが必要で、グラムシが獄

中ノートで考え抜いたのはこのことであったろう。(73)

（1） 二宮宏之「戦後歴史学と社会史」、歴史学研究会編『戦後歴史学再考』青木書店、二〇〇〇、一二六頁。
（2） AA. VV., *Lezioni sull'antifascismo*, Bari, 1960; AA. VV., *Trent'anni di storia italiana*, Torino, 1961; AA. VV., *Fascismo e antifascismo: Lezioni e testimonianze*, 2 voll., Milano, 1962.
（3） AA. VV., *Il secondo Risorgimento*, Roma, 1955; Claudio Pavone, Le idee della Resistenza. Antifascisti e fascisti di fronte alla tradizione del Risorgimento, in *Passato e Presente*, N. 7, 1959, pp. 850–918.
（4） リソルジメントについては第二部で検討するが、イギリス人研究者による近年の研究動向の明快な整理として Lucy Riall, *The Italian Risorgimento: State, society and national unification*, London & New York, 1994. また、最近の研究動向を取り入れたフランス人研究者による概説書として Gilles Pécout, *Naissance de l'Italie contemporaine (1770–1922)*, Paris, 1997.
（5） Claudio Pavone, *Una guerra civile. Saggio storico sulla moralità nella Resistenza*, Torino, 1991.
（6） ネーションの解体論として Renzo De Felice, *Rosso e nero*, Milano, 1995; Ernesto Galli della Loggia, *La morte della patria*, Bari, 1996. 解体論に対する批判は注(12)の他、『現代イタリア』*Italia Contemporanea* 各号の諸論文を参照。その他、Gian Enrico Rusconi, *Se cessiamo di essere una nazione*, Bologna, 1993; Id., *Resistenza e postfascismo*, Bologna, 1995.
（7） 『イタリア史学雑誌』の歴史および編集長としてのヴェントゥーリについて Giuseppe Ricuperati, La 〈Rivista Storica Italiana〉 e la direzione di Franco Venturi: un insegnamento cosmopolitico, in *Il coraggio della ragione. Franco Venturi intellettuale e storico cosmopolita*, a cura di Luciano Guerci e Giuseppe Ricuperati, Torino, 1998, pp. 243–308.
（8） Federico Chabod, Croce storico, in *Rivista Storica Italiana*, 1952, fasc. 4, pp. 473–530.
（9） Id., *Storia della politica estera italiana dal 1870 al 1896*, Bari, 1951; Id., *L'Italia contemporanea (1918–1948)*, Torino, 1961. イタリア史学史におけるシャボーの位置について *Federico Chabod e la 〈nuova storiografia〉 italiana dal primo al secondo dopoguerra (1919–1950)*, a cura di Brunello Vigezzi, Milano, 1984. なお『イタリア史学雑誌』一九六〇年四号が

シャボー追悼特集を組んでいる。

(10)『正義と自由』誌への寄稿論文およびレジスタンス期の政治論文についてFranco Venturi, *La lotta per la libertà: Scritti politici*, Torino, 1996.

(11) 行動党については多くの証言・研究があるが、基本的なものとしてGiovanni De Luna, *Storia del Partito d'Azione: La rivoluzione democratica (1942–1947)*, Milano, 1982; Leo Valiani, Il partito d'azione, in AA. VV., *Azionisti Cattolici e Comunisti nella Resistenza*, Milano, 1971, pp. 11–148.

(12) Norberto Bobbio-Gian Enrico Rusconi, Lettere sull'azionismo, in *Il Mulino*, N. 342, 1992, pp. 1021–1039; Vittorio Foa, *Il Cavallo e la Torre: Riflessioni su una vita*, Torino, 1991; Alessandro Galante Garrone, *Il mite giacobino*, Roma, 1994.

(13) ヴェントゥーリの論文・著作一覧はPaola Bianchi e Leonardo Casalino, Bibliografia degli scritti di Franco Venturi, in *Il coraggio della ragione cit.*, pp. 442–478.

(14) Luciano Guerci, Gli studi venturiani sull'Italia del '700, in *Il coraggio della ragione cit.*, pp. 203–241; G. Ricuperati, The historiographical legacy of Franco Venturi, in *Journal of Modern Italian Studies*, 1997 N. 1, pp. 67–88. なお『イタリア史学雑誌』一九九六年二–三合併号がヴェントゥーリ追悼特集を組んでいる。

(15) Leo Valiani-Franco Venturi, *Lettere 1943–1979*, a cura di Edoardo Tortarolo, Firenze, 1999, pp. 360–361.

(16) マナコルダが研究者としての自らの歩みを語ったものにGastone Manacorda, Bilancio di uno storico, in *Il movimento reale e la coscienza inquieta*, Milano, 1992, pp. 255–273. また彼の著書・論文一覧はBibliografia degli scritti di Gastone Manacorda, in *ivi.*, pp. 349–371. マナコルダは一九六五年から七六年までシチリアのカターニア大学に勤め、その後ローマ大学に移った。カターニア大学で〈現代イタリア史シチリア研究所〉を創設し、第二部で取り上げることになるが、シチリア史・南イタリア史に関する伝統史観を批判して、新たな研究動向を作りだすようになるジュゼッペ・バローネやサルヴァトーレ・ルーポらの研究者がそこから育った。Giuseppe Barone-Salvatore Lupo-Rosario Mangiameli, Manacorda a Catania, in *ivi.*, pp. 329–341.

(17) Gabriele Turi, Intellettuali e istituzioni culturali nell'Italia in guerra 1940–1943, in *Annali della Fondazione*

Luigi Micheletti, 5, Brescia, 1990–91, p. 806.

(18) 雑誌創刊をめぐるマナコルダ自身の証言について Gastone Manacorda, Nascita di una rivista di tendenza, in *Il movimento reale cit.*, pp. 293–297. 他に Albertina Vittoria, *Togliatti e gli intellettuali: Storia dell'Istituto Gramsci negli anni Cinquanta e Sessanta*, Roma, 1992, pp. 129–139.

(19) 八三年に『歴史研究』編集長となったバルバガッロによる戦後史学史と、その中での同誌の位置づけについて Francesco Barbagallo, Politica, ideologia, scienze sociali nella storiografia dell'Italia repubblicana, in *Studi Storici*, 1985 N. 4, pp. 827–840.

(20) 『歴史研究』誌二五周年に際して書かれた二論文を参照。Albertina Vittoria-Giovanni Bruno, Nota introduttiva, in *Studi Storici: Indice 1959–1984*, 1985, pp. XI–XLII; Stuart J. Woolf, Venticinque anni di 〈Studi Storici〉, in *Passato e Presente*, N. 14–15, 1987, pp. 225–230.

(21) 両誌を比較して論じたものに Marco Palla, Due poli del dibattito e della ricerca: 〈Storia Contemporanea〉 e 〈Rivista di Storia Contemporanea〉, in *Movimento Operaio e Socialista*, 1987 N. 1–2, pp. 63–76.

(22) デ・フェリーチェの研究協力者であったエミーリオ・ジェンティーレによる追悼論文がある。Emilio Gentile, Renzo De Felice: A Tribute, in *Journal of Contemporary History*, 1997 N. 2, pp. 139–151. デ・フェリーチェのファシズム論とそれをめぐる論争に関しては、第二部の個別テーマの検討の際に取り上げる。

(23) 『現代イタリア』二一三号(一九九八)がレニャーニを追悼して、彼の主要論文九点を掲載している。

(24) 全国レベル、地方レベルのこれら研究所の活動について *Resistenza e storia d'Italia. Quarant'anni di vita dell'Istituto nazionale e degli istituti associati. Annuario 1949–1989*, a cura di Gaetano Grassi, Milano, 1993.

(25) クァッツァにはレジスタンス史研究の多数の論文があるが、主著として Guido Quazza, *Resistenza e storia d'Italia. Problemi e ipotesi di ricerca*, Milano, 1976.

(26) 『現代イタリア』二〇八号(一九九七)がクァッツァ追悼小特集を組んでいる。

(27) リドルフィの主要著書に Maurizio Ridolfi, *Il circolo virtuoso. Sociabilità democratica, associazionismo e rappresentanza politica nell'Ottocento*, Firenze, 1990; Id., *Il PSI e la nascita del partito di massa: 1892–1922*, Bari, 1992; Id., *Inte-*

ressi e passioni. Storia dei partiti politici italiani tra l'Europa e il Mediterraneo, Milano, 1999.

(28)　クローチェ＝グラムシ的歴史主義から社会史への転換の問題ならびにイタリアの社会史研究の特徴をめぐって、八〇年代に、『歴史ノート』編集責任者のカラッチョロの発言をはじめ、『労働・社会主義運動』の特集号「現代史の現在」(八七年)、ジョルジョ・カンデローロ八〇歳記念研究集会(八九年)などで鋭い議論が展開された。Alberto Caracciolo, Between Tradition and Innovation: Italian Studies in Modern Social History, in *Social Research*, 1980 Autumn, pp. 404–425; Id., Innovazione e stagnazione nella storia sociale durante gli ultimi decenni in Italia, in *Il Mulino*, 1986 N. 4, pp. 602–616; Nicola Gallerano, Fine del caso italiano? La storia politica tra 〈politicità〉 e 〈scienza〉, in *Movimento Operaio e Socialista*, 1987 N. 1–2, pp. 5–25; Alberto M. Banti, La storia sociale: Un paradigma introvabile, in *La storiografia sull'Italia contemporanea: Atti del convegno in onore di Giorgio Candeloro*, a cura di Cristina Cassina, Pisa, 1991, pp. 183–208. また注(19)であげた論文で『歴史研究』編集長バルバガッロは、イタリア文化の伝統の中に、各国の多様な文化運動を吸収して「イタリアの優位性」を保持しようとする折衷主義戦略があると論じ、七〇年代にグラムシ的歴史主義とアナール派の問題観との融合があったことを指摘する。バルバガッロについては次の論文集も参照。Id., *L'azione parallela: Storia e politica nell'Italia contemporanea*, Napoli, 1990. なお七〇年代イタリアでグラムシの歴史論をめぐる批判的検討が課題となった時期に、イタリアの外ではヘゲモニー論の思想家グラムシの「発見」を通して、歴史研究にグラムシのヘゲモニー論を取り入れる動きが出た。

(29)　A. Caracciolo, La prima generazione, in *Quaderni Storici*, N. 100, 1999, pp. 13–29. なおカラッチョロについては次のインタビューを参照。Dal marxismo all'ecostoria: Intervista ad Alberto Caracciolo, in *Meridiana*, N. 9, 1990, pp. 205–222. また『歴史ノート』九一号(一九九六)の「カラッチョロ古希記念号」における次の文も参照。Sergio Anselmi-Renzo Paci-Ercole Sori, Il contributo di Alberto Caracciolo alla storiografia regionale delle Marche, in *Quaderni Storici*, N. 91, 1996, pp. 5–9.

(30)　Il piccolo, il grande e il piccolo: Intervista a Giovanni Levi, in *Meridiana*, N. 10, 1990, pp. 228–229; A. Caracciolo, La prima generazione cit., pp. 24–25.

(31)　A. M. Banti, La storia sociale cit.

（32） レーヴィについては注(30)のインタビューの他、以下を参照。Giovanni Levi, *L'eredità immateriale: Carriera di un esorcista nel Piemonte del Seicento*, Torino, 1985; Id., On Microhistory, in Peter Burke ed., *New Perspectives on Historical Writing*, Polity Press, 1991, pp. 93–113. (谷口健治訳「ミクロストーリア」、ピーター・バーク編『ニュー・ヒストリーの現在――歴史叙述の新しい展望』人文書院、一九九六、一〇七―一三〇頁)

（33） ギンズブルグの論文は一九九二年に来日した折の講演(竹山博英訳「ミクロストリアとはなにか――私の知っている二、三のこと――」、『思想』八二六号、一九九三、四―三〇頁)と同じ内容である。なおルヴェルについては彼の編集になる次の書を参照。Jacques Revel ed., *Jeux d'échelles: La micro-analyse à l'expérience*, Paris, 1996.

（34） Presentazione, in *Società e Storia*, N. 1, 1978, pp. 5–7.

（35） Un'intervista a E. P. Thompson: Per un dibattito sulla storia sociale del movimento operaio, in *Movimento Operaio e Socialista*, 1978 N. 1, pp. 70–100. このインタビューは日本語訳もある(近藤和彦訳「E・P・トムスン」、E・P・トムスン他『歴史家たち』名古屋大学出版会、一九九〇、五九―八一頁)。

（36） Editoriale, in *Passato e Presente*, N. 1, 1982, pp. 3–4; Franco Andreucci e Gabriele Turi, Indirizzi storiografici e organizzazione della ricerca, in *Ivi.*, N. 4, 1983, pp. 3–10. トゥーリにはイタリア近現代史に関する多くの論文があるが、主著として Gabriele Turi, *Il fascismo e il consenso degli intellettuali*, Torino, 1980; Id., *Giovanni Gentile: una biografia*, Firenze, 1995.

（37） Piero Bevilacqua, *Le campagne del Mezzogiorno tra fascismo e dopoguerra: Il caso della Calabria*, Torino, 1980.

（38） Presentazione, in *Meridiana*, N. 1, 1987, pp. 9–15.

（39） Renzo De Felice, Gli storici italiani nel periodo fascista, in *Federico Chabod e la 〈nuova storiografia〉 italiana cit.*, pp. 559–618. ヴォルペとクローチェの書を比較した好論に Salvatore Lupo, Croce, Volpe e l'Italia liberale, in *Storica*, N. 1, 1995, pp. 11–36.

（40） Luisa Mangoni, Civiltà della crisi. Gli intellettuali tra fascismo e antifascismo, in *Storia dell'Italia repubblicana, Vol. I, La costruzione della democrazia. Dalla caduta del fascismo agli anni Cinquanta*, Torino, 1994, p. 631.

（41） グラムシの死亡後、獄中ノートがモスクワに送られた経過および獄中ノートの管理をめぐるコミンテルン内部の議論、そしてトリアッティによる獄中ノートの取り扱いについてGiuseppe Vacca, *Togliatti sconosciuto*, Roma, 1994, pp. 152 sgg.; Id., *Appuntamenti con Gramsci*, Roma, 1999, pp. 118 sgg.

(42)　トリアッティの論文、発言については諸種の選集があるが、一九一〇年代から六〇年代までの主要な論文・発言集としてPalmiro Togliatti, *Opere*, 6 voll, Roma, 1967–84. トリアッティによるグラムシ論としてId., *Gramsci*, Roma, 1967. またトリアッティに関する研究論文、研究書も数多くあるが、最近のものとしてAldo Agosti, *Togliatti*, Torino, 1996とその書評論文Claudio Natoli, Togliatti nella storia del Novecento, in *Studi Storici*, 1997 N. 4, pp. 1179–1193. トリアッティによるグラムシ解釈とグラムシ思想の紹介の仕方を論じたものとしてRossana Rossanda, Unità politica e scelte culturali, in *Rinascita - Il Contemporaneo*, agosto 1965, pp. 19–23; Leonardo Paggi, La presenza di Gramsci nella rivista di Togliatti, in *Rinascita - Il Contemporaneo*, luglio 1974, pp. 27–29; Biagio De Giovanni, Togliatti e la cultura meridionale, in *Togliatti e il Mezzogiorno*, Roma, 1977, Vol. I, pp. 249–308; Nello Ajello, *Intellettuale e PCI 1944–1958*, Roma-Bari, 1979; Enzo Santarelli, *Gramsci ritrovato 1937–1947*, Catanzaro, 1991; Albertina Vittoria, *Togliatti e gli intellettuali. Storia dell'Istituto Gramsci negli anni Cinquanta e Sessanta*, Roma, 1992; Guido Liguori, *Gramsci conteso: Storia di un dibattito 1922–1996*, Roma, 1996; Giovanni D'Anna, La 〈scoperta〉 di Antonio Gramsci: Le *Lettere* e i *Quaderni del carcere* nel dibattito italiano 1944–1952, in *Italia Contemporanea*, N. 211, 1998, pp. 286–306.

(43)　注(41)(42)の諸文献の他、*Studi Gramsciani: Atti del convegno tenuto a Roma nei giorni 11–13 gennaio 1958*, Roma, 1958; *Gramsci e la cultura contemporanea: Atti del convegno internazionale di studi gramsciani tenuto a Cagliari il 23–27 aprile 1967*, 2 voll., Roma, 1970; *La città futura. Saggi sulla figura e il pensiero di Antonio Gramsci*, a cura di Alberto Caracciolo e Gianni Scalia, Milano, 1959; L. Paggi, *Antonio Gramsci e il moderno principe*, Roma, 1970; Id., *Le strategie del potere in Gramsci*, Roma, 1984; Franco Cassano, *Marxismo e filosofia in Italia (1958–1971). I dibattiti e le inchieste su《Rinascita》e il《Contemporaneo》*, Bari, 1973.

(44)　L. Paggi, Studi e interpretazioni recenti di Gramsci, in *Critica Marxista*, 1966 N. 3, pp. 151–181; Introduzione e note di Franco De Felice, in A. Gramsci, *Quaderno 22: Americanismo e fordismo*, Torino, 1975; *Politica e storia in Gramsci: Atti del convegno internazionale di studi gramsciani, Firenze 9–11 dicembre 1977*, 2 voll., Roma, 1977.

(45) Gianni Francioni, *L'officina gramsciana: Ipotesi sulla struttura dei 〈Quaderni del carcere〉*, Napoli, 1984; Id., Il bauletto inglese. Appunti per una storia dei 〈Quaderni〉 di Gramsci, in *Studi Storici*, 1992 N. 4, pp. 713–741; Valentino Gerratana, *Gramsci. Problemi di metodo*, Roma, 1997.

(46) Paolo Spriano, *Gramsci in carcere e il partito*, Roma, 1977.

(47) Antonio Gramsci-Tatiana Schucht, *Lettere 1926–1935*, a cura di Aldo Natoli e Chiara Daniele, Torino, 1997 はこうした見地から、編集者の詳細な注を付して、二人の往復書簡八五六通を収録。同じ観点からの分析として Aldo Natoli, *Antigone e il prigioniero*, Roma, 1990.(上杉聰彦訳『アンティゴネと囚われ人』御茶の水書房、一九九五)

(48) デッラ・ペルータの主著として Franco Della Peruta, *I democratici e la rivoluzione italiana*, Milano, 1958; Id., *Democrazia e socialismo nel Risorgimento*, Roma, 1965; Id., *Mazzini e i rivoluzionari italiani. Il "partito d'azione" 1830–1845*, Milano, 1974.

(49) Luigi Masella, *Passato e presente nel dibattito storiografico: Storici marxisti e mutamenti della società italiana 1955-1970*, Bari, 1979; Giovanni Gozzini, La storiografia del movimento operaio in Italia: tra storia politica e storia sociale, in *La storiografia sull'Italia contemporanea cit.*, pp. 242–246.

(50) Rosario Romeo, La storiografia marxista nel secondo dopoguerra, ora in Id., *Risorgimento e capitalismo*, Bari, 1959, pp. 7–89. ロメーオは自由主義史観に立つけれども、その方法はクローチェの倫理=政治史と違って、経済史を取り入れた政治社会史的方法で、主著として Id., *Il Risorgimento in Sicilia*, Bari, 1950; Id., *Breve storia della grande industria in Italia*, Bologna, 1963; Id., *Cavour e il suo tempo*, 3 voll., Bari, 1969–84.(この要約版の翻訳として、柴野均訳『カヴールとその時代』白水社、一九九二)

(51) リソルジメント研究史として Walter Maturi, *Interpretazioni del Risorgimento*, Torino, 1962; Simonetta Soldani, Risorgimento, in *Il mondo contemporaneo. Storia d'Italia - 3*, a cura di F. Levi, U. Levra, N. Tranfaglia, Firenze, 1978, pp. 1132–1166. なお、六〇年代までの研究水準を示すものとして、ジョルジョ・カンデローロ『近代イタリア史』全一一巻(Giorgio Candeloro, *Storia d'Italia moderna*, 11 voll., Milano, 1956–86)のうち、リソルジメント期を対象にした最初の四巻がある。これは、グラムシのリソルジメント論を解釈の基準としつつ、個別研究の成果を取り入れて叙述された書で、各

巻ごとの詳細な文献解題も有益である。

(52) *Storia d'Italia, vol. 1, I caratteri originali*, a cura di Ruggiero Romano e Corrado Vivanti, Torino, 1972.

(53) R. Romano, *Paese Italia. Venti secoli di identità*, Roma, 1994.

(54) G. Turi, I caratteri originali della storia d'Italia, in *Studi Storici*, 1973 N. 2, pp. 267–291; Tavola rotonda, 〈Caratteri originali〉 e prospettive di analisi: Ancora sulla 'Storia d'Italia' Einaudi, in *Quaderni Storici*, N. 26, 1974, pp. 523–558; F. Barbagallo, *art. cit.*, pp. 71–73.

(55) Stuart J. Woolf, La storia politica e sociale, in *Storia d'Italia, vol. 3, Dal primo Settecento all'Unità*, Torino, 1973, pp. 3–508（英語版 *A History of Italy 1700–1860. The Social Constraints of Political Change*, London, 1979. 鈴木邦夫訳『イタリア史一七〇〇―一八六〇』法政大学出版局、二〇〇一）; Ernesto Ragionieri, La storia politica e sociale, in *Storia d'Italia, vol. 4 - tomo 3, Dall'Unità a oggi*, Torino, 1976, pp. 1665–2832.

(56) Raffaele Romanelli, Storia politica e storia sociale: questioni aperte, in *Società e cultura dell'Italia unita*, a cura di Paolo Macry e Antonio Palermo, Napoli, 1978, pp. 89–111. また A. M. Banti, *art. cit.*, pp. 188–194. なお、一九世紀イタリア史の見直し作業に取り組むロマネッリの主著として R. Romanelli, *L'Italia liberale (1861–1900)*, Bologna, 1979; Id., *Il comando impossibile: Stato e società nell'Italia liberale*, Bologna, 1988; Id., *Sulle carte interminate. Un ceto di impiegati tra privato e pubblico: I segretari comunali in Italia 1860–1915*, Bologna, 1989.

(57) リソルジメントの新たな研究動向については、注(4)の L. Riall, *The Italian Risorgimento* とその書評論文 Marco Meriggi, Risorgimento, in *Storica*, N. 6, 1996, pp. 195–200. また Risorgimento in discussione: Interventi di P. Ginsborg, F. Della Peruta, S. Soldani, M. Isnenghi, in *Passato e Presente*, N. 41, 1997, pp. 15–43.

(58) *Storiografia francese ed italiana a confronto sul fenomeno associativo durante XVIII e XIX secolo*, a cura di Maria Teresa Maiullari, Torino, 1990; M. Ridolfi, *Il circolo virtuoso. Sociabilità democratica, associazionismo e rappresentanza politica nell'Ottocento*, Firenze, 1990; M. Agulhon ed altri, Sociabilité/sociabilità nella storiografia dell'Italia dell'Ottocento, in *Dimensioni e problemi della ricerca storica*, 1992 n. 1, pp. 39–135; Sociabilità e associazionismo in Italia: anatomia di una categoria debole: Interventi di A. M. Banti, M. Malatesta, M. Meriggi, G. Pécout, S. Soldani, in *Pas-*

sato e Presente, N. 26, 1991, pp. 17–41 ; Marco Fincardi, Sociabilità e secolarizzazione negli studi francesi e italiani, in *Italia Contemporanea*, N. 192, 1993, pp. 511–542.

(59) Borghesie, ceti medi, professioni : Interventi di J. Kocka, P. Macry, R. Romanelli, M. Salvati, in *Passato e Presente*, N. 22, 1990, pp. 21–48 ; Élites e associazioni nell'Italia dell'Ottocento, a cura di A. M. Banti e M. Meriggi, in *Quaderni Storici*, N. 77, 1991, pp. 357–542 ; R. Romanelli, Political Debate, Social History, and the Italian Borghesia : Changing Perspectives in Historical Reseach, in *The Journal of Modern History*, Vol. 63 (1991) - N. 4, pp. 717–739 : M. Meriggi, The Italian Borghesia, in *Bourgeois Society in Nineteenth-Century Europe*, a cura di Jürgen Kocka and Allen Mitchell, Oxford, 1993, pp. 423–438 ; A. M. Banti, *Storia della borghesia italiana. L'età liberale*, Roma, 1996. またそれぞれナーポリ、ミラーノ、フィレンツェ、ピエモンテのモノグラフィーとして Paolo Macry, *Ottocento : Famiglia, élites e patrimoni a Napoli*, Torino, 1988 ; M. Meriggi, *Milano borghese : Circoli ed élites nell'Ottocento*, Venezia, 1992 ; R. Romanelli, Urban patricians and bourgeois society : a study of wealthy elites in Florence 1862–1904, in *Journal of Modern Italian Studies*, Vol. 1 (1995) - N. 1, pp. 3–21 ; Anthony L. Cardoza, *Aristocrats in Bourgeois Italy : The Piedmontese Nobility 1861–1930*, Cambridge, 1997.

(60) John A. Davis, Remapping Italy's Path to the Twenties Century, in *The Journal of Modern History*, Vol. 66 (1994) - N. 2, pp. 293–320 ; *Storia dello Stato italiano dall'Unità a oggi*, a cura di R. Romanelli, Roma, 1995 ; M. Meriggi, Storia dello Stato : privilegi, libertà, diritti nell'Italia unita, in *Storica*, N. 7, 1997, pp. 97–119.

(61) Bruno Tobia, *Una patria per gli italiani*, Roma-Bari, 1991 ; Umberto Levra, *Fare gli italiani. Memoria e celebrazione del Risorgimento*, Torino, 1992 ; *Fare gli italiani. Scuola e cultura nell'Italia contemporanea*, a cura di S. Soldani e G. Turi, 2 voll., Bologna, 1993 ; *La chioma della vittoria. Scritti sull'identità degli italiani dall'Unità alla seconda Repubblica*, a cura di Sergio Bertelli, Firenze, 1997 ; Ilaria Porciani, *La festa della nazione. Rappresentazione dello Stato e spazi nell'Italia unita*, Bologna, 1997.

(62) Massimo L. Salvadori, *Il mito del buongoverno. La questione meridionale da Cavour a Gramsci*, Torino, 1960 ; *Il Sud nella storia d'Italia : antologia della questione meridionale*, a cura di Rosario Villari, Bari, 1961.

(63)　Gli studi sulle culture mediterranee e gli odierni indirizzi antropologici, in *Nuovi Quaderni del Meridione*, N. 77, 1982, pp. 67–78; *Onore e storia nelle società mediterranee*, a cura di Giovanna Fiume, Palermo, 1989. ほかに注(64)の諸文献。

(64)　Robert Lumley and Jonathan Morris eds., *The New History of the Italian South. The Mezzogiorno Revisited*, Exeter, 1997; Jane Schneider ed., *Italy's "Southern Question": Orientalism in One Country*, Oxford, 1998; Marta Petrusewicz, *Come il Meridione divenne una Questione. Rappresentazioni del Sud prima e dopo il Quarantotto*, Catanzaro, 1998; S. Lupo, Storia del Mezzogiorno, questione meridionale, meridionalismo, in *Meridiana*, N. 32, 1998, pp. 17–52; John Dickie, *Darkest Italy. The Nation and Stereotypes of the Mezzogiorno, 1860–1900*, London, 1999.

(65)　以下の記述については，『メリディアーナ』誌および『イタリア史』地域史シリーズの諸論文のほか，モノグラフィーとしてM.Petrusewicz, *Latifondo. Economia morale e vita materiale in una periferia dell'Ottocento*, Venezia, 1989; Giuseppe Civile, *Il comune rustico. Storia sociale di un paese di Mezzogiorno nell'800*, Bologna, 1990; Gabriella Gribaudi, *A Eboli. Il mondo meridionale in cent'anni di trasformazioni*, Venezia, 1990; P. Pezzino, *Una certa reciprocità di favori. Mafia e modernizzazione violenta nella Sicilia postunitaria*, Milano, 1990; S. Lupo, *Il giardino degli aranci. Il mondo degli agrumi nella storia del Mezzogiorno*, Venezia, 1990; Id., *Storia della mafia dalle origini ai giorni nostri*, Roma, 1993(北村暁夫訳『マフィアの歴史』白水社，一九九七); P. Bevilacqua, *Breve storia dell'Italia meridionale dall'Ottocento a oggi*, Venezia, 1993; Nicola Tranfaglia, *Mafia, politica e affari, 1943–2000*, Roma-Bari, 2001.

(66)　Luciano Guerci, *Istruire nelle verità repubblicane. La letteratura politica per il popolo nell'Italia in rivoluzione (1796–1799)*, Bologna, 1999; L'Italie du triennio révolutionnaire 1796–1799, in *Annales Historiques de la Révolution française*, Numéro spécial, N. 313, 1998; Anna Maria Rao, Mezzogiorno e rivoluzione: trent'anni di storiografia, in *Studi Storici*, 1996 N. 3, pp. 981–1041; Antonio De Francesco, *Rivoluzione e costituzioni. Saggi sul democratismo politico nell'Italia napoleonica*, Napoli, 1996; *L'età rivoluzionaria e napoleonica in Lombardia, nel Veneto e nel Mezzogiorno: un'analisi comparata*, a cura di Antonio Cestaro, Venosa, 1999; Eugenio Di Rienzo, Neogiacobinismo e movimento democratico nelle rivoluzioni d'Italia (1796–1815), in *Studi Storici*, 2000 N. 2, pp. 403–431.

(67) デ・フェリーチェのムッソリーニ論、ファシズム論に言及したものは数多くあるが、ここではデ・フェリーチェ論として二点のみあげておく。N. Tranfaglia, *Un passato scomodo. Fascismo e postfascismo*, Roma-Bari, 1996; Gianpasquale Santomassimo, Il ruolo di Renzo De Felice, in *Italia Contemporanea*, N. 212, 1998, pp. 555–563.

(68) *La Toscana nel regime fascista (1922–1939)*, 2 voll., Firenze, 1971; *Campagne e fascismo in Basilicata e nel Mezzogiorno*, Manduria, 1981; *Cultura e società negli anni del fascismo*, Milano, 1987; *La storiografia sul fascismo locale nell'Italia nordorientale*, a cura di Luigi Ganapini, Udine, 1990; *Fascismo di provincia: Il caso di Asti*, Cuneo, 1990; *Geografia e forme del dissenso sociale in Italia durante il fascismo (1928–1934)*, a cura di Marinella Chiodo, Cosenza, 1990; *Il regime fascista*, a cura di A. Del Boca, M. Legnani, M. G. Rossi, Roma-Bari, 1995; *Regime fascista e società modenese. Aspetti e problemi del fascismo locale (1922–1939)*, a cura di L. Bertucelli e S. Magagnoli, Modena, 1995; *Sulla crisi del regime fascista 1938–1943. La società italiana dal 《consenso》 alla Resitenza*, a cura di Angelo Ventura, Venezia, 1996; *Fascismo e antifascismo. Rimozioni, revisioni, negazioni*, a cura di Enzo Collotti, Roma-Bari, 2000.

(69) A. Gramsci, *Quaderni del carcere*, Torino, 1975, pp. 866 e 1229.

(70) Franco De Felice, Rivoluzione passiva, fascismo, americanismo in Gramsci, in *Politica e storia in Gramsci: Atti del convegno cit.*, pp. 161–220. なおフランコ・デ・フェリーチェの論文集として Franco De Felice, *La questione della nazione repubblicana*, Roma-Bari, 1999. また彼の追悼論文集として *Novecento italiano. Studi in ricordo di Franco De Felice*, a cura di Silvio Pons, Roma, 2000.

(71) ファシスト党およびファシズムにおける政治の意味について Paolo Pombeni, *Demagogia e tirannide. Uno studio sulla forma-partito del fascismo*, Bologna, 1984; Emilio Gentile, *Storia del Partito fascista 1919–1922. Movimento e milizia*, Roma-Bari, 1989; Id., *Il culto del littorio. La sacralizzazione della politica nell'Italia fascista*, Roma-Bari, 1993.

(72) ファシズム体制における並行行政の重要性について Guido Melis, *Due modelli di amministrazione tra liberalismo e fascismo: Burocrazie tradizionali e nuovi apparati*, Roma, 1988; Mariuccia Salvati, *Il regime e gli impiegati. La nazionalizzazione piccolo-borghese nel ventennio fascista*, Roma-Bari, 1992.

(73) グラムシの方法とは違うが、全体主義論の新たな視点として Emilio Gentile, *La via italiana al totalitarismo. Il par-*

tito e lo Stato nel regime fascista, Roma, 1995.

〔後　記〕

（初出）　第一部は、『西洋史論集』(北海道大学大学院文学研究科西洋史研究室)、第四号(二〇〇一年三月)。第二部は、書下ろし。

あとがき

本書はイタリアのファシズムとレジスタンスをテーマとした論文を集めたものである。各論文の初出については、それぞれの章の「後記」に記してある。

レジスタンスのすぐれた研究者であるクラウディオ・パヴォーネの初期の作品に「レジスタンスの諸理念。リソルジメントの伝統と向きあうファシストと反ファシスト」(一九五九)という論文がある。当時、イタリア現代史研究を始めたばかりの私は、この論文を興味深く読み、多くのことを学んだ。九五年にパヴォーネは、この論文を含めた論文集『共和制の起源に関して——ファシズム、反ファシズム、国家の連続性』Claudio Pavone, *Alle origini della Repubblica. Scritti su fascismo, antifascismo e continuità dello Stato*, Torino, 1995 を刊行するが、そのときの序文に次のように書いている。「何年も経たあと、非常な不安と少々の自負の入り交じった気持ちで、自分自身を書評するという変則的な立場から読み返して、これらの論文が書かれたそれぞれの時期の情況に思いを馳せることになった。」本書の校正を進めながら、私もほぼこれに似た感情にとらえられた。

本書に収めた論文の初出を確認しているうちに、第六章を除くと、他はすべて一九八一年までに発表したものであることに気づき、自分で言うのもおかしいが、意外な感がした。というのも、八〇年代にシチリア史に関心を向けたあと、この一〇年ほどはあらためてファシズムとレジスタンスの研究に取り組んできて、意識の中ではシチリア史と並んでつねにこれらのテーマが中心を占めていたからである。

現在からみて、この書に収めた諸論文には限りなく欠点があるだろうし、そのことは本人がいちばんよく承知しているといえるかもしれない。それらの欠点は史料的問題、方法的問題、あるいは特定の関心に発する主題のかたよりの問題などさまざまな要因によっているが、それはまた論文が書かれた時期の社会的、文化的、学問的情況にかかわることでもある。各論文は、いわばそうした情況の記録として、発表当時の内容のままで収録した。ただ、あまりにも読みにくい文章や生硬な表現、明らかに間違っている箇所などは語句の修正をほどこしたが、論旨や解釈に関する変更は行なっていない。

ひとつひとつの論文については、各章ごとの「後記」で、現在からみての問題点や補足事項、あるいは執筆当時の関心のありようなどを記しておいた。また、それぞれの時期の情況ということに関連して、各論文は、この間の日本における西洋史研究のあり方およびイタリアにおける歴史研究のあり方の双方と深く結びついている。イタリアの歴史研究のあり方については、ここに収録した文章の執筆時以降の問題も含めて、またファシズムとレジスタンスのテーマに限定せずに、私の感じ取ったイタリアの歴史家たちの歴史意識と研究方法の紹介というかたちで、「付論」として考えてみた。本書の文章の多くは七〇年代に書かれており、これらの執筆には、この時期に私が多少なりとも積極的に参加した唯一の研究会である〈社会運動史研究会〉での討論が役立っている。研究会の面々に感謝しておきたい。

本書がこのような形でできあがったのは、ひとえに岩波書店の天野泰明さんのおかげである。昨年四月、私は札幌から東京に移り住んだ。この頃、天野さんに加えて、岩波書店の富田武子さん、山川良子さん、小田野耕明さんが私の古い文章を探し出して、詳細な一覧表を作ってくれた。正直に言って、自分ではほとんど忘れかけていたものもあった。その後、一覧表の中からファシズムとレジスタンスをテーマにしたものを、発表当時のままの内容で論文集としてまとめる方針が決まり、編集作業が始まった。いろいろな機会に発表したものであるため、表記や注の統一をはかるのに思わぬ手間がかかり、編集作業を進めてくれた天野さんには苦労をおかけするとともに、同氏のイタリア語の語学力に大いに助けられた。また、校正担当の方にも大変お世話になった。

この作業の途中の昨年秋に、やはり四人の方の企画で岩波市民セミナー「映画で読むイタリア」を実施することになり、しばらくその準備のために時間をとられて作業に遅れをだしてしまった。この点はお詫びしなければならないが、セミナーの準備は私には楽しいものだった。ビデオではあったがイタリア映画をずいぶんと見直すことができ、またイタリアの社会と文化の多様な性格にあらためて目を開かれる思いがあり、セミナーの担当者であった山川さんにはこの場を借りてお礼を述べておきたい。

札幌から東京に移って、三〇年ぶりに雪のない冬を過ごし、この冬は季節感のないままに時が過ぎる思いだった。ところが、校正が終わりに近づいたいま、東京では観測史上最速の桜の開花宣言が発せられ、札幌とは違う性格の季節感が一気にあふれだした。

二〇〇二年三月中旬

北原　敦

人名索引

アーゾル・ローザ A. Asor Rosa 368
アイゼンハワー D. D. Eisenhower 277
アギュロン M. Agulhon 405
アクァローネ Alberto Aquarone 411
アクァローネ Pietro Aquarone 265
アゴスティ Aldo Agosti 202
アゴスティ Giorgio Agosti 282
アッリヴァベーネ A. Arrivabene 122, 123
アドルニ D. Adorni 15
アニェッリ G. Agnelli 263, 293
アメンドラ G. Amendola 159, 325
アルバジーニ S. V. Albasini 328
アレグザンダー H. Alexander 247
アントーニ C. Antoni 83
アンドレイス M. Andreis 282, 328
アンブロージオ V. Ambrosio 265
ヴァリアーニ L. Valiani 249, 298, 303, 304, 328, 374, 375
ヴィーコ G. Vico 30～35, 83, 129, 131
ヴィスコンティ・ヴェノスタ E. Visconti Venosta 10
ヴィットーリオ・エマヌエーレ3世 Vittorio Emanuele III 67, 242, 256, 270, 300
ヴィットリーニ E. Vittorini 75, 76, 357～361, 363, 364, 366～368
ヴィッラリ Pasquale Villari 408
ヴィッラリ Rosario Villari 377
ヴェントゥーリ F. Ventūri 282, 302, 303, 311, 321, 372～375, 388, 397, 410, 416, 417
ヴォルピ G. Volpi 161, 162, 164, 176, 263, 293
ヴォルペ G. Volpe 390, 391, 407, 420
ウルフ S. J. Woolf 403
ウンベルト Umberto 69, 242, 245, 248, 312
エマヌエーレ・フィリベルト Emanuele Filiberto 212
オノーフリ F. Onofri 358
オペルティ R. Operti 297, 298
オモデーオ A. Omodeo 84, 85, 240
オルランド V. E. Orlando 93, 97

カイローリ B. Cairoli 12
カヴール C. B. Cavour 6～8, 13
ガエータ F. Gaeta 15
カサーティ A. Casati 251, 321, 328
カッターネオ C. Cattaneo 401
ガッリ・デッラ・ロッジャ E. Galli della Loggia 253
カラッチョロ A. Caracciolo 384, 385, 419
カラマンドレーイ F. Calamandrei 357
ガランテ・ガッローネ A. Galante Garrone 253, 374, 397, 410
ガリバルディ G. Garibaldi 6～8
ガリンベルティ D. Galimberti 284, 322
ガレン E. Garin 80

カロージェロ G. Calogero 259, 278
カンティモーリ D. Cantimori 397
カンデローロ G. Candeloro 377, 422
キャメット J. M. Cammett 155
ギンズブルグ C. Ginzburg 382, 385, 386, 404, 420
クァッツァ G. Quazza 256〜258, 267, 287, 381, 382, 418
グェルチ L. Guerci 375, 410
グラツィアーニ R. Graziani 288
グラムシ A. Gramsci 76〜78, 101, 133, 143〜146, 149, 151, 152, 154, 155, 157〜159, 163, 164, 166, 172, 174, 177, 178, 190, 205, 305, 365〜368, 370, 376〜378, 382, 383, 386〜388, 392〜401, 407, 408, 414, 415, 419, 421, 422, 426
グランディ D. Grandi 109, 112, 263, 265
クリーエル E. Curiel 289, 317
グリエーコ R. Grieco 163, 167, 178, 189, 190, 195, 196
クリスピ F. Crispi 12〜15, 57
グレーコ P. Greco 324
グレンディ E. Grendi 385, 386
クローチェ B. Croce 3, 4, 19〜87, 129, 240, 242, 300, 301, 312, 313, 360, 361, 365, 368, 371, 373, 376〜378, 383, 386, 387, 390〜393, 397, 401, 413, 419, 420, 422
グロンキ G. Gronchi 251, 321
コッラディーニ E. Corradini 14
コッリドーニ F. Corridoni 94
ゴベッティ P. Gobetti 76, 77, 84, 132, 133, 238, 259, 278, 304, 365, 366, 390, 391, 407
コラヤンニ P. Colajanni 283
コロンビ A. Colombi 295, 306, 349, 355
サイッタ A. Saitta 397
サラガート G. Saragat 313
サランドラ A. Salandra 91
サルヴァドーリ M. Salvadori 324
サルヴァトレッリ L. Salvatorelli 109, 116
サルヴェーミニ G. Salvemini 307, 408
サルトーリ G. Sartori 66, 80
サロモーネ A. W. Salomone 5
サンティア B. Santhià 304
ジェイモナト L. Geymonat 283
ジェメッリ G. Gemelli 382
ジェンティーレ Emilio Gentile 86, 118, 418
ジェンティーレ Giovanni Gentile 28, 47, 86, 87, 129〜131, 135, 138, 183, 217, 365
ジャーニ M. Giani 126
ジャッリッツォ G. Giarrizzo 408, 409
シャボー F. Chabod 15, 60, 81, 83, 373, 416
シャルチエ R. Chartier 386
シュフト T. Schucht 396
ジュリアーティ G. Giuriati 182
ジョリッティ Antonio Giolitti 283
ジョリッティ Giovanni Giolitti 15, 20, 23, 57, 74, 79, 82, 99, 100, 102〜104, 106, 110, 111, 114, 115, 117, 129, 130, 149, 410
シローネ I. Silone →トランクィッリ
スコッチマッロ M. Scoccimarro 247, 251, 321, 325, 328
スコルツァ C. Scorza 122
スターリン Stalin 328, 394
スタラーチェ A. Starace 182
ステイネル A. Steiner 357
ストゥルツォ L. Sturzo 159, 408

ストーン E. W. Stone 315
スパヴェンタ B. Spaventa 129
スピネッリ A. Spinelli 282
スフォルツァ C. Sforza 247
スプリアーノ P. Spriano 143〜145, 192
ズラッファ P. Sraffa 166, 396
セッキア P. Secchia 165, 190〜192, 300, 325
セニーゼ C. Senise 260, 264, 265
セレーニ E. Sereni 377
ソンニーノ G. S. Sonnino 93, 408

タスカ A. Tasca 111, 117, 163, 166
ダゼリオ M. D'Azeglio 8, 15, 406, 407
ダミアーニ M. Damiani 324
ダンヌンツィオ G. D'Annunzio 97, 98, 103, 112, 149
チェッレーティ G. Cerreti 197
チャーチル W. L. S. Churchill 328
チャーノ G. Ciano 263, 265
ヴァンゲリ R. Zangheri 377
デ・アンブリス A. De Ambris 94〜96, 98
ディ・ヴィットーリオ G. Di Vittorio 195
ディミトロフ G. M. Dimitrov 168, 170
デ・ガスペリ A. De Gasperi 72, 250, 259, 278, 313, 328
デ・サンクティス F. De Sanctis 30, 393
テッラ S. Terra 357
デッラ・ペルータ F. Della Peruta 399, 422
デ・ニコーラ E. De Nicola 112, 300, 301
デ・フェリーチェ Franco De Felice 331, 414, 426
デ・フェリーチェ Renzo De Felice 117, 253, 371, 380, 381, 388, 412, 413, 418, 425
デ・メイス A. C. De Meis 129
デ・ルーナ G. De Luna 267
デ・ルッジェーロ G. De Ruggiero 74, 75, 84
トゥーリ G. Turi 388, 420
トゥラーティ Augusto Turati 215, 218
トゥラーティ Filippo Turati 159, 181, 182
トムスン E. P. Thompson 387
トランクィッリ(＝シローネ) S. Tranquilli 164, 165, 179, 190
トリアッティ P. Togliatti 70, 85, 143, 146〜148, 156, 157, 159, 163〜165, 167〜169, 174, 177〜179, 189, 193〜198, 202, 205, 237, 238, 243, 245, 251, 259, 300〜302, 311〜313, 317, 318, 325, 328〜330, 366, 367, 392〜394, 396, 411, 420, 421
ドルソ G. Dorso 76, 77, 365, 366, 408
トレーズ M. Thorez 197, 198
トレッソ P. Tresso 190
トロツキー L. Trockij 190, 193

ニコリーニ F. Nicolini 85
ニッティ F. S. Nitti 97〜99, 408
ネガルヴィッレ C. Negarville 325
ネンニ P. Nenni 239, 247, 250, 251, 259, 278, 321, 328
ノヴェッラ A. Novella 259, 325
ノヴェッリ C. Novelli 253
ノラ P. Nora 407

パーパ E. R. Papa 87
パイエッタ G. C. Pajetta 248, 289
パヴォーネ C. Pavone 252, 330, 372, 390, 429
パセッラ U. Pasella 107, 111

バッソ L. Basso　259, 278
バッタリア R. Battaglia　251, 253, 287
パッリ F. Parri　72, 250, 298, 309
バドリオ P. Badoglio　67〜70, 84, 234〜239, 241〜243, 245, 246, 255, 265, 266, 270〜273, 275〜277, 279, 280, 292, 293, 299〜302, 312〜314, 316, 320, 328, 333, 345, 347
バルバガッロ F. Barbagallo　378, 418, 419
バルビエッリーニ B. Barbiellini　122, 123
バルボ Felice Balbo　76, 77, 358, 365〜367
バルボ Italo Balbo　109, 112, 113
パレート V. Pareto　82
バローネ G. Barone　417
バロンチーニ G. Baroncini　122, 132, 133
バンティ A. M. Banti　385
パンドルフィ V. Pandolfi　357
ビアンキ M. Bianchi　94
ビアンコ Carlo Bianco　280
ビアンコ Dante Livio Bianco　284, 286, 322
ピエラッチーニ G. Pieraccini　314
ビッソラーティ L. Bissolati　93
ヒトラー A. Hitler　264, 271
ヒューズ H. S. Hughes　82
ピレッリ A. Pirelli　263, 293
ファクタ L. Facta　20, 114, 125
ファリナッチ R. Farinacci　109, 112, 120〜125, 132, 133, 137, 142, 159〜161, 164, 175, 181
プーランザス N. Poulantzas　154
フェッラータ G. Ferrata　358
フェデルゾーニ L. Federzoni　135〜137, 156, 161, 164, 175, 265
フォア V. Foa　253, 282, 303, 328, 374
ブォナッローティ F. Buonarroti　376, 397, 398, 410
フォルティーニ F. Fortini　357
フォルトゥナート G. Fortunato　408
ブラーヴォ A. Bravo　331
プラトリーニ V. Pratolini　358
ブラン G. A. Blanc　212
フランケッティ L. Franchetti　408
ブルッツォーネ A. M. Bruzzone　331
ブローデル F. Braudel　384, 401
プロカッチ G. Procacci　377
ベヴィラックァ P. Bevilacqua　389, 409
ヘーゲル G. W. F. Hegel　35, 39, 40, 47, 61
ベルトロッティ M. Bertolotti　404
ボ C. Bo　358
ボッターイ G. Bottai　120, 121, 127〜129, 131, 132, 134, 135, 137〜139, 265, 359
ボッビオ N. Bobbio　80, 82, 253, 374, 413
ボノーミ I. Bonomi　20, 70〜72, 111, 112, 114, 241, 244〜248, 250, 251, 312〜316, 318, 321, 328
ホブスボーム E. J. E. Hobsbawm　384, 388
ポルヴェレッリ G. Polverelli　109
ボルディーガ A. Bordiga　101, 143, 150, 153, 154, 157, 158, 163, 177
ポンテコルヴォ G. Pontecorvo　289

マキアヴェッリ N. Machiavelli　34, 129
マクファーレン F. M. MacFarlane　312, 328
マッカーリ M. Maccari　134, 138

マッソーラ U. Massola　259, 325, 340〜342
マッツィーニ G. Mazzini　6〜8, 11, 13, 72, 93, 129〜131, 239, 280, 284, 304, 398
マッテオッティ G. Matteotti　25〜27, 131, 133, 135, 157〜160, 164〜166, 175〜177, 195〜197, 206
マナコルダ G. Manacorda　15, 376, 377, 417, 418
マラテスタ M. Malatesta　382
マラパルテ C. Malaparte　127, 134〜138, 140
マリネッティ F. T. Marinetti　93
マルクス K. Marx　33, 34, 41, 72, 79, 387, 395
マルシッチ P. Marsich　107
マンゴーニ L. Mangoni　368, 392
ムッソリーニ B. Mussolini　21, 23〜25, 27, 67, 68, 86, 93〜97, 99, 104〜107, 109, 111〜114, 117, 119〜122, 124, 125, 131, 135〜137, 141, 142, 145, 149, 151〜153, 155〜157, 159, 160, 162, 180, 182, 201, 203, 204, 206〜209, 215, 216, 221, 222, 226, 229, 230, 233〜236, 241, 255, 256, 260, 263〜266, 270, 271, 284, 293, 319, 320, 333, 344, 411, 412
メリス G. Melis　230
モスカ G. Mosca　46, 55, 56, 81, 82

ラヴァッツォーリ P. Ravazzoli　190
ラヴェーラ C. Ravera　190
ラジョニエーリ E. Ragionieri　159, 194, 197, 377, 403
ラッギアンティ C. L. Ragghianti　302
ラブリオーラ Antonio Labriola　31, 77, 78, 393, 395
ラブリオーラ Teresa Labriola　222
ラ・マルファ U. La Malfa　251, 279, 303, 321, 328
ラメッラ F. Ramella　404
ランフランコ L. Lanfranco　340, 341
リーザ A. Lisa　190
リ・カウジ G. Li Causi　325
リクペラーティ G. Ricuperati　375
リッチ R. Ricci　122〜124, 126, 213, 215
リトルトン A. Lyttelton　125, 179
リドルフィ M. Ridolfi　383, 418
ルイーニ M. Ruini　251, 321, 328
ルヴェル J. Revel　386, 420
ルーポ S. Lupo　417
ルッス E. Lussu　279, 303
レヴェッリ N. Revelli　322
レーヴィ G. Levi　385, 386, 404, 420
レーニン N. Lenin　153, 237, 238, 394, 395
レオネッティ A. Leonetti　190
レニャーニ M. Legnani　381, 418
ロアージオ A. Roasio　259, 325
ロヴェーダ G. Roveda　325
ロッカ M. Rocca　128, 133, 139
ロッコ A. Rocco　137, 141, 156, 161, 164, 175, 183, 201
ロッセッリ C. Rosselli　84, 238, 259, 278, 374
ロッソーニ E. Rossoni　94, 114
ロディノ G. Rodinò　318
ロマーノ R. Romano　401
ロマネッリ R. Romanelli　15, 403, 423
ロメーオ R. Romeo　399, 400, 422
ロリエ M. Rollier　282
ロンゴ L. Longo　165, 190, 309, 311, 325, 326
ロンバルディ R. Lombardi　249, 328

■岩波オンデマンドブックス■

イタリア現代史研究

2002年 4月26日 第1刷発行
2003年 4月15日 第2刷発行
2024年11月8日 オンデマンド版発行

著 者 北《きた》原《はら》 敦《あつし》

発行者 坂本政謙

発行所 株式会社 岩波書店
〒101-8002 東京都千代田区一ツ橋2-5-5
電話案内 03-5210-4000
https://www.iwanami.co.jp/

印刷／製本・法令印刷

ISBN 978-4-00-731504-6 Printed in Japan